La Médecine au cœur
de la nouvelle Économie

Dr. Dominique Persoons

La Médecine au cœur de la nouvelle Économie

L'Harmattan

5-7, rue de l'École-Polytechnique, 75005 Paris

http://www.harmattan.fr
diffusion.harmattan@wanadoo.fr
harmattan1@wanadoo.fr

ISBN : 978-2-343-04111-7
EAN : 9782343041117

Au Pr. Christiaan Barnard, en souvenir d'une année exceptionnelle au New General Hospital de Johannesburg.

Sommaire

Sommaire

Introduction

« La Médecine au cœur de la nouvelle Economie ». Au moment où certains économistes conçoivent une Santé Publique sans médecins ou presque, prédire **exactement l'inverse** et croire en une économie mondiale profondément médicalisée relève d'un défi courageux. On n'est pas nombreux à défendre cette idée-là... Mais une analyse patiente des faits permet de douter que l'idéologie néo-libérale, antisociale, devienne un modèle de société universelle. Par contre la contribution de la médecine aux grands progrès sociaux de ces deux derniers siècles est telle que son effacement brutal parait peu probable voire impossible.

Certes on envisage déjà que la médecine traditionnelle céderait la place aux 200 métiers paramédicaux qui sont déjà installés dans les hôpitaux. La présence de « médecins » est-elle encore indispensable, ne pourrait-on pas les remplacer par des techniciens nettement plus coopérants et moins prétentieux ? N'est-ce pas ce qu'amorce aujourd'hui le plan de la Ministre Touraine en transférant certaines prestations médicales vers les infirmiers de ville ? *"Il s'agirait de confier à des infirmières libérales des missions assurées aujourd'hui par des médecins généralistes libéraux, c'est-à-dire des consultations pour des situations cliniques dites simples".* Quant à l'hôpital, après 30 années de déclin continu, la présence des médecins est-elle encore nécessaire ? Le portrait du Pr. Christiaan Barnard, le chirurgien qui a réalisé la première greffe du cœur en 1967 renvoie bien à une époque révolue, à l'âge d'or de la médecine scientifique... Aujourd'hui on n'en est plus là.

Le problème posé par cette « nouvelle Santé Publique » est de définir juridiquement ce que serait une « *situation clinique dite simple* ». Un *simple* comportement inhabituel d'un patient peut cacher un diabète ou une tumeur du cerveau, une *simple* crampe du mollet peut cacher une phlébite profonde ou un obstacle artériel. Sauf à contredire les conseillers du ministère, il n'y a pas de situation clinique *simple* au sens juridique du terme, tout malade est supposé être traité à la hauteur de sa gravité réelle ou supposée. La « délégation de responsabilité » vers des personnels non-médecins sera-t-elle acceptée par la société et en particulier par notre Justice ? Nos gouvernements peuvent-ils réengager davantage leur responsabilité juridique et jusqu'où ?

Nos sociétés occidentales en crise ont entamé depuis une dizaine d'années un démantèlement progressif de la « Sécurité Sociale » et de la solidarité parce que les caisses publiques sont vides. Le nouvel ordre mondial a vidé l'Europe d'une partie de ses entreprises et la mécanisation de la production industrielle a encore aggravé le chômage. Chômage conjoncturel et structurel dit-on. Alors, la Santé Publique jadis si brillante, fleuron de la République, est présentée aujourd'hui comme un luxe insupportable et suicidaire. On cherche donc à « démédicaliser » la société contemporaine et à fournir des services de substitution. Avec un sous-entendu persistant : a-t-on encore besoin de tous ces médecins, la société ne doit-elle pas se limiter à fournir un minimum de remèdes courants et bon marché ? Advienne que pourra.

Une première remarque tout d'abord : vous êtes bien installé, vous êtes assis dans votre fauteuil, et vous commencez à lire cet ouvrage. Observez-vous. Remarquez que vous êtes capable de lire, donc que vous voyez bien. Vous êtes assis sans douleur ce qui vous permet de vous concentrer. Vous respirez confortablement, sans efforts. Vous êtes en bonne santé. Pouvez-vous remarquer combien cela a nécessité d'efforts de la part de notre société ? Combien d'efforts pour vous amener jusqu'ici en vous gardant vivant et en bonne forme ? Et surtout combien il en coûterait à la société future d'entretenir des millions d'infirmes et de malades chroniques, faute de les avoir soignés à temps ? La santé coûte cher, mais elle rapporte beaucoup plus. Retenons ceci.

Les médecins écrivent peu. Ils sont formés au **savoir-faire**, mais pas au **faire-savoir**. C'est peut-être une faiblesse qui finit par leur coûter cher aujourd'hui. Donc, en respirant doucement et tranquillement, pensez à votre médecin traitant. Puis aux autres médecins qui vous ont aidé un jour ou l'autre. Puis à l'hôpital ou à la clinique de votre ville. Et remarquez cette chose : vous vous sentez en sécurité. Notre société a mis au point un système qui assure votre santé. Et ce système est efficace, si vous songez un instant à la façon de vivre de vos grands parents, ou de vos arrières grands-parents. On a fait de grands progrès. Qui a permis cela ?

Donc, vous êtes en bonne santé. Mais la médecine est-elle en bonne santé, elle ? Pas vraiment. Ici commence un second paradoxe. Jamais les médecins n'ont été autant attaqués et même insultés par les instances publiques. Ont-ils commis des fautes professionnelles? Apparemment non, ce n'est pas la question. La médecine n'a jamais été aussi sérieuse, ni réussi autant d'exploits. On vient d'implanter un cœur électrique, le Pr. Barnard serait fier.... Alors ? C'est que la médecine coûte cher, et que plus personne ne veut payer la facture. Qui doit payer le fait d'être en bonne santé ? De façon générale, qui doit payer le fait de vivre dans un pays en paix avec ses voisins, avec une criminalité faible et contenue, avec de l'électricité, de l'eau courante et des routes en bon état ? Et des écoles et des hôpitaux partout ? Songez à cela, si la médecine coûte cher, est-ce la faute des médecins ? Ou au succès de la médecine ? Tout en respirant doucement, songez à ceci : n'est-il pas normal que toute personne souhaite être bien soignée, et y consacre une part de ses richesses ?

Pensez-vous réellement que votre médecin soit corrompu, ou que votre gynécologue se lève la nuit uniquement par appât du gain ? Pourtant certains représentants des autorités publiques le disent. Nous allons étudier cela, pourquoi l'administration de l'Etat s'autorise aujourd'hui certains débordements à l'encontre des docteurs. Nous allons analyser les petits dysfonctionnements, les aberrations profondes, les entraves au bon sens et aussi quelques petits scandales de la Santé Publique. En faisant l'inventaire des malheurs de la médecine contemporaine, se dessine une cause principale: elle est devenue un objet politique, tandis qu'elle se bat pour conserver son indépendance.

La Santé Publique a été englobée dans l'**idéologie** qui nous gouverne, l'idéologie totale, avec la mission de valoriser l'élite qui nous gouverne ; elle est devenue un instrument de Pouvoir. Chaque Président de la République y va de « sa vision » de la Santé Publique...Les médecins se sont peu à peu résignés à travailler dans un système qu'ils ne comprenaient plus guère, loin de leurs préoccupations. Puis les gestionnaires ont cessé de les inviter à négocier leurs conditions de travail. Enfin on les a momifiés dans un interminable « règlement sanitaire », une usine à gaz dont le but ne serait pas d'aider les professionnels de la Santé mais de garantir la sécurité...de l'Etat et de ses administrations. L'affaire du sang contaminé a produit **42 familles de règlements** sanitaires différents.... Qui les comprend aujourd'hui ? Et sont-elles vraiment nécessaires au fonctionnement de la médecine ?

Soyons d'accord sur ce point : ce livre n'a **aucune arrière-pensée politique**. Mais il doit répondre à certains paradoxes : pourquoi l'Etat ne trouve-t-il plus l'argent pour payer le prix de la sécurité nationale (défense nationale), de la tranquillité publique (police), du confort social (énergie, transport), de l'éducation publique (services publics) ou des soins de Santé ? Combien coûte la civilisation, et qui doit la payer ? Quel est le juste prix de votre bien-être et de votre sécurité ? Quand tout s'effondre, on peut s'accorder quelques heures pour se poser les questions qui s'imposent.

Car c'est bien du « contrat social » qu'il s'agit. Un Etat moderne assure la tranquillité de ses citoyens, et prélève des impôts pour cela. Il rend en services ce qu'il prélève en impôts. La somme est toujours juste. Le « libéralisme » moderne semble contester ceci, mais il n'est pas un projet de société, c'est seulement un mode de commerce parmi d'autres. Et encore sa particularité est de ne jamais régler ses dettes : dettes écologiques, dettes publiques, dettes énergétiques, toutes conséquences de la recherche du profit rapide. Et peut-être aussi de la perte du sens commun. Il n'a plus de préoccupation sociale comme dans le capitalisme traditionnel du 20ème siècle.

Fermez les yeux et pensez à l'équilibre de votre corps en ce moment. Une société équilibrée est comme un corps sain : elle ne génère pas de dettes. Dans votre corps tout est équilibré, vos pieds ne sont pas délaissés, votre cœur n'exige pas plus qu'il a besoin. Vos pieds n'empruntent pas à votre cœur pour vivre.

C'est pourquoi le discrédit jeté sur les Etats (la « dette publique ») pourrait bien n'être qu'un effet de conjoncture. Nos sociétés ne sont pas tombées dans le chaos. Elles ne sont pas réduites à une sorte de barbarie improductive. On n'a jamais produit autant de richesses qu'aujourd'hui. Le problème c'est la contribution de chacun à l'équilibre général. Les fonds privés sont très riches mais ne veulent plus contribuer aux charges publiques, au maintien de la paix, à la tranquillité civile, au confort, et à la santé. Grâce à la **finance dématérialisée** ces fonds réussissent facilement à échapper à l'impôt. Le néo-libéralisme doit sa réussite à internet, sans doute à rien d'autre. Et l'internet contourne les Etats et évite de participer à la solidarité nationale. La dette « publique » est un problème de moralité « privée ». C'est un problème politique. Notre civilisation a-t-elle encore le souci de l'équilibre social et du rayonnement des Etats ? De notre corps social ? Prenez-vous soin de vous-même ? Confortablement installé à lire, vous avez le souci de vous. Alors, pourquoi le monde n'a-t-il plus le souci de lui-même ?

Les malheurs de la médecine font partie d'une crise sociale plus large, et plus profonde aussi. Les Etats sont en crise. Mais on voit surgir de toutes parts une aspiration des citoyens à une société rééquilibrée, moderne, urbaine, écologique appelée « la nouvelle citoyenneté participative », ou « le modèle scandinave ». Le décalage entre l'autoritarisme des technocraties libérales et l'émergence d'une société communicante et sophistiquée * aboutit aujourd'hui à cette **rupture entre les citoyens et le système social** qui les protège : la fracture sociale.

* notre société est également appelée « molle » : Société labile, peu idéologisée, active et surtout centrée sur la promotion personnelle des individus et leur confort immédiat. Elle se mobilise peu pour de grandes causes politiques mais est exigeante en qualité de vie. Elle est pour le commerce équitable et l'économie solidaire.

La gestion des dettes laissées par le néo-libéralisme est en train de produire la **société des endettés**, des « indignés », des pollués, des citoyens dépossédés mais désireux de reprendre leur avenir en main. Un nouveau projet social est en train de naître et la médecine est devenue un de ses pionniers. Par nature, la médecine cherche à rétablir l'équilibre du corps humain. Elle est peu sensible aux idéologies et aux décrets autoritaires. Elle a toujours suivi son propre chemin, et quand la science lui a offert des nouvelles techniques, elle ne s'est pas gênée pour les mettre en œuvre immédiatement au profit de l'humanité. La médecine a toujours été un bon observateur politique de son époque. Aujourd'hui le Pouvoir bâtit « la société des endettés », moins généreuse que l'Etat- Providence. Le grand train de vie des années 1960-2000 laisse la place à une protection sociale resserrée. La médecine est prise au piège.

Le système de santé allemand est bâti sur un autre modèle. Il a été construit dans un pays en ruine et défait, qui a sollicité la contribution de tous. Du point de vue médical il existe une différence majeure : les médecins allemands sont très étroitement **liés à la gestion** du système sanitaire. Reconnus comme co-gestionnaires ils négocient leurs tarifs, leurs objectifs économiques, leurs méthodes, et contrôlent entre eux leurs niveaux de connaissances. Ils ont plusieurs interlocuteurs puisque la santé publique allemande comporte une caisse nationale et de nombreux concurrents privés ou régionaux. Enfin, les régions mettent en œuvre le système, ce qui rapproche le pouvoir gestionnaire et le rend d'autant plus efficace. On comprend ici toute l'influence qu'un régime politique bien pensé peut avoir sur l'organisation de sa société. La Santé est un exemple qui illustre bien cette primauté. Il ne faut donc pas inverser le débat, si certains hommes politiques français rêvent d'importer le système sanitaire allemand, il faudra importer aussi son modèle politique, reconnaître l'efficacité de la gestion fédérale et renoncer au « centralisme administratif » du système français. Toute une aventure…

Restons simples, faisons confiance aux professionnels. Revenons à la vraie médecine. Reprenez votre respiration, fermez les yeux et écoutez le silence : nous allons réfléchir à un nouvel équilibre du corps médical et des professions de soins. Elles sont porteuses d'une aspiration nouvelle de notre société. Nous allons écouter ce souffle de la médecine moderne. Nous allons découvrir qu'en 2014 le monde n'a jamais produit autant de richesses ; la dette publique des USA et de l'Europe ne représente que 12,5% de toute cette richesse mondiale. Les fonds privés possèdent aujourd'hui énormément d'argent, des quantités inimaginables d'argent. Nos économies nationales sont « atones », mais on peut imaginer que la croissance ne redémarrera jamais et que nous devrons trouver des emplois avec ce qui nous reste d'industrie et de commerce. La médecine est poussée à l'avant de ce combat parce que c'est elle qui assume la partie la plus visible du contrat social qui est aujourd'hui menacé. Et en plus elle est à l'aube d'une nouvelle ère qui va transformer le devenir de nombreuses maladies. La médecine génomique s'annonce comme un nouveau grand progrès pour l'humanité. La finance privée pourra-t-elle empêcher ce progrès ? Cela semble peu probable.

Chapitre 1

Hippocrate le médecin philosophe

En guise d'introduction, quel plaisir de redécouvrir les origines de notre médecine moderne ! Une profession inchangée depuis 2.500 ans sème le trouble parmi les serviteurs de la nouvelle économie post-moderne et les meilleurs technocrates les plus néo-libéraux. Excellent ! Etrange médecine tout de même, avec ses rituels d'un autre âge, avec son serment d'Hippocrate, avec ses professeurs encore toujours appelés « maîtres », avec sa déontologie sourcilleuse et sa cohésion professionnelle étanche souvent critiquée comme « corporatiste ». Que s'est-il donc passé au 5ème siècle avant Jésus-Christ qui dérange encore nos dirigeants 2.500 ans plus tard ?

« *La médecine est de toutes les professions la plus noble, et cependant par l'ignorance de ceux qui l'exercent et de ceux qui la jugent à la légère, elle est dès à présent reléguée au dernier rang* ».

Hippocrate in : (17)

Le siècle de Périclès est le grand siècle de la pensée occidentale. Tout est mis en place dans l'organisation de la cité, mais aussi de la science et de la morale. Dans les civilisations antérieures, la vie politique et culturelle se déroulait autour du roi ou du pharaon. En Grèce, **la cité** cesse d'être gérée par un potentat. C'est un parlement regroupant les notables, qui se choisit un chef. L'aréopage athénien ne comporte certes que des hommes libres et bien nés, mais l'idée d'un pouvoir civil et d'un parlement (l'agora) est bien née en Grèce, sur la place publique.

Toutes les civilisations occidentales se construiront sur le modèle grec: séparation de la pensée religieuse et de la philosophie, partage du pouvoir et invention de la politique qui est l'art d'y accéder, genèse de la pensée et de la culture publiques, émergence de la « science » indépendante du roi et de ses œuvres. C'est donc en ce siècle incroyable que naît la médecine moderne, sous l'impulsion d'Hippocrate et de ses élèves. La médecine hippocratique est étonnamment moderne au point qu'elle soit aujourd'hui encore au cœur d'âpres débats de société. Pourquoi ? A bien y réfléchir la seule réponse est qu'elle n'a pas fondamentalement changé en 25 siècles.

C'est sa nature immuable qui la rend si actuelle, si « dérangeante ». La médecine **indépendante** est née en même temps que la démocratie. Elles sont liées l'une à l'autre. Toucher à la médecine, c'est toucher à la démocratie. Les deux sont sœurs jumelles.

Pourtant la médecine du 5ème siècle avant Jésus-Christ n'a plus rien à voir avec la nôtre, tellement les progrès scientifiques ont été nombreux. Les médecins grecs ignoraient la circulation sanguine, le fonctionnement du cerveau, l'existence des cellules, des microbes, l'asepsie, et ne pouvaient faire aucune analyse. Ils ne possédaient pas de médicaments non plus, sauf quelques drogues qu'ils fabriquaient eux-mêmes ou faisaient réaliser par les pharmacopoles. Ce qui est fascinant c'est non la « médecine », mais le médecin grec. Car pour la première fois, le praticien s'assied au lit de son patient et l'observe (27). Il prend des notes. Des centaines de fiches descriptives, magnifiquement rédigées, sont parvenues jusqu'à nous. Dans certaines, le diagnostic a pu être posé deux mille cinq cents ans plus tard ! Comme une poussée de malaria ou une fièvre ictéro-hémorragique. Le médecin observe et soigne non plus une maladie mais un malade. Il veille à éviter la souffrance et renonce aux traitements inhumains. Il a des rapports difficiles avec les pharmacopoles (les pharmaciens) qui fabriquent les drogues mais qui fabriquent et vendent aussi des poisons. Or les médecins refusent de donner la mort. Ceci les fâche (déjà) avec les ancêtres des pharmaciens ....

Les médecins examinent leurs patients les conseillent, les suivent et les respectent. On sait que les empoisonnements étaient fréquents dans la Grèce antique. On empoisonnait à la cigüe, on se souvient de Socrate. Ce sont bien les pharmacopoles qui ont préparé le poison qui a tué Socrate et sans doute Alexandre le Grand lui-même.

Mais plus important encore, le médecin Hippocratique est en désaccord avec la **médecine des temples**. Les temples sont l' « image de marque » de la Cité. Et le désaccord est en effet permanent ! Par exemple, l'épilepsie : le médecin la considère comme une maladie, une maladie organique. Ceci l'oppose aux devins (12). Les prêtres officiels considèrent l'épileptique comme possédé des dieux. Ils pratiquaient l'exorcisme parce que l'épilepsie était considérée comme une damnation. Au contraire, les médecins sont persuadés que l'épilepsie n'est pas une punition des dieux mais un dysfonctionnement du corps. Les médecins ignorent sa cause, mais ils devinent qu'elle est organique, et rien d'autre. Ils s'opposent donc aux guérisseurs des temples ce qui n'est pas sans conséquences...politiques. Leur différend résume une confrontation entre l'ancien et le nouveau monde. Le médecin hippocratique n'a finalement qu'un seul maître : la vérité. La « déontologie » médicale prend forme, elle n'a pas changé aujourd'hui.

Les temples étaient les édifices les plus riches de la Cité et le pouvoir politique aimait les faire construire les plus beaux, les plus magnifiquement ornés. Les temples étaient extrêmement riches. Ainsi les prêtres guérisseurs disposaient-ils d'un confort et d'une aura publique spectaculaire ce qui les différenciait radicalement des médecins hippocratiques ambulants et austères. Mais ils pratiquaient sans rigueur, une médecine inefficace, destinée à plaire aux autorités, et contribuaient au rayonnement des villes. Tel devin célèbre apportait la renommée à la cité, comme par exemple la **Pythie de Delphes**. Toute la ville a vécu pendant des siècles des oracles de la prêtresse ; ça a été un fameux « business ». Pour les médecins hippocratiques, la renommée ne peut venir que d'une solide formation et d'une probité professionnelle qui vient de la conformité de leurs paroles et de leurs actes. Plus audacieux encore, il considère que la science (épistémè) s'oppose radicalement aux opinions (doxa) tout comme le médecin ne doit pas hésiter à s'opposer aux discoureurs (les hommes politiques) et aux figurants de théâtre (les médias). La médecine n'aime toujours pas les « cotes de popularité », aujourd'hui encore l'ordre des médecins encourage les praticiens à la discrétion.... rude leçon de démocratie.

Le champ d'étude des médecins s'étend au-delà de la maladie proprement dite. Ils étudient toutes les causes des désordres et leurs circonstances. L' « anamnèse » est le départ de l'analyse du patient. Ils s'intéressent à sa façon de vivre, et celle de sa famille. Tels excès répétés, telles mauvaises habitudes ou telle alimentation fautive. Ils étudient les coutumes d'une ville ou d'une région toute entière et y trouvent des corrélations avec certaines pathologies, et même la qualité de l'air ou de l'eau. Ils inventent la « Santé Publique ». L'étude du milieu ambiant s'appelle « écologie » ; elle concerne aussi bien les caractéristiques du milieu naturel que les habitudes de vie d'une population entière et même le mode d'existence de la famille du malade. Les recommandations sanitaires sont le fruit d'une certaine « conception de l'homme » et de sa place dans la société. Elles se rapprochent des philosophes socratiques. A deux ils inventent une pensée centrée sur le sens de l'existence humaine et ses rapports avec le monde réel. L'idée d'un homme libre et conscient de son milieu, qui le respecte et se respecte lui-même.

Les médecins hippocratiques sont formés par leurs pairs, choisis et éduqués avec la plus grande attention. La formation est longue et elle ne cesse en réalité jamais, comme la philosophie. La confraternité est inventée, on se consulte entre médecins à propos des cas difficiles, on passe la main quand le traitement n'évolue pas correctement. On forme l'enfant d'un confrère on veille sur lui comme sur son propre fils. Le médecin hippocratique est **indépendant**, ce qui est une nouveauté. Il ne doit rien à personne. Il n'obéit qu'à sa conscience, un nouveau concept donc ! Il ne doit de compte qu'à sa morale personnelle, et aux règles de son art appelées déontologie. Il fait preuve de compassion mais jamais de sensiblerie, et refuse les artifices des charlatans. Il ne lie pas de liens avec ses malades au-delà du soin. Il ne devra donc rien et rien ne lui sera dû, tant par les pauvres que par les puissants. Pour clore son traitement, le médecin se fait honorer par les pauvres et par les puissants, dont il estimera seul la juste contribution. Il mène une vie austère, de préférence itinérante. Mais il se garde d'une apparence disgracieuse, le médecin hippocratique porte beau, et parfumé. S'il se montre discret avec ses patients, il ne renonce pas à **afficher ses opinions** sur la vie de la cité, tout comme les philosophes. Platon cite plusieurs fois Hippocrate auquel il portait le plus grand respect. Aujourd'hui tous les médecins occidentaux jurent encore le serment d'Hippocrate. Ils font partie de cette vieille confrérie de deux mille cinq cents ans, probablement une des plus anciennes et aussi des plus stables qui soit, bien qu'elle ait été régulièrement attaquée au fil des temps. On comprend en effet que **l'indépendance des médecins**, leur influence dans la vie de la cité, et la solidarité de leur profession, aient dérangé plus d'un monarque ou d'un tyran. Aujourd'hui aussi, rien ne change donc....

Cette confraternité a imprégné profondément la mentalité des médecins, ce qui les distingue de tous les autres métiers. Cette solidarité doublée du respect profond pour les maîtres restent un mystère pour ceux de « l'extérieur » et avouons-le une source de jalousie ou de méfiance. Mais ce maniérisme n'est qu'apparent: si les médecins sont ainsi baignés de respect pour leurs aînés et de modestie devant leur propre pratique, c'est que l'exercice médical n'est pas une chose aisée. C'est au contraire une leçon quotidienne d'humilité. La nature est imprévisible, capricieuse même. C'est notre façon de la comprendre qui est imparfaite. Chaque jour confrontés à la difficulté de leur tâche, les médecins sont philosophes par nécessité, davantage même qu'ils ne le pensent eux-mêmes. Contrairement à nos philosophes contemporains, postmodernes et stars médiatiques, les médecins sont en prise directe avec la nature et leur pensée est engagée dans la lutte permanente contre la maladie et la mort. Il n'est pas question de mots mais d'observation silencieuse ; pas de scoop mais un geste sûr, discret et efficace.

Au fil des siècles, les philosophes et les médecins se sont séparés. Le médecin moderne est donc le digne fils d'Hippocrate, malgré les progrès fantastiques des techniques. D'abord parce que les Grecs classiques ont défini le cadre de la science médicale, il ne suffisait plus qu'à le remplir. Observation patiente et neutre, double contrôle, double aveugle, suivi scientifique international, protocoles précis, transcription écrite, suivi rigoureux, discussion des cas entre confrères, cohésion de pensées au sein de la profession, formation rigoureuse dans les universités, indépendance d'esprit et neutralité de la pensée personnelle sont des qualités dérivées de la rigueur des pionniers grecs. Avec de telles règles, la médecine n'a eu aucun problème à « avaler » les découvertes scientifiques successives et à les intégrer à son art.

Les Romains, puis les Arabes se sont appuyés sur les textes grecs. A la Renaissance italienne ce sont encore les fiches hippocratiques qui servent de référence. Les grandes découvertes de l'anatomie puis de la physiologie, même si elles dépassent les textes grecs, ne se feront jamais contre eux, et au contraire leur rigueur servira d'impulsion aux progrès. Science mais aussi conscience hippocratique, le message des Grecs dépasse le cadre technique. Face aux aspects multiples et imprévisibles de la nature, le médecin doit porter un regard humble sur sa propre pratique. Si les patients sauvés lui accordent une reconnaissance légitime, le médecin restera prudent sur sa capacité à guérir parfaitement. Il avance lentement, et s'entoure de conseils jusqu'au dernier jour de son activité. S'il s'est bien formé, il reste cependant en retrait sur sa faculté de comprendre tous les aspects de la maladie. La nature le dépasse parfois, et c'est toujours la nature qui a raison, pas lui.

Etre médecin aujourd'hui :

Et aujourd'hui ? Etre médecin? Voilà une étrange vocation et quelquefois une interrogation pour les familles des candidats. Que d'admiration et de réjouissance lorsque qu'un fils ou une fille se lance dans des études médicales, que de fierté pour leurs proches ! Que peut-on apparemment rêver de mieux pour son enfant que de consacrer sa vie à la vie.... Mais en seconde analyse, l'enthousiasme diminue un peu, car il y a dans cette vocation une sorte de **résignation** qui n'est pas vécue sans appréhension. « Entrer en médecine », c'est toute une aventure....Car être médecin c'est renoncer à la vie « civile » et aux mille facettes de notre civilisation : la réussite facile, sans scrupule, le business, l'image de marque, la « com. » totale, les 33 heures 1/2, la semaine de 4 jours ½, le « savoir vendre n'importe quoi », tout cela n'est pas médical du tout. C'est aussi renoncer à la sérénité des « carrières de fonctionnaires » avec la conviction d'appartenir à un grand corps d'Etat. Les médecins doivent accepter, eux, d'être **seuls** en face de leurs patients. Non, ce n'est réellement pas facile de vivre de la consolation de la détresse humaine. On oublie cela trop souvent quand on parle des médecins.

Quelle image la médecine a-t-elle laissé depuis 30 ans? Des querelles, des malaises, des médecins fatigués et très peu de gloire. La médecine contemporaine est entrée dans une nouvelle époque. Les vocations sont un indice indiscutable: 75% des jeunes médecins qui sortent des universités françaises sont des femmes, la moitié choisissent de travailler à temps partiel. 25% des jeunes médecins généralistes travaillent comme remplaçants, seuls 10% des jeunes diplômés s'installent à temps plein en médecine libérale. Du jamais vu! La médecine devient doucement une seconde profession, un salaire d'appoint pour un ménage. Danger.

Pour ceux qui restent ou qui s'installent malgré tout, il reste une carrière difficile dont les embûches sont connues de tout le monde: concurrence, enfer réglementaire, judiciarisation et niveau de vie en berne. La consultation chez le vétérinaire vaut 30 euros pour un chat, 50 euros pour un chien et celle du médecin de famille est fixée par l'Etat à 23 euros. Etrange société qui fait payer la consultation en médecine vétérinaire deux fois plus chère que la médecine humaine. Une société moderne imprégnée des lumières et des acquis de la science, peut-elle s'organiser autrement qu'autour du respect sacré des personnes et d'une hiérarchie morale les plaçant au-dessus de toute autre préoccupation? Aujourd'hui les tarifs des prestations semblent montrer l'inverse. Pour huit années de faculté après le bac, 23 euros la consultation de médecine ce n'est pas cher payé, avec des horaires impossibles et des associations militantes dans la salle d'attente, il faut vraiment être motivé… Le malaise de la médecine c'est celui du médecin, mais aussi celui de toute une société dorénavant à la recherche de ses valeurs éthiques.

« ***Le mal-être*** *constaté de certains médecins de ville. Aujourd'hui, de plus en plus de médecins libéraux ne sont plus en mesure d'apporter une qualité des soins satisfaisante à leurs patients. En effet, un nombre croissant d'entre eux est atteint du syndrome d'épuisement professionnel, ou « burn out syndrom» : ce chiffre atteint même près d'un médecin sur 2 en Bourgogne, d'après une étude de l'URML Bourgogne d'octobre 2003 sur les conditions de travail des médecins libéraux. Les conséquences de ce phénomène en termes de coûts ont été directement observées par la Caisse Autonome de Retraite des Médecins de France (CARMF) en 2002. Ainsi, d'après le Quotidien du Médecin du 22 Janvier 2003, ...1435 médecins libéraux ont été arrêtés plus de trois mois en 2002 soit 30% de plus qu'il y a trois ans. En 2002, environ 700 médecins libéraux âgés de 53,4 ans en moyenne ont reçu une pension* ***d'invalidité permanente*** *(+5%) par rapport à l'année précédente. Ceux qui ont droit à une pension aujourd'hui souffrent principalement de maladies psychiatriques (40%), de problèmes cardio-vasculaires (17%), de pathologies neurologiques (11%), de trauma (8%) et de cancers (8%). L'incapacité temporaire et l'invalidité frappent plus durement les libéraux pour qui, à l'isolement psychologique, s'associent les difficultés financières, la perte soudaine de revenus s'accommodant mal avec les charges fixes. Les médecins libéraux, du fait de leur côté indépendant, ont tendance à rester tout seuls dans leur coin : ils savent mais n'osent pas se faire soigner fait remarquer le Dr Gérard Grillet, trésorier de la CARMF et responsable du contrôle des dossiers avant indemnisation. Cela est confirmé par Didier Truchot, auteur de l'étude sur le Burn-Out auprès des médecins libéraux de Bourgogne et de Champagne-Ardennes. Il souligne* ***la solitude*** *des praticiens libéraux « dont la profession est dévalorisée, qui sont déprimés mais n'osent consulter personne, car ce sont des confrères ». Il faut également noter que le taux de* ***suicide*** *chez les médecins libéraux français, étudié en octobre 2003 par le Dr Léopold d'Avignon pour le Conseil National de l'Ordre des Médecins est de* ***14%*** *alors que dans la population générale en 1999, ce taux était de* ***5,6%*** »

http://www.aapml.fr/index2.php?m=2&page=96& le 5/04/2010

Un métier austère :

Une fois le renoncement fait, il y a la pratique. Disons-le c'est l'un des plus beaux métiers du monde. Une profession solitaire, austère qui allie plusieurs qualités: une puissante mémoire avec une connaissance intellectuelle exigeante, un contact humble et rassurant avec les patients, et une concentration très forte aux moments importants :

- **La mémoire** est essentielle car le domaine de la pathologie médicale est évidemment très vaste et en progrès rapide. Il faut avoir une culture générale suffisante mais aussi être au courant des recommandations les plus récentes. Un psychiatre qui examine un patient qui délire, doit aussi penser à une poussée de diabète, un spasme colique ou à un infarctus cardiaque.

- Il faut être **modeste** avec nos malades pour deux raisons: d'abord la nature est compliquée et pas toujours comme on voudrait : il faut savoir s'adapter. D'où l'impression que les médecins sont « hésitants », ce qui est faux. Ensuite, le patient est souvent angoissé, il faut le mettre en confiance. Il faut le pacifier, l'écouter puis doucement accoucher de la confiance, comme on met un enfant au monde. Le patient ne pourra confier sa santé et sa vie à son médecin que s'il a la conviction d'être écouté. Pas toujours facile…

- Aux moments clés, il faut que le médecin fasse preuve d'un **sang-froid** sans défaut. Trouver en quelques secondes la plaie de la rate ou du foie qui va tuer le patient dans 3 minutes, décider d'interrompre ou non une grossesse, réagir immédiatement quand l'électrocardiogramme devient plat, déclencher une césarienne quand le fœtus commence à souffrir. Il faut savoir agir vite.

A ce moment-là le temps s'arrête, et semble suspendu. Plus un bruit, tout le corps et toute la conscience sont concentrés sur le drame en cours, chaque geste est pesé, chaque parole comptée, chaque minute redoutée. Ces instants sont terribles. La médecine, ce n'est pas un service public, ni une production industrielle de soins : **c'est un art**. C'est pour cela qu'on appelle la médecine « l'art de guérir ». Nos maîtres se sont bien abstenus d'en faire une science exacte, puisque le diagnostic est hasardeux et la thérapie inconstante et que le médecin travaille sans les artifices techniques qui créeraient entre lui et la maladie une barrière naturelle et déculpabilisante. Le médecin est immergé, seul, dans la lutte dramatique entre l'homme et la maladie, totalement dévolu à cette terrible bataille, portant sur ses épaules la responsabilité d'une vie qui s'est confiée à lui entièrement. Les vieux confrères portent sur le front les rides des nuits de veille et autour des yeux les cernes des larmes qu'ils ont écrasées. La médecine est un métier étrange, solitaire, difficile et parfois dramatique.

« Coincé entre la société économique qui n'admet plus que le médecin s'honore ***sans contrôle****, d'actes auto prescrits, et la demande personnelle du patient, peu soucieux de sa démarche citoyenne, mais toujours vigilant sur ses propres exigences , le Médecin doit maintenant intégrer à la fois le souci de* ***l'économie générale*** *dont il ne peut se soustraire - en tant que responsable - et le souci du* ***cas particulier****, sans oublier le souci de sa propre clientèle, là où il est le plus vulnérable : faut-il interrompre ou non une grossesse, faut-il ponter, continuer à réanimer etc..? Dans de telles situations où les examens ne donnent pas toujours la clé de la « bonne décision », où les « référentiels » lui seront de peu de secours, on voit bien l'intérêt d'une* ***collégialité****, de l'existence d'une équipe qui ne dilue pas les responsabilités mais les conforte. »*

http://www.devernon.org/Site/la-sante-deleconomie-medicale.html
29/03/2010

Les honoraires :

Les « honoraires » des médecins sont un sujet souvent mal compris. Hippocrate a inventé les honoraires en même temps que Platon inventait la **conscience humaine** et l'individu. Ces notions sont évidemment liées. L'homme grec du 5ème siècle avant Jésus-Christ est libre et se découvre une existence propre. Il n'est plus un sujet qui se situe par rapport au Monarque, au Pharaon ou au Tyran mais qui pense et existe **par lui-même**. C'est cet homme-là que le médecin hippocratique soigne. C'est donc un individu qui soigne un autre individu. Conscient de la nouveauté de la démarche, Hippocrate insiste sur le fait que chacun doit retrouver sa **liberté** après le traitement, personne ne doit rien devoir à l'autre. Ni le pauvre au médecin, ni le médecin au puissant. Honorer son médecin revient à lui rendre « honneur » avant de le quitter, et rompre ainsi toute dépendance future.

Honorer c'est prendre acte de l'effort fourni par le médecin pour soigner le malade, et se démettre de lui.

C'est donc reprendre sa liberté. Mais il rappelle aussi que « *manifester trop d'empressement à fixer les honoraires peut inquiéter inutilement le malade, et il est des cas où il est honorable de fournir soins et assistance gratuitement* ». Hippocrate in : (17)

« *Non contents de vivre déjà dans l'aisance grâce aux prébendes et aux rétributions que leur versent le temple et le souverain qui les entretiennent, les médecins mésopotamiens se font payer à l'acte et facturent chèrement leurs prestations. Le Code de* ***Hammurabi,*** *le premier traité de médecine antique rédigé au 18ème siècle avant notre ère, nous apprend le tarif des médecins mésopotamiens : de 2 à 10 sicles d'argent pour une intervention chirurgicale et de 2 à 5 sicles pour soigner une blessure ou un muscle défaillant, la somme varie selon l'origine sociale du patient et doit être réclamée avec «* ***tact et mesure*** *» suggère le code. Des honoraires plus qu'honnêtes sachant qu'avec 1 sicle d'argent on peut acheter 300 litres d'orge ou 180 sila (74 litres) de dattes. Revers de la médaille, certains médecins se plaignent de trop travailler : « en ce qui concerne ce que mon Seigneur m'a écrit, nous travaillons sans prendre le temps de dormir et sans relâche » peut-on lire sur une tablette.* »

Les cahiers de sciences et vie (19)

Lorsque la Ministre de la Santé réclame que les médecins appliquent des dépassements d'honoraire avec « *tact et mesure* », elle applique le code Hammurabi, vieux du 18ème siècle avant notre ère. Rien ne change donc. L'acte de guérir n'est donc pas un « dû » ni une fonction d'Etat et ne l'a jamais été.... La nature de ce service n'a d'ailleurs jamais posé de problème jusqu'à la création de la Sécurité Sociale qui visait à permettre l'accès de tous aux soins, mais modifiait le sens du mot « honoraire ». L'assuré ayant payé ses soins à l'avance, il ne se **sent plus redevable** d'un solde libérateur envers son médecin. Ce dernier assume un service déjà payé. Et même si une transaction reste matériellement nécessaire pour que le médecin puisse vivre, elle est vidée de son sens philosophique par son remboursement automatique à 90 jours. Pourtant, régler le montant des honoraires met un terme à la relation de **dépendance réciproque**, et permet au patient guéri de reprendre sa liberté, sans rien devoir à quiconque, même si c'est de façon symbolique.

La démarche impose donc deux gestes qui deviennent malheureusement rares dans notre société: **le respect** dû à celui qui vous a consacré une part de son temps et de sa compétence: « tout ne m'est pas dû, nécessairement. Je respecte celui qui me rend service ». Mais aussi la notion de **bonne conscience**: je ne reste pas débiteur de quelqu'un et dans la mesure du possible je me comporte pour ne rien devoir à personne : « Je me respecte moi-même ». Respect d'autrui et respect de soi, voilà le sens d'**honorer** son médecin. Le début de la « nouvelle citoyenneté » ?

Le colloque singulier :

Hippocrate invente la médecine individuelle. Il se penche sur le cas particulier du patient, il l'examine sans a priori et cherche à décrire objectivement ses symptômes. Il ne cherche pas à l'impressionner mais au contraire à le mettre en confiance. Il cherche progressivement à découvrir la maladie qui le fait souffrir, lui. Le **colloque singulier** souffre tout de même de deux problèmes : la médecine se fait maintenant en équipe. C'est la relation équipe soignante - malade, ce qui est un peu différent. Ensuite l'Etat a fait de la Santé publique Son affaire. Les médecins ne sont donc plus si indépendants qu'au temps d'Hippocrate. Et la médecine devrait vite devenir une œuvre collective ou un service d'Etat.

*« Relation médecin-malade : toujours importante, cette relation joue un rôle capital quand la maladie a, comme un cancer, une gravité réelle ou supposée. Une bonne relation atténue l'épreuve du malade, assuré d'être pris en charge et aidé autant que possible par un médecin en qui il a confiance. Dans le modèle médical occidental, issu de la tradition hippocratique, elle est basée sur les éléments majeurs suivants : un « **colloque singulier** » (expression proposée en 1935 par Georges Duhamel) a lieu entre un individu souffrant qui vient confier ses problèmes et un professionnel qu'il considère comme compétent. Cette relation est marquée par **la confiance** : on a parlé de la rencontre d'une confiance (du patient) et d'une conscience (du médecin). En droit, ce rapport est de nature contractuelle. La confidentialité de ce qui est échangé dans ce colloque est protégée par le secret médical. Le praticien est strictement tenu de ne pas révéler (sauf circonstances exceptionnelles prévues par la loi) les choses qui lui sont confiées ou celles qu'il recueille, surtout pour un diagnostic de cancer, exposé à de multiples interprétations ».*

http://www.fnclcc.fr/fr/patients/dico/definition.php?id_definition=1414 24/03/2010

Or le 21ème siècle s'ouvre sur une nouveauté extraordinaire: la découverte de la **carte génomique**. C'est une innovation fantastique. Chaque individu comporte un patrimoine qui le prédispose à telles sensibilités, à telles maladies, ou à tels dons particuliers. C'est personnel. Le colloque singulier ne sera plus « philosophique » mais « biologique ». Chaque malade va bientôt dicter son propre traitement : c'est évidemment à son médecin particulier de mettre en œuvre son traitement particulier. La génomique s'invite donc dans le débat de société qui résulte des discussions entre les médecins et les Etats. Elle trace ce que sera la médecine de demain : un retour à la nature particulière et individuelle de l'art de guérir. Les mesures autoritaires et collectives de Santé s'effaceront en grande partie devant le besoin spécifique de chaque individu. Seule la pratique individuelle pourra le reconnaître.

« Le projet génome humain a permis d'identifier les gènes impliqués dans différentes maladies mendéliennes et de caractériser également les gènes intervenant dans des pathologies comme le diabète, la schizophrénie et le cancer. Ce projet fournit actuellement l'information et les techniques représentant la base de nombreux tests de diagnostic prénatal. Il ne fait aucun doute que la génomique ***transformera profondément*** *notre perception de la Santé puisque le séquençage du génome humain nous a, très littéralement, donné accès au « dictionnaire de la vie ». La génomique nous donne donc de nouvelles ouvertures sur le fonctionnement intrinsèque de nos corps et nous orientera vers une médecine beaucoup plus prédictive, préventive et* ***personnalisée*** *puisque les trousses de diagnostic seront fondées sur la biologie et non plus sur les symptômes. En effet, la détection précoce d'une maladie comme le cancer peut accroître de manière exponentielle l'efficacité du traitement et la probabilité de survie. La génomique offre également l'immense potentiel de cibler les médicaments en fonction de la composition génétique de l'individu.»* http://www.sciencedirect.com/science, 17/03/2010

Chapitre 2

Qu'est-ce que la " SECU " ?

Une allocution de l'ancien Président Sarkozy a semé l'émoi parmi les médecins. Le **discours de Bletterans** prononcé en 2008, introduit la loi de réforme de la Santé Publique. Il est sévère. Il dresse un réquisitoire pour l'**économie** de la Santé et pour la politique **sécuritaire**. Le président affirme sa grande fermeté sur le dossier de la sécurité médicale, exigeant des « *résultats concrets* » (ce qui suppose que les pratiques médicales sont devenues douteuses et doivent être modernisées au plus vite....). Attardons-nous sur ce discours, qui marque un tournant assez radical dans les relations que nos sociétés modernes entretenaient avec les médecins depuis plusieurs siècles. Après une longue période euphorique, voici donc le discours de Bletterans. A le lire, il est temps que les médecins soient « recadrés » et qu'une plus grande **vigilance** sur les pratiques médicales soit enfin installée.

Le discours est très intéressant à analyser. Il se veut la prolongation d'une idéologie moderne « sécuritaire + néolibérale » qui entend remodeler toute la société ; le passage de la médecine traditionnelle dans le collimateur néolibéral était donc nécessaire, voici donc le discours qui démarre la « grande réforme » de 2008. Il préfigure une médecine domestiquée au service du néo-libéralisme au Pouvoir. Or, jusqu'à présent la médecine n'avait rendu de compte qu'à sa propre conscience et s'était chargée de transformer nos sociétés en les médicalisant petit à petit, dans l'enthousiasme général. Cette fois le Pouvoir entend soumettre la médecine à ses objectifs idéologiques.

*« Le président Nicolas Sarkozy a présenté jeudi à Bletterans (Jura) ses « priorités » pour le système de santé, souhaitant un « retour à l'équilibre » pour l'Assurance Maladie en 2011 et l'instauration de « pénalités planchers » pour les fraudeurs.... Il a défini plusieurs priorités: un hôpital **réorganisé**, une politique de Santé « économe » garantissant « **la sécurité et la qualité des soins** », une politique de prévention « **ambitieuse** » grâce au dépistage « qui **doit** devenir une habitude ». Selon M. Sarkozy, « l'hôpital **doit** se réorganiser pour privilégier les soins de recours et donner corps à de véritables filières de soin » car « nous souffrons trop de*

l'éparpillement des ressources médicales et paramédicales ». Il s'est aussi dit en faveur de la publication ***d'indicateurs de taux de mortalité*** *et d'infection dans les hôpitaux, qu'il a invités à «* ***analyser avec attention »*** *de même que les causes des* ***accidents*** *liés aux soins prodigués dans leurs locaux. « Je veux mettre en place une* ***régulation*** *du système de Santé par* ***la qualité*** *», a-t-il dit à l'adresse de ceux qui estiment que la maîtrise des dépenses signifie une dégradation des soins. Le projet de loi s'efforce par ailleurs de favoriser une meilleure répartition de l'offre de soins en France, où l'on compte 200.000 médecins (3,3 pour 1.000 habitants), et met en place des agences régionales de santé (ARS)... Pour accélérer le mouvement, il faut que soient rendus publics, pour chaque établissement de santé, quelques indicateurs simples, comme le taux de* ***mortalité*** *ou le taux d'****infections****. Je veux des* ***résultats concrets*** *»....*

http://afp.google.com/article/ALeqM5iVzb-GSj9NfjUBkS9edhCq9-xfJA

Ce discours avait été précédé d'un autre quelques mois plus tôt : « *Le pilotage des hôpitaux publics doit être facilité par l'émergence d'un* ***patron unique et identifié*** *: le président du directoire et directeur de l'établissement qui assumera de fait les responsabilités de président et de directeur général. Ce qui en fera un véritable* ***P-D-G****, un président-directeur général à l'image des responsables d'entreprises cotées en bourse sous le contrôle d'actionnaires... Ces pouvoirs étendus et* ***quasi absolus*** *seront ici sous le contrôle du seul directeur d'Agence régionale de santé (ARS) qui aura la possibilité d'y mettre éventuellement fin.* »

http://www.snphar.com/data/A_la_une/phar47/5-focus-47.pdf

Ce discours de Bletterans est évidemment tombé « à plat » parmi les médecins et les professionnels de Santé. Voici une profession qui a toujours su s'imposer une éthique sévère, et qui a toujours progressé avec une prudence et une honnêteté quasi obsessionnelles. La voici accusée de fournir des soins « *peu surs* » et de « *pauvre qualité* », d'être peu « *ambitieux* » ! « *Il est temps de la mettre sous l'autorité d'un patron unique et autoritaire, directement sous l'autorité de l'Etat* ». Oupps ! Dieu sait si les médecins se méfient des « médecines officielles » et des ordres donnés par les Présidents ou les tribuns des villes. La médecine s'est toujours considérée seule habilitée à penser sa propre éthique, précisément parce qu'elle deviendrait facilement un instrument de torture si elle était utilisée à d'autres fins que les soins intimes et souhaités par les patients eux-mêmes. Le médecin doit rester indépendant par obligation légale. On peut évidemment s'interroger sur la gravité de la situation actuelle qui justifiât une prise de position aussi radicale et contrariante; et d'abord se demander s'il existe réellement un litige sur la sécurité et la qualité de la médecine actuelle. Et dans ce cas s'il est ancien ou récent. Regardons en arrière ce qui s'est passé depuis 20 ans:

- il y a 20 ans : la lecture du rapport du Comité des Sages des Etats Généraux de la Sécurité Sociale en 1987 (22), est riche d'intérêt: le lecteur remarquera d'emblée que ce rapport est à la fois élogieux et rassurant, évoquant la **"sécurité" des pratiques** de Santé Publique. Nous sommes sous la présidence de François Mitterrand et la médecine est perçue alors comme pleinement "sûre", on parle de progrès remarquables.

« *...un sentiment réel* ***de sécurité*** *s'est à juste titre développé dans la population. La vieillesse n'est plus signe de pauvreté. La population a pu bénéficier , grâce à la sécurité sociale, des progrès considérables accomplis par les médecins depuis 1945 qui ont permis de faire reculer la souffrance et les malheurs des hommes , notamment des enfants dont la morbidité a fortement diminué. ...* » Etats généraux de la santé, 1987 (22) page 25

On ne demande pas aux médecins de rendre des comptes sur leurs pratiques, on affirme qu'elles sont pleinement efficaces. En un mot, la société française de 1987 et le pouvoir politique sont contents des médecins. Dès lors, on peut supposer que le contentieux sur les pratiques médicales est plus récent. S'est-il produit un effondrement des pratiques ?

- il y a 10 ans : il est intéressant de lire le rapport de la société française d'anesthésie faisant le bilan lors d'un congrès en 1996. De tous côtés les progrès médicaux ont été exceptionnels. Et les pratiques ont connu un taux remarquablement stable de sinistres déclarés malgré l'augmentation des contentieux. En dix ans la sinistralité médicale toutes spécialités confondues est restée la même (1,6 sinistre pour 100 sociétaires) malgré la transformation rapide des techniques.

« *Pour le professeur André Lienhart, chef du service d'anesthésie-réanimation de l'hôpital Saint-Antoine, l'anesthésie en France en 1980, c'est 3,6 millions d'actes d'anesthésie ; en 1996, c'est pratiquement 8 millions. Et si en 1980, une anesthésie était donnée à 6 à 8 % de la population tous les ans, aujourd'hui, c'est 13,5 % de la population, ce qui n'est pas anodin.... Le nombre de patients présentant un risque vital au moment de leur intervention a été multiplié par 4 en l'espace de 15 ou 20 ans. Mais le plus impressionnant dans cette évolution sur 20 ans concerne la mortalité. En 1980, il y avait 273 décès sur les 3,6 millions d'actes d'anesthésie tandis que pour la période actuelle et pour la France entière, le nombre de décès se situe autour de 53 pour 8 millions d'anesthésies. Pour faire simple, cela correspond à une* ***diminution*** *par un* ***facteur 10*** *du taux de décès.* »

http://www.aphp.fr/site/actualite/mag_anesthesie_securite.htm29/09/2009

Une diminution par dix du nombre d'accidents d'anesthésie, quelle discipline peut s'enorgueillir d'un tel succès ? Les résultats médicaux sont excellents, la **sécurité médicale** n'a jamais été aussi **bonne**. L'anesthésie a fait de réels prodiges dans les années 1990. On peut même dire qu'il se produit un bond en avant en matière de sécurité. Les années 1980-2000 sont réellement remarquables en matière de sécurité médicale et expliquent l'explosion des nouvelles techniques ou des nouveaux traitements. C'est bien une nouvelle médecine qui a été mise au point. Elle mériterait des applaudissements nourris et témoigne d'une **ambition** médicale constante.

- aujourd'hui : tous ces progrès ont apporté confort et sécurité, il n'y a aucun doute. Ils ont transformé le pronostic d'un nombre croissant de pathologies. Les progrès extraordinaires ont fait reculer l'espérance de vie de 6 ans en 20 ans de recherche et de pratiques assidues ! Et sans augmentation du nombre d'accidents déclarés....

On conclut que la médecine contemporaine n'a connu **aucun dérapage** apparent et que les procédures médicales ont continué de s'améliorer tout au long de ces 20 dernières années. Cette plus grande **fiabilité** est due essentiellement à l'éthique médicale qui cherche sans relâche à améliorer ses propres pratiques. Elle n'a pas eu besoin de Nicolas Sarkozy et de son discours de Bletterans pour cela. Ce point est très important. La médecine fonctionne de façon indépendante, et toute intrusion politique comporte un danger moral (elle soigne des personnes) et fonctionnel (elle traite des dysfonctionnements complexes). Le discours politique rompt avec un consensus social acquis depuis longtemps. Dès le 19ème siècle, la médecine scientifique a imposé ses méthodes comme **irréfutables** et supérieures aux autres intérêts qui pourraient l'effleurer. Le discours de Bletterans annonce réellement une **rupture** de ce consensus historique.

La médecine n'est pas une profession qui se prête volontiers à une tutelle politique. Elle est une discipline confrontée à des **problématiques complexes** : elle n'exécute rien, elle relève d'un savoir-faire acquis, et elle comporte des risques inévitables. Ses contraintes sortent de la logique règlementaire. Même si le monde politique s'est emparé de la **sécurité sanitaire** comme d'un thème fédérateur (démagogique ?) la médecine ne peut pas changer ses propres principes car ils sont déjà les meilleurs compromis possibles entre innovation et sécurité. La médecine est intangible. Les patients profitent de cette indépendance nécessaire et revendiquée. Si le nombre d'interventions chirurgicales a été multiplié par 3 en 20 ans, c'est bien la preuve que les résultats sont bons et même excellents. Les patients en redemandent.... La médecine répond depuis toujours à **ses propres règles de déontologie**, et ne peut se mettre au service d'aucune idéologie politique, même appelée « *sécuritaire* ». Elle ne sert que sa propre cause : la Santé.

« ... *Il apparaît que l'erreur humaine restera l'une des causes essentielles des accidents anesthésiques. Outre le fait qu'elles sont globalement* ***dix fois moins nombreuses*** *qu'il y a vingt ans, ce qui a changé c'est le regard qu'on leur porte. Pour les professionnels ce regard est plus compréhensif. On a pris conscience que les erreurs ne sont pas le fait de « casse-cou » inconscients ou incompétents mais qu'elles surviennent même chez les bons professionnels. Pour les patients et le public le* ***regard porté*** *sur les erreurs humaines est en revanche plus exigeant...* »

In : « Oxymag » (23)

82% des Français déclarent avoir une bonne opinion des hôpitaux publics. Ce chiffre reste stable depuis 2004 (82% également). Concernant les cliniques privées, le pourcentage de bonne opinion s'élève à 74% (73% en 2004). (source: les français et l'hôpital -FHF-TNS Sofres) 67% des Français estiment être bien informés sur la qualité des soins pratiqués dans les différents hôpitaux, cliniques et centres de soins. (Source: Sondage CSA-Sénat). L'existence d'une « *faute* » éventuelle ayant engendré de **l'insécurité dans les hôpitaux** et justifiant la modification rapide et concrète des pratiques n'est donc retrouvée **nulle part**.... Au contraire depuis 1987 tous les indicateurs de la qualité de la Santé Publique semblent bien démontrer une amélioration croissante de la qualité des pratiques. Dès lors, pourquoi ce discours belliqueux qui apparait avec du recul quelque peu « décalé » voire surréaliste ?

Une deuxième lecture s'impose :

Le discours présidentiel mérite donc une seconde lecture, plus « politique » cette fois. On constatera tout d'abord que le Président n'énumère pas des problèmes médicaux précis, ou des dysfonctionnements hospitaliers préoccupants, le discours **n'est pas médical**. Il présente une « Grande Réforme » de la Santé Publique. Il fait donc un vrai discours présidentiel et non une analyse technique de la médecine française. Mais alors pourquoi s'adresser aux médecins et aux professionnels de la Santé ? N'y a-t-il pas ici un risque de malentendu ?

*« L'idéologie que sous-entend la **précaution** est née dans un contexte **profondément étranger** à la logique médicale….Imposer la précaution revient alors à imposer l'abstention en cas de doute. C'est ainsi qu'est née la théorie du risque zéro. Or, la situation du médecin est tout autre. L'idée de risque zéro est incompatible avec la logique de l'art médical, elle contredit son génie propre. Le médecin n'est pas confronté à une alternative à deux branches dont l'une comporterait un risque, tandis que l'autre serait sans dangers. L'abstention du médecin, en effet, comporte toujours un risque inhérent au défaut de soins, et consistant en la dégradation naturelle de la situation du patient. »*

http://infodoc.inserm.fr/ethique/cours.nsf/63ab8071ff4920d5c125685c002b78bf/c3f3aff18540 31/03/2010

Ce petit texte est impressionnant, il prend le Président à contre-pied. Le discours alarmiste de Bletterans est lu « en dehors du contexte » de la médecine. Il est étranger à la médecine elle-même, en **rupture** avec elle. Parce que la médecine est un art qui traite de problèmes scientifiques complexes dans lesquels il n'y a pas une « bonne solution » et une « mauvaise solution ». L'absence de traitement d'un malade comporte un risque évident et certain, mais le traitement de ce même malade en comporte aussi. L'art consiste à jongler entre des contraintes inévitables. Il est donc impossible que les médecins « *fournissent immédiatement des résultats concrets* » aux administrations ou aux ministres. Cette exigence est surréaliste et trahirait une ambition politique réellement hors de propos. Le Président sait surement cela. Mais alors, que cherche-t-il ?

Les reproches présidentiels ne peuvent pas remettre en cause le mode de fonctionnement de la médecine connu pour être rigoureux et irréfutable. La Présidence va-t-elle aussi expliquer aux boulangers français comment faire du bon pain ? Alors, pourquoi une telle mise en scène ? Ce discours n'aurait peut-être comme ultime ambition que de se servir de la médecine pour relever des enjeux essentiellement politiques, et d'étendre l' « **idéologie sécuritaire** » à toute la Santé Publique. S'il exige des comptes, c'est parce que le système actuel ne lui en fournit pas assez. S'il évoque l' « *insécurité* » c'est pour mieux se porter garant de sa disparition, s'il exige des « *résultats rapides* » c'est pour montrer sa détermination à lui. En définitive, à Bletterans, le Président Sarkozy **parle de lui** et pas de la médecine française. Le discours semble surtout destiné à communiquer Son projet **politique** personnel. Avec un peu de recul on peut tout de même s'étonner de l'idée de promouvoir une « *médecine sécuritaire* », ce qui est un pléonasme. Comme si la médecine pouvait être « menaçante » ou « terrorisante »... Dans le fond, ce discours s'avance peut-être même un peu trop loin. Il consiste à décrire une médecine qui n'existerait pas sauf peut-être dans les couloirs de la « haute administration » parisienne. Ce point mérite notre attention, nous allons nous y attarder.

Le contrôle sécuritaire :

Le discours du Président à Bletterans exige des « *résultats concrets* » dans le contrôle des accidents liés aux soins et la qualité des soins. Le discours est sévère et dans une certaine mesure alarmiste. Mais il semble très probable qu'il fasse partie d'un programme politique de **sécurisation** de la vie sociale, dans lequel a été secondairement rattachée toute la Santé Publique. Pour preuve le discours tenu par le Président cette même année 2008, devant **les policiers**, ou devant **les enseignants** quelques mois plus tard. Ils se ressemblent étrangement...La sécurité est donc présentée dans le cadre d'un discours politique global projetant sur tous les aspects de la vie sociale le **dogme sécuritaire** comme le thème rhétorique du Président néo-libéral et le moteur de l'action gouvernementale. La lutte contre l'insécurité est donc déclinée tantôt sur le mode sanitaire, tantôt sur le mode policier, tantôt sur le monde scolaire etc.... Les mots employés dans les trois discours sont d'ailleurs quasi les mêmes. La rhétorique sécuritaire est utilisée à toutes les sauces. Par contre, ce thème sécuritaire est si abondamment utilisé, doit-il être considéré comme une véritable urgence nationale ou au contraire oserait-on y voir un vaste **artifice**, et donc un mode de pensée plus qu'une nécessité d'Etat (2) ? Est-il un sujet de société, un enjeu de civilisation nouveau, ou une invention purement rhétorique ?

*« Lors d'un discours à la préfecture de police de Paris, pour commémorer la libération de la capitale en août 1944, le chef de l'Etat a souligné que la lutte contre l'**insécurité** était la "**priorité absolue**" du gouvernement. S'écartant pour partie du texte de son allocution distribué à la presse, il a dressé la liste des mesures prises en matière de sécurité par la droite depuis son passage au ministère de l'Intérieur et son élection à la tête de l'Etat. »*

http://www.francesoir.fr/politique/2009/08/25/sarkozy-sécurité.html

*« Sur l'école, Nicolas Sarkozy a repris à son compte les propositions musclées de son ministre de l'Education Xavier Darcos pour "sanctuariser les établissements scolaires".... "Les personnels de direction et d'encadrement" seront donc autorisés à fouiller les sacs des élèves et chaque recteur disposera "d'une équipe mobile d'agents" pour intervenir dans les établissements à problèmes. Le système des policiers référents sera "systématisé" dans les écoles, des policiers retraités pourront surveiller leurs abords et 1.500 établissements bénéficieront d'un "**diagnostic de sécurité** ».*

http://www.france24.com/fr/20090529-france-education-sarkozy-annoncemesures-securite-ecoles-cite-sanctuariser-portique-fouille

Ayse Ceylhan, nous dit que la **rhétorique sécuritaire** ne se réduit plus aujourd'hui à la seule sécurité nationale (l'Etat) mais qu'elle s'élargit dorénavant à de nouveaux objets et secteurs. Ces secteurs sont la défense nationale, la politique, l'économie, l'environnement, l'enseignement, et la société elle-même. La **notion sécuritaire**, nouvelle dans le champ politique, s'intéresse donc à tous les domaines de notre société. Elle ne se réfère plus à une réalité extérieure, une menace objective, mais elle **invente** la notion de sécurité pour elle-même. Son objet devient évanescent. Le discours politique est dorénavant porteur de messages qui visent à modifier « *les croyances ou les convictions d'une communauté ou d'une profession entière* ». Il est imaginaire. En cela le discours inaugural de 2008, stigmatise clairement la communauté médicale. Mais ce discours et les nombreux autres visant la profession médicale, ne servirait en réalité que de tremplin pour créer l' **« illusion de la peur médicale »** ce qui est une démarche politique **totalement opposée** à la tradition médicale.

« *Il est important de souligner qu'en adoptant* ***le concept de sécurité sociétale****, on transforme l'identité et la culture en un enjeu sécuritaire. Elles sont présentées comme menacées comme à défendre face à un danger, à une menace. La sécurité ne se réfère pas à une réalité objective, mais elle établit une situation de sécurité par elle-même. Elle est construite essentiellement par le discours politique. C'est par l'acte du* ***discours,*** *le « speech art » qu'un problème devient un enjeu de sécurité ...En fait quand on analyse un discours sécuritaire, on voit qu'il ne s'agit pas seulement de simples énoncés mais d'un ensemble d'arguments rhétoriques , employés dans le but de modifier ou de renforcer par le biais du langage les représentations ,* ***croyances****, valeurs d'un groupe ou d'une communauté* "

Ayse Ceyhan, (55)

« *Ce n'est* ***pas dans l'urgence,*** *dans la rupture, dans la catastrophe de mesures imposées, que doit se faire la mutation de l'exercice médical mais par une réforme soigneusement menée. Les forces et les faiblesses de tout système médical sont bien connues. On peut s'inspirer des réussites des uns pour éviter les erreurs des autres. L'évidence oblige à écrire que tel n'est pas encore le cas*». « Sur la Nécessité de l'Utopie » in :

http://www.devernon.org/Site/la_sante_de_leconomie_medicale.html
02/04/2010

Le Président **exige** des « *résultats concrets* » sur la qualité des soins et une meilleure analyse des échecs. C'est une pensée qui trouble le monde médical puisque la médecine passe déjà son temps à faire cela et que le code de la Santé Publique en précise les termes de façon explicite. Mais en s'emparant du cœur même de la déontologie médicale, le Président ne va-t-il pas au-delà de sa fonction ? Posant ainsi la question : la médecine est-elle devenue un objet politique comme un autre ? Cette interrogation mène à une autre plus grave encore : le pouvoir politique n'a-t-il plus de limite ou peut-on encore espérer vivre dans une société civile et pluraliste ? L'empressement sécuritaire n'est-il pas en train de s'emparer de toute la société, et la médecine peut-elle fonctionner normalement dans ce climat de peur artificielle alors qu'elle a comme première mission de rassurer les malades et de les consoler ?

La mythologie sécuritaire :

« *...certes les attentats du 11 septembre et la guerre contre le terrorisme qui les a suivi ont eu des implications considérables sur la sécurité et les frontières aux Etats-Unis: la sécurité a été érigée en préoccupation principale des Américains...on a mis en place le « patriot act » un système de moteur de la politique intérieure .... On peut dire que sa grande particularité est d'avoir donné lieu à une gouvernance* ***par la peur****, la suspicion et l'urgence , et systématisé l'usage des technologies de sécurisation* »

Ayse Ceylhan, (55)

Cette nouvelle idéologie sécuritaire n'est pas une invention française. Elle est le fruit d'une **culture mondiale de la peur** née après l'attentat du 11 septembre 2001. Et on peut aisément affirmer que la sécurité hospitalière réelle - le vrai monde- n'est évidemment pas moindre qu'il y a dix ou vingt ans. Mais c'est le regard politique porté sur elle qui a radicalement changé.

La France s'aligne donc très tôt sur la politique sécuritaire mondiale, puisqu'elle a déjà adopté **6 mois avant** les attentats new-yorkais, un projet de loi sur la sécurité quotidienne, qui constitue une grande première: on n'avait jamais légiféré ainsi sur la criminalité et il faudrait probablement remonter à la fin du XIXe siècle, en tout cas avant la Première Guerre mondiale, pour voir le crime constituer un débat de société majeur. La France, comme le reste du monde, entre dans une ère de la crainte de l'autre. Les évènements de New-York n'ont servis que de catalyseur à un mouvement sécuritaire amorcé par l'élection de Georges Bush junior et l'arrivée au pouvoir américain d'une classe politique **ultraconservatrice**, très réticente à l'évolution du monde vers un pluralisme politique, l'émergence de nouvelles puissances économiques, et la contestation de son leadership idéologique.

Tout le camp occidental s'est senti menacé par la montée économique de la Chine et de l'Inde, et le refus de son idéologie matérialiste par les mouvements islamistes, dès les années 1980. En cela les attentats du 11 septembre ne font que confirmer dans la violence, le déclin de l'hégémonie américaine sur le monde. La réaction sécuritaire résulte de cette peur qui s'installe en Occident (2). Mais on devine également que ce mouvement sécuritaire est par nature éphémère et très lié au contexte international momentané.

Bernard Cazes écrit : « *les attentats du 11 septembre 2001 et ceux qui ont précédés ,ont réintroduit la guerre au sein de toutes nos sociétés , mais ils l'ont fait sous une forme jusqu'alors inconnue : pas d'armées concentrées, pas de revendications explicites, et pourtant il est impossible d'ignorer l'existence d'une menace dont la circonférence est partout et le centre nulle part ». En ce sens, çes attentats ont créé une véritable psychose et réintroduit le climat menaçant des sombres périodes de la* ***guerre.*** *Le 26 avril 2001, l'Assemblée nationale française a voté en première lecture un projet de loi relatif à la sécurité quotidienne, déposé en « urgence déclarée » le 14 mars, entre les deux tours des élections municipales. Déjà, le 2 février 2001, au cours d'une conférence de presse très médiatisée, le directeur général de la police nationale avait pointé solennellement du doigt l'augmentation des statistiques de police judiciaire au cours de l'année 2000, surtout en matière de vols de cartes de crédit, de violences contre les personnes et de délinquance juvénile* » . http://www.larecherche.fr/content/recherche/article?id=12761

Le « sentiment » d'insécurité :

H. Lagrange nous apprend que le débat public en France s'est souvent focalisé au cours de la dernière décennie sur l'adéquation entre la délinquance et le **sentiment d'inquiétude** qu'elle paraît soulever. Cette mise en garde est plutôt rassurante : non, nous ne sommes pas au bord de la guerre civile ! Il ne faut pas confondre insécurité et « sentiment » d'insécurité; il ne faut pas oublier que l'argument sécuritaire ne renvoie à aucune réalité. Pour Waever il est essentiellement rhétorique. Si le projecteur politique **stigmatise la médecine** en tant que profession dont on attend la « *modification rapide des pratiques* » il faut garder à cette idée la nature rhétorique qui est la sienne. Injustement soupçonnés par un discours manifestement opportuniste, les médecins ne peuvent, sous peine de graves fautes, modifier brutalement leurs pratiques. Ils doivent rester sereins et ne pas trop écouter les sirènes politiques…..

S'il faut évoluer vers une médecine plus soucieuse du « faire-savoir », elle peut en effet se convertir à plus de communication sur ses méthodes. S'il faut confondre « faire-savoir » et « savoir-faire », alors l'Etat risque de s'engager, sous prétexte de sécurité, dans un **contrôle hystérique** des pratiques médicales qui peut miner toute la profession et transformer les « contrôleurs » en de dangereux apprentis sorciers. On risquerait alors une vraie catastrophe sanitaire. Sans doute notre Santé Publique est-elle le reflet idéologique de son époque, nous le verrons à plusieurs reprises. Il semble louable d'améliorer le système de Santé Publique française, mais il faut le faire avec beaucoup de prudence et de patience.

La **complexité** de la médecine moderne ne permet pas de la bousculer sans créer plus de dommages que de progrès, simplement parce qu'elle est déjà le meilleur compromis entre des contraintes multiples, dont les médecins sont les garants. En outre l'argument basé sur la peur sociétale est manifestement le fruit d'une pensée passagère, au tournant du 21ème siècle qui voit de profondes modifications politiques et idéologiques (7). Il n'a rien d'une nécessité médicale. Lorsqu'un nouvel équilibre planétaire sera atteint, le regard porté sur notre médecine redeviendra plus serein. Georges Soros (3) nous rappelle que « *la lutte contre le terrorisme ne peut réussir si l'on ne projette pas, en même temps, la* ***vision d'un monde meilleur,*** *et la lutte contre la pauvreté l'ignorance et la répression doit être menée avec une détermination équivalente* ».

Il semble nécessaire de veiller à maintenir autour de la médecine une **ambiance sereine et professionnelle**, dénuée de toute passion idéologique :

« Il est urgent d'abandonner les ***conceptions dualistes*** *et en particulier celle qui émerge du durcissement de la distinction entre insécurité et sentiment d'insécurité. S'il a fallu insister sur cette distinction pour montrer que la peur ne découle pas mécaniquement de l'agression, la reproduction de cette opposition hors du contexte où elle a été mise en évidence a souvent conduit à des* ***positions intenables****, méconnaissant les conditions précises dans lesquelles la peur et l'agression ont été mises en relation. Pour dépasser le dualisme entre insécurité objective et sentiment d'insécurité, il faut abandonner l'idée que des faits sont constitués à un niveau et reçus à un autre. »*

H. Lagrange, in : (49)

Un nouveau système de santé publique :

Dans son discours de 2008, le Président Sarkozy appelle de ses vœux (et avec fermeté) un système de Santé économe et soucieux de ses résultats. On ne peut que se réjouir de cette volonté, qui est redondante dans la mesure où elle figure déjà dans **le code de Santé Publique** et dans la **déontologie** médicale. Pour appuyer ce sens de la responsabilité, la médecine a été longtemps gérée par des **caisses indépendantes**, autonomes donc. La Santé Publique a été gérée hors du budget de l'Etat entre 1945 et 1995. Ceci est important : la médecine moderne a été gérée à partir de 1945 par un organisme indépendant de l'Etat, apolitique, et strictement technique : la Caisse Nationale d' « Assurance-Maladie ». Ce système d'assurance permettait de mettre en œuvre l'accès aux soins médicaux et paramédicaux. L'intrusion « politique » était faible, le système était indépendant et responsable. Ensuite le président Chirac a décidé en **1995** de mettre la Caisse Nationale d'Assurance-Maladie sous la tutelle de l'Etat. L'institution est devenue une affaire purement politique. Evidemment ce qui devait arriver, arrivât :

« La Sécurité Sociale est une organisation obsolète et coûteuse. 150.000 salariés vivent sur la bête. Dépenses de gestion administrative : ***10 milliards*** *d'euros par an,* ***dont 7 milliards*** *pour la seule Caisse nationale d'assurance maladie (le régime d'assurance maladie emploie à lui seul 106 000 personnes). La mise en place des 35 heures, entre 2001 et 2004, a provoqué une hausse du personnel de 15 %. On a embauché à tour de bras, sans s'occuper des rapports et des études qui montraient, unanimes, qu'il fallait* ***dégraisser les effectifs****. La France compte 500 caisses, de taille variable, dont le nombre d'assurés varie entre 70 000 et 3 millions. Chaque caisse a son conseil d'administration, son directeur, ses personnels. Pas de regroupement d'achats, pas de centralisation des paies, pas d'harmonisation des systèmes informatiques. Tout cela a un coût: 200 millions d'euros de gaspillages, selon la commission des affaires sociales de l'Assemblée Nationale. Les déficits perdureront tant que ne sera pas revu l'organisation de la Sécu et tant que ne sera pas envisagé une* ***mise en concurrence*** *plus avancée de l'assurance maladie (caisses d'assurance et hôpitaux). Notre système n'en sera que plus efficace, c'est-à-dire, à couverture égale, moins coûteux pour tous les salariés. »*

http://www.contribuables.org/actualite/l-actualite/securite-sociale-deficit-ettaxes-au-menu-du-budget-2009/

Ainsi en 2014, le budget de l'Assurance-Maladie (ONDAM) était de 185 milliards d'euros auquel il faut ajouter 50 milliards de participation directe de l'Etat, soit environ 235 milliards d'euros. Le **déficit** annuel du régime général de Sécurité Sociale jamais remboursé par l'Etat, mais mis à la charge de la dette publique, était de 20, 3 milliards d'euros en 2009 et encore de 11,4 milliards d'euros en 2013. L'enveloppe des soins de ville est de 73 milliards d'euros et la part de tous les honoraires médicaux représente 26,5 milliards d'euros. Tous les honoraires médicaux représentent donc **13% des dépenses** de la Santé Publique. Elle est administrée par 106.000 fonctionnaires (tous statuts confondus) pour 200.000 médecins en activité. En France il y a plus d'intermittents du spectacle (220.000) que de médecins. Ceci résulte clairement d'un choix de société.

Il y a donc aussi 1 fonctionnaire de l'Etat pour contrôler 2 médecins en exercice… Les frais de fonctionnement de l'administration de la Santé Publique sont estimés entre 7 et 10 milliards d'€ particulièrement élevés par rapport aux autres pays européens. Le personnel administratif représente 15% des personnels hospitaliers et 10% de son budget.

« *Pourquoi le déficit de la SECU a-t-il explosé en 2008? Le montant estimé du "trou" de la Sécurité sociale n'est plus un mystère: le régime général devrait afficher en 2010 un* ***déficit supérieur à 23 milliards*** *d'euros, un montant historique après celui de 2009, qui devrait se monter à 20 milliards. Pourtant, la Sécurité sociale n'a* ***pas vu ses dépenses exploser*** *soudainement. Pour l'assurance-maladie, par exemple, le plan prévoit une augmentation de seulement 3% en 2010. Si l'objectif était tenu, il s'agirait du taux de progression le plus faible jamais enregistré depuis 1999. C'est donc* ***la chute des recettes*** *qui est la principale explication de cette plongée du déficit. La faute à la crise économique et la hausse brutale du chômage qu'elle a entraînée. Les recettes de la Sécurité sociale sont en effet fondées sur le travail et sur la masse salariale : les deux tiers des recettes du régime général proviennent des cotisations sociales assises sur les revenus professionnels. Ainsi, l'Unedic, qui administre le régime de l'assurance chômage, prévoit une augmentation 137.000 demandeurs d'emploi en 2010, après les 639.000 supplémentaires de cette année* ».

http://www.lexpansion.com/economie/actualite-economique/le-budget-de-lasecu-en-cinq-questions_202088.html

En 2008, l'Etat a consacré 60 milliards d'euros pour l'**aide à l'industrie et l'innovation**. Il y a consacré deux fois et demie plus d'argent qu'aux honoraires et salaires des 200.000 médecins du pays. Avec un budget national de 1.035 milliards d'euros en 2008, la Santé Publique coûte 15% des dépenses ; la coopération au développement coûte 1%... On comprend que les médecins ne coûtent pas cher, un peu plus du double du budget de la coopération au développement. Par contre, les comptes de la SECU, sont une vraie préoccupation depuis 1995 :

Evolution du déficit du régime général de la **Sécurité Sociale** en France :

Année	**Dette** cumulée	**déficit** branche maladie	régime général
1996	23,2	-	-2,5
1997	25,2	-	+0,5
1998	40,3	-	-2,5
1999	42,2	-	+0,5
2000	44,1	-1,6	+0,7
2001	46,0	-2,1	+1,7
2002	49,0	-6,1	-3,5
2003	53,3	-11,1	-10,2
2004	92,4	-11,6	-11,9
2005	102,0	-8	-11,8
2006	107,7	-5,9	-8,7
2007	107,6	-4,6	-9,5
2008	117,6	-4,4	-10,2
2009	134,6	-10,6	-20,3
2010	134,6	**-11,6**	**-23,9**

2011	202,4	-8,6	-17,4
2012	209,2	-5,9	-13,4
2013 (p)	**217,1**	-7,7	**-11,4**

Dépenses prévisionnelles du régime général en 2013 : 340,4 milliards
Recettes prévisionnelles du régime général en 2013 : 329 milliards

Le déficit annuel de la branche maladie était de **11,6** milliards d'€ en 2010 et est encore de **7,7** milliards d'€ en 2013. 60% du déficit général est dû à la branche maladie.

« *La réduction du déficit du régime général amorcée en 2011 et 2012 connaît un coup d'arrêt en 2013*», observe la Commission des comptes de la Sécurité Sociale dans son dernier rapport dont « Le Figaro » a obtenu une copie. Ce qui s'explique principalement par la hausse du chômage. Les hausses des prélèvements décidées en 2012 (relèvement de la cotisation retraite, du forfait social et des prélèvements sur les revenus du capital) n'ont pas suffi à compenser les effets de la crise économique.

Ainsi Le journal « l'Expansion » démontre ce paradoxe : le « trou » de la SECU est constitutif de son mode de financement. Les prélèvements sociaux sur les salaires et les bénéfices des entreprises soumettent la sécurité sociale aux aléas de l'économie. Le déficit est donc **inhérent à la gestion du système** de Santé lui-même. Les médecins n'ont rien à voir avec cela.... Et « exiger » des médecins de revenir à l'équilibre des comptes est quelque peu culoté tout de même puisqu'ils n'ont rien à dire dans la gestion de la Santé et que le coût des soins médicaux est au contraire remarquablement stable. Par comparaison on ne peut pas en dire autant de la SNCF, de la RATP, de la SNCM, etc…

Même les malades-cotisants à l'Assurance-Maladie sont culpabilisés en permanence parce qu'ils « *consomment trop et mal* » les produits de Santé. Mais on peut tout de même se poser une question : l'Assurance-Maladie assure un risque, comme toute assurance. Ce risque est-il plus élevé aujourd'hui qu'il y a 10 ans ? Si non, pourquoi le système est-il en faillite permanente ?

La réponse est connue depuis longtemps. Le déficit ne vient pas d'une **surconsommation** de soins médicaux, contrairement à ce qui est affirmé. La consommation de soins est relativement stable, malgré les demandes croissantes et la sophistication liée aux progrès. Non, le problème est que l'Assurance-Maladie est financée en grande partie par les entreprises, donc seuls les assurés qui ont un emploi contribuent au financement. Or l'Europe connait un déclin économique depuis trente ans. Depuis les années Thatcher et le gel des salaires. La part des salaires dans le budget des entreprises à diminué de 30%, la contribution au système de Santé aussi. Le déficit de l'Assurance-Maladie est provoqué par des **recettes insuffisantes**, pas par des dépenses excessives.

On peut conclure que la Sécurité Sociale n'est pas un système pérenne dans sa forme actuelle, contrairement à ce que l'on a longtemps cru. Elle est très dépendante des entreprises privées et de l'emploi. Comme l'Europe a longtemps nié que les « avantages sociaux » puissent être réversibles, la dette publique lui a permis de vivre au-dessus de ses moyens et de cacher la **précarité de son système de protection sociale** à ses citoyens. Le système est en train d'imploser, puisque la dette publique a atteint des proportions hallucinantes. Il implose parce que le courage politique a manqué depuis trente ans et que personne n'a accepté de dire aux syndicats et au peuple souverain que les avantages sociaux dépendaient des cotisations perçues réellement par les caisses....et de rien d'autre. Pour comprendre ce qui se passe, voici un survol du mode de fonctionnement des diverses « Assurances-Maladies » européennes et leurs conséquences :

Les systèmes de Santé Publique :

En pratique, comment fonctionne la Sécurité Sociale du monde occidental ? Elle est un peu greffée sur son modèle économique. Il y a des caisses qui sont des assurances, et qui versent des prestations. Mais chaque système a ses caractéristiques. L'assurance américaine est différente de l'assurance anglaise. Les trois systèmes vont du plus étatisé (anglais) au plus libéral (américain). Le système allemand est dit coopératif et mixte :

- Les système nationaux (anglo-saxons) :

  Alors que l'économie anglaise est la plus libérale d'Europe, son système de Santé est quasiment soviétique. Tout est étatisé depuis 1945. Les économistes de la Santé aiment le système autoritaire à l'anglaise ou à la suédoise (29) : le budget de la Santé est voté et alloué chaque année, il entretient des médecins majoritairement salariés, il ne permet pas de dérapage budgétaire. Les dépenses sont décidées a **priori**. Mais il a un défaut : il génère des files d'attente, car les dépenses sont attribuées au « moins-disant ». On comptait jusqu'à 18 mois d'attente en Angleterre avant de pouvoir être opéré d'une arthrose de hanche en 2000-2005, alors qu'on pouvait y acheter une maison en une seule journée. En outre les médecins payés au forfait ne sont pas incités à fournir davantage de prestations que ce qui est obligatoire et encouragés en cela par les économistes (de façon tacite). Ce système a logiquement éclaté tant en Suède qu'en Angleterre, sous la pression des malades eux-mêmes ne supportant plus une médecine gérée à la soviétique dans un système économique ouvertement libéral. Le rationnement des soins s'est avéré impossible à gérer politiquement.

- Les systèmes de caisses (dit « rhénan », partagé par les pays riverains du Rhin) : le capitalisme coopératif allemand a donné naissance à une Sécurité Sociale coopérative également. Dans le système des caisses indépendantes, on pratique ce que l'on appelle le remboursement **a posteriori** des actes médicaux. Ce système n'est pas aimé par les économistes de la Santé, car les dépenses ne sont **pas prévisibles**. Mais c'est exactement le principe de la caisse de « solidarité » qui gère les accidents de la vie professionnelle. Le système est cohérent, quoi qu'on en dise. Pourquoi est-il en déficit ? On a vu que le déficit ne vient pas des prestations (qui sont constantes et prévisibles) mais des ressources qui sont inégales. Ce système offre cependant un avantage considérable : il est le socle d'une **importante activité de proximité**, donc il maintient l'emploi en dehors des cycles économiques. Politiquement il est excellent. Il devrait logiquement être vénéré par les économistes dits « keynésiens » au lieu d'être combattu comme une dépense inutile.

- Le système libéral américain : dans le système américain chaque citoyen gère sa propre assurance-maladie auprès des assureurs privés. C'est le principe de l'assurance-vie. Mais la crise immobilière de 2007 a mis à la rue des millions d'Américains et 90 millions d'entre eux se sont retrouvés sans aucune couverture de soins médicaux. En novembre 2009 la réforme du système de Santé américain a été adoptée par la chambre des représentants et la création d'une caisse nationale d'Assurance-maladie dotée du budget faramineux de 600 milliards de dollars est (quasi) acquise à ce jour en 2014. C'est un combat de deux mandats du Président Obama : il a mis fin au système de Santé le plus libéral et le plus inégalitaire du monde. Il s'inspire dorénavant (un peu) du système d'Assurance-Maladie européen.

Un système de Santé Publique à bout de souffle :

Les trois systèmes de Santé Publique ont chacun leurs défauts et leurs qualités. Le système individualiste est le moins cher, mais il y a une médecine à deux ou trois vitesses ce qui est insupportable pour nous les Européens. Le système anglo-saxon est vertueux, il décide la quantité d'argent qui sera consacrée chaque année à la Santé. Mais il génère nécessairement la disette avec ses files d'attente à la soviétique. Le Royaume-Uni a le taux d'imposition le plus bas d'Europe mais il faut attendre 18 mois avant d'être opéré de sa hanche ou de sa cataracte. Le système rhénan des caisses régionales est décentralisé, solidaire et participatif, mais il conduit à l'inflation des dépenses de Santé. Les Allemands favorisent la concurrence entre les caisses et imposent des remboursements « flottants » pour juguler cette inflation des dépenses. Ils ne s'en sortent pas trop mal, leur système semble un bon compromis entre le contrôle des dépenses et les aspirations des citoyens à la Santé.

Toute cette agitation autour des systèmes de Sécurité Sociale veut simplement dire que les citoyens modernes raffolent des soins médicaux ; ils veulent être en bonne santé, ils sont « accros » à leur bien-être, la médecine est devenue une **nécessité sociale.** La médecine est la « grande star », et les médecins restent les idoles de la nouvelle société. C'est ainsi. On s'attend donc à ce qu'ils soient adulés comme des bienfaiteurs puisqu'ils ont profondément transformé nos sociétés. L'espérance de vie a été doublée en 150 ans, ce qui ne s'est jamais produit dans toute l'histoire de l'Humanité. Bon, n'exagérons pas tout de même, les progrès des sciences et des techniques, de l'hygiène publique et de l'agriculture ont largement contribué à l'essor de la Santé Publique aussi. Quoi qu'il en soit on comprend mal le discours **anti-médical** qui circule depuis une trentaine d'années :

« *Le médecin* ***cupide*** *ne songe qu'à multiplier ses actes pour s'enrichir rapidement* ». « *Le premier endroit auquel se rend le médecin ? La banque pour y placer son argent.* » **(8)**

L'auteur est assez connu, et est très apprécié du Pouvoir. Mr Jean de Kerguiziau de Kervasdoué représente une génération d'économistes de la Santé dits « modernes » élevé au rang de Grands Serviteurs de l'Etat. Or il n'aime pas beaucoup les médecins même s'il se vante de veiller beaucoup à sa propre santé. C'est une énigme: les économistes de la Santé pourchassent les médecins comme des sorcières, alors que ce sont eux qui font la Santé Publique. Pourquoi ? C'est comme si le ministère de la culture pourchassait les artistes, pourquoi cette attitude paradoxale ? A-t-on entendu un ministre de la culture dire publiquement : « *l'artiste peintre cupide ne songe qu'à multiplier ses œuvres pour s'enrichir rapidement* » ou « *Le premier endroit auquel se rend un acteur de théâtre ? La banque pour y placer son argent.* »

Nous allons nous attacher à trouver les raisons de cette « chasse aux sorcières médicales ». Elles ne sont pas anodines : aujourd'hui la Santé coûte cher, et plus personne ne veut payer. Personne ne veut payer pour se faire opérer de sa cataracte mais 80% des familles françaises sont branchées sur internet. On a donc remis la facture sur le dos des entreprises, qui sont parties s'installer en Chine où elles sont beaucoup moins taxées. L'Etat-Providence est devenu un enfer, il faut trouver des coupables. Il faut brûler des sorcières pour justifier les choix économiques et politiques faits depuis 30 ans… et qui sont inavouables aux citoyens. Il y aura dorénavant **moins de médecine** payée par les Etats, moins de Santé Publique, et il faut bien faire passer la pilule. En France on a choisi de s'attaquer aux médecins directement, ce n'est pas le cas partout en Europe. La technique s'appelle la **stigmatisation**.

Les statistiques de l'Unasa nous montrent pourtant une autre réalité: on est loin de revenus médicaux faramineux. Pour des professionnels ayant fait entre 8 et 13 années d'étude après le bac, et ayant commencé à gagner leur vie à 32 ans, soit dix ans plus tard que la moyenne nationale, le train de leur vie est loin d'être celui des publicitaires ou des coachs des entreprises privées ou des professions règlementées comme les huissiers de Justice, les Notaires, etc…

« Notaires, greffiers, huissiers, architectes, pharmaciens : les professions dites "réglementées" s'indignent en ordre dispersé contre les réformes annoncées par le ministre de l 'économie Arnaud Montebourg, sur la base d'un rapport que Bercy tarde à rendre public….Ces derniers font face à la détermination de Arnaud Montebourg, qui a dit le 10 juillet vouloir "restituer 6 milliards d'euros de pouvoir d'achat aux Français" en réformant "de nombreuses professions en situation de monopole" qui "captent par leur position des revenus pour des services payés trop chers ».

http://www.sudouest.fr/2014/07/28/reforme-des-professions-reglementees-hostile-et-a-priori-defavorable-1627390-705.php

En réalité il est difficile d'imputer la dérive du système de Santé Publique aux médecins traitants ou leurs confrères des hôpitaux ou des cliniques. Le divorce entre les médecins et les gestionnaires ne vient donc pas d'eux, il est essentiellement politique :

« *Selon l'Unasa, le résultat net moyen d'un infirmier en activité libérale en 2007 est de 39 000€; les revenus de ces professionnels auraient augmenté de 11,8% ces 5 dernières années. A titre de comparaison sur la même année le résultat net moyen d'un médecin généraliste libéral est de 72 000€, celui d'un cardiologue est de 101 000€ et celui d'un chirurgien s'élève à 122.000€...* »

Même Mr de Kervasdoué le reconnaît : c'est surtout l'arrivée au pouvoir des nouveaux technocrates, qui va pousser le Président Giscard d'Estaing à porter un coup décisif aux dépenses de Santé. Il conçoit, avec ses économistes, de **limiter l'accès** aux études médicales. Pourquoi ? Pour une raison très simple: devant les progrès extraordinaires de la médecine et l'augmentation des dépenses de Santé, il faut tout simplement....limiter l'accès aux soins en **raréfiant** le nombre de médecins. Il décide de diminuer l'offre de soins médicaux, pour diminuer le coût du travail à charge des entreprises. C'est un calcul que l'on peut qualifier de cynique: l'Etat empoche les cotisations des adhérents au système de Santé depuis 30 ans, mais va empêcher ces mêmes adhérents d'aller consulter leur médecin lorsque le besoin viendra. Puisqu'il n'y aura plus beaucoup de médecins...Les déserts médicaux ont été mis en place de **façon délibérée** à partir des années 1970, et jamais contredits depuis. Ce nouveau système basé sur **l'assèchement de l'offre de soins** a fonctionné à plein pendant 30 ans, le temps de laminer toute une classe d'âge.

Mais dès les années 1990, les hôpitaux publics commencent à se vider de leurs médecins. Ils sont suréquipés (au frais du contribuable) mais manquent de praticiens...Alors ils vont faire appel à des médecins étrangers d'origine africaine. Eux se forment en France avant de retourner au pays : mais les voici qui se trouvent titularisés en métropole pour venir secourir...les Français eux-mêmes. Aujourd'hui il manque toujours 8.000 praticiens dans les hôpitaux publics et il y a 7.500 médecins diplômés en dehors de l'Union européenne soit 12,5% des effectifs médicaux ! Ces médecins importés en catastrophe ne connaissent pas bien le français, sont étrangers à la culture et bien souvent ont bénéficié d'une formation médicale de qualité inférieure aux standards européens, et ont eu la chance d'obtenir un diplôme de docteur en médecine à Marrakech, au Caire ou à Moscou quand 95% des étudiants français se sont vus refusés en première année de médecine..... Cela a-t-il un sens ?

Combien d'étudiants français reçus-collés au concours ont dû choisir un autre métier que la médecine...mais ont été remplacés à l'hôpital par des internes étrangers moins bien formés, peu conscients des enjeux, mal intégrés et mal payés ? Est-ce de la clairvoyance, le résultat d'une vision un peu courte ou un véritable aveuglement idéologique ? La politique sanitaire pratiquée dans la plupart des pays européens depuis 1975 est tout simplement suicidaire, mais la France excelle dans son « numerus clausus » qui est une cause rudement défendue par sa haute administration. La **destruction de l'offre de soins** est la seule motivation de cette politique, qui n'ose pas dire son nom. Parce qu'elle est « politiquement inavouable ». Or ce choix néo-libéral est une hérésie économique.

*« En 2009 la densité médicale est de 290/100.000 habitants pour 300/100.000 en 2008 et 322/100.000 en 2006. L'érosion est donc de 3% par an depuis 5 ans, et on prévoit **20% de médecins en moins** dans 10 ans. En 1971 on formait 8.500 médecins par an, et en 1990 seulement 3.500 par an. On est repassé à un numerus clausus de 7500 mais il faudra 12 ans avant d'en voir les premiers effets... l'âge moyen des médecins est aujourd'hui de **51 ans**, c'est la profession la plus vieillissante de France et par ailleurs l'Ordre des Médecins s'inquiète de voir de nombreux jeunes s'écarter de la médecine de soins. En France la médecine n'est plus attractive notamment à cause des **contraintes administratives excessives** et l'encadrement jugé de plus en plus strict de la médecine libérale par les pouvoirs publics. L'augmentation du nombre de médecins remplaçants (désormais 10.000) témoignerait d'une réticence à s'installer, 66% des nouveaux inscrits ont préféré le salariat. ...« le yoyo ridicule du numerus clausus a effectivement posé problème » reconnaît l'économiste de la Santé Jean de Kervasdoué qui est pourtant un expert très apprécié de la haute Administration de l'Etat. »*

La revue de l'ordre des médecins, 2010, (19), page 6-8

«Une tribune, publiée cette semaine dans Le Monde, de Jean de Kervasdoué, professeur de l'économie de la Santé au Conservatoire national des arts et métiers, revient sur l'épineuse question de la rémunération des médecins. Pour une fois le sujet est abordé sainement et ne « charge » pas les médecins libéraux. Au moment où le gouvernement s'ingénie à bloquer les honoraires médicaux lorsqu'il ne les réduit pas comme c'est trop souvent le cas pour certaines spécialités, l'économiste se livre à un véritable plaidoyer en faveur d'une rémunération enfin à la hauteur du service rendu. "Connaissant les tarifs des bons avocats parisiens (entre 300 et 500 euros l'heure), je ne trouve pas scandaleux qu'une demi-heure de consultation d'un médecin spécialisé et chevronné soit facturée autour de 80 euros, sans qu'il soit contraint de faire des actes". " Une faible rémunération de l'acte médical" lèse aussi bien les praticiens que les patients. Jean de Kervasdoué rappelle au passage que les médecins étrangers, notamment britanniques, allemands ou néerlandais sont beaucoup ***mieux rémunérés*** *que leurs confrères français »*

http://www.csmf.org/index.php?option=com_content&task=view&id=839&Itemid=542 le 23/03/2010

Il est intéressant de constater que la population médicale française n'est pas suffisamment nombreuse et excessivement administrée. Elle est bien le miroir de l'Etat Lui-même. Dans un pays en crise de l'emploi, et en prise avec une désindustrialisation historique, il semble cependant paradoxal de **freiner l'essor du secteur médical si prometteur.** Mais en plus, cette stratégie conduit depuis 20 ans à des contresens qui s'avèrent ruineux pour le budget. D'autres pays ont une approche différente de ce secteur économique de la Santé. Nous nous attarderons plus loin sur le cas de l'Allemagne. Cette autre relation avec la profession médicale ne s'avère pas ruineuse, au contraire elle est sans doute plus économe en fin de compte. Voyons ce qui se passe dans les hôpitaux français:

« Médecins intérimaires: au secours, l'hôpital public part à vau-l'eau! Le récent rapport parlementaire « Hôpital cherche médecin coûte que coûte » du député Véran est symptomatique du malaise qui touche l'hôpital public mais plus globalement du système de Santé où chacun cherche son bénéfice individuel plutôt que l'intérêt général. Et encore une fois, au lieu de s'intéresser à la cause de ***la fuite des médecins hospitaliers****, notreMinistre de la Santé stigmatise les médecins dans Le Parisien : « Il est quand même*

choquant que des médecins jouent des difficultés de recrutement que peuvent rencontrer certains établissements" ». Mais de qui se moque-t-on? Si les médecins fuient les hôpitaux et que ces derniers sont obligés de recruter des médecins intérimaires, ce n'est ni la faute des médecins hospitaliers, ni celles des intérimaires. C'est plutôt la faute d'un ***système hospitalier*** *qui fait tout pour les faire fuir. Les médecins hospitaliers sont en effet passés en quelques années du stade de « patrons » aux pleins pouvoirs à celui d' ouvriers spécialisés, simples exécutants au service d'une administration à l'ampleur démesurée. Pas étonnant que les médecins fuient, préférant l'activité libérale, mieux rémunérée et surtout plus libre....Chaque année le taux de vacance statutaire des praticiens hospitaliers dépasse* ***30%*** *dans certaines activités (anesthésie-réanimation, urgences, radiologie) sur les 40.900 praticiens en 2011... Chaque année, le concours pour y accéder comporte plus de places que de candidats... »* Gérald Kierzek Médecin urgentiste, le 18/12/2013

http://www.huffingtonpost.fr/gerald-kierzek-/medecins-interimaires-hopital-public

Que décrit ce médecin urgentiste ? La débâcle des hôpitaux publics n'a qu'une explication : sa **démédicalisation**. Elle semble bien résulter d'un choix politique et idéologique délibéré. C'est donc bien un hôpital déshumanisé qui est à l'origine de la désaffection des médecins. Le déclin de la présence médicale entraîne aussi l'éclatement des services, la perte du sentiment d'appartenance à une noble cause et son remplacement par une compétition statutaire (typiquement administrative) dans laquelle ne se retrouvent ni les malades ni les soignants. Plus affreux encore, l'administration a importé à l'hôpital l'**anonymat** qui l'a transformé en un vaisseau fantôme. Le mal est profond.

Le modèle allemand, ou le mérite du pluralisme :

Contrairement à la France, L'Allemagne est restée **fidèle au système des caisses**. Comme l'Allemagne a un régime fédéral, cela ne gêne pas le Pouvoir d'avoir 500 caisses différentes, du moment qu'elles sont bien gérées. Il n'est pas sans intérêt de savoir que le « régime fédéral » a été imposé aux Allemands après la deuxième guerre afin de museler son appareil politique, et d'empêcher l'émergence d'un nouveau dictateur. Ce régime **fragmenté,** considéré comme une punition de guerre, s'est en fait révélé le **meilleur régime politique** d'Europe depuis 40 ans. Il n'y a plus aucun doute là-dessus. Regardons ceci de plus près :

« *Honoraires des généralistes (Allemands) "Merci, je vais bien" Dirk Wetzel est médecin généraliste. Ses revenus sont dans la moyenne des médecins ayant leur cabinet privé... Ce généraliste de 39 ans exerce dans une commune de 7000 habitants, au Nord de la Hesse. Il gagne environ 10.000 euros brut par mois....Pour régler les honoraires trimestriels aux praticiens avant réception des facturations détaillées de l'organisme gestionnaire, les caisses obligatoires (KV) se basent sur les chiffres réalisés l'année précédente à la même époque. En 2008, ce furent 862 patients par généraliste par trimestre. Donc pour notre généraliste et ses deux collègues dans le cabinet commun, la multiplication du nombre de malades par le prix forfaitaire* ***de 38,11 euros plus 10%*** *de bonus conduit à une rémunération pour le premier trimestre 2009 de 107.527 € au total (soit dans notre cas concret environ 12 000 euros brut par médecin et par mois). Ceci correspond à la moyenne enregistrée pour les généralistes libéraux exerçant en Hesse. Il s'agit cependant de deux tiers des revenus effectivement perçus. Au revenu de base, il faut ajouter des* ***honoraires supplémentaires*** *pour les programmes de préventions, les opérations pratiquées au cabinet, et pour les patients participant à des programmes pour maladies chroniques. Des visites à domicile rapportent 18 euros, en cas d'urgence 65 euros, et le samedi 46 euros*»

http://www.atoute.org/n/article120.html le 27/04/2010

Les dogmes administratifs imposés par la « nouvelle gouvernance » de la Santé seraient donc bien « franco-français » : en Allemagne comme en Suisse ou dans les pays scandinaves, on tient un discours différent. L'Allemagne a un budget rigoureux. Le déficit est interdit. L'Assurance-Maladie allemande rembourse les prestations de Santé selon le budget prévisionnel, c'est-à-dire les chiffres de l'année précédente. La « clef » est **flottante.** S'il y a un déficit de financement, il est répercuté aussitôt sur **l'ensemble des prestataires**, médecins libéraux et caisses. Le système s'adapte en permanence, il requiert des négociations au jour le jour entre les partenaires. Il suppose une gestion décentralisée et pluraliste. Elle est donc réaliste et consensuelle. Même si des grèves existent aussi en Allemagne, y compris une grève des médecins en 2006 (la première en 30 ans).

En France, pas de dialogue. Ceci explique peut-être pourquoi la Santé Publique ressemble à un grand navire en perdition. L' Assurance-Maladie est pourtant une fonction partagée entre l'Etat qui assure les recettes et **les professions de santé** qui délivrent les prestations promises dans le contrat. C'est donc un secteur conventionnel comme une assurance. Il faudrait s'interroger sur ce que veut dire « Assurance-Maladie » : la mission d'un Etat n'est probablement pas de faire de la médecine Lui-même mais **d'assurer l' « accès »** aux soins, ce qui est tout-à-fait autre chose... Pas plus d'ailleurs que le rôle d'un Etat moderne n'est de construire des autos ou de piloter des avions. Le rôle d'un Etat moderne est d'être **l'arbitre de la vie sociale** mais plus d'en être le propriétaire. L'Etat français n'est pas le propriétaire de la médecine. Ceci fait encore débat aujourd'hui. Alors intéressons-nous à une autre activité qui a fait couler beaucoup d'encre : la construction de voitures. La privatisation du constructeur Renault® est une autre saga de la 5ème République mais est riche d'enseignements.

Le rôle de l'Etat n'est pas de produire des autos :

La société française a entretenu avec son constructeur de voiture Renault ® une relation passionnelle depuis 1945. Cette entreprise fut considérée comme le **laboratoire social** de la France jusqu'en 1990, et l'emblème de la lutte ouvrière. Or en 1995 l'Etat abandonne sa participation majoritaire au capital de Renault® pour ne conserver que 15% du capital. Signe des temps l'Etat français cesse de se prévaloir de sa mission de « constructeur d'automobiles ».

*« ....la direction de Renault estimait possible (les faits lui donnèrent raison) d'expliquer aux salariés de l'entreprise que **l'État** n'était pas particulièrement fondé à **produire des "autos"**, comme disait Louis Schweitzer pour se mettre au niveau de ses interlocuteurs syndicalistes et ministres. »*

http://www.melchior.fr/Privatisation-partielle-et-con.3366.0.html

La mission d'un Etat n'est plus de produire des autos, pas plus que de faire de la téléphonie ou de vendre de l'électricité. On peut raisonnablement conclure qu'elle n'est pas non plus **de « produire des soins de Santé »** sinon ce n'est plus une Assurance-Maladie mais une médecine d'Etat, comme il y avait une industrie d'Etat après la guerre 1940-

1945. Tous les Etats ont privatisé leurs industries dans les années 1980. Jacques Chirac premier ministre a commencé les privatisations par TF1 (1987) ; ensuite Edouard Balladur a privatisé Rhône-Poulenc, Elf, UAP ; Alain Juppé a privatisé Renault, AGF, Pechiney, et Lionel Jospin a privatisé Air France, France Telecom, aérospatiale, EADS, Thomson...Au cours de la période 1993-1997 (gouvernements Balladur et Juppé) environ 26,4 milliards d'euros de recettes de privatisations (soit 1.000 entreprises privatisées et près de 400.000 salariés). Au cours de la période 1997-2002 (gouvernement Jospin) environ 31 milliards d'euros de recettes de privatisations, soit 900 entreprises privatisées et près de 145.000 salariés.

On a presque oublié ce que cette période de 15 années a entraîné comme bouleversements. Mais surtout, on a installé la conviction que le rôle d'un Etat n'est **pas de « produire des autos »**. En d'autre terme, qu'un Etat moderne doit arbitrer la vie économique mais ne plus être lui-même un agent industriel ou commercial permanent. L'Allemagne de Gerhard Schroeder a mené un chantier réformateur progressif qui a libéralisé l'économie d'un côté et réduits les déficits sociaux de l'autre. L'argent des privatisations a servi à désendetter l'Etat et à réformer ses règles sociales. En France, en 1995, c'est le retour de la droite au pouvoir, mais une droite conservatrice. Les choses ne vont pas se dérouler tout à fait dans le sens d'une « libéralisation politique »...Au lieu de mener un chantier de rénovation sociale progressive comme en Allemagne, la droite conservatrice va se comporter comme si elle voulait d'abord « renforcer l'autorité de l'Etat » au lieu de la simplifier. Ce n'est pas une droite libérale, mais bien une droite nationaliste qui s'installe au Pouvoir en 1995.

Une pluie de mauvaises nouvelles sociales s'abat d'un coup : La grève de décembre 1995 est immédiate. Elle touche notamment la SNCF ; le gouvernement retire son projet de retraite à 60 ans pour les cheminots (démission du gouvernement Juppé1). La grève reprend en novembre 1996 (Juppé 2) et touche cette fois les camionneurs :

«*... Des centaines de poids lourds bloquent les abords de Bordeaux dont le maire est le premier ministre, Alain Juppé, et les accès aux routes nationales 10 et 137 menant respectivement à Niort et Angoulême ; le Jeudi 21, le blocus des routes s'étend à une Cinquantaine de villes avec des barrages, filtrants ou non et autres "opérations escargots" auxquels prendraient part entre 40 000 et 50 000 camions selon les syndicats, ...Le*

29 novembre un accord est signé qui instaure la retraite à 55 ans et la participation de l'Etat.... belle victoire des ***prolétaires de la route*** *et la vigueur de leur lutte contre le pouvoir de l'Etat et le patronat! »*

http://www.sinistra.net/lib/upt/gauche/futi/futiigubuf.html

Sitôt installée la droite conservatrice essuie deux grèves historiques. L'économie vacille, l'essence vient à manquer. Au moment où tous les pays européens sont occupés à faire des réformes consensuelles pour diminuer leur endettement public, en France les choses se passent très mal.

« Pour Jean-François Revel, c'est la lâcheté de Jacques Chirac qui n'a ***pas expliqué*** *les réformes nécessaires lors de la campagne présidentielle qui explique l'ampleur du mouvement. Dans un article du 15 février 1996, il estime ainsi que : « quand, durant la campagne des présidentielles, Jacques Chirac parlait de réformes visant à réduire la* ***fracture sociale****, les Français comprenaient qu'ils allaient être noyés sous une pluie de subventions. Les réformes qui visent une réduction des déficits publics ou des déficits sociaux, ils ne les comprennent pas du tout ».*

http://fr.wikipedia.org/wiki/Grèves_de_1995_en_France#Le_.C2.AB_plan_Jupp.C3.A9_.C2.B

La grande grève des camionneurs amènera finalement la chute d'Alain Juppé. Les technocrates néo-libéraux ont retenu la leçon. Ils préfèrent maintenant éviter les contacts frontaux, ce qui explique le consensus social « mou » (absence de réformes) qui en a résulté et qui caractérise encore la France de 2014. La période de « restauration nationaliste » de 1995-2012 a malheureusement laissé passer le train de la rénovation sociale. Elle laisse un pays divisé et non réformé. Ceci distingue la France de l'Allemagne ou des Pays-Bas.

L'étrange hiver 1995-1996 :

Le 1er septennat de J. Chirac commence donc par un hiver 1995-1996 capital. Le premier ministre Alain Juppé va en effet décider deux choses contradictoires en apparence: Il va privatiser l'entreprise Renault® et trois mois plus tard il va étatiser la Santé Publique.

- après 20 années de débats et de querelles idéologiques, et l'assassinat de son PDG Mr. Besse, il est décidé que le rôle de l'Etat français ne sera plus de construire des voitures, **il privatise l'entreprise Renault®**. Dans la foulée il décidera que l'Etat ne doit pas diriger non plus une compagnie aérienne, ou faire de la téléphonie, ou distribuer du gaz. ..

- mais immédiatement après, Alain Jupé créé le PLFSS, le « projet de loi de financement de la Sécurité sociale ». C'est l'Etat qui gèrera directement la Caisse Nationale d'Assurance-Maladie à partir de 1996 et fera voter son « Objectif national des dépenses d'Assurance-Maladie » (ONDAM). C'est un statut nouveau puisque la Caisse de Sécurité Sociale avait été voulue **indépendante de l'Etat** en 1945, et considérée comme son "partenaire".

On peut regretter que la Sécurité Sociale passe sous le contrôle direct de l'Etat 50 années plus tard, au moment précis où le premier ministre Juppé privatise Renault, AGF, Pechiney, etc... La nationalisation des caisses de Sécurité Sociale, dont l'emblématique Caisse Nationale d'Assurance-Maladie, a bien été décidée par l'UMP en 1995 en même temps que la privatisation de certains grands groupes industriels. Ceci reste pour nous une décision paradoxale.

Cette étatisation avait comme argument un retour rapide de la Sécurité Sociale vers l'équilibre financier. Ceci présupposait que **seul l'Etat était capable de diriger** le navire chancelant de la « SECU ». L'Allemagne confrontée au même contexte économique n'a pas pris cette décision ; au contraire le système de caisses est resté indépendant du Pouvoir politique. Tandis qu'en France cette « nationalisation » a eu comme conséquence la conviction que la Santé Publique était devenue un service d'Etat. C'est donc bien un donnant-donnant qui a été décidé par l'UMP de 1995 : d'accord pour privatiser les grandes entreprises industrielles nationales et les laisser être gérées de façon moderne, mais pas d'accord pour diminuer le rôle de l'Etat. En contrepartie Il renforce son autorité sur toute l'économie de la Santé Publique et de la Protection Sociale (2 fois le budget de l'Etat). Dès lors, c'est l'hôpital public qui va devenir le « laboratoire social » de la France en remplacement du constructeur automobile Renault®.

Ceci démontre que la droite française de 1995 n'était pas prête à une modernisation de l'influence de l'Etat. Ce que la 5ème République a perdu en privatisant Renault®, Elle l'a récupéré en « nationalisant » le million de salariés et les 500 milliards d'euros de la SECU. Il n'a pas fallu attendre longtemps pour que les médecins soient pris pour cible du nouveau système ; en effet des soins « individuels » dans un système « étatisé » créent quelques contradictions idéologiques. En 19 années, le combat contre les médecins n'a jamais cessé, alors que les 50 années précédentes avaient été marquées par la confiance et un certain « paritarisme » entre les médecins et les assureurs sociaux.

Et tout ça pour que le déficit de la Sécurité Sociale passe de 21 milliards d'euros en 1996 à 217 milliards d'euros en 2013... La dette de la SECU a été **multipliée par 10** en 20 ans et elle représente en 2014, 12% de la dette publique française qui s'élève à 1.800 milliards d'euros. C'est probablement cet échec de la gestion de l'Etat qui explique la nécessité de désigner des « boucs émissaires » faciles. Les médecins sembleraient donc jouer ce rôle de victimes expiatoires d'un système de Santé Publique étrangement conçu.

Plus les comptes se sont dégradés, plus les médecins ont été pris pour cible, alors qu'ils avaient été enrôlés de force dans une décision politique contestable. Et contraire même à la nature de l'Assurance-Maladie française, le mandat des caisses régionales était de garantir **l'accès aux soins de Santé**, mais pas que l'Etat se substitue aux médecins eux-mêmes et aux professions de Santé pour organiser leurs professions. C'est cette conviction de « propriétaire de la Santé Publique » qui explique vraisemblablement le ton nettement paternaliste du Président Sarkozy dans son discours de Bletterans.

Si le Pouvoir est moderne et pluraliste, l' Assurance-Maladie sera un secteur géré de façon **consensuelle** et **participative**, collective même. Il suffit de regarder du côté de l'Allemagne ou de la Suisse. Si le Pouvoir est nationaliste, l'Assurance-Maladie sera le bras armé de ce Pouvoir Unique et un droit régalien. La tournure des évènements depuis 19 ans semble montrer que c'est ce choix qui a été fait en 1995. Faute de pouvoir dialoguer, l'Etat a abordé ses relations avec les médecins d'une façon de plus en plus rugueuse. Analysons par exemple ce témoignage intéressant: Monsieur Saout a été interviewé sur France Info en 2010, à propos de la dérive des comptes de l'Assurance-Maladie. Il s'en prend directement aux médecins :

« *L'objet de mes interrogations c'est Christian SAOUT, magistrat de formation (pourquoi n'exerce-t-il plus son métier ?), arrivé à la présidence du CISS par l'association AIDES et qui diffame régulièrement le corps médical comme s'il gardait une rancune tenace aux héritiers d'Hippocrate, comme si le médecin était pour lui l'***ennemi** *du patient alors que l'un et l'autre forment un duo inséparable unis par la confiance dans un respect mutuel. Tenter de… ternir ce sentiment de confiance c'est quelque part nuire à la relation médecin-patient, aux antipodes des devoirs et missions d'une association de patients… sa dernière intervention le 9 février 2010 sur les ondes de France Info a été à la hauteur du personnage quand il dit que les «médecins avaient dû payer à leurs épouses* **des sacs à main** *ou des* **playmobils** *à leurs enfants avec la prime à l'informatisation » parce que justement: Cette prime n'était pas du tout une prime mais une récupération de la taxe exceptionnelle imposée à la profession par le plan Juppé »* .

http://www.mediapart.fr/club/edition/quoi-de-neufdocteur/article/13210/derapages-controles, le 23/03/2010

Mr Christian Saout, Magistrat administratif, a eu un long parcours de militant. De 1998 à 2007, il a dirigé l'association Aides (association SIDA). Puis, il a pris la responsabilité du CISS (le Collectif inter-associatif sur la Santé) qui regroupe toutes les grandes associations de malades, avant de présider la Conférence Nationale de Santé. Il a été choisi par l'Elysée en 2010 pour faire partie de la commission de « refondation de la médecine libérale » (sic).

Les médecins détourneraient les subventions de l'Etat pour acheter des sacs à main à leurs épouses ? Quelle drôle d'idée, disons même : quelle grossièreté se permet ce haut fonctionnaire! Or ce Monsieur Saout est un proche du Pouvoir. Rien n'est dû au hasard, sa communication était et reste délibérée. Pourquoi ? De tels propos auraient dû être réprimés ; or ce haut fonctionnaire n'a subi aucune remarque. On est deux ans après le discours de Bletterans qui ouvre bien la voie à une stigmatisation des professions médicales et paramédicales. La droite conservatrice a conçu de maîtriser la médecine et les médecins et si nécessaire de s'attaquer à leur image. Or la médecine est l'une des activités sociales les plus appréciées en France. Le président de l'Ordre National des médecins a même été amené à rappeler madame la Ministre Bachelot à son devoir de neutralité….

«... nous demandons à la ministre de la santé de faire confiance aux médecins pour assurer la continuité des soins tout en évitant les mesures inutiles et vexatoires ». Dr Michel Legmann, président de l'Ordre National des Médecins, in : « Médecins », (27)

Il est très inhabituel que le président de l'Ordre National des médecins doive rappeler la Ministre de la Santé à ses obligations de neutralité et de moralité publique. Cette petite note reflète l'ambiance qui règne en 2010... Les hauts fonctionnaires oseraient-ils parler ainsi des aiguilleurs du ciel ou des agents de la RATP ? Ils essuieraient aussitôt une nouvelle **grève de protestation**.... Et cela, ils en ont peur ; tandis que du côté des médecins, il y a peu de danger. C'est parce que les médecins ne se considèrent pas comme des « agents » mais comme des professionnels **indépendants** qu'ils laissent sans réponse ces outrages (nous en verrons d'autres plus loin...). Voilà le climat de l' Assurance-Maladie comme il est installé depuis l'étrange hiver 1995-1996.

Pas désarmé par le changement de majorité présidentielle, monsieur Saout poursuit en 2014 une sorte de croisade qui mérite un petit détour. Dans « libération » le 6 janvier 2014 :

«....Débattre, c'est bien, mais disposer de pouvoirs d'alerte effectifs, c'est mieux... Aussi, les associations d'usagers devraient-elles avoir la possibilité d'appeler les autorités publiques à faire usage de leurs ***pouvoirs de contrainte****, d'injonction, ou de mise en demeure dans les domaines où ils en ont la responsabilité. Cela se fait bien dans la protection de l'environnement, «pourquoi pas dans* ***la Santé Publique*** *?»*

http://www.liberation.fr/societe/2014/01/06/christian-saout-le-militant-despatients_97095

On reste, 4 ans après l'affaire des « sacs à main », dans une vision totalitaire de la Santé Publique. On imagine les autorités publiques **contraignant** les médecins à exercer contre leur conscience. On entre là dans une autre forme de société que la démocratie. Avec Monsieur Saout, n'entrerait-t-on pas dans une sorte de dictature de la magistrature ? Ce Grand Serviteur de l'Etat oublie que depuis 2.500 ans les médecins ont toujours eu la sagesse de se tenir à l'écart des Tyrans et des démagogues. La médecine est une profession intime et individuelle, et elle le restera. Elle ne peut pas être autre chose. La médecine se contente de soigner les maladies et de consoler les malades. Ce qu'en pensent les tribuns, finalement elle n'en a cure. La **contrainte politique** n'a jamais produit de bons médecins. De bons peintres ou de bons musiciens non plus.

Un système de Santé notoirement mal géré :

Essayons de comprendre quel est le but des propos indignes portés par certains hauts fonctionnaires de la Santé en France ? Les médecins, les ennemis à abattre ? Mais pourquoi donc ? Parce qu'ils coûtent trop cher ? Rien n'est moins sûr. Parce qu'ils ne sont pas assez nombreux : à qui la faute ? On l'a vu à propos des revenus des médecins allemands, les médecins français ont des revenus plutôt modestes en Europe. Mais en Allemagne les médecins ont conservé aussi un **rôle gestionnaire** de premier plan. Ils sont considérés. Les projets de Santé Publique sont conçus avec eux. Ceci explique pourquoi ils y adhèrent efficacement, sans qu'on ait besoin de les insulter, les chiffres l'attestent. Il n'y a donc pas de nécessité de recourir à un « *pouvoir de contrainte* » puisque l'Assurance-Maladie allemande est gérée de façon moderne et participative, fédéralisme oblige. En Allemagne pas de Mr Saout donc...

Le système de Santé Publique français est d'ailleurs loin d'être un exemple en Europe. Il est même un contre-exemple fréquemment cité. La suffisance de ses Grands Serviteurs s'explique d'autant plus mal :

« *... A la vue de ces résultats, il apparaît que le régime de Santé français fournit des services de* ***qualité inférieure*** *tout en ayant des coûts* ***plus élevés*** *que les régimes néerlandais et allemand. Les Pays-Bas ont réduit de plus de 3% leurs coûts administratifs sur la période 2001-2010. Et avant crise, la baisse des coûts avait été de près de 10% aux Pays-Bas et de 3% en Allemagne. Dans le même temps, la France n'a jamais réussi à réduire ses coûts, qui représentent en moyenne 4% des dépenses totales de Santé. Les cotisations patronales et salariales sont* ***deux fois plus élevées*** *en France qu'aux Pays-Bas. Les employeurs français font face à un surcoût de 70 % plus élevé en matière de Santé que leurs homologues allemands et néerlandais. L'assuré français* ***paie plus*** *pour la Santé que l'assuré allemand ou néerlandais. La faiblesse du régime français réside dans la* ***faible responsabilisation*** *des assurés ainsi que dans la complexité et le poids des services administratifs destinés à assurer son fonctionnement....*

L'Allemagne annonçait un excédent de sa branche Maladie pour l'année 2012 (+13,8 milliards pour la Sécurité Sociale et +3 milliards pour la branche Maladie en 2011). De même, la Suisse annonce un excédent de son régime maladie en 2012 (400 millions de francs suisse). Dans un contexte de maîtrise des dépenses publiques et de vieillissement de la population, la question de l'efficacité des systèmes de Santé se pose. L'Allemagne et les Pays-Bas ont connu des ***réformes importantes*** *de leur système de Santé au cours des dernières années, marquées par un* ***désengagement de l'Etat*** *et une mise en concurrence des assurances de Santé. Le modèle allemand est le plus proche du modèle français, bien qu'il laisse davantage de place au secteur privé. Le modèle néerlandais repose sur une forme de* ***partenariat public-privé,*** *dans lequel l'Etat lève une partie des fonds mais impose une concurrence entre des assureurs privés dans la fourniture des services de Santé..... »* rapport de l'IREF , 16/10/2013, in :

http://fr.irefeurope.org/Reformer-et-ameliorer-le-systeme-de-Sante-grace-au-prive-et-a-la-concurrence,a2586

Ceci est le signe qu'une autre gestion de la Santé qu'un Monopole d'Etat est pratiquée en Europe, et que ces autres systèmes sont **plus efficaces** et moins onéreux. En France il semble que le poids de l'administration soit réellement trop important, mais peut-être aussi moins efficace. Beaucoup de prestations annexes et non dites, sont venues se greffer sur le trésor de l'Assurance-Maladie, initialement destinée à garantir le libre accès aux soins de Santé....Il semble qu'aujourd'hui l'Assurance-Maladie paie beaucoup d'autres choses. Elles ne se justifient pas toutes, comme par exemple **les 3,5 milliards** d'euros (2010) de transports sanitaires réalisés par des entreprises privées au frais de l'Etat, ou les **10 milliards d'€** de gestion administrative (7,5 milliards pour la seule caisse d'Assurance-Maladie). Ça fait beaucoup tout de même, et ceci contribue à rendre le système de Santé Publique français remarquablement coûteux et peu efficace. N'en déplaise à Mr Saout. Que dit le rapport des comptes de la sécurité sociale en 2012 ?

« ...Les dépenses de ***transport*** *prises en charge à ce titre par l'assurance maladie se sont élevées, en 2010, à 3,5 Milliards d'* ***€*** *pour plus de 65 millions de trajets effectués et plus de cinq millions de bénéficiaires, soit* ***2,1 %*** *des dépenses d'assurance maladie. Ce poste, important en termes d'accès aux soins, augmente systématiquement à un rythme plus soutenu que*

les autres dépenses de soins et équivaut désormais à lui seul à ***la moitié des remboursements*** *des consultations des médecins généralistes.* »

www.ccomptes.fr/.../rapport_securite_sociale_2012_transports_patients

Et oui, vous avez bien lu... Les transports sanitaires coûtent aussi cher que la moitié de tous les médecins généralistes. Est-ce normal ? Les transports sanitaires n'existent pas en Belgique. Les Belges vivent-ils moins longtemps que les Français, sont-ils moins bien soignés ? Ces taxis sanitaires sont l'exemple de la dérive des comptes de la SECU, des prestations « annexes » devenues **inamovibles** parce qu'elles résultent du « consensus mou » organisé par la technocratie de l'Etat. Et pas les « sacs à main » que les médecins offriraient à leurs épouses avec les primes de l'Etat… A-t-on vu les Grands Serviteurs de la République s'en prendre au très puissant lobby des taxis-transport sanitaire, plutôt qu'aux médecins ? Oui, le gouvernement Ayrault vient d'essuyer une méchante grève des taximen, et bat en retraite en restant fidèle une fois de plus au « consensus mou » qui est devenu l'empreinte de la 5ème République. Il y a vraiment un problème politique. …

« Le sénateur Larcher propose la suppression de l'Assurance-Maladie: Laboratoire d'idées fondé en 2013 à l'initiative de Gérard Larcher, le cercle « Santé innovation » vient de rendre public un premier rapport économique qui suggère une ***réforme drastique*** *de l'Assurance-Maladie dans sa forme actuelle et propose une série de mesures iconoclastes pour refonder le système de Santé: reprendre la main sur l'Assurance-Maladie et son déficit de 16 milliards d'euros, précise Gérard Larcher, mais aussi sauver le système de Santé solidaire et utiliser l'argent des Français à bon escient . Ceci permettrait d'en finir avec les onéreuses et inutiles usines à gaz que sont les caisses primaires où* ***100.000 personnes*** *sont employées à temps plein pour vérifier les droits que tout le monde a , et éplucher les remboursements de feuilles maladies. Autre recommandation : redonner de l'indépendance de gestion et d'investissement aux hôpitaux publics. Il faut que* ***l'État sorte de son rôle*** *de gestionnaire hospitalier pour se recentrer sur son rôle de* ***tutelle****, précise Gérard Larcher. Chacun son métier !* »

http://www.lequotidiendumedecin.fr/actualite/politique/le-senateur-larcher-propose-la-suppression-de-l-assurance-maladie

Le sénateur Larcher a été ministre délégué aux Relations du travail dans le gouvernement Raffarin III (2004-2005), puis ministre délégué à l'Emploi, au Travail dans le gouvernement Villepin (2005-2007). Le 11 avril 2008, Gérard Larcher, ancien président de la Fédération hospitalière de France, a remis à Nicolas Sarkozy un rapport sur la réforme hospitalière. Il conclut que l'Etat doit sortir de son rôle de gestionnaire hospitalier. N'est-ce pas exactement le contraire du projet autoritaire et coercitif de Mr. Saout ? Le Président Sarkozy a finalement, lui aussi, choisi de faire le contraire des recommandations du rapport Larcher et a **renforcé le rôle gestionnaire** de l'Etat dans les hôpitaux publics, comme le confirme son discours de Bletterans. Or les 3 systèmes de Santé Publique voisins de la France étudiés par l' « Institut de Recherches Économiques et Fiscales » (IREF) ont tous la particularité d'avoir **désengagé l'Etat** : « *L'Allemagne et les Pays-Bas ont opté pour des régimes concurrentiels marqué par un désengagement du secteur public et une plus grande liberté – toutefois réglementée – des assureurs privés* » ; ils ont également favorisé les partenariats public-privé.

Le monopole d'Etat est-il un mode de gestion efficace ?

Maintenir un bon niveau sanitaire à moindre coût s'avère peut-être plus difficile dans un régime centralisé, parce que **l'autorité unique** ne subit aucune **concurrence.** Et ne tolère donc aucune contestation. Tandis que le meilleur gouvernement résulte peut-être d'un **compromis** permanent entre des intérêts opposés mais respectés. Dans ce cas, la Santé se prêterait à une autre forme de politique : le pluralisme. Elle s'adapterait volontiers à une décentralisation et une gestation partenariale. Négocier avec les divers partenaires un plan d'austérité pour réduire les charges, les prestations inutiles, les acquis officiels mais injustifiés, recentrer les moyens vers les soins médicaux et paramédicaux. L'avantage du pluralisme serait de ramener sans cesse la Santé Publique dans la réalité, vers son cœur de métier. De sorte que le pluralisme empêcherait peut-être de transformer les fonctions d'Etat (les services publics) en des objets politiques ambigus et coûteux.

« C'est la grande différence entre la France et l'Allemagne: ici en France l'Etat, qui a créé la nation, est sacralisé; outre-Rhin, il n'a pas d'intérêt propre à faire valoir, et sa mission est d'organiser la confrontation des intérêts divers de la société. Même un chancelier aussi fort que Helmut Kohl reste dans son gouvernement un arbitre plus qu'un patron. Au Conseil de cabinet, il n'a pas de voix prépondérante .... D'ailleurs, les dossiers

difficiles sont de plus en plus souvent traités en formation de «grande coalition» majorité-opposition: traité de Maastricht, droit d'asile, assurance dépendance, réforme de la Sécurité Sociale, financement de la reconstruction des Länder de l'Est. Un système aussi «partageux» induit évidemment des élites spécifiques, ***très différentes du modèle français****. Pas d'écoles* ***style ENA*** *ni de grands corps, car, depuis le grand état-major prussien, on se méfie des castes, et, depuis les écoles de cadres nazies, de* ***l'élitisme étatique****. Ce qui ne signifie pas que l'Allemagne soit un pays égalitaire: pour faire carrière, il vaut mieux sortir de telle université plutôt que de telle autre, et les associations d'étudiants sont très actives. Des études ont montré qu'un groupe de 2.000 à 3.000 personnes dirige l'Allemagne. Seulement, et c'est là la grande différence avec nous, cette élite est* ***plus diverse, plus croisée, plus ouverte****. «En France, explique un haut responsable du ministère des Affaires étrangères à Bonn, vous êtes dirigés par une élite horizontale, formée dans le même moule,* ***pensant et réagissant de la même manière****, qu'il s'agisse du député socialiste, du ministre de droite, du grand patron ou du responsable du Trésor. Ici, rien de tel. Nous nous connaissons très peu les uns les autres: à Paris, chacun a toujours un camarade de promotion dans un autre ministère ou une entreprise..... »*
http://www.lexpress.fr/informations/le-secret-dela-puissance-allemande_603394.html le 1/04/2010

Ici, tout est dit sur l'élitisme étatique : la « caste » des écoles d'administration a tout naturellement installé son Monopole d'Etat sur l'énorme secteur de la « Sécurité Sociale » qu'elle se partage, évidemment. Mais la mission des caisses de Santé est de garantir la Santé, c'est tout. Or un Monopole permet toutes les dérives. Au fil des décennies on a beaucoup trop « chargé la barque », on lui a trop demandé. Il est devenu légitime aujourd'hui de « **dégrossir le mammouth** » étatique et de passer à une gestion fine, moderne, interactive et surtout plus **sincère** de la Santé Publique, comme ailleurs en Europe.

Il faudrait alors renoncer pour de bon au centralisme autoritaire et -enfin- moderniser l'administration publique. Moderniser l'administration publique **avant** de moderniser l'Assurance-Maladie, n'en déplaise au sénateur Larcher, parce que le problème de l'Assurance-Maladie est avant tout un problème politique. Dans les couloirs du Pouvoir, il faudra apprendre ce que le partenariat signifie. Ce n'est probablement pas à l'ENA qu'on apprend cela.

La fin du paternalisme de l'Etat ?

En effet, il n'est pas interdit d'espérer moraliser le débat public en France. Par exemple, l'administration parisienne pourrait-t-elle s'abstenir de vérifier la « sincérité » des professionnels de Santé, ce qui est une attitude typiquement **paternaliste** mais assez décalée en ce début de 21ème siècle... Un paternalisme insupportable, avouons-le. Voici encore un extrait qui devrait attirer l'attention. Attention nouveau danger :

« *Les conditions d'utilisation d'un produit ou d'administration d'un acte dépendent à la fois des connaissances médicales du moment et de l'état du malade....les conditions de remboursement d'un produit ou d'un acte ne sont pas assorties de la* ***vérification effective de la pertinence*** *de leur administration même s'il existe des « référentiels » des « protocoles », des « guides de bonne pratique »... Il s'agit de vérifier si les prescriptions d'actes diagnostiques et thérapeutiques* ***correspondent bien à l'état de l'art*** *et aux connaissances du moment. Depuis plus de vingt ans nous soulignons que le principe de l'efficacité d'une substance ou de l'acte (nécessaire dans l'élaboration des listes de médicaments de produits ou d'actes autorisés) ne suffit pas. En effet rien ne dit que parce qu'un médicament est autorisé du fait de sa réelle efficacité thérapeutique il est toujours prescrit à bon escient! En outre ...il est impossible pour le médecin de suivre seul l'évolution des savoirs. Or comment peut-on avoir le* ***droit de tout*** *(ou presque tout)* ***prescrire alors qu'il est impossible de tout*** *(ou presque tout)* ***connaître****? En conséquence il est dès lors nécessaire de mettre en place des systèmes d'évaluation locale...En l'absence d'économie de marché le seul mécanisme pour répartir des richesses est le* ***rationnement****....Le droit de prescription étant limité, ce panier n'existe que si l'on précise les professionnels et les institutions de santé* ***habilités*** *à le mettre à la disposition de la population* »

J. de Kervasdoué, « Très cher Santé », Perrin, 2009 (9)

Hallucinant ! Ce texte est-il digne d'une grande Nation et d'une société moderne où le professionnalisme des services serait reconnu pour lui-même et respecté ? On est ici en plein dans la démarche sectaire, dans cette vision condescendante qui est la marque du Monopole **d'Etat**. Il est inutile de dire qu'il n'y a pas de Kervasdoué en Allemagne, ni aux Pays-Bas, c'est impensable....pas plus qu'il n'y a d'ENA en Allemagne toujours pour les mêmes raisons. Dans son livre « Très cher santé » Jean de Kervasdoué vante « son » système de Santé Publique. Il renchérit sur la pensée unique qui anime les Grands Serviteurs de la 5ème république depuis 20 ans. Malheureusement le fiasco de cette idéologie n'est plus à démontrer, il trouve ses fondements ici même, voyons cela :

- D'abord il ne revient pas à un économiste de déterminer les conditions d'utilisation ou de prescription des médicaments, il y a des professionnels pour cela. La confusion des rôles fait très « vieille Europe », qui a toujours son mot à dire sur tout. Elle serait impossible dans un régime pluraliste et donc moderne. Aussi surprenant que cela puisse paraître, l'auteur n'envisage pas que les médecins puissent exercer leur métier normalement, ce qui est gênant pour un économiste de la Santé. En Allemagne le marché des médicaments est très libre, même les prix n'étaient pas fixés jusqu'à la réforme Merkel. Quant à leur utilisation, le Pouvoir Fédéral et les Länder font confiance aux médecins et négocient avec eux en permanence, et ça marche....

- Plus grave, l'intention de mieux gérer les comptes de la Santé Publique, passerait par une vérification effective de la **pertinence** des actes médicaux. L'Etat se permettrait-il de soumettre à la censure les journaux télévisés, les plaidoiries des avocats ou les managements des grandes entreprises ? Alors pourquoi une censure sur la médecine ? La question de l'Assurance-Maladie est la question de l'assurance, la maladie (médicale) est bien l'affaire des médecins et le restera. Il ne peut pas en être autrement.

- Le ministère se permettrait de vérifier que la médecine pratiquée en France correspond à l'état de l'art ? Donc, de censurer les universités et les facultés de médecine, et d'apprendre sans doute la médecine aux professeurs des universités puis aux médecins français. Ce type de régime porte un nom. Ce n'est plus tout-à-fait une démocratie en tout cas. N'est-ce pas à l'Ordre National des médecins de faire cela ?

- Le ministère s'autoriserait de choisir les médecins qui auraient le droit -selon lui- d'utiliser tel médicament et pas tel autre. C'est-à-dire de créer de toute pièce une médecine à deux ou trois vitesses, en toute légalité ?

- Enfin, dans une économie dite « libérale », le ministère organiserait sciemment la **pénurie** de moyens sanitaires pour le plus grand nombre, de façon tout-à-fait obscure (voir les intrusions des lobbys dans la gestion de la Santé). Sur quels critères, et selon quelle méthode d'évaluation sinon des critères … médicaux. Le scandale du Mediator® doit rappeler à Mr de Kervasdoué que l'Etat est sans doute très mal placé pour s'approprier les droits de mise sur le marché des médicaments sans un contrôle très rigoureux des sociétés scientifiques indépendantes.

Rien ne distingue la pensée de Mr de Kervasdoué de celle de Mr Saout. Une seule idée: stigmatiser les médecins. Cette **pensée unique** semble réellement produite par un système politique centralisé qui n'a pas su se moderniser. Car il y a tout de même de quoi s'étonner de cette ambition qui accorderait aux administrations des pouvoirs de **censures** sur les compétences des médecins, sur leurs actes, sur l'enseignement des universités et sur l'accès aux moyens sanitaires dont l'Etat disposerait. Faute de réformes appropriées n'entre-t-on pas ici dans « le meilleur des mondes » ?

« Le meilleur des mondes » est un roman écrit en 1931 par Aldous Huxley à une époque troublée par la montée du nazisme et du communisme.

Plus inquiétant encore, ce texte dévoile une incurie sociale incompréhensible pour l'ancien titulaire de la chaire d'économie et de gestion des services de santé du conservatoire national des arts et métiers. Car on a l'impression que « sa » Santé Publique serait pratiquée au paradis merveilleux des administrations de l'Etat. En réalité, la société occidentale est judiciarisée, et les malades sont parfaitement soucieux de leurs droits et soutenus par les Juges. Il n'est évidemment pas question de tolérer un refus de soins, une médecine à deux vitesses, une censure sur l'accès aux moyens thérapeutiques ni un rationnement des traitements sous la peine de la **mise en danger de la vie d'autrui**. Ce que décrit l'économiste est une bombe juridique parfaitement improbable.

Enfin, il ne faut pas oublier que les grands serviteurs de l'Etat, les « experts » officiels comme Mrs Saout, de Kervasdoué, Davant, Johanet, tous technocrates de la Santé, ne disposent pas de mandat politique. Ils interviennent comme conseillers, mais attention à ne pas se substituer au pouvoir législatif et au peuple souverain. On se trouve au cœur du questionnement sur le rôle de cet « *élitisme étatique* » qui court-circuite les institutions démocratiques, situation impossible en Allemagne évidemment...

La révolution politique qui est en cours, c'est avant tout **la révolution de l'Etat** et de ses annexes, pas celle des médecins. Les médecins eux seront toujours assurés d'avoir beaucoup de malades à soigner. Exactement l'inverse du « *rationnement des soins* » préconisé ici. Aujourd'hui l'ordre des médecins s'alarme d'une population médicale mal répartie, vieillissante et en diminution, et d'une **contrainte administrative** trop lourde. Elle est évidemment la conséquence des hérésies telles que celles-ci. Plus l'Assurance-Maladie est déficitaire, moins elle considère qu'elle a été mal gérée, plus elle exige de nouveaux pouvoirs. Voici l'origine de la **« sur-gouvernance »,** elle est la conséquence du Monopole d'Etat et de son incapacité à se réformer Lui-même. Une administration centrale « surpuissante » est la sécrétion inéluctable d'un régime concentré et fermé à son environnement.

Une dérive du système de Santé Publique à l'image du Pouvoir Lui-même ?

Le discours de Bletterans installe définitivement cette « sur-gouvernance » des hôpitaux en exigeant des « *résultats concrets pour accélérer le mouvement* », en revendiquant des indicateurs, en installant un directeur unique doté des pleins pouvoirs. Donc en « *gouvernant* » sans cesse davantage. Ce discours encourage évidemment **l'inflation** administrative et autoritaire de l'Etat. Il réclame des « *pouvoirs étendus et quasi absolus sous le contrôle du seul directeur d'Agence régionale de la Santé* ». Quoi de plus ? Ce n'est pas ici la vision d'une gestion consensuelle et **pluraliste** de la médecine et des professions paramédicales comme aux Pays-Bas, en Suisse ou en Allemagne… Est-ce la bonne façon de promouvoir une médecine responsable, si l'issue de notre crise budgétaire est de recentrer la Santé Publique sur son cœur de métier ?

Le système de Santé mis en place depuis 1995 par Mr. Juppé est donc très différent de ce qu'il était à son origine en 1945. La France est passée d'un système assurantiel de type rhénan (ou germanique), à un système autoritaire (anglais). Aujourd'hui il s'agit bien d'un système strictement vertical, à un seul sens de circulation: du haut vers le bas. Il marque le retour à une organisation autoritaire de la Santé. Après quelques libertés « autogestionnaires » accordées aux résistants de la guerre 1940-1945, l'Etat aurait repris la haute main… Mais en 2014, en a-t-Il encore les moyens, après ces 20 années de gestion catastrophique ? Il semble très probable que non. Nous étudierons au long de ce livre trois raisons de douter d'un maintien d'une gestion impériale de la Santé Publique :

- Nous vivons déjà dans une nouvelle époque, une époque mobile qui s'accorde mal d'un Pouvoir concentré. C'est de pluralisme qu'on a besoin et de vraies compétences.... Il suffit de regarder du côté nord de l'Europe. N'est-ce pas là que se trouve les modèles politiques les plus efficaces ? Quels sont les pays qui ont conservé leur triple « A » en Europe ? Est-ce que ce sont les Etats hyper-centralisés ? « *En mai 2014, la production française est même presque retombée, en volume, à son niveau plancher du printemps 2009, au plus fort de la crise. Cet épisode mis à part, il faut remonter à 1994 pour retrouver des chiffres aussi* ***faibles****. Comme si vingt ans étaient effacés »* . http://www.lemonde.fr/economie/article/2014/08/08/le-bond-en-arriere-de-l-industrie-francaise_4469042_3234.html

- La **justice moderne** cherche à individualiser les responsabilités en cas de litige sur les soins médicaux. Elle s'accorde mal d'un système collectif et étatique qui diluerait les fautes éventuelles. Qui du Pouvoir politique ou de Justice s'imposera à la médecine de demain ?

- La médecine future sera plus autonome et **personnalisée** ; est-il possible que cette mutation soit organisée par d'autres que les médecins eux-mêmes ? Or la médecine génomique, si elle est appréhendée correctement, sera la source d'une Santé Publique plus économe de moyens et plus ciblée sur les risques sanitaires réels. Peut-on la mettre en œuvre sans faire confiance aux médecins ?

Alors, que peut-on conclure : nous vivons dans une société différente qui ne s'accommode plus des décrets autoritaires mais recherche la compétence réelle et les services performants, pas ceux qui sont écrasés sous un excès de procédures. La réussite sourit aux économies **ouvertes** capables d'innovations et de confiance entre partenaires. Le dirigisme étatique n'est plus la réponse adaptée à un monde en pleine mutation.

Vers une autre vision de la médecine :

« La ***valeur statistique de la vie*** *permet d'évaluer l'apport de chaque innovation médicale. Elle peut aussi être utilisée de manière plus globale, pour mesurer en unités monétaires la valeur créée par les gains en santé et*

en longévité. Les économistes Kevin Murphy et Robert Topel ont réalisés cette évaluation pour les Etats-Unis. Ils aboutissent à la conclusion contraire au sempiternel constat de dépenses de santé excessives. Ce résultat très différent du sens commun est obtenu car ils ont cherché à mesurer la ***valeur des gains*** *en santé au lieu de concevoir les dépenses de santé seulement en fonction de leur coût. Leurs conclusions sont spectaculaires : aux Etats-Unis entre 1970 et 2000 les gains en santé et en espérance de vie auraient ajouté chaque année à la richesse du pays une valeur équivalente à environ 32% de PIB ! L'apport annuel des dépenses de santé serait ainsi très supérieur à leur coût, qui est de 15% du PIB aux Etats-Unis en 2000. Cet écart suggère que l'effort consenti pour les dépenses de santé dans ce pays serait inférieur à sa valeur optimale du point de vue des préférences de la société »*

Les grands dossiers des sciences humaines, n°18, pp 34-37.

Le thème de la Santé Publique **voulue** n'a jamais été abordé en France, ou très peu. Les administrations de l'Etat semblent en effet réticentes à une réflexion démocratique sur leur propre action. Pourtant, la crise économique a du bon en ce qu'elle recentre la Sécurité Sociale vers ses cœurs de métier. Dans une certaine mesure, la « nouvelle gouvernance » mise en œuvre par les Présidents de droite s'appropriait le savoir-faire médical pour le mettre **au service** de l'Etat (qui en ferait commerce avec les sociétés privées). Le problème du déficit de la branche maladie de la SECU, c'est le problème du management de la SECU, et rien de plus. Il faut sortir les médecins et les professions de la Santé de ce débat-là et réfléchir maintenant au vrai problème : comment rénover la gestion de l'Assurance-Maladie et moderniser ses relations avec les professionnels de la Santé ?

*« Libération dévoile les grands traits d'un rapport commandé par Marisol Touraine : quelle recomposition à la tête des établissements ? Cela avait été le l**eitmotiv** de la réforme Sarkozy : un chef à l'hôpital. Un slogan qui n'aura duré qu'un temps. «L'hôpital n'est ni une entreprise ni une administration classique», insiste Couty. Il veut réformer la gouvernance d'abord. Avec le **grand retour des médecins** et des élus. Edouard Couty suggère que « le conseil de surveillance soit remplacé par un conseil d'établissement, organe de délibération, notamment sur la politique financière... L'exécutif serait ainsi composé, non plus d'un directoire, «mais d'un conseil de direction, **fortement médicalisé**», mené par le directeur de*

l'hôpital. Ce dernier, le président de la commission médicale d'établissement (CME), et le directeur des soins, également au conseil, en choisiraient les autres membres » . http://www.liberation.fr/societe/2013/01/13/reforme-de-l-hopital-les-medecins-regagnent-du-terrain_873705

Voici une vision de l'hôpital qui semble plus sympathique. Rendre la médecine aux médecins ? Les mieux placés pour faire du bon pain, ce sont les boulangers. Et si la mission des hôpitaux et des cliniques redevenait de soigner les malades en premier lieu ? Laisser les médecins professer en « conscience », comme les avocats, les architectes, les ingénieurs, les pilotes d'avions ? Etudions cette interview de l'ancien Ministre UMP de la Santé, monsieur Xavier Bertrand :

« *L'hôpital reste un service public, mais pour préserver notre système de santé il ne faut pas s'exonérer des principes de bonne gestion. Les hôpitaux qui sont aujourd'hui dans les situations financières les plus saines sont d'ailleurs ceux qui ont les meilleurs résultats médicaux.* »

http://www.lefigaro.fr/politique/2009/05/05/01002200905O5ARTFIG00007-bernard-augmenter-les-impots-serait-une-absurdite-.php

Xavier Bertrand a installé la « T2A » en France en 2003 et il est l'inventeur de la « nouvelle gouvernance » en 2005. Donc on comprend qu'il défende « son » modèle de Santé Publique qui met en avant le pouvoir des gestionnaires. Mais on fera remarquer au Ministre, avec respect, un détail qui nous semble important : il **inverse** un peu le lien de causalité. Il laisse accroire que la bonne gestion administrative produit les bons médecins. Un retour vers la réalité est sûrement possible, et nous pourrions convenir que :

*«… d'ailleurs ce sont les hôpitaux qui ont les meilleurs **résultats médicaux** qui sont aujourd'hui dans les situations financières les plus saines ».*

C'est-à-dire **exactement l'inverse** de ce que déclare l'ancien Ministre de la Santé. Son lapsus admet quelques interrogations : c'est bien Mr. Bertrand qui a installé la tarification à l'activité médicale dans les hôpitaux en 2003. Il sait tout de même bien que 100% du budget de l'hôpital public proviennent maintenant de **l'activité des médecins** puisque la norme européenne a été voulue ainsi. Alors pourquoi affirmer que les meilleurs résultats médicaux sont liés à une « gestion saine » ? Cela n'a rien à voir. Les meilleurs résultats médicaux sont dus à la compétence des médecins, qui fait la notoriété de l'hôpital ou de la clinique. Elle produit le budget « mérité ». Le but de la T2A européenne était bien de supprimer le budget global (typiquement gestionnaire) pour le remplacer par un budget au mérite (typiquement médical). Les médecins font bien la « richesse » de l'hôpital, et la satisfaction des malades, la gestion administrative intervient ensuite pour gérer cette richesse. L'interview au journal « Le Figaro » semble pourtant affirmer le contraire….On voit qu'il reste une longue route pour moderniser l'administration de la Santé Publique. Et pour restaurer la vérité sur la médecine contemporaine.

Restaurer la vérité sur la médecine, retour à la réalité :

Si la crise sociale que l'Europe traverse aujourd'hui a un sens, c'est bien d'aboutir à une nouvelle société. Ce serait aussi de revenir à une Santé Publique plus réaliste et **plus proche** de ses acteurs (le modèle social européen), et de replacer les professionnels de la Santé au cœur de ce nouveau contrat social :

« *Malgré une maîtrise renforcée au cours de la décennie 2000, l'ONDAM continue de progresser* ***plus vite que le PIB*** *(3 % contre 1,7 % en 2011)... Dans un contexte de* ***déficit*** *persistant de l'Assurance-Maladie (8,6 Mds € en 2011), la maîtrise de l'ONDAM, c'est-à-dire une progression de la dépense mieux maîtrisée, apparaît donc comme un enjeu majeur. Selon les calculs réalisés par la mission, la progression tendancielle de l'ONDAM s'établira autour de 4 % par an entre 2012 et 2017. Une progression limitée à 2,5 % par an supposera de réaliser un effort d'économies de 2,8 Mds € par an. Même si la progression annuelle de l'ONDAM fixée par le gouvernement était rehaussée à 3 %, il serait nécessaire de réaliser plus de 2 Mds € d'économies chaque année. Un tel effort correspond a minima à la poursuite de celui qui a été engagé au cours des cinq dernières années. Seules des mesures* ***structurelles*** *concernant* ***l'ensemble du système de Santé*** *permettront de soutenir un tel effort d'économies tout en préservant, voire en améliorant, la qualité et l'équité de l'accès aux soins. ….*

Recentrer l'hôpital sur son ***« cœur de métier »*** *et adapter les capacités médico-sociales. La mission rappelle que l'hôpital, dispensateur* *de soins, concentre en un même lieu des équipements médicaux coûteux et les* ***équipes*** *compétentes afin d'opérer le diagnostic et de conduire la thérapeutique des pathologies qui nécessitent ces ressources rares. Les progrès réalisés permettent de raccourcir les séjours à l'hôpital. Dans de nombreuses situations de soin, il est possible de réaliser les actes et le suivi sur la journée (développement de l'ambulatoire), avec des gains de productivité importants par rapport à l'hospitalisation conventionnelle. Le rôle de l'hôpital n'est pas d'offrir un lieu d'hébergement la nuit et la fin de semaine pour des patients ne nécessitant pas de soins ou d'accompagnement. Cette évolution répond à l'attente des patients, des professionnels et des gestionnaires à l'hôpital. Elle requiert néanmoins une* ***évolution des organisations****, des locaux et de la culture hospitalière. »*

http://www.economie.gouv.fr/files/rapport_ondam_igas-igf.pdf

Dans ce rapport de l'Igas (inspection générale des affaires sanitaires) signé le 15 juin 2012, tout est dit. Qui peut réorienter l'Assurance-Maladie vers son « cœur de métier » tout en améliorant la qualité des soins, sinon… les médecins eux-mêmes ? Il n'y a plus d'autre choix que d'évoluer rapidement vers un système de gestion différent, sans doute paritaire, partenarial et pourquoi pas décentralisé, en réinstallant les médecins comme les **co-gestionnaires** du système.

« ...Le déficit budgétaire a longtemps été dominé par une augmentation constante des dépenses de fonctionnements et la dette publique a gonflé par un ***manque de contrôle*** *des administrations centrales tout comme les collectivités locales qui sont en grande partie responsables de la dette publique avec la sécurité sociale. Que peut-on faire ? Au plus haut niveau de l'Etat, je crois qu'il faille réduire le nombre de fonctionnaires mais aussi supprimer certaines administrations et vendre certains actifs de l'Etat qui pourraient rapporter beaucoup d'argent à condition qu'il soit réaffecté à la dette. Beaucoup de participations de l'Etat pourraient être vendues ! Nous avons trop de strates administratives entre l'Etat et la Commune via le Département, les Communautés d'Agglomérations, les Cantons, etc. Pourquoi ne pas revenir à un ensemble plus concret comme l'Etat, la Région et la Commune et les Communautés de Communes. Nous pourrions réduire aussi le nombre de Parlementaires et le nombre de Représentants locaux. Avons-nous vraiment besoin de 577 députés et 321 sénateurs ? Je ne le crois pas ! »*

http://www.blog-politique.net/2008/12/15/budget-fiscalite-et-assurance-vie

Ce qui attire finalement notre attention, c'est le **rôle moteur** de la Santé Publique dans la rénovation des Institutions républicaines. Autant la médecine a été utilisée depuis 20 ans à des fins politiques ou politiciennes, autant c'est elle qui porte à présent un regard critique sur les Institutions Publiques. Rénover la Santé Publique ne peut plus se faire sans rénover l'Etat. On en est là aujourd'hui.

Le discours de Bletterans du Président Sarkozy constitue sans doute l'apogée de ce qu'il est convenu d'appeler le **centralisme autoritaire** de la droite nationaliste arrivée au pouvoir avec Jacques Chirac et qui véhicule un **« néo-paternalisme »** d'Etat assez décalé en Europe. La Santé Publique est devenue l'instrument d'une politique en retrait par rapport aux enjeux du monde contemporain, ouvert aux influences mondiales. Le discours de 2008 consomme la rupture entre une politique autoritaire franco-française et la médecine moderne en plein « boum » scientifique mondial avec ses nouvelles formes de pratique en ville et ses nouvelles techniques à l'hôpital. Aujourd'hui, la dette abyssale laissée par cette politique-là impose un retour modeste (et rapide ?) vers le cœur de métier de l'Assurance-Maladie : assurer efficacement les soins de Santé. En outre, la rigidité managériale instaurée avec la loi HPST du Président Sarkozy installe un doute sur la capacité du service public à se rénover lui-même. C'est pourtant l'enjeu de notre décennie.

Chapitre 3

Hôpital et politique

La vie d'André Vésale se termine tragiquement à l'âge de cinquante ans. Plusieurs hôpitaux portent son nom en Belgique. Sa vie reste surtout remarquable en ce qu'elle démontre les difficultés innombrables qu'ont rencontrés les hommes de sciences ou de lettres pour rénover la pensée scientifique européenne à la Renaissance. Science, théologie, poésie rien n'échappe au regard scrutateur des Pouvoirs. Aucune époque n'échappe à la censure ou aux arrestations. Car il faut se soumettre à l'autorité de l'Empereur, à la domination de la religion catholique, à la vérité des dogmes, à la moralité publique…ou à l'espionnage de la NSA. Attardons-nous sur le destin de ce médecin, qui a contribué remarquablement à l'essor d'une pensée scientifique indépendante :

« André Vésale est né à Bruxelles le 31 décembre 1514. Il est issu d'une famille de médecins et apothicaires proche du pouvoir espagnol, les Pays-Bas étant revenus à la couronne espagnole après la disparition de la maison de Bourgogne. Il s'inscrit en 1528 à l'université de Louvain qui est la quatrième université d'Europe après Bologne , Paris et Montpellier. Elle a été fondée en 1475. Il s'installe en 1533 à Paris pour suivre des cours d'anatomie. Il est autorisé à disséquer les cadavres des suppliciés qui se détachent spontanément de leur corde. C'est autorisé parce que le Royaume de France est plus libéral que celui d'Espagne. C'est dire aussi l'état de puanteur que les médecins de l'époque doivent endurer pour pouvoir étudier l'anatomie humaine réelle et vérifier les écrits de Galien ou d'Hippocrate. Il étudie l'anatomie sous la direction de Jean Fernel….Après quelques années il rejoint l'Italie centre culturel de la renaissance, et devient ***professeur d'anatomie*** *à l'université de Padoue , puis de Bologne, les plus réputées d'Europe. En 1543, il publie ses découvertes à Bâle dans « De humani corporis fabrica » appelé « la Fabrica » et dédiée à Charles Quint. Cette œuvre monumentale sur l'anatomie humaine, 7 volumes de 700 pages, est riche en détails, mais surtout novatrice, car elle dénonce au moins* ***200 erreurs*** de Galien….. *Quatre ans plus tard, un de ses principaux détracteurs publie un article qui prétend que c'était le corps humain lui-même qui avait changé depuis l'époque où Galien l'avait étudié (et donc le maître ne s'était*

pas trompé). Vésale revient à la cour d'Espagne où Philippe II l'accueille et le protège des attaques de l'inquisition. Mais en 1564 au cours d'une autopsie sur un homme de l'aristocratie, l'un des spectateurs penché pour mieux voir et s'appuie sur le cadavre et fait refluer le sang et plusieurs contemporains déclareront "qu'un frémissement obscur, un mouvement ondulatoire en résultant, on aura vu dans cet effet mécanique quelque signe de vie". Ceci lui vaut une ***condamnation à mort*** *par l'Inquisition. L'empereur obtient de la transformer en un pèlerinage à Jérusalem pour lui sauver la vie. Le 15 octobre 1564* ***il meurt*** *dans le naufrage de son navire qui le ramenait de Jérusalem en Italie.* ***L'inquisition Espagnole*** *reprochait en effet à Vésale ses dissections dans lesquelles il avait montré que la Femme avait autant de dents et de cotes que l'Homme, remettant ainsi en question les vérités bibliques. Avoir disséqué un Gentilhomme « encore vivant » était un crime aux yeux de l'Inquisition »*

In Maîtrise Orthopédique n°101 -janvier 2001

Aujourd'hui il n'est plus interdit de penser ni d'écrire des textes scientifiques, mais c'est la **hantise sécuritaire** qui a envahi notre monde. Sécurité politique, nous l'avons vu à propos du mythe sécuritaire qui a été installé par la nouvelle droite américaine de G. Bush junior dès l'année 2.000. Mais il y a aussi l'autorité administrative, sous le couvert de la « procédure » qui a envahi toutes les activités humaines depuis une trentaine d'années. En France, son origine est probablement l'affaire du sang contaminé qui a provoqué un scandale dans le pays, mais également dans d'autres Etats occidentaux. A sa suite, les Etats ont décidé de soumettre leur Santé Publique à une autorité administrative stricte dans le but de la sécuriser. La question est évidemment de savoir quelle utilisation politique les Etats peuvent faire de cette tutelle sécuritaire. La comparaison avec l'Inquisition espagnole du 16ème siècle n'est évidemment pas fortuite. Elle est la reprise en main des consciences après le siècle « fou » de la Renaissance. L'Humanisme est combattu ouvertement au profit de la religion d'Etat. Notre 21ème siècle connaît probablement le même sort, l'Etat-Providence est en train de céder la place à L'Etat-Sécuritaire. Après l'Etat-Providence et les « golden sixties », nous assistons à un retour de l'Orthodoxie politique.

Et comme à l'accoutumée, la médecine est une des premières professions à être visée par ce dirigisme d'un nouveau genre. Comme au

16ème siècle, la médecine a été porteuse de découvertes extraordinaires qui ont dérangé les Pouvoirs en place. Ils ont donc décidé de l'encadrer fermement. L'aventure de la liberté d'information menée par Julian Assange jusqu'en 2010 et matée rudement par les services secrets américains, témoigne également de la rudesse de notre monde actuel qui offre de nombreuses similitudes avec l'Inquisition espagnole. La Santé Publique n'échappe pas à cette reprise en main. C'est le but de l'installation des agences de sécurisation des pratiques médicales, qui n'ont peut-être pas d'autre objet que **contrôler l'impact de la médecine** et de « normer » la nouvelle société qui est en train de naître.

En un siècle, la médecine moderne a presque doublé l'espérance de vie, a créé le 3ème âge et une marée de retraités, a fait disparaître les épidémies et les maladies vénériennes, a contrôlé les naissances, a révolutionné les mœurs, a transformé la procréation et les liens de parenté, a modifié les comportements sociaux, a réinstallé le culte simple du corps et autorisé de nombreuses libertés de comportement. Mais elle a ouvert aussi beaucoup de questions : liberté sexuelle ? Mais qu'en est-il des mariages homosexuels sur la transformation du statut de la famille. Procréation médicalisée ? Mais qu'en est-il de la transformation de la parenté traditionnelle et de la famille. Changement chirurgical de sexe, mais qu'en est-il de la transformation du genre humain. Neurosciences, psychiatrie et découvertes sur les états de conscience, mais qu'en est-il de la transformation de la Morale traditionnelle ? Nouvelle relation au corps, culte du moi, mais qu'en est-il de la transformation des liens que les individus entretiennent avec la société elle-même ? La médecine est de toutes les questions, de tous les progrès. Mais jusqu'où peuvent aller les changements sociaux ? Ne vont-ils pas trop vite ?

Où va-t-on ? L'explosion sociale qui a été permise par la médecine moderne semble maintenant inquiéter les Autorités Politiques, en tout cas compliquer les finances publiques. L'encadrement médical est un choix volontaire des Pouvoirs ; leurs motivations réelles n'ont pas été beaucoup étudiées cependant. Pourtant l'impact historique de ce **renversement de comportement** à l'égard de la médecine est probablement d'une grande importance. La « démédicalisation » de notre société est un projet voulu et mis en œuvre depuis une vingtaine d'années. L'Austérité anti-médicale n'est pas que budgétaire, il se passe quelque chose d'autre qui est d'ordre politique et idéologique. Notre société est en crise morale, dans une sorte de repli identitaire et de méfiance. La médecine n'échappe pas à cette remise en question des grands idéaux auxquels elle a cru pendant un siècle et demi. Dès lors, la Santé Publique n'est plus perçue comme une « merveille » mais comme un dû « normal » voire accessoire. D'où la prise de possession par l'Etat de ce qui a été l'œuvre de médecins indépendants depuis Ambroise Paré et André Vésale : la gestion scientifique de la santé humaine. En quelque sorte la médecine libérale est mise aujourd'hui à l'index. *

*index : L'Index des livres interdits est une liste d'ouvrages que les catholiques romains n'étaient pas autorisés à lire. Le premier Index romain fut publié en 1559.

fr.wikipedia.org/wiki/Index_Librorum_Prohibitorum

La médecine est-elle devenue « un service public » comme un autre ?

La volonté de contrôler les connaissances des médecins et de les inciter maintenant à respecter les recommandations officielles « expertes » est-elle une démarche pérenne et nécessaire à l'art de guérir, simplement temporaire et liée à un **dogme sécuritaire,** ou signe-t-elle les prémices d'une nouvelle civilisation beaucoup plus obscure et autoritaire ? Les référentiels médicaux officiels publiés par les administrations sont-ils une vérité « opposable » et jusqu'où ? S'appuie-t-on sur de simples principes de précautions basés sur des données réellement scientifiques, ou bien sur quelque chose de beaucoup plus ambigu qui est de l'ordre de l'**hégémonie définitive des administrations** ? Et jusqu'où pourrait aller le nouveau « fantasme bureaucratique », car il ne faut pas oublier que sous les réglementations, il y a des malades qui font confiance à leur médecin et à lui seul. Sous les pavés règlementaires, il reste la plage humaine. La reprise en main des pratiques médicales est donc un projet récent et il ne va pas nécessairement de soi. Il s'impose non sans mal à une société occidentale qui a été profondément « médicalisée » depuis Louis Pasteur et transformée par elle. Est-elle prête à céder à la mise sous tutelle de sa médecine bienfaitrice à laquelle elle doit tant de transformations et de bonheur ?

Le travail de « sécurisation » de la médecine, est donc un projet politique qui survient à **contre-courant** d'un long siècle d'euphorie médicale et de succès exceptionnels. Le portrait du Pr. Barnard en couverture de ce livre révèle un chirurgien au sommet de son art et de son aura. Ce portrait est impressionnant même. Il est le reflet d'une époque fascinée par les avancées de la médecine. Le projet actuel de contrôle autoritaire est donc une véritable **rupture** par rapport aux années 1970. Il requiert une conviction idéologique puissante bien que minoritaire. Nous allons nous attarder sur une note officielle du directeur de l'Assurance-Maladie datant de 1999 et consultée librement (référence Google®) sur le site du ministère de la Santé le 28/03/2010. Et nous essaierons de la mettre en perspective historique, pour comprendre son impact social, peut-être sous-estimé par son auteur lui-même.

Mr Johanet a été directeur du cabinet de la ministre Dufoix au moment du drame du sang contaminé en 1982 (voir ce chapitre). Il a ensuite occupé le poste de directeur de l'Assurance-Maladie de 1989 à 2002. En 1999 il publie ce document qui constitue le carnet de route des inspecteurs de la Santé Publique. L'administration y est invitée à « *modifier en profondeur les pratiques médicales.* » On est dans une sémantique typiquement missionnaire. Une administration publique peut-elle prétendre modifier en profondeur **toute une profession** indépendante? La pratique du médecin ne peut être entravée « *sous aucun prétexte* » nous dit le code de Santé Publique. L'ordre de mission ci-dessous mérite donc la plus grande attention :

« N/Réf. : CADIR n° 1/99 : Les organismes d'Assurance Maladie et le Service Médical ont acquis une solide compétence en matière d'études et de contrôles des professionnels de santé et des établissements. Cette pratique croissante de la gestion du risque au cours des dix dernières années a conduit le réseau à constater la persistance de ***dérives*** *dans l'utilisation des moyens de santé pour répondre de manière satisfaisante aux besoins de soins. L'Assurance Maladie ne paie pas encore ce qu'elle doit. Elle règle ce que les fournisseurs de biens et de services décident. Les actions qu'elle mène dans ce cadre depuis la fin des années quatre-vingt, l'ont conduite à rechercher une optimisation de la démarche, et c'est dans cette perspective qu'une approche systémique de l'offre de soins est désormais privilégiée, ...*

Les programmes de santé publique: les finalités sont de planifier, de mieux allouer les ressources, de ***modifier en profondeur les pratiques médicales*** *ou de prendre en charte de manière optimale des communautés de malades. Les interventions collectives combineront les campagnes de presse, les lettres d'information, la présentation des résultats des études du Service médical sur la pratique réelle des professionnels, etc.*

Les actions de contrôle : elles ne constituent pas des instruments directs de régulation parce qu'elles ne concernent qu'une fraction marginale des producteurs de soins ; elles sont par ailleurs fortement consommatrices de moyens humains. Elles jouent néanmoins un rôle essentiel par leur effet ***exemplaire et dissuasif*** *: malgré leur enjeu financier direct relativement modéré sur la grande masse des dépenses, elles sont indispensables à l'acceptabilité des efforts demandés à l'ensemble des acteurs du système de santé. ...*

Je vous demande donc de ***traquer tous les abus****, fautes et fraudes avec ténacité et méthode, pour que ceux qui en sont la cause soient sanctionnés. Le champ est large pour que l'Assurance Maladie déploie ses capacités de contrôle. ...Un effort particulier portera sur les médecins libéraux dans les divers aspects de leur activité. Je retiens un objectif ambitieux : plus de 10 % d'entre eux devront faire l'objet d'un examen qualitatif et quantitatif de leur activité professionnelle:*

- *Leur* ***activité propre*** *tout d'abord : vous ciblerez vos enquêtes sur ceux dont le nombre d'actes, leur répétition, leur facturation peut faire craindre des dysfonctionnements en termes de qualité ou en termes de respect des règles de facturation. Il y aura lieu d'accorder une attention particulière aux praticiens pour lesquels est constatée une augmentation manifestement élevée des honoraires durant les trois dernières années...*

- ***L'examen de leurs prescriptions*** *ensuite : je vous demande de renforcer les contrôles sur les médecins les plus prescripteurs, en vérifiant le respect de la réglementation en matière de prescription médicamenteuse tant en termes de santé publique, qu'en termes de maîtrise des dépenses* » Le Directeur : Gilles JOHANET

http://www.sante.gouv.fr/htm/actu/ass_mal/annexe_3.htm, lu le 28/03/2010

Réforme HPST: « *complexification constante des fonctions des* ***Inspecteurs*** *de l'Action Sanitaire et Sociale ... une fonction davantage axée sur* ***l'analyse médico-économique****, le contrôle de gestion et l'analyse de la performance hospitalière. La recherche de l'****efficience*** *des établissements, le suivi de leur situation financière, la négociation de contrats de retour à l'équilibre ont nécessité que les IASS consolident ou se dotent de solides compétences en matière d'analyse budgétaire et financière ; elles doivent*

*déboucher, plus largement sur la capacité à poser un diagnostic sur l'organisation hospitalière, à anticiper et prévenir les difficultés financières... **d'organisation de l'offre de soins** où il s'agit moins aujourd'hui de planifier au sens strict du terme que de faire évoluer les organisations hospitalières ».* .
http://www.sniass.fr/articles/view.php?id=103&action=plate-forme-de-positions-communessmisp-sniass-sphisp-synapse-unsa-adirass-apiass-anigs-conference-nationale-des-ctts le 30/10/2009

Ces deux extraits sont intéressants d'un point de vue historique. On apprend que des agents de l'Etat ont quasiment les pouvoirs de dicter aux médecins comment ils doivent soigner leurs malades. En principe la médecine est supposée être un « no-man's-land » apolitique, et les médecins étaient considérés depuis logtemps comme protégés des intrusions externes en particulier politiques. Or ici le compte n'y est plus. Ces textes livrés par le site du ministère de la Santé ou le syndicat des Inspecteurs de l'action sanitaire, méritent réflexion.

Les inspecteurs sanitaires viennent à l'hôpital faire « l'analyse médico-économique », tester sa performance et faire évoluer son offre de soins. Pas mal... Ils sont donc mandatés par l'Etat pour mettre en œuvre la nouvelle Santé Publique, d'accord, mais **sans même mentionner** l'existence des médecins. C'est curieux tout de même : ceci ne serait-il pas la caractéristique d'un système de Santé monopolisé par l'Etat ? Comme si la tarification européenne à l'activité n'était pas remontée jusqu'à l'IASS.... Car si on veut parler du « *suivi de la situation financière* » des hôpitaux, il est étonnant qu'on n'évoque même pas ceux qui produisent leur budget, et représentent leur raison sociale : les praticiens hospitaliers. Ce sont eux qui génèrent **la seule ressource financière** de l'hôpital, partout en Europe de la même façon, or les inspecteurs ne les rencontrent jamais, et même ils les ignorent superbement. Pourquoi ? Il serait au contraire très logique de demander aux médecins de participer à la gestion de l'hôpital dont ils font le budget par le seul fait de leur compétence. C'est ce qu'on appelle l'offre de soins : qu'est-elle sinon le savoir-faire des professionnels de la Santé ? C'est d'ailleurs explicitement le but de la norme européenne T2A. Le site du syndicat national des inspecteurs de l'action sanitaire et sociale est un révélateur de la culture hégémonique des administrations. La position de l'Etat est donc ambigüe voire même incompréhensible.

Quant à la longue mise en garde de Mr. Johanet, elle inspire une profonde désolation. Certes l'Etat veille à payer « ce qu'Il doit » et ses hauts fonctionnaires s'y emploient. Mais ne découvre-t-on pas ici une stigmatisation assez brutale. C'est bien une nouveauté dans la France moderne qu'une **profession toute entière** soit soumise à l'Index. Attitude d'autant plus étonnante que la médecine est la profession centrale qui fait tourner le système de Santé Publique depuis 150 ans et qui est protégée par la loi : tout le monde n'a pas le droit de se prétendre médecin ni de lui imposer ses comportements :

Article R.4127-5 du code de la ***santé publique*** *: le médecin ne peut aliéner son indépendance professionnelle sous quelque forme que ce soit*

Article L.162-2 du code de la ***sécurité sociale*** *: dans l'intérêt des assurés sociaux et de la santé publique, le respect de la liberté d'exercice et de l'indépendance professionnelle et morale des médecins est assuré...*

Or les consignes données aux fonctionnaires de la caisse primaire d'Assurance-Maladie ne sont-elles pas précisément celles d'une attaque en règle d'une profession toute entière, d'une véritable **chasse aux médecins** ? Ceci est nouveau : jamais les médecins n'avaient été poursuivis en masse par le Pouvoir depuis la fin de l'Ancien Régime, comme aucune autre profession d'ailleurs. Et même sous le Second Empire, ils ont été autorisés à exercer normalement, même s'ils étaient fortement encadrés….

«….après la Révocation de l'Edit de Nantes en 1686, Genève fut une direction privilégiée pour les protestants français...les autorités locales laissèrent en effet s'installer des personnalités aux compétences et au rayonnement reconnus. Cette politique favorisa l'essor ***d'activités bancaires****, artisanales et industrielles, comme l'***horlogerie** *et l'***orfèvrerie »**
http://www.musee-reforme.ch/content/files/ok-geneve-reformee-informations.pdf

Admettons que sous Louis XIV on bannissait les hérésies et on torturait les professions dérangeantes. Mais au 21ème siècle ? On retiendra encore que les médecins sont appelés aujourd'hui « *fournisseurs de services* », ce qui semble un terme admis dans certaines administrations, mais auquel les docteurs en médecine ne sont guère habitués. Il n'inspire pas l' « *indépendance professionnelle et morale* » garantie par le code de la Santé Publique et la présente au contraire comme simplement ancillaire.

Les musiciens, les avocats, les restaurateurs sont-ils des « *fournisseurs de services* » ? On voit que le regard porté sur les médecins en 1999 n'a plus rien à voir avec **l'admiration parfois idolâtre** dont ils ont bénéficié pendant plus de 150 ans. Ici, on n'est plus à l'époque d'Alexis Carel ou de Sigmund Freud. Louis Pasteur, Christiaan Barnard : « *fournisseurs de service* » ? Maintenant on est dans une linguistique technocratique : la médecine est traitée comme **la petite main** de la bureaucratie surpuissante.

En contrepartie, ce qui est stupéfiant dans ces deux extraits, c'est la **survalorisation** de l' « enquête » administrative. C'est une nouveauté. Elle instaure la glorification de l'autorité anti-médicale, de la répression, de la domination de l'administration et de l'Etat. Le souci du Pouvoir est clairement passé du côté de l'autorité et des contrôleurs et contre la liberté individuelle et morale que véhiculaient les docteurs en médecine et leurs collaborateurs paramédicaux depuis le début des temps modernes.

C'est ainsi que se mesure le fossé qui sépare aujourd'hui l'art de guérir, avec toute sa complexité, de l'idée que s'en font les autorités. C'est un indice de l'éloignement installé par les nouveaux pouvoirs publics. Le **soin aux personnes** est devenu un enjeu clairement politique au point de créer des corps administratifs spéciaux chargés de le «*mettre en œuvre* », c'est-à-dire de le contrôler autoritairement. On n'avait jamais vu cela auparavant. N'est-ce pas, traditionnellement, la mission des médecins eux-mêmes de « *mettre en œuvre* » les soins aux personnes ? La médecine n'a pas attendu la présidence de Mr. Johanet à l'Assurance-Maladie pour exister, et elle lui survivra probablement.

Dans un **système assurantiel,** n'est-ce pas aux patients (clients de l'Assurance-Maladie) de choisir, et aux médecins d'offrir les soins qu'ils jugent nécessaires, librement en vertu du contrat d' « Assurance » et des lois en vigueur ? Pourquoi remettre tout le temps en doute la **probité des partenaires de l'Etat** ? Il semble difficile pour les corps de fonctionnaires, au demeurant très respectables, d'envisager l'existence d'une médecine qui soit devenue autre chose qu'un **circuit de distribution** de soins, dont ils auraient la charge exclusive. Un service public, comme le gaz, les transports publics ou l'eau courante. Une Santé Publique qui marche à la baguette, un robinet qui soigne, qu'on ouvre et qu'on ferme quand on veut, une médecine qui « distribue mécaniquement » des soins politiquement purs. Nous sommes dans une démarche disciplinaire qui offre à penser que nous quittons une société civile. Cette médecine renvoie une image inquiétante du Pouvoir Politique et de l'Etat Lui-même.

La médecine est la sœur jumelle de la démocratie :

La médecine ne se prête pas à cette logique « distributive » ; c'est un service individuel et même intime, qui engage le prestataire autant que son patient dans une relation absolument unique qui s'appelle la confiance. Tout le **mystère de la médecine** tourne autour de cela. Contrairement à la distribution du gaz ou aux transports publics, le médecin requiert l'**adhésion** de ses patients qui sont «libres », qui vont jusqu'à lui confier leur vie mais exigent en contrepartie une transparence et un engagement sans défaut, une obligation de résultat. Le service est donc partagé, et réciproque, il engage intimement les deux parties. La raison sociale de ce service c'est le patient lui-même, **« objet » et « client » de la prestation en même temps**. On n'est évidemment plus dans une «*fourniture de service*». La médecine ne peut pas être ramenée à une simple marchandise (comme l'eau courante ou le gaz) puisque c'est de l'intégrité physique de la personne elle-même qu'il s'agit. Le transport ferroviaire n'est pas réciproque, c'est un service public à un seul sens. Les services publics sont logiquement des dépendances des administrations de l'Etat. Ce n'est pas le cas de la médecine qui est une prestation à **double obligation** et qui concerne bien l'intimité (non-étatique) des personnes. Elle n'est certainement pas « distributive ». En aucun cas, un médecin ne distribue des soins comme un fournisseur. Le terme «*fournisseur de prestations* » est donc très ambigu, et médicalement il est probablement incorrect.

Dans une logique assurantielle, le cotisant (le malade) vient chercher les soins qu'il a payés à l'avance (par sa cotisation à la Sécurité Sociale). L'assureur n'a qu'une obligation, garantir la prestation déjà vendue (la Santé) dans les meilleures conditions, et surtout ne pas se substituer aux médecins eux-mêmes.... Evidemment si l'Etat recueille les cotisations de Santé en tant qu'Assureur, et restitue les services en tant que fournisseur public, il y a comme une confiscation de ce que nous avons appelé au début de ce livre le « contrat social ».

« Trouver une forme d'association qui défende et protège la personne et les biens de chaque associé, et par laquelle chacun, s'unissant à tous,

*n'obéisse pourtant qu'**à lui-même**, et reste aussi **libre** qu'auparavant. Tel est le problème fondamental dont le Contrat social donne la solution. »*

Jean-Jacques Rousseau in : http://fr.wikipedia.org/wiki/Du_contrat_social

Un contrat comporte toujours des obligations des deux parties, mais garantit la liberté de chacun. Y compris celle de choisir son médecin et ses soins, et le médecin de choisir les méthodes et les traitements dont il aurait l'intime conviction et d'y engager la responsabilité qu'il tient envers son malade. L'instauration d'une tarification européenne des soins de Santé basée sur les actes prestés par les médecins aurait dû réaffirmer **la propriété des médecins sur leurs actes**, et donc leur liberté professionnelle. Qu'en est-il advenu en réalité ? C'est exactement l'inverse qui s'est passé, l'Etat a jugé être devenu le propriétaire de la nomenclature des actes. Cette tentative est probablement inutile et vouée à l'échec, nous le démontrerons plus tard. La perspective de créer une économie mixte de service médical imposera de restituer aux médecins la propriété matérielle de leur art.

La tarification à l'activité médicale :

La tarification à l'activité médicale est le nom savant du forfait médical (dit T2A). Elle a été instaurée en remplacement du budget hospitalier à la journée. La fameuse dotation hospitalière, accordée quelle que soit l'activité et les services rendus. C'est-à-dire une gestion typiquement nationalisée. L'Etat a estimé que les services sanitaires rendus devaient être mesurés en fonction des actes prestés par... les médecins. C'est logique, les malades viennent pour cela. Toutes les autres prestations : nursing, entretien, gestion, encadrement, amortissement et équipements sont comprises dans le « forfait » clinique lié à l'acte médical.

En 2000, la tarification à l'activité médicale a été rendue obligatoire dans les pays de l'Union Européenne, donc acceptée en France par la loi du 18 décembre 2003 (art. 22 à 34). L'Etat français a donc abandonné les « budgets forfaitaires » des hôpitaux au profit d'une comptabilité à l'acte, plus réaliste. Le pouvoir a reconnu que le meilleur indicateur de Santé Publique était... **l'activité médicale**. L'avantage est que l'Etat saurait ce qu'il paie, l'inconvénient est que les technocrates n'en décideraient pas à l'avance, mais les assurés eux-mêmes... La fameuse « T2A » a donc été instaurée par l'Etat lassé de forfaits hospitaliers éternellement déficitaires. Mais deux éléments ont entaché cette réforme :

- les honoraires des médecins n'ont pas été adossés à la T2A, alors qu'ils en sont les prestataires; l'Etat aurait souhaité maintenir un découplage entre l'acte médical et la rémunération de ceux qui le réalise. Ceci peut sembler paradoxal puisque le forfait clinique paie tous les professionnels des hôpitaux ou des cliniques... sauf les médecins. Ceci est vrai partout en Europe.

- Ce système n'était pas aimé des administrations parisiennes qui l'ont fortement combattu, puisqu'il marginalisait leur rôle décisionnel et idéologique. Et fort logiquement cette méthode de financement de la médecine a déclenché une vive polémique au sein même des administrations l'une idéologique, et l'autre financière.

Voici d'abord l'opinion de deux syndicats hospitaliers :

« T2A et éthique : le paiement à l'activité, comme le paiement à l'acte, pose le problème potentiel des conflits d'intérêts. Le principe éthique inscrit dans le code de déontologie est « le juste soin au juste coût » : s'il est inéthique de ne pas soigner un patient en fonction de ses besoins, il est également inéthique de gaspiller les deniers publics confiés par les citoyens aux médecins. Il n'est pas acceptable que les médecins puissent afficher voire revendiquer leur indifférence vis-à-vis du coût de leurs prescriptions,..» Sauver l'hôpital public, l'arnaque à la T2A :

http://cftchus.blogvie.com/category/hopitaux/t2a/

« La T2A : *la soi-disant « régulation par le marché » est en réalité la mise en place d'un processus de sélection sauvage aux résultats prévisibles sinon explicites : disparition ou conversion en établissements médico-sociaux ou sociaux des petits établissements, passage au privé de tout ou partie des autres. Sous l'appellation curieuse de réforme, la tarification à l'activité se développe partout en Europe ces dernières années. À l'étranger, la tarification à l'activité n'excède pas 50% des budgets. Pourquoi la France souhaite-t-elle aller plus loin et monter à 80% de budget financé à l'activité ?... La T2A n'est donc rien de moins que le moteur d'une réforme d'inspiration néo-libérale visant à introduire la concurrence dans le champ de la santé, envisagée comme un marché prometteur... A court terme, c'est évidemment tout le statut de la fonction publique hospitalière qui est directement menacé... En moins de dix-huit mois d'application de la*

Tarification à l'activité, la situation des établissements publics s'est rapidement aggravée et déjà beaucoup d'entre eux sont au bord du gouffre. Tout semble fait pour ***étrangler l'hôpital public.*** »

www.cphweb.info/IMG/doc/La_T2A_un_choix_politique_V3.doc

- La polémique idéologique :

La polémique idéologique est née d'un désaccord profond dans les années 1990, entre la tradition bureaucratique puissante à Paris et la nouvelle économie d'Etat qui avait inventé cette réforme de la tarification à l'activité médicale (T2A), prélude à un ordre politique nouveau où le Pouvoir délèguerait son rôle absolu pour se limiter à des **arbitrages** entre gestionnaires et des **partenariats** nouveaux public-privés, comme c'est le cas en Allemagne. Ce courant réformateur a été initié par l'administration européenne, et la T2A a été appliquée partout en Europe entre les années 2000 et 2010.

La budgétisation « à l'acte » portait en germe de **refonder l'administration** qui « délèguerait » la médecine aux médecins, la pharmacie aux pharmaciens, la kinésithérapie aux kinésistes etc... devenant ainsi des partenaires de l'Etat pour mettre en œuvre la Santé Publique arbitrée par l'Etat. La « T2A » est un projet de la **sociale démocratie** française et européenne. Mais la droite nationaliste, sitôt revenue au Pouvoir s'est empressée de diminuer la portée de cette réforme et de réinstaller une administration très centrale. C'est le contenu de la « nouvelle gouvernance » et de la récente loi « HPST » de Roselyne Bachelot.

« La T2A source de désajustement ? Les rapporteurs mettent en exergue les logiques parfois opposées de la T2A et de la planification. Sous l'impulsion de la T2A, un établissement peut reconsidérer un segment de son activité jugée non rentable, que la planification peut imposer pour des raisons d'accès aux soins. Quand les deux logiques s'opposent, l'accès aux soins prime sur la rentabilité de l'établissement. »

Jean-Bernard Gervais Source : Décision Santé , 28 octobre 2009

« A l'inverse, la tarification T2A (tarification à l'activité qui est une cotation d'acte, pas une évaluation) récemment imposée comme nouveau mode réglementaire de tarification dans les hôpitaux publics et privés

favorise la maîtrise des dépenses de Santé pour des actes effectués dans des services spécialisés (cancérologie, cardiologie, immunologie...). En revanche, en privilégiant la comptabilisation des actes techniques au détriment de l'écoute ou d'examens cliniques longs et précis, elle conduit à considérer comme «non rentables» beaucoup de patients accueillis notamment en médecine générale, en psychiatrie, en gérontologie ou en pédiatrie, dont le coût réel de la prise en charge n'apparaît pas dans la grille de calcul. La mesure de ce qui n'est pas paramétrable (comme par exemple la prise en charge aux urgences d'une femme battue le temps passé à réfléchir à un diagnostic difficile, à convaincre une personne âgée de l'opportunité d'un traitement, ou encore l'éducation aux soins d'un patient et de sa famille) qui conditionne pourtant le succès de l'investissement thérapeutique réalisé à son bénéfice ne doit pas être oubliée » .
http://www.ccne-ethique.fr/docs/avis101.pdf

- La polémique financière :

La T2A porte en elle le principe des dépenses a **posteriori**, donc d'un financement rétrograde. Pour que le système fonctionne il faut que les acteurs principaux, les caisses régionales et les prestataires des soins **s'entendent pour fixer des objectifs financiers** et s'y tenir. Les Allemands ont bien compris que l'efficacité du financement de la Santé Publique passait par le **dialogue** et la responsabilisation des professionnels. Toutes les vertus de la cogestion sont ici. Mais à Paris, on est farouchement favorable à un système **a priori,** c'est-à-dire autoritaire (sans dialogue). Avec le retour de la droite nationaliste, c'est le budget autoritaire qui a évidemment été préféré. La France a quitté le système « rhénan », le système des caisses régionales autonomes et a choisi le système « étatique » qui correspond mieux à un Monopole d'Etat. Mais que faire de la T2A là-dedans ? On l'a installée puisqu'elle était une règle européenne mais on l'a arrangée à « la sauce étatique ». Une explication à la dérive des comptes de l'Assurance-Maladie c'est précisément le conflit entre une compatibilité partenariale (T2A européenne) et une gestion monopolistique de l'Etat (français).

On vit peut-être à une époque où la **gestion paritaire** est devenue une nécessité sociale. Les Etats qui l'ont accepté se portent mieux que ceux qui s'en éloignent. On a déjà vu quels sont les pays européens qui ont conservé leur « triple A » : tous les pays nordiques ont tous un régime proche de la sociale démocratie.

La gestion disciplinaire des « prestations » médicales :

Ainsi se présente la nouvelle gouvernance de la Santé dite « Hôpital, Patients, Santé et Territoires » présentée par Roselyne Bachelot-Narquin, Ministre de la Santé, de la Jeunesse, des Sports et de la Vie associative, en présence de Gérard Larcher, président du Sénat et de Valérie Létard, secrétaire d'Etat chargée de la Solidarité le mercredi 22 octobre 2008. Les grands principes de cette réforme sont typiquement régaliens, comme nous l'avons écrit plus haut, même si elle maintient en apparence des reliquats partenariaux.

- Le budget de la Santé Publique, s'il reste le fruit des cotisations individuelles, est intégré dans les finances de l'Etat par le canal du Centre National de Gestion. C'est lui qui est devenu le trésorier de l'ensemble.

- Les agences régionales de Santé reçoivent leur budget et son affectation depuis Paris. Le préfet de l'agence régionale est nommé à Paris et exécute les ordres du ministre de la Santé. Les caisses régionales n'ont plus de régional que le nom.

- Pour conserver une apparence partenariale, le président de la défunte Caisse Nationale d'Assurance-Maladie devient le président de la nouvelle structure. Mais il ne voit que passer l'argent depuis le ministère de la Santé jusqu'aux préfets des agences régionales.

- Les circonstances vont malheureusement placer cette quasi-étatisation de la Santé l'année même du Krach bancaire européen. Il va aggraver la dette publique française de 320 milliards d'€ et enclencher l'effet « boule de neige » pour porter cette dette publique à 1.800 milliards d'€ en 2011. L'Etat français va se trouver considérablement **affaibli**, sa note souveraine passant de AAA à une note AA (-) en 5 ans.

Si tout est dorénavant décidé à Paris, comment estimer une activité médicale locale individuelle, ses besoins, son coût réel, son intérêt ? L'encadrement bureaucratique de la médecine -prestation fine et réciproque- est-il possible et rentable ? En Allemagne les responsables des agences régionales connaissent bien leurs médecins et les services hospitaliers de leur région. Ils peuvent évaluer facilement leurs réputations et leurs pratiques et négocier facilement avec eux des objectifs financiers. Cela est-il possible depuis un ministère parisien ? Peut-on remplacer la **collaboration locale** par des **ordonnances ministérielles**, et la responsabilisation des professionnels par des préfets de Santé ?

« ***L'usine à gaz*** *instaurée avec la loi HPST continue à ne rien produire de très constructif en tout cas, pour les médecins. Pire encore, le hold-up fait il y a plus d'un an sur le financement de la formation des hospitaliers commence à faire parler de lui car les médecins ne peuvent plus se former du tout et les établissements ne comprennent pas ce qui peut être pris en charge et ce qui ne le peut pas...C'est le 3ème échec de l'encadrement de la formation continue des médecins et cela était prévisible dès 2010 au vu de* ***la complexité*** *du dispositif. Quand disposerons-nous de* ***moyens simples pour notre formation ? »***

http://www.snphare.com/03Bibliotheque/revuephar.aspx?tContenu=texte&strVirtualPath=/data/moduleGestionDeContenu/PagesGenerees/biblioth phar

L'usine à gaz : le terme est annoncé par la revue « Phare ». La réforme récente de la Santé est probablement à l'apogée de l'hégémonie administrative qui l'a conçue en calquant sa propre méthode : la procédure. Mais est-il possible de découper scientifiquement la médecine, et les médecins, en des millions de référentiels différents ? La question est « ultra-sensible » du côté du Pouvoir. Du côté des médecins, le doute grandit quant à la « faisabilité » d'une **médecine entièrement décrite par le règlement administratif,** parce que la médecine est un art intuitif et individuel difficile à résumer à une suite de gestes automatiques. Revenons sur cet extrait :

«*....La Tarification à l'activité c'est-à-dire le financement a posteriori des actes selon une cotation précise qui tient compte essentiellement de l'investissement technologique. La mesure de ce qui n'est* ***pas paramétrable*** *(comme par exemple la prise en charge aux urgences d'une femme battue le temps passé à réfléchir à un diagnostic difficile, à convaincre une personne âgée de l'opportunité d'un traitement, ou encore l'éducation aux soins d'un patient et de sa famille) qui conditionne pourtant le succès de l'investissement thérapeutique réalisé à son bénéfice ne doit pas être oubliée. L'importance de ces situations ne doit pas a contrario devenir un prétexte à s'opposer frontalement à la philosophie de cette réforme, mais au contraire pousse à réfléchir à un nouveau mode* ***d'appréciation du temps médical utilisé***».

http://www.ccne-ethique.fr/docs/avis101.pdf

Il n'est sans doute pas possible de paramétrer l'entièreté de la médecine, il faut laisser une place assez large à l'**interprétation** et donc responsabiliser les médecins en les intégrant aux objectifs financiers de l'Etat. On respecte bien évidemment la compétence des administrateurs de la Santé Publique. En particulier leur mission de rénover le financement de la médecine en l'adaptant aux normes européennes : rembourser les soins réellement fournis selon une grille d'actes paramétrés. Et non plus en tant que « service public de soins » salarié de l'Etat. Encore faudrait-il rendre cette démarche clairement fluide en renonçant à la hantise de paiement « a posteriori ». Il ne s'agit pas d'un scandale ni d'une escroquerie de considérer qu'un acte presté par un médecin ou une infirmière mérite d'être honoré tel qu'il est, même si le payeur (l'Assurance-Maladie) ne peut pas le « contrôler » lui-même directement. **L'obsession du contrôle** n'est-elle pas une caricature de l'Etat Lui-même ? Un signe qu'Il ne s'est pas converti réellement au principe de l'économie de services, à la logique européenne de **l'économie ouverte**. De la liberté de soigner tout simplement. La façon d'appliquer la T2A est donc un problème politique, bien plus que médical.

Evidemment il existe un contre-projet citoyen : non, l'emprise totale de l'Etat n'est pas nécessaire pour assurer une Santé Publique de qualité. On pourrait même imaginer une Santé Publique organisée non plus administrativement mais **scientifiquement**. Partant du principe que les actes médicaux sont nécessaires pour assurer la Santé des cotisants, la régulation du système de Santé se ferait de **façon partagée** entre ceux qui collectent les cotisations et ceux qui les transforment en soins de Santé. En tenant compte des évolutions de la médecine et des besoins nouveaux.... Un système équilibré et dynamique qui fonctionnerait en **bonne entente**. Pour cela il faudrait que les administrations parisiennes reconnaissent le service rendu des prestataires « civils » comme une partie intégrante du système de la Santé Publique, donc les médecins comme des **interlocuteurs** indispensables à la cogestion d'un système de Santé équilibré. C'est cela le vrai problème de la Santé Publique aujourd'hui, l'administration de l'Etat se considère non dans un système équilibré (partenarial) mais dans un rapport de force (frontal). C'est une grande différence entre la France et L'Allemagne ou les pays scandinaves.

Faute de feed-back, comment la compétence particulière d'un médecin ou d'un service hospitalier, sera-t-elle jamais identifiable par des agents administratifs lointains? Autrefois la régulation de la demande de soins se faisait sur la réputation du médecin. Le bouche à oreille, qui est gratuit, fournissait de bons indices de compétence (mini feed-back). Il diminuait spontanément les risques de la pratique médicale. Les malades allaient consulter le médecin qui avait la **meilleure réputation**. Aujourd'hui planifiée autoritairement (de façon frontale), comment la Santé Publique peut-elle réguler la demande de soins et l'orienter intelligemment?

La fonction publique et la Santé :

Mais alors, une question politique se pose à terme : le célèbre statut de la fonction publique « bureaucratique » pourrait-il jamais s'accommoder d'un **financement à l'acte** de tous les soins de Santé ? Les deux idéologies sont en effet opposées. Faute de trancher ce vrai problème, l'Etat laisse non résolue une source de tension à l'intérieur même de ses administrations et de ses hôpitaux. Voici l'enquête SESMAT de 2007, faite parmi 1.000 médecins hospitaliers sélectionnés par la méthode des quotas :

« Les premiers résultats font apparaître les neuf tendances suivantes :

1. La première concerne le « soutien psychologique reçu au travail » qui est déclarée « insatisfaisant » par 65,2%.

2. L' « insatisfaction des conditions physiques de travail » est la seconde difficulté qui concerne 51% de l'échantillon.

3. 46,5% font état de l' « insatisfaction sur la manière dont leurs compétences sont utilisées ».

4. 45,5% déclarent leur insatisfaction quant à leurs « possibilités de donner aux patients les soins dont ils ont besoin ».

5. enfin, 43,9% expriment leur insatisfaction devant leurs «perspectives professionnelles ».

6. Parmi ces médecins hospitalier, 28,8% déclarent avoir été l' «objet de ***violence*** *des patients ou de leur famille au moins une fois par mois» durant la dernière année. »*

7. Les relations entre les médecins et leurs interlocuteurs sont qualifiées d' «hostiles et/ou tendues » par seulement 2,3% des médecins avec le personnel paramédical, 6,5% avec les collègues de même grade ....Par contre, les relations sont déclarées «hostiles ou tendues » avec le cadre infirmier supérieur ou la direction des soins par ***30,5%*** *et avec l'administration* ***42,5%****.*

8. Les médecins sont 24,1% à déclarer n'avoir presque jamais, ou rarement, « assez de temps pour parler aux patients ».

9. La majorité des médecins déclarent être souvent ou toujours «préoccupés par la crainte de faire des erreurs » : 58,6% .

http://www.amuf.fr/images/stories/File/cp/CPSESMAT070910.pdf?PHPSESSID=af82078c8bd18945365669831 3a97693

« Le but est en réalité de ***soumettre le pouvoir médical*** *au pouvoir de gestion administrative. En effet, si on pense que la médecine est une marchandise, les médecins de simples techniciens ou offreurs de soins, il est logique que le pouvoir revienne aux « managers » véritables chefs d'entreprise. Ainsi, alors que l'on manque dans les hôpitaux de façon parfois dramatique de médecins et d'infirmières en raison d'un numerus clausus excessif, on embauche des directeurs de pôles venant du privé ou reclassés à partir des anciens services publics privatisés (France Telecom, etc...). Cette réforme libérale prend donc dans l'immédiat la forme d'une énorme* ***machine bureaucratique*** *à la française, multipliant les niveaux de décision »*

http://www.democratie-socialisme.org/spip.php?article1035 le 5/04/2010

Un espoir …européen :

Le sociologue Luc Rouban a écrit dans « Culture et Conflits » en 1997 une analyse d'une grande actualité: Il y regrette **l'hégémonie des administrations** particulièrement « exorbitante » en France. Il ne faut pas oublier de mettre la réforme de la Santé Publique dans son contexte. La T2A est une réforme européenne, appliquée en France. La lecture française de ce mode de financement de la médecine est différente de l'Allemagne ou de la Suède, nous l'avons vu. Le but de cette réforme était de **moraliser** le financement des soins de Santé. Elle abolit le budget global des hôpitaux propre à une médecine nationalisée (médecine de l'offre autoritaire), au profit d'une médecine de la demande corrélée au paiement des services réellement rendus (par les médecins). Elle préfigure une économie hospitalière européenne unique. Or la France a réussi le tour de force d'installer le budget hospitalier « européen » selon l'activité des médecins tout en conservant le monopole de l'offre autoritaire de soin et en installant des préfets de Santé pour le régenter. Il aurait été plus cohérent de considérer que la tarification à l'activité des médecins implique une **gestion paritaire** de la Santé. On peut améliorer en permanence le système en se mettant tous autour d'une table et en négociant des améliorations réciproques, comme en Allemagne ou en Suède....

Mais c'est difficile de partager 200 milliards d'euros :

L'Etat aurait pu se centrer sur son « cœur de métier » dès les années 1995. Au lieu de **moraliser** la mission de Santé Publique, qui est bien basée sur une tarification à l'activité médicale, les réformes de 2005 et 2009 ont évacué les médecins comme partenaires de la gestion. On mesure ici le fossé qui sépare la tentative d'invention d'une Grande Europe moderne et les **résistances nationalistes** des Etats qui la composent. Jacques Chirac n'a jamais été un fervent partisan de l'Europe. Une tradition qui lui a valu un « non » au référendum européen de 2005. Son proche collaborateur Philippe Séguin*, ne s'est jamais caché d'avoir voté « non » au référendum sur le traité de Maastricht en 1992 et celui de 2005.

*inventeur du terme « fracture sociale » de la campagne de J.Chirac en 1995.

« *Le référendum français sur le traité établissant une constitution pour l'Europe est une consultation populaire qui a eu lieu le 29 mai 2005. À la question « Approuvez-vous le projet de loi qui autorise la ratification du traité établissant une constitution pour l'Europe ? », le «* ***non » recueille 54,68*** *% des suffrages exprimés. Ce troisième référendum français sur un traité européen (après ceux de 1972 et 1992) est le premier à être rejeté* ».

http://fr.wikipedia.org/wiki/Référendum_français_sur_le_traité_établissant_une_constituti_pour_l'Europe

« *Le débat sur le traité de Maastricht montre que la question des services publics est placée au cœur des interrogations portant sur la construction européenne parce qu'elle illustre le débat entre la dérèglementation et la persistance d'une spécialité française séculairement attachée à un grand service public de* ***monopoles*** *et de prérogatives exorbitantes du droit commun ... l'explication que l'on peut donner de la crise de 1995 relève d'un* ***décalage croissant*** *entre le mode de fonctionnement des services publics et leur fonction sociale...En effet la dérèglementation des services et réseaux qui correspond à la fin des monopoles naturels se conjugue depuis le début les années 1980 avec de nombreuses règlementations nouvelles visant à protéger les consommateurs la santé publique, ou l'environnement....*

La réforme des entreprises publiques n'est pas associée en France , comme elle l'est en Allemagne , en Grande-Bretagne ou en Italie à ***une réforme plus générale de L'Etat*** *consistant à réduire les charges publiques , à systématiser l'emploi de techniques managériales dans les services centraux ou à redéployer les compétences de gestion entre le centre et la périphérie... Derrière le service public réside donc une notion centrale de volontarisme politique auquel semble s'opposer une logique européenne de type conséquentialiste. Le passage à un Etat (simplement) régulateur supposerait en effet de remettre en cause le primat social et culturel de la décision dans* ***l'univers politique****...La séparation de la régulation et de la gestion de l'administratif et du politique participent d'un nouveau modèle institutionnel qui se développe dans divers programmes de réforme des Etats. La* ***construction européenne*** *vient à la rencontre d'une redéfinition nationale du pouvoir politique.* »

Luc Rouban (56)

Ainsi s'achèvera le double mandat présidentiel de Jacques Chirac. Sur une **ambiguïté** jamais résolue sur le rôle de l'Etat français, ses missions, et ses rapports avec les forces sociales au 21ème siècle. On peut reconnaître que c'est une politique de droite nationaliste qui a été menée à partir de 1995, et qui n'a pas su profiter de la belle période économique 1995-2001 pour engager les réformes nécessaires de la 5ème République. Aucune rénovation du rôle de l'Etat depuis 50 ans en France. Et ne l'ayant pas faite, l'Etat s'est enferré dans une politique intérieure conservatrice et autoritaire à contresens des nécessités de la mondialisation.

Quel doit être le statut d'un Etat moderne confédéré au sein de l'Union européenne ? Passer d'une hégémonie nationale à une cogestion européenne suppose une réforme politique importante. Cette réforme institutionnelle n'a pas été menée en France, (le traité de Versailles a modifié très peu de choses). Même la vague de privatisations des années 1985-2000 n'a pas été accompagnée d'une réforme des Institutions conduisant à réduire les charges publiques, à systématiser l'emploi de techniques managériales modernes et de décentraliser les centres de compétences au profit des régions. Le passage à un Etat simplement **régulateur** des activités sociales -libérées- ne s'est pas produit. Les Institutions de la 5ème République sont restées dogmatiquement concentrées. Sont-elles encore en phase avec leur époque ? Ce n'est pas sûr. La crise de la dette publique de 2008 et le déclin industriel brutal de 2014 amorcent probablement une redéfinition du rôle de l'Etat qui n'a plus les moyens de « tout contrôler et de tout financer ».

Cependant, les réformes de Santé Publique 1995-2008 montrent un durcissement nationaliste de l'Etat et un renforcement de son monopole bureaucratique. Le « décalage » entre le mode de fonctionnement de l'Assurance-Maladie et sa fonction sociale ne cesse de s'agrandir chaque année. Pris en tenaille entre le conservatisme parisien et les réformes nécessaires à la construction européenne et au déclin de notre économie, les médecins ont été avec les professeurs, les boucs émissaires d'une époque ambigüe qui n'a pas osé faire les choix nécessaires. C'est bien la seule explication aux dérives qui ont été menées par les politiciens et les hauts fonctionnaires à l'encontre des médecins. Sans doute la médecine, avec sa T2A d'essence européenne et libérale, a-t-elle représenté ce que le Pouvoir traditionnel de la 5ème République craignait le plus : une fonction sociale autonome et reconnue comme telle par la jeune autorité européenne, convaincue de sociale démocratie.

Chapitre 4

Secteur 1 et secteur 2 et tous les autres …

En 1980, l'Etat ne peut répondre à la demande d'ajustement des honoraires des médecins. La « SECU » est en déficit. Les trésoriers sont d'accord pour solliciter une participation financière directe des assurés en créant un secteur de base (le secteur 1) et un secteur de luxe (le secteur 2) qui n'est que partiellement remboursé. Cette invention française va durablement transformer la sécurité sociale pour deux raisons :

- sur le plan médical : elle va créer plusieurs modes de remboursement des actes, donc une médecine à plusieurs vitesses
- sur le plan des ressources : elle va introduire un **partenaire privé** qui va participer au financement des soins en complément de l'Assurance-Maladie

Ces deux conséquences vont bouleverser les règles de fonctionnement de la Santé Publique qui restera un monopole tout en délégant une petite partie de ses charges à des organismes privés. Ceci va contribuer à rendre le système français de Santé l'un des plus compliqués du monde. En effet il n'y aura pas moins de quatre modes de rémunérations des actes médicaux en libéral et trois modes de salariat dans le secteur public. De même il renforcera les deux secteurs d'hospitalisations concurrents du secteur public, sans profiter de cette concurrence pour engager les réformes dans ses propres hôpitaux.

« *Les secteurs conventionnels : depuis la convention de 1980, les médecins libéraux conventionnés peuvent choisir d'exercer soit en secteur 1 soit en secteur 2 ; certains ont gardé un droit permanent au dépassement, d'autres ont choisi de ne pas être conventionnés. Médecin en secteur 1 : le prix appliqué correspond au tarif conventionnel. Médecin en secteur 2 : le prix appliqué est supérieur au tarif conventionnel, les honoraires sont dits libres. Le patient dans les deux cas est remboursé d'une partie du tarif de base, le ticket modérateur et les dépassements éventuels restent à la charge de l'assuré. Médecin ayant un droit permanent au dépassement (DP) : ces médecins conventionnés désignés sur titre peuvent fixer librement leurs honoraires. Leur recrutement a été supprimé lors de la création du secteur*

2. Médecins non conventionnés (NC) : ces médecins exercent leur profession en dehors du cadre conventionnel. Les patients sont remboursés sur la base d'un tarif d'autorité très faible. »

Source IRDES Eco-Santé France Dernière révision de cette page : Décembre 2009

« *Secteur 2 : chronique d'une mort annoncée. Lorsque les caisses et l'état se sont révélés incapables d'équilibrer les comptes de la sécurité sociale, pour des raisons en grande partie de laxisme et de lâcheté politique qui sont leur marque de fabrique, ils ont décidé de faire porter l'effort sur les "usagers" (tickets modérateurs, déremboursements, forfaits journaliers, CSG, CRDS, etc...) et sur les médecins: blocage des honoraires opposables et mesures démographiques (numerus clausus, MICA...) selon le bon principe énarchique : "si tu n'as pas le courage de réglementer la demande de soins... t'as qu'à réduire l'offre ".*

Le secteur 2 leur a semblé, tout d'abord, une façon habilement ***démagogique*** *de compenser le manque à gagner du corps médical, tout en transférant sur lui la responsabilité impopulaire du surcoût, non pris en charge, des actes. Mais le succès du secteur 2 dans certaines disciplines a fini par les inquiéter à mesure que s'accroissait le différentiel entre l'insuffisance des tarifs opposables scandaleusement non réévalués et celui des honoraires libres venant, en toute logique économique, coller à la réalité du coût de la pratique. « L'existence dogmatiquement intolérable d'un espace* ***de liberté*** *dans une économie de santé de plus en plus administrée, la grogne des syndicats de salariés représentant quasi exclusivement des fonctionnaires surprotégés là aussi en terme de santé par fournir enfin des prestations réellement médicales a fini par décider de faire la peau au secteur 2.*

Cela a commencé par les limitations d'accession, avec le piégeage de certains des nôtres en secteur 1 qu'on connaît, pour se poursuivre par la politique plus sournoise qu'on voit s'installer actuellement, habile mélange de fausses réévaluations, de vagues menaces, de désinformations, voire de mensonges. Les incitations à rentrer dans le rang, transcodage moins défavorable au secteur 1, sont assortis du miroitement du nouveau Graal: le secteur optionnel, dont la substitution obligatoire au secteur 2 ne fait maintenant plus de doute... Lequel d'entre nous acceptera de continuer à exercer dans ces conditions, qui acceptera de nous succéder et par qui les Français seront-ils opérés demain ? Il ne nous restera plus en effet que le choix de rejoindre l'hôpital public, où justement, est-ce un hasard, il y a, paraît-il, quelques postes vacants, ou de nous déconventionner massivement et collectivement en jetant les bases d'un nouveau contrat de soins entre malades et assurances privées. Et le beau et généreux principe d'une chirurgie accessible à tous et honnêtement honorée aura vécu...les Français doivent savoir qui sera responsable de cette médecine alors réellement a deux vitesses! » Olivier MORIN in: . http://www.ucdf.net/recup/DOSSIER_DOCCHIR/DOC_05_05_02_MORIN_S2.htm

Il y a donc plusieurs systèmes de rémunération des médecins libéraux ce qui n'est justifié par rien. Par rien de médical. Si ce compromis a fini par s'imposer, c'est qu'il y a une querelle intense au sein de l'appareil politique. Car le statut de la médecine ne fait toujours pas consensus à Paris : Monopole d'Etat et médecins exerçant à des tarifs subalternes, ou profession libérale et médecin exerçants à des tarifs européens moins ou moins encadrés ? Cette guerre idéologique a-t-elle un sens aujourd'hui ? Pourquoi fragmenter les « statuts » des médecins, pourquoi ne pas regarder comment fonctionnent les pays voisins immédiats de la France, et présentant le même type de Santé Publique ? Un consensus européen sur le statut des médecins n'est-il pas hautement souhaitable ? Pour qu'en finisse une fois pour toute avec **l'agitation politicienne** qui tourne autour de la médecine ; elle n'a pas besoin de cela. Voyons où la médecine en est réduite aujourd'hui:

Rémunérations :

- rémunérations libérales :

Les médecins qui restent en **secteur conventionné 1** acceptent de diminuer leur niveau de vie (80% des médecins généralistes, mais 10% des chirurgiens…) contre une sécurité tarifaire. Les autres entrent en **secteur 2** et maintiennent voire augmentent leurs revenus en passant par un complément allant de 2 à 4 fois l'ancien tarif opposable. En 2006 le « complément » par médecin en secteur 2 représente la moitié de son revenu. Il aurait semblé logique de maintenir un système unique, autorisant tous les médecins à faire des dépassements sous conditions et avec une participation effective de certains patients selon leurs revenus. Cette participation évite les abus et responsabilise les citoyens sur la valeur des services offerts ....

L'idée d'avoir plusieurs « secteurs » de soins est dommageable. Elle déresponsabilise les malades. Car il n'y a qu'une seule médecine. Mais le morcellement de l'exercice médical en plusieurs « secteurs » témoigne de **l'absence de consensus politique** sur la place à accorder aux médecins dans notre société : la gauche sociale a obtenu un secteur « de médecine pauvre mais distributive » (une médecine d' « agents de Santé ») la droite au contraire a obtenu un secteur « de médecine plus riche et compétitive » mais élitiste (une médecine d' « excellence »). Les « meilleurs » médecins sont donc payés plus chers... il reste à définir ce qu'est un « meilleur médecin », ce travail n'a jamais été fait. Aux USA le **bonus-malus médical**, consultable sur internet, est beaucoup plus cohérent : il montre le nombre de contentieux pour chaque médecin.

La conséquence est un éclatement de l'offre entre des filières concurrentes que rien ne justifie médicalement. La vraie liberté consisterait à avoir un seul secteur, avec des tarifs comparables aux voisins de la France, et l'autorisation de demander des suppléments en fonction de la notoriété du médecin, et sous réserve de respecter un certain quota de soins gratuits comme le recommandait Hippocrate. Ceci est le système allemand ou belge. Il devrait y avoir par contre de nombreuses caisses régionales ou professionnelles et une « lettre » flottante pour répartir le risque budgétaire.

Mais il y a encore le secteur à honoraire libre, sans aucune convention, et celui des dépassements permanents...sans oublier le nouveau secteur « optionnel » à cheval entre le secteur 1 et le secteur 2. **5 systèmes différents** pour la même médecine libérale ! 5 façons différentes de rémunérer un acte médical « libéral » : il y a un problème, un martien se demanderait sur quelle planète il est tombé.

De façon générale l'éclatement des rémunérations médicales démontre le fait que le Monopole de la Santé Publique est en réalité le lieu d'une foire d'empoigne entre **plusieurs courants politiques** très opposés. Ceci est très éloigné des objectifs et des méthodes de la médecine. Le sentiment d'être captif d'un système « inadapté » est maintenant installé dans la tête de chaque professionnel de la Santé. C'est ce que l'on appelle la rupture d'avec les « élites » de l'Etat. Brigitte Dormont* confirme d'ailleurs sur France

Culture l'idée d'un grand désordre médical et que les médecins français sont sous-payés, mal payés et mal répartis .

- Rémunérations publiques :

Avec ses cinq systèmes de rémunérations des médecins libéraux, la France compte aussi trois grilles différentes pour les médecins salariés. A l' hôpital il y a donc :

1. Les médecins salariés « purs » avec une prime de « non activité privée » (sic) de 400 euros/mois
2. Les médecins salariés avec un secteur privé (mais sans la prime)
3. Et les médecins salariés des cliniques mutuellistes ou des hôpitaux privés participant au secteur public d'hospitalisation.

Trois barèmes différents, pour la même fonction publique ... Il ne faut pas s'imaginer que c'est partout comme cela en Europe. La Belgique (comme l'Allemagne) a un système de rémunération beaucoup plus cohérent. Il n'y a qu'un seul barème appliqué à tous les médecins du pays. Les dépassements sont autorisés avec une entente préalable. Il est **interdit** qu'un médecin soit **salarié** d'un hôpital, précisément parce qu'il est responsable de tous ses actes, ce qui le distingue d'un « fonctionnaire ». Au sein des services hospitaliers, il peut y avoir une certaine redistribution entre médecins, mais ceci est libre. Les médecins ont un droit de veto dans les conseils d'administration. Le conseil médical contrôle le conseil d'administration et vice versa. Ceci s'appelle la gestion partenariale.

Hospitalisations :

Il y a aussi **trois systèmes** d'hospitalisation, l'un strictement étatique, qui représente 30% des dépenses de Santé (65 milliards d'euros en 2013), l'autre issu de l'hospitalisation industrielle et du capital privé qui représente 10% des soins de Santé (18 milliards d'euros en 2013), et enfin le secteur privé lucratif qui représente également 10% des dépenses de santé (5) avec un chiffre d'affaire de 20 milliards d'€ annuels. L'Etat a introduit le capital privé dans la médecine hospitalière en créant les complémentaires-santé, et en renforçant les moyens financiers des cliniques privées. Il a donc encouragé la concurrence à son propre réseau hospitalier. La chose est d'autant plus paradoxale que dans le même temps l'Etat gère la Santé Publique comme son Monopole alors qu'il eût été plus simple et efficace de créer dès le départ un partenariat privé-public en vue d'éviter les doublons de l'offre de soins et de tirer les prix vers le bas en encourageant la concurrence comme aux Pays-Bas ou en Allemagne.

Aujourd'hui, la France compte le plus de **cliniques privées** en Europe (460), qui assurent 15% de l'activité d'hospitalisation mais 60% de l'activité chirurgicale, la plus rentable. Or la moitié du parc des cliniques lucratives est passé sous contrôle américain ou européen (suédois et italien). Elles appartiennent à des fonds privés. Elles rapportent à leurs investisseurs entre 1 et 2 milliards d'euros par an :

« ...Au premier semestre 2010, le profit net du 1er groupe français (50 % du secteur privé), la Générale de Santé, a bondi de 147,5 %, passant de 24 millions à 59,4 millions d'euros. Il a versé 420 millions d'euros à ses actionnaires en 2009 »

http://www.jean-luc-melenchon.fr/arguments/les-cliniques-privees-leurs-profits-leurs-oligarques/.

De même les **hôpitaux privés** industriels ou mutuellistes appartiennent à des groupes financiers privés et rapportent les mêmes rendements à leurs gestionnaires. Ces deux réseaux ont montré de très belles réussites médicales, mais alimentent un débat d'ordre moral : est-il normal que les assurés sociaux français fournissent entre **2 et 4 milliards d'euros de dividendes** par an aux investisseurs privés américains, suédois ou français, milliards issus de cotisations sociales obligatoires, alors que la branche maladie de la SECU affiche quant à elle de **7 à 15 milliards d'euros de déficit** chaque année depuis 20 ans ? Non seulement l'Etat n'a pas été capable de concevoir un système de Santé Publique cohérent, mais en plus il a encouragé la concurrence à son propre Monopole, qui revient à laisser les bénéfices enrichir des fonds privés et les dettes rester à sa propre charge … La seule explication de ce capharnaüm est l'absence de consensus politique sur le rôle et les moyens de la Santé Publique en France.

« LA MUTUALITÉ FRANÇAISE rassemble 700 mutuelles santé et protège 3,8 millions de personnes. ...Créé en 2006, le groupe hospitalier de la Mutualité Française (GHMF) constitue le premier réseau national hospitalier privé du secteur non lucratif. Il rassemble sur l'ensemble du

territoire 73 établissements, dont 32 établissements médico-chirurgicaux et obstétriques, 26 de soins de suite et de réadaptation, et 6 d'hospitalisation à domicile et 9 de santé mentale. Ces établissements représentent 9.180 lits et places et emploient 2.000 médecins salariés ou libéraux et 13.780 personnels non médicaux. Mouvement social reconnu, la Mutualité Française protège 38 millions de personnes en France. Au-delà de ses prestations d'assurance……complémentaire, elle gère 2300 services de soins et d'accompagnement mutualistes dont une centaine d'établissements hospitaliers répartis sur l'ensemble du territoire national. Ces établissements hospitaliers mutualistes assurent un accès non-discriminant à des soins de qualité aux adhérents des mutuelles et aux assurés sociaux. Ils représentent aujourd'hui : 15 % de l'offre hospitalière non lucrative, 8 880 lits et places, 11 000 salariés, 820 millions d'euros de budgets consolidés. »

http://www.ghmf.org/groupe/caracteristiques

« *La* ***Mutualité française*** *a annoncé le lancement, sur toute la France, de Priorité santé mutualiste (PSM), son nouveau service d'information, d'aide à l'orientation et d'accompagnement sur des questions majeures de santé. Lors d'une conférence de presse le 28 mai dernier à Paris, son président Jean-Pierre Davant a présenté le dispositif qui a pour objectif de faciliter l'accès à la qualité pour tous les adhérents des mutuelles et de les éclairer dans leurs choix. Plus de 18 millions de personnes protégées par une mutuelle peuvent déjà en bénéficier, en téléphonant à un centre d'appel ou en assistant à des rencontres santé près de chez eux . Une liaison forte avec les professionnels de santé Jean-Pierre Davant est revenu sur les grandes étapes : dans le contexte de la réforme dite Douste-Blazy, occasion ratée selon lui d'améliorer le système de santé. " Il fallait s'inscrire dans une démarche, certes innovante, mais qui ne soit pas en contradiction avec le principe du médecin traitant, a-t-il noté. On ne peut pas faire sans, ni contre les professionnels de santé ". Ceci concerne le service d'aide à l'orientation qui peut communiquer une liste de structures proches du domicile de l'adhérent, elle a précisé que les établissements, publics ou privés, répondaient à des* ***critères de qualité*** *reconnus par des organismes indépendants, s'appuyant sur des données publiques. Les tarifs, en particulier la pratique des dépassements d'honoraires, ne sont pas pris en compte dans les informations fournies……diffusion de trois spots télévisés et à partir du 15 juin de trois spots radio* ». Sylvaine Frézel ; News-assurances.com le 29.05.2009

Les mutuelles complémentaires :

Le système de Santé Publique installé en 1945 n'est pas aussi égalitaire qu'il le dit. Rapidement, l'équilibre des comptes de la SECU a justifié l'adoption de tickets modérateurs (couverture partielle des soins) qui ont été remplacés par des assurances privées « complémentaires ». En France, la Sécurité Sociale et les assurances complémentaires se partagent la couverture des soins : les dépenses de Santé sont couvertes aujourd'hui à 76,7% par la Sécurité sociale et l'État et à 13,7 % par les organismes d'assurances complémentaires. Le reste du financement, soit 9,6 % de la dépense, est payé directement par les ménages.

Mais quels services réels les assurances complémentaires rendent-elles aujourd'hui ? Les critiques sont de plus en plus nombreuses à l'encontre de ces complémentaires-santé qui ne donnent plus l'impression de jouer le jeu de **partenaire sincère de l'Etat**, mais au contraire de veiller surtout à leurs propres intérêts commerciaux alors que l'Etat traverse une crise de sa dette d'une extrême gravité. Les assureurs complémentaires sont convaincus de mener leur métier d'assureur en « sécurisant leur assise financière » coûte que coûte, tout en se faisant concurrence entre eux. Ils seraient à l'origine d'une **inflation des coûts de la Santé**, et contrarieraient les initiatives de l'Etat pour réduire ses coûts.

- Prenons l'exemple des médicaments à faible intérêt thérapeutique : ils ne sont plus remboursés par l'assurance-maladie qu'à concurrence de 15%, afin de décourager leur utilisation et promouvoir une médecine moins chère. Que font les mutuelles ? Se faisant concurrence, elles renchérissent au plus-offrant ; donc elles remboursent les 85% restants, en font la publicité, et augmentent à cette fin leurs tarifs, ce qui est doublement irrationnel.

- En tant que société commerciales, elles encouragent et valorisent la **médecine chère** et la moitié des contrats assurent le complément des dépassements d'honoraires. Ils garantissent 300% de dépassement d'honoraire des médecins ou des professions paramédicales en confondant les dépassements d'honoraires avec la qualité des soins rendus. C'est-à-dire qu'ils font l'inverse des efforts de l'Etat pour diminuer les dépenses de médecine courante. Pour vous garantir une

« médecine de qualité » prenez une assurance-complémentaire privée : axiome socialement explosif, et financièrement suicidaire.

Ces caisses qui sont des assureurs privés fonctionnent selon une logique lucrative ; faute de convention stricte avec l'Etat, elles ne participent pas à rendre le système de Santé moins onéreux, mais au contraire à en faire commerce (bien libéral). Elles sont très peu régulées et entretiennent de fait une concurrence avec l'Assurance-Maladie. Mais pour l'année 2011, on évalue à **5,6 milliards** d'€ le montant total des aides publiques à l'acquisition de couvertures complémentaires dont 3,6 milliards pour les aides attribuées aux contrats collectifs obligatoires. Le coût fiscal du recours aux assureurs complémentaires est donc élevé ! Alors qu'ils n'assurent qu'un risque individuel très partiel, 13,7% seulement des dépenses de Santé en 2014. Cette opportunité s'est avérée particulièrement **lucrative** puisque les risques assurés sont de fait marginaux, prévisibles et... subventionnés. L'Etat subventionne donc les concurrents à sa propre Santé Publique sans avoir établi avec eux des règles strictes comme l'encadrement de leur concurrence et des objectifs sur la diminution des coûts.

En outre la plupart des caisses privées sélectionnent de façon insidieuse leurs clients. La sélection des risques est découragée par la loi Évin de 1989, mais elle est aisément contournée.

« *En France, le marché de l'assurance complémentaire est ainsi caractérisé par la* ***dégradation progressive*** *de la mutualisation des risques entre malades et bien-portants et une esquive de la pression concurrentielle par la sélection des risques grâce à la segmentation des contrats* ».

http://www.cae-eco.fr/IMG/pdf/cae-note012.pdf

De fait les complémentaires profilent leurs clients et adaptent leur offre, ce qui maximise leurs profits. Par contre toutes les structures lourdes (aide médicale urgente, structures lourdes, soins de longue durée) restent à charge de l'Etat. Enfin, la France ne plafonne pas les « restes à charge » ce qui fait du système actuel l'un des plus inégalitaires d'Europe. Les assureurs complémentaires peuvent n'assurer qu'une partie minime du risque et laisser certains patients dans l'obligation d'**assumer eux-mêmes** une part importante du reste, surtout s'ils sont pauvres et mal assurés. Ce qui laisse à penser que les complémentaires ont joui d'une position de

« minoritaire surprotégé » ; elles ont amassé beaucoup d'argent en trente ans au point de devenir un véritable état dans l'Etat. Qui a favorisé cela ?

« Légalement, les mutuelles sont tenues de mettre en réserve 17 % des cotisations qu'elles perçoivent afin d'être solvables à 100 %. Il s'agit simplement de s'assurer de leur ***solidité financière****. La plupart d'entre elles présentent en réalité une solvabilité de 300 %, par sécurité. Mais au-delà, les commissaires aux comptes estiment que ces réserves sont inutiles et excessives. C'est le cas par exemple de la MGEN, qui affichait en 2009 un taux vertigineux de 657 % ! Insupportable, estime le député UMP du Nord, Sébastien Huyghe sur RMC. Avec sa collègue de Meurthe-et-Moselle Valérie Rosso-Debord, il a décidé de taper du poing sur la table. « Certaines mutuelles, certes pas toutes, sont* ***assises sur des réserves*** *que je considère comme excessives, car elles se sont constituées à coup de hausses régulières de leurs cotisations. L'objectif des mutuelles n'est pas de faire des bénéfices. Lorsqu'elles accumulent des réserves supérieures à leurs besoins, elles devraient, en vertu du principe de mutualisation, les redistribuer à leurs adhérents, sous forme de baisse de cotisations ou de restitution de ses excédents. Elles ne le font pas, fulmine-t-il. »*

http://rmc.bfmtv.com/info/185406/le-tresor-cache-des-mutuelles-de-sante/

En 2012, si le déficit cumulé de la « SECU » est de 217 milliards d'euros, le capital privé constitué par les assurances-santé complémentaires semble représenter de **15 à 20 milliards** d'€ :

«.... Le député UMP, Yves Bur, avait notamment évoqué des réserves de l'ordre de ***17 milliards d'€*** *propos réfutés par les principaux intéressés »*
http://www.argusdelassurance.com/acteurs/mutuelles-45/les-reserves-des-mutuelles-dans-le-collimateur-des-deputes-ump.51542

On peut alors se poser une simple question: l'Etat a renoncé à couvrir toute l'Assurance-Maladie. Il a fait appel à des organismes privés pour le décharger d'une partie de ses déficits. Nous pouvons raisonnablement supposer que les parties transférées étaient les moins rentables et que l'Etat s'est réservé ce qui était le plus sûr et le plus stable financièrement pour **pérenniser le contrat social** de la Nation. Or les assureurs privés ont transformé cette mauvaise graine en un bel arbre très rentable qui pèse aujourd'hui 20 milliards d'euros de réserve bancaire et 4 milliards d'euros de rendement annuel. Dans le même temps, l'Etat en perdait plus de 200 ? Que s'est-il passé ?

« *La Mutualité française veut « peser » sur le système de Santé français en développant son propre groupe hospitalier, où les mutuelles montreraient l'exemple contre le développement des dépassements d'honoraires et la "dégradation" de la qualité des soins. Les mutuelles de santé, fédérées au sein de* ***la Mutualité*** *possèdent déjà, en plus de leur activité d'assureur, une centaine d'établissements et services hospitaliers. Ces établissements sont le plus souvent des cliniques, mais à but non lucratif et avec des missions de service public. La Mutualité a créé un « fonds de développement hospitalier mutualiste », sollicitant des partenaires institutionnels. Elle compte aussi utiliser ses* ***réserves financières****, qui avaient nourri une polémique l'an dernier...On voudrait avoir un établissement important dans chaque capitale régionale, qui soit à même de* ***peser sur l'ensemble*** *de la politique hospitalière de la région explique à l'AFP Jean-Pierre Davant, le président de la Mutualité française. Peser en termes de qualité des soins bien sûr, mais aussi de respect des honoraires des médecins, ajoute M. Davant, pourfendeur des dépassements d'honoraires dans les hôpitaux publics et les cliniques privées, et qui juge que le système de Santé «* ***s'enfonce dans la médiocrité*** » par Florence Karel :

http://www.news-assurances.com//016711873 , le 8 juin 2009

La prise de position de Mr Jean-Pierre Davant l'ancien président du puissant groupe mutuelliste « la Mutualité Française » a marqué un tournant intéressant. En effet ce groupe financier privé, a pris **ses distances** avec la Sécurité Sociale de l'Etat et décidé de « peser » sur l'équilibre du système de Santé Publique. Mais pour le diriger dans quelle direction ? Son intervention à Bordeaux en 2009 intrigue tout de même. D'un côté il refuse de « *s'enfoncer dans la médiocrité* » en évoquant les revenus des médecins et de l'autre il consent à évoquer les « *réserves financières* » de son groupe. Un chiffre d'affaire de 40 milliards d'euros par an pour la Mutualité française, ce n'est pas rien.

« *Ils ont des bénéfices faramineux, des trésors de guerre. La mutuelle MACSF vient d'acheter pour 200 millions d'euros le Château Lacombe, dans le Bordelais. La mutualité française est le plus gros* *propriétaire viticole de France. Et leurs publicités ! C'est **30% des frais** de gestion de la mutualité alors que c'est 7% normalement. Dans une période de crise comme la nôtre, ne vaudrait-il pas mieux que les mutuelles paient l'accès aux soins plutôt que de se répandre partout en publicité ? Nous voulons que les mutuelles publient leurs comptes. Pourquoi de telles frais de gestion ? Leur opacité est toujours protégée. Ces mutuelles continuent à être milliardaires et paient des bateaux dans le Vendée Globe au lieu de rembourser les patients.* »

http://tempsreel.nouvelobs.com/social/20121113.OBS9172/sante-la-medecine-liberale-est-sur-le-point-de-disparaitre.html

Un capital de 20 milliards d'euros accumulés par les assureurs-santé privés en vendant des soins médicaux, il n'y a pas de quoi en vouloir aux médecins eux-mêmes… Alors, quand on est devenu si riche en si peu de temps et qu'on appelle « *médiocres* » ceux à qui on doit sa fortune, franchement la « Mutualité » ne donne pas clairement le sentiment d'être reconnaissante envers ses médecins. Et ensuite, vouloir remettre en cause le fonctionnement général de la Santé Publique quand on n'y participe qu'à la marge, il y a aussi un dérapage de communication. Il mérite qu'on s'y attarde un peu.

Voici un système de Santé Publique mixte, « à deux étages » : l'Etat et les complémentaires privées qui se font concurrence ! Ceci risque d'alourdir le système et de le rendre moins efficient. Mais tous deux se réconcilient sur le dos de ceux qui offrent les soins en question. C'est une construction à deux étages avec en plus « une cave » où l'on a enfermé les médecins et les professionnels de Santé qui font tourner tout le système…en se taisant. Le système n'est évidemment pas équilibré. Il est doublement frontal. Or il serait possible de le faire fonctionner transparente, c'est encore ici une question de volonté politique….

L'offre de soins :

« *… En tout état de cause, l'organisation en système mixte est un obstacle à une réelle contractualisation. Celle-ci signifierait une **action** concertée de la Sécurité sociale et de la complémentaire de l'assuré pour **négocier avec l'offreur de soins** ou mettre en concurrence des offreurs de soins. Ce processus devrait respecter les principes d'une concurrence équitable entre les assureurs complémentaires. En d'autres termes, il* *faudrait que la Sécurité sociale s'engage avec chaque offreur de soins dans autant de négociations qu'il y a d'assureurs, tout en veillant à respecter l'égalité de traitement entre eux! Une mission* ***impossible****. Actuellement, le peu de contractualisation mise en place émane de la Sécurité Sociale, à l'exception de secteurs comme l'optique ou le dentaire, où les faibles taux de remboursement par la Sécurité sociale laissent une place importante aux complémentaires »*

http://www.cae-eco.fr/IMG/pdf/cae-note012.pdf

B.Dormont, P-Y Geoffard et J. Tirole, sont les rédacteurs du rapport « refonder l'assurance-maladie » en 2014. Ils décrivent le point central du système de Santé français : l'Etat ne parle qu'à Lui-même. Ainsi Il a laissé les assureurs privés s'enrichir du « reste à charge » qu'Il ne pouvait assumer, sans leur fixer de déontologie, d'objectifs nationaux, ni négocier avec eux sa politique sanitaire. Pourtant cet isolement de l'Etat semble devenu financièrement intenable. En 8 ans, la part des dépenses de Santé couvertes par les assureurs privés est passée de 8 à presque 14%, une augmentation de 50% qui devrait inciter l'Etat à ouvrir ses portes aux acteurs de la vie civile et pratiquer ce qui est obligatoire en Allemagne : la concertation. Ainsi se dessineraient quelques sources de précieuses économies de fonctionnement en asseyant autour d'une même table ceux qui assument la responsabilité du fonctionnement de la Sécurité Sociale, ceux qui complémentent à son fonctionnement en l'individualisant, et enfin ceux qui rendent le service attendu : les médecins et leurs collaborateurs. Que peut-on espérer d'un tel système ?

1. Peut-on « **contractualiser** » l'offre de soins ?

   « *Du côté de l'offre de soins, il importe qu'une* ***offre à tarifs conventionnels*** *soit toujours disponible sur le territoire, pour que les patients aient le choix et que les taux de couverture de la Sécurité sociale soient une réalité. Du côté de la demande, il est irréaliste de penser que l'assuré puisse instaurer un rapport de force pour limiter les dépassements dans son face-à-face avec le médecin, et ce d'autant plus que son information imparfaite sur la qualité des soins le conduit à interpréter des dépassements élevés comme un signe de qualité. Ce n'est pas au patient de réaliser les ajustements ; ceci montre l'intérêt de la contractualisation entre les offreurs de soins et l'assurance-maladie,* *acteur mieux informé que les patients des questions de qualité et des contraintes des offreurs de soins* »

http://www.cae-eco.fr/IMG/pdf/cae-note012.pdf

Le conseil d'analyse économique reconnait la double ambiguïté du système de soins dans lequel l'Etat fixe unilatéralement les prix des actes médicaux (sans les revaloriser depuis 20 ans) et de l'autre laisse les médecins choisir entre appliquer ses tarifs ou ne pas les appliquer. Pourquoi ne pas ouvrir une véritable négociation, et adopter les tarifs des médecins allemands ou suisses qui sont plus élevés mais plus réalistes ? La **concertation** souhaitée se ferait non plus entre l'Etat et les assureurs privés, mais à trois avec les prestataires des soins eux-mêmes. Dans une idéologie de « contractualisation » il est cohérent de négocier le contrat avec les intéressés. Et ainsi de glisser vers une **économie mixte** ce qui supposerait l'abandon par l'Etat de l'exclusivité du secteur sanitaire et une transformation de la « fonction publique sanitaire ». C'est le grand débat actuel sur la rénovation de la fonction publique en France. La médecine se prête bien à cette évolution et devrait quitter le secteur « des services non marchands » vers une part plus grande de libre entreprise des médecins.

Ainsi l'économie de la Santé pourrait (re)devenir mixte et paritaire, et (re)fonctionnerait de façon paritaire. On ne pourrait que se féliciter d'un nouveau mode de gestion comprenant une négociation tarifaire consensuelle (feed-back) et non plus les rounds « à l'arrache », sous la menace de légiférer, comme elle est pratiquée aujourd'hui (frontalement) par l'Etat. Elle serait au contraire permanente et cyclique, c'est-à-dire revalorisée automatiquement pour éviter l'appauvrissement des prestataires et la tentation de surproduire des actes (contre-frontale). Elle serait aussi assujettie à des programmes de Santé Publique comme en Allemagne. Ainsi les médecins auraient-ils à nouveau le sentiment de travailler dans « leur » système de Santé ; d'où un engagement plus profond dans la réduction des dépenses, leurs dépenses, comme l'utilisation des médicaments génériques qui permettrait d'économiser 1 milliard d'euros immédiatement. Elle impliquerait selon toute vraisemblance la disparition des différents « secteurs », et un statut unique de tous les médecins pour assurer une véritable mise en concurrence de leurs compétences. C'est ce qui s'appellerait une véritable « contractualisation de l'offre de soins », mais qui signerait en réalité une nouvelle politique de la Santé que l'on pourra appeler plus simplement « pluraliste ». En d'autre terme, la disparition de l'idéologie du Monopole d'Etat....

2. Une autre source d'économie serait-elle de **responsabiliser les malades** ? L'assurance-maladie tire une grande frustration de ne pas pouvoir contrôler directement les actes posés par les médecins.

Alors, augmenter le « reste à charge » pour responsabiliser les malades ? Dans les faits, il ressort qu'on ne peut pas démontrer une influence du « reste à charge » du malade sur leur consommation de soins hospitaliers ou de médicaments. Pour les technocrates de l'offre de soin, ceci est assez frustrant. Le marché de la Santé ne se comporte pas comme un « produit marchand » conventionnel. Les malades choisissent toujours de bien se soigner et font **confiance à leur médecin**, coûte que coûte. En revanche, la dépense de soins ambulatoires est légèrement sensible à la couverture offerte. Dans la réalité, le malade fait essentiellement confiance à son docteur, et c'est très bien ainsi. Cette complicité tenace imposera tôt ou tard aux autorités publiques et aux assureurs privés de négocier **avec les professionnels** de la Santé la meilleure façon d'organiser la future Santé Publique en France. Car la relation médecin-malade restera une donnée incontournable de la Santé Publique européenne.... Une révolution se prépare, pour que l'Assurance-Maladie puisse revenir à son cœur de métier. Si les médecins sont - enfin - invités à la table des négociations, ce sont les politiques politiciennes qui devront la quitter. Ainsi s'installera une sociale démocratie moderne.

3. A l'hôpital la **limitation de la demande de soins** reste un souci majeur de la part de l'Etat. L'Etat veut diminuer le budget des hôpitaux :

Dans une économie en récession, freiner l'expansion d'un secteur économique aussi demandeur d'emploi que la Santé est dommageable, nous analyserons ceci plus loin. Comment « contrôler » les plaintes des malades et les traitements mis en œuvre ? Difficile en effet de s'immiscer dans les cabinets de consultation....mais cette ambition est-elle justifiée ? Finalement le seul but recherché est bien **la diminution du coût des traitements**, et pas d'empêcher les assurés de se faire soigner. Il n'y a donc aucune raison de mettre en cause la probité des praticiens. Cette démarche n'aurait aucune répercussion sur le coût des soins, de toute façon. Par contre il serait logique d'encourager les praticiens qui soignent vite et bien, et de pénaliser ceux qui sont coutumiers des échecs ou des complications. De ce point de vue, il semble illogique de maintenir un salariat fixe pour les médecins hospitaliers et au contraire il faudrait valoriser leur promotion au **mérite** : soit en payant les praticiens à l'acte comme dans les cliniques, soit en accordant une part variable en fonction de l'activité de chacun. Les agences régionales de Santé ou les assureurs privés complémentaires devraient **récompenser les médecins les plus efficients**, soit ceux qui ont la notoriété la meilleure, soit ceux qui mènent des traitements efficaces avec des moyens modérés. Même à l'hôpital, l'Etat peut contractualiser l'activité de chaque praticien en fonction de ses services rendus. Il suffit de renoncer à salarier les praticiens, comme en Allemagne, en Suisse ou en Belgique.

4. Le système mixte « à deux étages » coûte cher et entretient une double administration.

Les frais de gestion sont de l'ordre de **14 milliards** d'euros, dont 7 à 10 milliards pour les organismes relevant de la Sécurité sociale (CNAMTS, etc.) et plus de 6 milliards pour les organismes complémentaires. Les sommes sont quasi similaires pour les deux types d'opérateurs, alors qu'ils remboursent respectivement ¾ et moins d' ¼ des soins. Les assureurs privés ont des frais de gestion très élevés dont on connait les causes : la constitution à leur « réserve » assurantielle, la concurrence et la publicité, la lourdeur du double traitement des feuilles de sécurité sociale etc.... La fusion des deux permettrait d'économiser quelques milliards d'euros. En outre une complémentaire-santé doit-elle constituer des réserves aussi élevées ? La fusion empêcherait la surenchère des prestations puisqu'il n'y aurait plus de concurrent commercial à la politique de Santé Publique de l'Etat. Le système redeviendrait « complémentaire » ce qu'il prétend être alors qu'il est simplement concurrentiel.

5. La **fédération hospitalière de France** propose de renégocier l'application des **35 heures** à l'hôpital. C'est un « scoop » :

« Optimiser les temps de travail : La FHF propose aux pouvoirs publics de soutenir les démarches d'optimisation des organisations de travail au premier rang desquelles la renégociation des accords « OARTT « (35 heures ndr). *Ces démarches difficiles génèrent de fortes économies. Les pouvoirs publics doivent afficher clairement leur soutien aux établissements et à leurs dirigeants... La renégociation du temps de travail permettrait de dégager 1*

milliard d'€ d'économie ». Fédération hospitalière de France, Conférence de presse du Jeudi 10 avril 2014

La FHF considère en effet qu'une économie de 6 milliards d'euros pourrait être obtenue en **renégociant les 35 heures à l'hôpital**, et en améliorant l'attractivité des salaires des médecins pour éviter le recours aux intérimaires , en mettant en œuvre une meilleure contractualisation des soins offerts et un contrôle efficace sur la **qualité des prestations** médicales, enfin en menant une **simplification administrative** par l'abandon du « centralisme bureaucratique » si prisé à Paris. En clair une abolition de la « nouvelle gouvernance » et une autonomisation des hôpitaux. On retiendra surtout que le tabou lié aux 35 heures est enfin brisé. En effet la T2A est une norme européenne de financement de la Santé « à l'acte ». Elle fournit 100% du budget des hôpitaux (hors subventions à la marge). Mais les statuts des soignants ne sont pas harmonisés, ce qui veut dire qu'un même acte revient plus ou moins cher en fonction des dispositions locales et des coûts salariaux en vigueur. Ceci est contradictoire. Une **T2A européenne** aurait dû imposer un statut européen identique pour tous les soignants (mêmes contrats de travail partout en Europe). En tous cas, la seule harmonisation des heures prestées permettrait semble-t-il à l'Etat français d'économiser **1 milliard d'euros** sur le budget des hôpitaux publics…..

Une meilleure relation entre l'Etat et les assureurs complémentaires :

« Un carton rouge pour Jean-Pierre DAVANT: La CSMF a pris connaissance avec étonnement des propos du président de la Mutualité Française, dans un communiqué du 29 décembre, qui profite des drames humains pour se livrer à de douteux amalgames. Les drames évoqués ne doivent pas donner lieu à une démagogie pathétique pour ***dénigrer le corps médical****, et ainsi justifier une réorganisation du système de Santé basée sur la régulation des dépenses dans le seul but de* ***maintenir les marges bénéficiaires*** *des organismes complémentaires. La coopération entre la médecine de ville et l'hôpital, contrairement aux affirmations de M. DAVANT existe et fonctionne de façon satisfaisante dans la plupart des secteurs. La CSMF dénonce l'attitude du Président de la Mutualité, qui, une fois de plus, alimente la polémique pour créer un climat d'hostilité à l'encontre du corps médical dans le seul but de* ***promouvoir ses propres structures*** *et centres de santé où les notions mercantiles et de profit ne sont pas absentes. Les médecins, libéraux et hospitaliers, poursuivent leur*

travail, souvent ingrat et difficile, au service des malades et des personnes qui souffrent, dans des conditions matérielles et surtout humaines très pénibles, mais toujours avec humanisme, y compris dans le cadre de la Permanence des Soins et de l'urgence. C'est pourquoi, ils ne méritent pas d'être jetés aux chiens, ni au capital, fut-il mutualisé ! » Communiqué de presse Le 6 janvier 2009 « Un carton rouge pour Jean-Pierre DAVANT »

http:// www.csmf.org le 23/10/2009

En Allemagne l'assuré qui choisit une caisse indépendante quitte l'Assurance-Maladie de l'Etat et **ne peut plus y revenir.** Ces caisses vivent de leurs seuls cotisants, l'Etat allemand ne participe pas. Les principes de la concurrence régulée sont appliqués, avec des cotisations proportionnelles aux revenus. Il y a donc plusieurs caisses de Santé, et pas de monopole. Mais chaque caisse prend en charge ses adhérents de A à Z. Depuis 2009, les cotisations sont versées à un **fonds central** qui redistribue les ressources aux caisses en fonction du nombre d'assurés et de leurs caractéristiques. Ceci s'appelle la mutualisation, à l'allemande.

Or le groupe mutualiste privé de Mr Davant fonctionne essentiellement avec l'argent de la SECU et marginalement avec ses propres compléments. Il fournit seulement 13,7 % des prestations de Santé (en plus d'autres activités lucratives mais étrangères à l'offre de soins). Le groupe mutuelliste « Mutualité Française » veut par contre « peser » sur la Santé Publique, mais tout le secteur complémentaire y contribue 6 fois moins que l'Etat....La grenouille et le bœuf ? Il semble un peu présomptueux de prétendre « *peser* » sur Lui. En Allemagne le groupe mutualiste devrait vivre des seules cotisations de ses adhérents, il serait sans doute plus modeste. C'est d'ailleurs ce qui risque d'arriver :

« *Les charges de gestion représentent ... 15 à 25% pour les mutuelles et les compagnies d'assurance. Et pourtant ces dernières n'ont pas à effectuer de contrôles, ceux-ci étant déjà effectués par la Sécurité Sociale. On voit donc, que contrairement à ce que croient les libéraux, la Sécurité Sociale serait en position très favorable si on permettait à chacun de choisir une* ***assurance unique*** *pour la totalité de son risque, autrement dit* ***si l'on supprimait le monopole*** *de la Sécurité Sociale. En effet celle-ci pourrait gérer la couverture complémentaire à un coût marginal très faible, alors que* *les mutuelles et les compagnies d'assurance devraient s'équiper pour le contrôle de leurs prestations* »

http://bastiat.net/fr/cercle/rencontres/1997-2.html le 27/04/2010

En effet pour réduire ses coûts, l'Etat pourrait choisir entre deux possibilités :

- soit supprimer le monopole de l'Assurance-Maladie et **ouvrir la Santé Publique** aux opérateurs privés comme en Allemagne, ou en Suisse ou en Belgique, mais sans retour possible.

Il y aurait plusieurs « opérateurs » comme pour la téléphonie… avec des pressions vers le bas (comme l'opérateur Free®). Pour ce faire les opérateurs de Santé privés négocieraient avec les hôpitaux, les cliniques, les médecins et les paramédicaux pour tirer les prix vers le bas sans prendre de risque puisqu'ils devraient assumer aussi tous les risques. L'option de la concurrence régulée entre assureurs implique la définition d'**un contrat standard** avec un minimum de prestations absolument garanties, et l'interdiction de la sélection des risques des cotisants. La contractualisation avec les offreurs de soins serait assumée par les assureurs. Un système d'information centralisé devrait produire et diffuser des indicateurs sur leurs performances en matière de santé publique, de qualité des soins et d'accès aux soins, afin de permettre une comparaison des assureurs et un choix éclairé des citoyens. Dans l'option de la concurrence régulée, les « offreurs de soins » (médecin ou hôpitaux) interagiraient avec plusieurs caisses privées. Un médecin reconnu comme compétent ne pourrait pas travailler exclusivement pour une assurance, évidemment….Le but est d'obtenir les meilleurs prix pour les meilleurs hôpitaux ou cliniques, et pour les meilleurs médecins….Les médecins pourraient donc négocier leurs tarifs en fonction de leur compétence réelle et chiffrée (comme aux Etats-Unis) ; ceci s'appelle une offre de soins « gagnant-gagnant ».

- Mais le professeur Brigitte Dormont a peut-être une préférence pour un système unique de Sécurité Sociale qui serait au contraire « unifiée » :

« *Dans l'option publique, le pilotage de l'offre de soins serait confié aux ARS (agences régionales de santé)… Ce sont elles qui devraient contractualiser avec les offreurs de soins, en développant des choix*

stratégiques diversifiés entre régions ou à l'intérieur d'une même région en matière de conventionnement et de systèmes de paiement... Les équipes de direction des ARS devraient être sensibilisées, par des incitations monétaires ou de carrière, à contrôler les coûts et la qualité des soins... Dans l'option publique, le monopole octroyé aux ARS leur donne a priori un ***pouvoir de négociation considérable****. Cependant, la pratique de ce pouvoir requiert la capacité d'exercer une* ***menace crédible*** *d'enlever de la liste de remboursement un hôpital ou un médecin avec des tarifs trop élevés (ou délivrant des soins de qualité insuffisante), privant l'offreur de soin de la quasi-totalité de son activité. L'activation de cette « arme nucléaire » ne va pas de soi, en particulier face à d'éventuelles pressions politiques ».....*
http://www.cae-eco.fr/IMG/pdf/cae-note012.pdf

L'option « publique » confierait un droit de vie ou de mort sur l'exercice de la médecine, à des agents de l'Etat eux-mêmes non médecins la plupart du temps. On peut en effet parler d'une « arme nucléaire » car elle conforte un management **non-économique** mais **politique** de la Santé (le directeur de l'agence est nommé en conseil des ministres) et la laisse à la charge de l'Etat. Notre conviction est que la médecine est au contraire une activité économique « de services » appelée à un brillant avenir et qu'il faut préparer cette mutation dès maintenant en cessant de lui couper les ailes et de l'administrer à la soviétique. D'autant que les tarifs des médecins seraient finalement laissés à l'appréciation d'un **directeur d'agence** et pas à la loi de la concurrence. Le prix des abonnements téléphoniques ont été divisés par 3 parce qu'un opérateur a osé casser les prix et « déranger les monopoles » des opérateurs traditionnels. Pour la médecine, on peut concevoir une économie sociale de marché selon le même modèle. Qui s'en plaindra ?

Dans le système « étatique », le « pouvoir de négociation » irait uniquement aux agents de l'Etat, on resterait donc dans un système autoritaire et frontal, le fameux Monopole d'Etat. On aggrave la méfiance des administrations envers les prestataires de soins, ce qui revient à une super loi « HPST » dont on ne cesse de déplorer la rigidité anti-médicale et les méthodes autoritaires. On évoluera immanquablement vers une médecine de « moins-demandant » ce qui aggravera les défauts du système actuel (pas de valorisation de la compétence). La France rejoindra alors définitivement le système nationalisé anglais post-soviétique. Est-ce un bon choix politique et économique ?

L'avenir n'est-il pas précisément de revenir au passé « rhénan », mutuelliste, commun avec l'Allemagne et la Suisse ? Ce système était au cœur de la pensée gaullienne. Ne préfigure-t-il pas le futur modèle de **Sécurité Sociale européenne** qui fait presque l'unanimité ? Et de toute façon, le système politique allemand est devenu tellement prépondérant en 2014 que les pays satellites finiront tôt ou tard par s'y conformer.

- La vérité se trouve donc probablement plus près du **système rhénan** et de ses 500 caisses privées.

Et tant qu'à faire un système « public », pourquoi ne pas le faire à l'allemande en conservant des agences de Santé vraiment régionales, qui deviendraient les moteurs d'une Santé Publique vraiment régionale, mais **sans monopole** étatique et en leur confiant un pouvoir de négociation indépendant de Paris, et vraiment pluraliste . Les assureurs privés pourraient se substituer à l'Etat en cas de meilleure offre pour telle clinique, tel hôpital ou tel médecin, mais au terme d'une **négociation amiable** autour d'objectifs chiffrés. Et bien sûr avec la collaboration des instances politiques régionales, comme les défuntes caisses régionales d'Assurance-Maladie (les CRAM). La liberté serait même accordée aux praticiens hospitaliers de renoncer au salariat et de choisir d'être honorés à l'acte selon les conventions proposées… En clair, à l'agence régionale, il y aurait une **gestion pluraliste** de la Santé sans tabous, dans l'intérêt de l'emploi de la région, et plus aucun monopole d'Etat. Un embryon de fédéralisme ? Ceci ne devrait pas déplaire au général De Gaulle, qui a tout de même mis un terme à sa carrière politique sur cette question-là……

Santé et finances :

On sent que la médecine est à un tournant de son histoire. Ses succès phénoménaux ont attisé les appétits des administrations, des assureurs, et des investisseurs privés, chacun se disputant ses réussites. Etrange médecine moderne tiraillée entre des ambitions opposées et qui se retrouve l'enjeu de luttes terribles entre des groupes d'intérêts opposés: les groupes mutuellistes, devenus très riches, entendent créer leur propre réseau de soins où les praticiens seront assignés. L'Etat entend se défaire, un peu, du fardeau médical tout en gardant la mainmise sur l'organisation politique des soins de Santé Publique, ensemble dans lequel les médecins sont incorporés comme de simples exécutants.

La justice quant à elle n'entend pas pour autant diluer les responsabilités sous prétexte d'un ensemble incohérent. Elle entend renforcer la responsabilité individuelle des médecins quel que soit leur statut pour garantir les droits des assurés qui seraient victimes d'échecs thérapeutiques. Tout le monde veut contrôler **l'énorme quantité d'argent** brassée par la Santé, mais personne ne veut prendre la place des médecins devant leurs juges....Et sous la pression financière on invente donc des systèmes juridiques où les médecins ne décident rien de leurs conditions de travail, mais où ils sont responsables de **toutes les conséquences** de ces mêmes décisions.

On peut comprendre que l'Etat souhaite garantir la façon dont les médecins travaillent. Mais jusqu'où peut aller cette autorité ? Ses grands « serviteurs » peuvent-ils tout se permettre envers les médecins ? Nous ne résistons pas au plaisir de citer encore le plus prolixe des Grands Serviteurs de la Santé, Mr Jean de Kerguiziau de Kervasdoué in (8) :

- *« que défendent les médecins: l'équilibre corporatiste ou l'intérêt des malades ?*
- *Le paiement à l'acte incite le médecin à réaliser des actes qui ne s'imposent pas*
- *l'absence quasi-totale d'autodiscipline des médecins français justifie l'entrée du nouveau partenaire de la relation médecin-malade: le juge*
- *à quoi pensent d'abord les médecins : à porter leur argent à la banque*
- *Beaucoup de tâches programmables ne sont jamais programmées afin de laisser du pouvoir aux responsables médicaux. Ils deviennent ainsi maîtres du temps des autres »*

Tout ceci est scandaleux, évidemment. On est bien en présence d'une monoculture sectaire et radicalement anti-médicale. Est-elle l'œuvre de gestionnaires modernes ? Elle est produite par la technocratie parisienne des « grandes écoles », que l'on peut soupçonner **d'être déconnectée** de la société telle qu'elle est aujourd'hui. Comme évoquée précédemment, elle nourrit ce régime concentré, hégémonique, qu'est devenue la 5ème République avec son centralisme bureaucratique non réformé et ses complaisances incompréhensibles envers les grands fonds privés des assurances. Un Etat quasi monarchique entretient sa vassalité et sa monoculture verticale. On en est là. Elle est malheureusement coupée de la **réalité sociale,** professionnelle et régionale, ce que l'on appelle ailleurs la **diversité de la vie civile**. A Paris, pas de pluralisme parmi l'élite, mais une regrettable propension à produire des « pamphlets » comme au temps béni de Beaumarchais, mais aussi beaucoup d'ordonnances officielles.

Pour revenir sur terre, la Santé Publique c'est un très gros morceau : 220 milliards d'euros par an, c'est le plus gros budget de l'Etat avec les retraites (250 milliards d'€). A ce prix-là, il vaudrait la peine de prendre quelques précautions. Une dette multipliée par 10 en 20 ans et l'impossibilité de présenter un budget de Santé Publique à l'équilibre, laissent supposer un mal profond qui ronge cette administration : le manque de **réalisme**. Le réalisme social ou professionnel va se chercher parmi les plus humbles et les professionnels de terrain, pas dans les salons dorés de la République. En lisant Mr de Kervasdoué, on n'a pas l'impression d'être dans ce registre.

Mais il faut reconnaître que la médecine jouit d'une remarquable qualité : elle est **iconoclaste**. Non qu'elle soit anti-gouvernementale, mais parce qu'elle s'occupe des choses de la Nature. Et la Nature est vraie, elle ne ment jamais. D'où ce rôle essentiel de collaborateur, de prestataire de terrain, que pourraient remplir les médecins s'ils y étaient invités. Ils ramèneraient sans cesse la gestion de la Santé vers son objet principal : la prévention et le traitement des maladies. Laissant de côté une multitude de procédures artificielles ou d'obligations complexes, les médecins aideraient à **dépouiller et à simplifier** la gestion actuelle. Ce rôle est sciemment combattu aujourd'hui par la « nouvelle gouvernance » pour des raisons idéologiques. L'usine à gaz des procédures officielles nourrit l'administration elle-même qui est la clé de voûte d'un centralisme bureaucratique auto-entretenu. Elle n'entend pas céder la place à une gestion moderne et dépouillée :

« Gilles Johanet ancien directeur de la Sécurité Sociale, devenu directeur médical d'AXA a proposé aux chefs d'entreprise une assurance santé complémentaire d'excellence pour 12 000 euros par an. Jean de Kervasdoué ancien directeur des hôpitaux de 1981 à 1986, défend aujourd'hui l'activité médicale privée au sein même de l'hôpital public et soutient que l'hôpital doit apprendre à se ***« vendre*** *» (sic) et que la régulation des coûts doit se faire par la possibilité de réduction du*

personnel. Ils ont donc rejoint le camp des économistes libéraux, incapables de penser la médecine autrement que comme une ***marchandise****. Tous ces « décideurs » croient que l'on fait de la médecine comme on pilote un avion à coup de procédures et de règlements. Evidemment, quand eux-mêmes ou leurs proches sont malades, ils oublient ces principes du management. Il suffit de lire le livre de Jean de Kervasdoué « l'hôpital vu du lit » pour voir que pour lui l'essentiel fut non pas l'opération spectaculaire de sa fracture du cotyle, mais son shampoing raté par un élève aide-soignant* »

http://www.democratie-socialisme.org/spip.php?article1035 le 5/04/2010

L' « Assurance-Maladie » **soigne-t-elle** ses adhérents ?

Etudions ce lapsus révélateur de Jean de Kervasdoué : « *la tarification à l'activité: avec cette réforme radicale l'Assurance Maladie ne privilégie plus l'institution en tant que telle, mais le service qu'****elle rend*** " (8) :

Quel service l'Assurance-Maladie rend-elle ? Il semble que la mission d'une assurance est de garantir une **indemnisation** ou une réparation en cas de sinistre. Mais probablement pas de fournir la réparation elle-même. C'est bien votre garagiste qui réparera votre voiture en cas d'accident, pas votre assureur. Mr. de Kervasdoué oublie donc de préciser que le service (médical) n'est **pas** rendu par l'Institution (l'Assurance-Maladie), mais bien par des médecins et des professionnels de la Santé. Et oui, soigner les gens…c'est une profession, cela s'appelle pratiquer la médecine. L'Assurance-Maladie, elle, est supposée garantir les services rendus par les professionnels de la Santé. Elle n'en rend pas elle-même à part honorer ses prestataires. Les malades ont payé leurs soins à l'avance, elle ne fait que leur rendre leur dû. Mais ce lapsus éclaire le défaut principal d'une administration trop centralisée: elle n'est pas convaincue de faire partie d'un système qui fonctionne de façon **équilibrée** entre les malades qui garantissent leur santé, le Trésor Public qui collecte leurs cotisations, et les professionnels qui les soignent. Chacun rend service à l'autre afin que le service – l'économie de la Santé- tourne bien. C'est un circuit, un modèle en boucle. Mr de Kervasdoué fait au contraire partie des concepteurs d'un **système frontal** avec des rapports de force. C'est l'assureur qui prétend être le propriétaire de tout. Ce système inéquitable génère des contre-pouvoirs : les médecins ne participent qu'assez peu à l'économie générale qui les méprise. Ceci explique le retard accablant que la France tient par rapport à l'Allemagne ou d'autres pays européens en matière de Santé Publique et de prévention. Mais à qui la faute ?

Le parcours de Mr Johanet s'inscrit aussi dans cette monoculture d'Etat. Directeur de l'Assurance-Maladie il enjoignait les médecins à « ***modifier leurs pratiques en profondeur*** ». Sous Lionel Jospin, Mr Johanet passe dans le secteur lucratif. Il devient directeur chez l'assureur privé AGF. C'est là qu'il propose une super assurance-complémentaire d' «*excellence* » à 12.000 euros/an. Une telle somme est-elle pour garantir l'accès aux médecins privés dont il a «*modifié en profondeur les pratiques* »? Non, c'est pour assurer l'accès sans limite aux meilleurs spécialistes parisiens (sic) quel que soit leurs dépassements d'honoraire. Une golden assurance complémentaire qui a fait un scandale à l'Assemblée Nationale. Le projet a été retiré. Mais quelle leçon sociale tirer de cette affaire de « golden-assurance » médicale ? La Santé est bien présentée ici comme une marchandise entre les mains de quelques grands décideurs, étatiques ou commerciaux. Et pas comme une mise en commun des moyens individuels de sécurité médicale.

Qui détient le savoir-faire médical ? Avec cette histoire de « golden assurance », on a bien compris que le savoir-faire des médecins **vaut de l'or** (pour les assureurs). Ils sont irremplaçables. Et appréciés par leurs malades. Mais où nous conduisent ces gestionnaires-stars de la Santé ? Au fait que ce sont eux qui prétendent décider où, quand et comment les soins médicaux doivent être donnés. Votre assureur vous impose-t-il la marque de votre voiture ? Votre banquier choisit-il la maison qui vous convient ? Avec cette gestion-là on comprend le divorce entre une médecine normale, disons mutuelle, et la médecine « distributive » retenue entre les mains de l'élite de la gestion parisienne et ses dépendances libérales.

La Santé Publique reste tout de même une **affaire citoyenne**. Les médecins sont appréciés par leurs malades, l'Etat devrait construire sa gestion autour de cela. Il pourrait reconnaître que ce sont les malades qui cotisent. Et Il pourrait même remercier les cotisants de leurs efforts : entreprises, salariés ou libéraux, tout le monde veut **garantir** sa santé et y consacre des sommes considérables. Alors Il pourrait commencer par dire : « OK, vous faites un effort remarquable pour garantir votre bien-être, nous respectons cela et nous allons **travailler ensemble** pour vous traiter de la façon la plus juste ». Cela s'appelle une gestion démocratique et citoyenne.

Les idées personnelles de tel ou tel baron de la SECU sur les médecins n'intéressent finalement pas grand monde. La médecine doit rester un service normal et partagé, de préférence débarrassé des commentaires hallucinants de certains hauts fonctionnaires. La médecine doit rester « à part ».

Paradoxalement la question sensible de la **valeur socialement reconnue** des actes médicaux a toujours été soigneusement voilée. La majorité des médecins considère le paiement de leurs actes comme une saine évidence. Ils ont accepté les barèmes des actes dès la charte de la médecine libérale de 1926. Il y a bientôt un siècle que la médecine est soumise au barème en France. Il est étonnant que ceci fasse encore débat, sinon que ce « pseudo-débat » serait simplement …politique. Dans la réalité, la question des honoraires des médecins est réglée depuis 90 ans. Alors pourquoi continuer d'agiter de fausses idées sinon parce que la stigmatisation des médecins pourrait bien être une méthode …de pouvoir. Ceci n'est pas le cas en Allemagne, ni dans les pays européens ayant conservé leur triple « A ». C'est bien une question politique donc.

Un statut juridique pour l'art de guérir :

Qu'est-ce que pratiquer la médecine : une tâche d'exécutant banalisée, une prestation d'actes couteux aisément remplaçables par des machines, voire un métier facile et survalorisé ? Comment identifier la thérapeutique, son rôle social exact, sa difficulté réelle, son avenir ? Qu'est-ce que les médecins exercent ? Sont-ils les simples exécutants techniques de la « nouvelle gouvernance », les moutons sanitaires des inspecteurs de la Santé, ou les faire-valoir des administrations hospitalières, ou bien plutôt les conseillers intimes des familles, parfois même des stars des medias (pour l'équipe de chirurgiens qui a greffé un visage), ou des praticiens plus anonymes mais socialement importants comme les spécialistes des fécondations in-vitro, les gynécologues qui acceptent d'interrompre les grossesses ou les réanimateurs qui accompagnent leurs malades dans leur chemin vers la mort ? Que de visages différents à la médecine ! Ne pourrions-nous pas convenir assez classiquement que les médecins exercent simplement « **l'art de guérir** » (Hippocrate serait d'accord). Donc la médecine est un art. Pourquoi ne pas trouver le juste statut juridique de leurs actes dans le champ de la **propriété intellectuelle**? Quel manager ou quel politicien pourrait contester cette analyse? Les médecins sont des " artistes " et leur œuvre devrait être reconnue en conséquence.

- Soit la propriété intellectuelle est rémunérée de **façon forfaitaire**, comme on achète un produit industriel standardisé: c'est le mode actuel des remboursements médicaux à l'acte. L'acheteur (la sécurité sociale) renégocie sans cesse le prix du service médical en voulant le tirer vers le bas. Mais jusqu'où ? Cette attitude pousse à concéder un système « parallèle » avec des « suppléments d'honoraires » de plus en plus élevés ce qui est exactement le contraire du principe de la Sécurité Sociale qui est d'offrir les **meilleurs soins** à tous.

- Soit les médecins exercent selon le droit de la **propriété intellectuelle.** Ils sont honorés par un **droit d'auteur**, un pourcentage sur la diffusion de l'œuvre comme est rémunéré un écrivain ou un chanteur. Le droit de la propriété intellectuelle ne pose problème ni à Johnny Hallyday, ni à Bill Gates, ni à Marc Lévy.

« Nature du droit d'auteur Article L111-1 Modifié par la Loi n°2006-961 du 1 août 2006 - art. 31 JORF 3 août 2006 : *« L'auteur d'une œuvre de l'esprit jouit sur cette œuvre, du seul fait de sa création, d'un droit de propriété incorporelle exclusif et opposable à tous. Ce droit comporte des attributs d'ordre intellectuel et moral ainsi que des attributs d'ordre patrimonial, qui sont déterminés par les livres Ier et III du présent code. L'existence ou la conclusion d'un **contrat de louage** d'ouvrage ou de service par l'auteur d'une œuvre de l'esprit n'emporte pas dérogation à la jouissance du droit reconnu par le premier alinéa, sous réserve des exceptions prévues par le présent code. Sous les mêmes réserves, il n'est **pas non plus** dérogé à la jouissance de ce même droit lorsque l'auteur de l'œuvre de l'esprit est un agent de l'Etat, d'une collectivité territoriale, d'un établissement public à caractère administratif, d'une autorité administrative indépendante dotée de la personnalité morale ou de la Banque de France. »*

http://www.legifrance.gouv.fr/affichCode.do;jsessionid=3A28FD8125B9006 46

Ce système fonctionne très bien. Or les organismes mutuellistes ou les administrations de l'Etat fonctionnent comme des sociétés d'affaire. Pourquoi le statut de **louage de service par l'auteur de l'œuvre médicale** n’est-il pas proposé aux médecins ? En pratique pourrait-on rémunérer les médecins au « pourcentage » plutôt que comme des agents au service de grands groupes d’assurance ou de l’Etat ?

La réforme serait facile: on intègrerait la valeur de l’acte médical - l’œuvre - dans le fameux forfait clinique (T2A) qui règle toutes les prestations. Ceci aurait le mérite d’achever le dispositif. La valeur de l’acte intellectuel reviendrait de droit au praticien, quel que soit son lieu de travail, hôpital, clinique mutuelliste ou clinique privée lucrative en secteur 1, en secteur 2, en secteur optionnel, en secteur libre etc….la prestation est toujours la même, indépendante du lieu où elle est exercée (comme le prévoit le statut de la **propriété intellectuelle**). Cette valeur serait nominale, elle ne souffrirait ni transaction ni réévaluation isolée. Elle varierait en même temps que le forfait clinique global.

Ainsi il deviendrait impossible tant pour l’Etat que pour les assureurs privés de pratiquer un quelconque « dumping » médical. Ce forfait intègrerait les médecins dans l’outil gestionnaire. En acceptant ce qui est nécessaire pour la Nation - un forfait global de remboursement par pathologie - les médecins s’inscriraient dans une logique responsable qui fixe une base financière unique pour toute la médecine. Il n’y a en effet qu’une seule médecine du nord au sud du pays. En outre, elle intègrerait les médecins à la gestion de leur activité. Les prestataires redeviendraient les **propriétaires de leurs actes**, et de véritables partenaires (comme un écrivain pour son éditeur ….). C’est ce que font les avocats, les urbanistes, les architectes, les écrivains, les chanteurs et les notaires. Ce pourcentage serait évidemment négocié ; il mettrait un terme à ce long litige sur la « valeur du savoir-faire médical ». La démarche aurait quatre avantages:

1°) rouvrir des négociations avec l’Etat et les assureurs privés qui embaucheraient les médecins obligatoirement en tant que **propriétaires** de leurs actes, position plus conforme avec notre société de droit.

2°) aligner automatiquement les **revenus des médecins** sur l’index du coût de la vie sans devoir négocier chaque remise à niveau. Ceci mettrait un terme aux idéologies paternalistes et combien politiques de la Santé Publique.

3°) **intéresser** chacun à la bonne marche d’un système qui empêcherait les abus éventuels par excès d’honoraires, par défaut de savoir-faire ou par dumping médical. Intéressés directement au management, les médecins feraient preuve de modernité en devenant des acteurs économiques responsables, en inventant chaque jour une médecine nouvelle raisonnablement modérée et obligatoirement efficace. Reconnus pour leur savoir-faire et payés en conséquence, leur statut ne pourrait plus faire l'objet de **chantage** ou d'abus subtilement cachés sous des travers managériaux.

4°) rendre plus cohérent le financement des hôpitaux. Si l'ensemble du personnel est payé par l'activité des médecins, il est dangereux que les médecins ne soient pas intéressés à leur propre activité. Ils ne devraient donc pas rester conventionnés dans un salariat qui ne les incite **pas au mérite**, alors que tous les personnels en dépendent.

C'est avec l'Etat que le médecin règlerait la façon de se faire honorer en liant son honneur à la bonne marche du système d'Assurance-Maladie. Honorer, c'est rendre leur honneur aux médecins et aux professionnels de la Santé. Il est temps que l'administration de l'Etat reconnaisse les mérites de ces professions exigeantes et remarquablement influentes sur notre société. Cette administration pourrait ainsi se remettre « au service » des citoyens. Elle pourrait se porter garante du « contrat social » qui est l'esprit même du modèle social européen au lieu de se comporter comme un état dans l'Etat.

Chapitre 5

Infections nosocomiales

Les épidémies du 19ème siècle :

Une infection nosocomiale est une contamination infectieuse contractée par le malade dans le décours de son traitement. Elle n'est donc pas une maladie en soi. Le terme nosocomial ne préjuge ni de l'agent pathogène ni de son évolution ; elle est, dans sa nature, une contamination microbienne commune. Mais si cette infection par contact est une maladie assez banale, le lieu de cette contamination est devenu un signe de gravité redoutable. Voici pourquoi : l'origine microbienne des pathologies a été découverte par un chimiste non médecin, Louis Pasteur, en 1876 (11). Il identifie le bacille du charbon du mouton. Le Dr C. Devaigne l'avait en fait supposée en 1850 et décrite réellement en 1876. Pasteur décrira avec succès le staphylocoque en 1878, et le streptocoque de la fièvre puerpérale des maternités en 1879, 14 ans après la mort de Semmelweis. R. Koch découvre le bacille de la tuberculose en 1882, et aussi la tuberculine qui sert à dépister la maladie. Mais l'intuition extraordinaire du mécanisme des infections a bien été décrite dès 1846 par le Dr P.I. Semmelweis.

« Philippe Ignace Semmelweis, la vérité prématurée... *À Vienne, en cette année 1846, la mortalité post-natale frappe* ***31 % des femmes*** *chez Klin et 16 % chez Bartch. " On meurt plus chez Klin que chez Bartch " : les faits sont indéniables, mais vous osez les dire à voix haute, Semmelweis ; vous proclamez vouloir les comprendre et, pis, les modifier. Plus que la fatalité, le coupable serait donc l'ignorance des hommes. Obsédé par la fièvre, vous passez désormais jour et nuit à l'hôpital, multipliez les observations et tentez de tisser la vérité entre tant de faits. ...Alors, l'intuition pure ; venue d'on ne sait où, l'idée qui s'impose : demander aux étudiants qui examinent les femmes de se laver les mains.: Klin votre supérieur hiérarchique refuse tout net cette mesure que, dans la science de l'époque, rien ne motive. Indignation, altercation, révocation le lendemain, 20 octobre 1846.... Pourtant ce sont les doigts des étudiants, souillés au cours de récentes dissections, qui vont porter les fatales particules dans les organes génitaux des femmes enceintes, et surtout au niveau du col utérin ". L'histologie* *n'offre pas encore les moyens de repérer les " fatales particules " au microscope ; seule l'odeur permet de les distinguer : " Désodoriser les mains, tout le problème est là. " Les étudiants devront se laver les mains avec une solution de chlorure de chaux avant tout examen auprès d'une femme enceinte. Skoda, un médecin très influent auprès de la cour impériale, intercède pour que l'expérience soit tentée dans le pavillon de Bartch. La mortalité par fièvre puerpérale chute à* ***0,23 %...*** *L'histoire pourrait s'arrêter là et intervenir le happy end, mais l'Histoire bafouille parfois, et, question bégaiement, vous avez été servi, Semmelweis !*

Les étudiants et le personnel de l'hôpital, auxquels ont été imposées les ablutions à la chaux, **protestent** *contre ces " lavages malsains ". Le professeur Klin intrigue furieusement pour discréditer son rival. Autant à Amsterdam qu'à Edimbourg et Londres, les éminents professeurs informés de cette nouvelle méthode la rejettent, avec dédain ou politesse.*

« Je voudrais bien que ma découverte se trouvât à être d'ordre physique, car on peut expliquer la lumière comme on veut, cela ne l'empêche pas d'éclairer, elle ne dépend en rien des physiciens. Ma découverte, hélas, dépend des accoucheurs ! C'est tout dire... Je les appelle tous assassins ceux qui s'élèvent contre les règles que j'ai prescrites pour éviter la fièvre puerpérale».

Semmelweis, vous allez faire bonne mine et, pendant plus de quatre ans, rédiger en secret un livre essentiel : l'étiologie de la fièvre puerpérale. Durant tout ce temps, vous désinfectez-vous les mains en catimini avant d'examiner vos patientes ? Vous essayez encore de correspondre avec de grands accoucheurs de l'étranger, qui ne prennent pas la peine de vous répondre. Quand Birley meurt, vous lui succédez et écrivez à tous les professeurs d'obstétrique: la polémique explose à nouveau. Les cabales se nouent. L'un de vos étudiants file en France défendre votre cause auprès de l'Académie des sciences. La patrie de la Révolution saura bien reconnaître la vérité. Verdict de **Dubois, le spécialiste parisien** *de l'obstétrique, sur la " théorie de Semmelweis " :*

Peut-être contenait-elle quelques bons principes, mais son application minutieuse présentait de telles difficultés qu'il eût fallu, à Paris par exemple, mettre en quarantaine le personnel des hôpitaux pendant une grande partie de l'année, et cela d'ailleurs pour un résultat tout à fait problématique. " .... Maintenant, il ne vous reste plus que sept années à vivre... Professeur " en disponibilité ", vous ressassez l'imbécillité du monde, vous vous enfoncez en vous-même. Vous mourez le 16 août 1865 de cette année dans un asile d'aliénés. Une dizaine d'années plus tard, les découvertes de Pasteur transforment votre vie en destin. Vous allez, post mortem, endosser la tunique du martyr ***suicidé par les systèmes établis*** *"* Thierry Kübler :" La Recherche n°363 | 01/04/2009 in :

http://www.larecherche.fr/content/recherche/article?id=5315

« Le Dr M.F. Wieger, chef des cliniques de la faculté de médecine de **Strasbourg** fut l'un des rares praticiens à apprécier dès 1849 les mesures prophylactiques recommandées par le Pr. Semmelweis *:*

« le Dr J. Semelweis (sic) accoucheur en second de la première clinique obstétricale de Vienne, est parvenu, il y a bientôt deux ans à faire diminuer d'une manière surprenante la mortalité qui régnait dans son service. Le moyen qu'il emploie consiste à faire laver dans de l'eau chlorurée les mains de ceux qui exercent le toucher, supposant que la fièvre puerpérale est le produit d'une infection par des matières putrides dont les mains des élèves seraient le véhicule...c'est apparemment parce que la chose était si simple qu'elle n'a été ni appréciée ni imitée » J.M.Galmiche, in (13) page 245

« *...Il avait ainsi découvert avant l'heure, ce que l'on appelle maintenant* ***l'infection nosocomiale*** *et l'infection manuportée, de même que la fonction antiseptique d'un produit* »

http://www.medarus.org/Medecins/MedecinsTextes/semmelweis.html

Depuis 1846 on sait donc qu'il faut se laver les mains avant d'examiner un malade. Durant la guerre de 1914-1918 les fractures ouvertes ont été traitées avec des solutés ammoniaqués, liquide de Carel ou de Dakin encore disponibles aujourd'hui. L'arrivée des antibiotiques date de 1945. L'armée américaine a débarqué en Normandie avec la pénicilline (fabriquée par les laboratoires Waxmann®) exploitant une découverte du Dr. Fleming. En 1950 est apparue la gentamycine puis la streptomycine. La tuberculose a disparu en 15 ans et les sanatoriums avec elle, mais aussi la diphtérie, la syphilis, la coqueluche, la gonorrhée, etc... La société occidentale a été totalement transformée.

Mais dès le début de cette décennie soixante, les premières résistances des bactéries à la pénicilline ont été décrites. Or l'histoire des antibiotiques précède l'histoire de **l'architecture hospitalière**. Au 19ème siècle la terrible endémie de tuberculose a emporté des millions de personnes: Mozart, Bizet, Chopin, Modigliani, combien d'artistes ont péris ainsi...De même la syphilis : Schubert, Baudelaire, Maupassant, Toulouse Lautrec, la mort lente avec l'atteinte cérébrale finale a brisé des populations entières. Mais encore la fièvre typhoïde, la fièvre puerpérale, la coqueluche, la poliomyélite, qui ont tué des millions d'enfants..... La pénicilline ouvre une ère divine, une véritable **félicité** commence en 1950. Cette révolution provoque un tourbillon dans les mentalités y compris chez les responsables de la Santé Publique. Au même moments apparaissent les vaccins contre la coqueluche, la poliomyélite etc.... La « modernité » des années cinquante, ce n'est pas que le frigidaire. C'est la disparition immédiate de la tuberculose des maladies infantiles, et des maladies vénériennes. Dans tous les hôpitaux, le « pavillon des contagieux » disparaît. C'est une révolution.

En effet le fameux hôpital pavillonnaire élaboré à la fin du 19ème siècle prévoyait de séparer les malades en diverses unités étanches afin de limiter des risques de contamination par proximité, suite aux travaux de Semmelweis et de Pasteur, de Bordet et de Koch. L'asepsie est décrite par Joseph Lister. Et ces hôpitaux compartimentés ont lutté très efficacement contre les épidémies ! Les sanatoriums ont été construits pour écarter des villes les tuberculeux primo-infectés. Mais dès les années 1930, les hôpitaux pavillonnaires apparaissent un peu surfaits, à part les sanatoriums. En effet l'utilisation des antiseptiques locaux et cutanés, les dérivés chlorés et iodés, ont remporté un tel succès que les dogmes architecturaux apparaissent progressivement désuets et le doute s'installe sur la nécessité de maintenir une architecture aussi austère que les alignements de pavillons cloisonnés et imperméables. Les pouvoirs publics sous la pression immobilière, commencent à regarder de l'autre côté de l'atlantique...

La pénicilline qui sauve le monde :

En 1930 un autre modèle d'hôpital voit le jour : l'hôpital bloc dont le premier est le « New-York Hospital » de Los Angeles (1930-1932) bâti sur 22 étages, né pour des raisons de contraintes économiques et en raison du prix prohibitif des terrains à bâtir (11). En France des bâtiments-tours sont construits dès les années 1935 (l'hôpital Beaujon). L'arrivée de la pénicilline va conforter ce nouveau mode d'architecture, considéré comme plus moderne. Aujourd'hui encore, soixante ans plus tard, les administrations de la Santé Publique continuent de faire construire en centre-ville des grands établissements-tour concentrés et empilés. Les avantages sont nombreux : proximité de la population, rapidité d'accès, connexion aisée, centralisme administratif, vie plus agréable pour les personnels, et emblème politique pour les élus locaux.

Cependant un problème scientifique survient après dix années d'euphorie : les premières **résistances à la pénicilline** apparaissent. Un observateur neutre se dira : si les résistances apparaissent, alors il faudrait revenir à l'époque antérieure et l'Etat devrait de nouveau construire des hôpitaux pavillonnaires avec un cloisonnement des services avant de traiter les causes de l'apparition des résistances (**principe de précaution**). Mais non, même après les années soixante, l'urbanisme hospitalier ne change pas et on continue de concentrer les lits d'hôpital au **centre des villes** dans des bâtiments-tours. Ce paradoxe impose a posteriori une réflexion sur le mode de fonctionnement de l'urbanisme hospitalier aux USA et en Europe à partir des années 1960 jusqu'à nos jours. Pourquoi la Santé Publique n'a-t-elle réagi plus tôt et de façon plus radicale dès l'apparition de souches résistantes aux antibiotiques. La révolution pasteurienne avait été immédiate et en quelques décennies tous les hôpitaux avaient adopté une architecture pavillonnaire. Pourquoi nos pays n'ont-ils réagi de la même façon 70 ans plus tard ?

« Au lieu de s'ingénier à tuer les microbes dans les plaies, ne serait-il pas plus raisonnable de ne pas en introduire ? » Pasteur

On peut admettre que l'urbanisme ne soit pas une branche de la microbiologie, mais quand même. Le métier d'architecte hospitalier est-il de dessiner de belles tours techniques comme des musées, ou de créer un environnement peut-être plus austère mais propice à la meilleure guérison ? Que recherche-t-on lorsqu'on construit un nouvel hôpital ? Le principe de précaution semble tout simplement avoir été oublié et les administrations ont lancé une multitude de projets grandioses en plein cœur des villes malgré **les nouveaux dangers** liés à la concentration des malades porteurs de germes résistants. Avec des chantiers à plusieurs centaines de millions d'euros, les maires, les élus et les grands commis de l'Etat auraient peut-être un peu favorisé l'emplacement le plus central et le plus voyant, et ignoré les menaces sanitaires. Cette politique ressemblerait au **Titanic** fonçant vers un iceberg. Prévenu du danger, il ne détourna pas sa route parce qu'il y allait du prestige de la compagnie White Star qui voulait battre le record de la traversée de l'atlantique…..

On a donc construits des hôpitaux-tours. Et dans ces gros hôpitaux, des germes résistants sont apparus, d'abord un peu, puis à partir des années 1980 en grand nombre. Les unités de soins intensifs, d'hématologie et de cancérologie ont été obligées d'utiliser de plus en plus d'antibiotiques pour soigner des patients chroniquement infectés. Et des résistances multiples et croisées sont apparues chaque jour plus menaçantes, prenant aujourd'hui une **tournure explosive**. On a sélectionné des germes résistant à la plupart des antibiotiques connus. Ces fameux hôpitaux concentrés sont devenus de véritables cuves d'incubation géantes. A tel point que toute la flore bactérienne commune a été transformée dans nos régions en l'espace de 50 ans, par l'action de l'homme.

« Dans la grande majorité des cas, l'apparition d'une résistance nouvelle correspond à un nouveau gène. Or l'émergence de nouveaux gènes nécessite parfois plusieurs millions d'années. ***La rapidité*** *avec laquelle les gènes de résistance sont apparus indique donc qu'ils préexistaient dans les populations bactériennes. Il se trouve qu'un médecin militaire anglais, E.G. Murray, avait collecté entre les deux guerres mondiales, c'est-à-dire avant "l'ère antibiotique", des souches bactériennes pathogènes d'origine humaine. L'analyse de cette collection bactérienne, composée essentiellement de bactéries à Gram négatif, a montré que ces souches ne possédaient* ***aucun gène de résistance*** *aux antibiotiques….*

Or les ***bactéries du sol*** *productrices d'antibiotiques ne sont pas pathogènes, et c'est pourquoi elles n'ont pas été incluses dans l'étude du docteur Murray. Elles doivent cependant se protéger contre leur propre poison, comme tous les organismes producteurs de substances toxiques. Pour ce faire, elles utilisent des mécanismes de résistance similaires à ceux rencontrés chez les bactéries pathogènes. Les gènes concernés sont indispensables à la survie de ces bactéries productrices et leur présence est donc* ***très antérieure*** *à l'utilisation thérapeutique des antibiotiques. »*

Sophie Coisne : La Recherche n°389, 01/09/2005

« L'enquête nationale de prévalence réalisée en 2001, fournit une idée élargie du risque nosocomial. Il s'agit d'une photographie de la situation française, un jour donné de 2001. Plus de 1.500 hôpitaux volontaires ont compté le nombre de leurs patients souffrant d'infections nosocomiales. Une opération titanesque où 305.656 personnes ont été examinées. Résultat : au jour donné, 21.000 d'entre elles, soit ***6,9 %,*** *souffraient d'une ou de plusieurs infections nosocomiales. Ce type d'enquête, qui sera renouvelé en juin 2006, a fait émerger les points saillants du problème infectieux à l'hôpital. Ainsi, tout le monde ne présente pas le même risque de contracter une infection : en 2001, les patients ayant subi une chirurgie étaient infectés 1,6 fois plus souvent que ceux qui n'avaient pas été opérés ; les patients pourvus d'une sonde étaient* ***13 fois plus souvent*** *infectés que les " non-sondés ".* ***Les hôpitaux universitaires présentent des taux de prévalence plus importants*** *que les établissements privés car ils traitent de cas nécessitant davantage de gestes invasifs. Sans ce paramètre en tête, la lecture des enquêtes de prévalence rend alarmiste. Les centres hospitaliers universitaires (CHU) caracolent en tête du nombre d'infections nosocomiales. Mais l'autre facteur à prendre en compte, est le profil du malade. Les patients en service de réanimation sont plus fréquemment immunodéprimés, ils sont donc plus sensibles aux infections »* .
J.-C. Lucet in :

http://parlement-ue2008.fr/rap/r05-421/r05-42112.html

Ce sont bien les patients qui **portent sur eux** les germes multi-résistants et qui les transmettent ensuite. Infections permanentes des hôpitaux et des cliniques, germes multi-résistants, désintérêts des laboratoires pharmaceutiques, tout ceci ne colle plus tellement avec l'euphorie des années cinquante. La crise bactérienne a tout simplement contredit les choix des responsables de la Santé Publique en matière d'architecture hospitalière. Elle a laissé une crise sanitaire grave et larvée, mais longtemps étouffée.

La prise de conscience des infections nosocomiales a véritablement commencé dans les années 1995, avec la fermeture de la clinique des sports à Paris, à cause de l'infection à Mycobacter Xénopi. Mais qu'il nous soit accordé que les décisions prises depuis toutes ces années ne tenaient tout simplement pas compte d'une réalité biologique intangible et extrêmement grave : la résistance bactérienne aux antibiotiques est **inexorable**. Les gènes de résistance aux antibiotiques existaient avant la découverte de la toxine de la moisissure Penicillium Notatum par le Dr Fleming en 1928. La pénicilline est un produit naturel et de nombreuses espèces de bactéries sont immunisées contre lui. Ce qui a été perçu à tort comme une **révolution** de l'hygiène publique n'était en réalité qu'une illusion momentanée, un sursis très provisoire. Le pilier sur lequel a reposé toute l'hygiène publique depuis les années 1960 était une **erreur scientifique**: la résistance des bactéries aux antibiotiques est un processus... naturel. Ce qui a pu déconcerter les médecins et les hygiénistes c'est la **rapidité** avec laquelle les résistances à la divine pénicilline sont apparues. Ainsi, on a découvert que la résistance aux antibiotiques est apparue non pas à cause des souches pathogènes, qui ne la possédaient pas, mais à cause des bactéries du sol. Ce sont elles, dont la médecine moderne ne s'occupait pas, qui ont appris aux bactéries des hôpitaux à devenir résistantes. Les innocentes bactéries des champs ont appris aux méchantes bactéries des villes à devenir plus méchantes encore. C'est l'échange de particules d'ADN entre souches microbiennes étrangères qui a permis l'explosion des résistances. C'est injuste mais c'est comme ça....

Cette notion inconnue dans les années 1950 s'est évidemment imposée à toutes nos sociétés savantes et l'on sait aujourd'hui que l'on ne revivra jamais plus d'euphorie « pénicillienne ». Les infectiologues ont accepté cette dure réalité, mais l'élite de l'administration peut-être pas encore. Il y a un décalage entre le scepticisme profond des microbiologistes et une certaine indolence des décideurs publics. Nous vivons bien dans un environnement microbiologique complètement bouleversé depuis les années 1960. En tous cas les leçons n'en ont pas encore été tirées aujourd'hui. Pourtant les enquêtes nationales ne manquent pas. Elles démontrent toutes que les grands centres hospitaliers sont plus infectés que les petits, et que la haute technicité médicale aggrave les risques de contamination. Maintenant que les gènes de résistance font partie du patrimoine des bactéries pathogènes elles s'adaptent aisément aux nouveaux antibiotiques, c'est donc irréversible.

Pour l'OMS en 2014 **l'usage inapproprié** des agents antimicrobiens est une des principales causes de résistance aux antibiotiques : dans les pays pauvres, les doses administrées sont trop faibles et, dans les pays riches, leur utilisation est au contraire excessive. L'organisme dénonce aussi le manque de surveillance de l'usage des antibiotiques chez les animaux destinés à la consommation.

*« L''Organisation mondiale de la santé (OMS) s'alarme d'une «**grave menace** pour la Santé Publique » après la publication du premier rapport pointant l'inefficacité d'antibiotiques contre certaines bactéries. Si nous ne prenons pas des mesures significatives pour mieux prévenir les infections, mais aussi pour modifier la façon dont nous produisons, prescrivons et utilisons les antibiotiques, nous allons perdre petit à petit ces biens pour la santé publique mondiale, et les conséquences seront* ***dévastatrices****», prévient le Dr Keiji Fukuda, sous-directeur général de l'OMS pour la sécurité sanitaire... Le rapport se penche notamment sur la résistance développée par sept bactéries responsables de maladies graves courantes, telles que les infections hématologiques (septicémie), les diarrhées, les pneumonies, les infections des voies urinaires et la gonorrhée, une infection sexuellement transmissible. Conséquence de cette résistance aux antimicrobiens, « les patients sont malades plus longtemps et le risque de décès augmente ». A moins que les nombreux acteurs concernés* ***agissent d'urgence,*** *de manière coordonnée, le monde s'achemine vers une ère post-antibiotiques, où des infections courantes et des blessures mineures qui ont été soignées depuis des décennies pourraient à nouveau tuer », s'inquiète M. Fukuda.*

http://www.lemonde.fr/sante/article/2014/05/01/la-resistance-aux-antibiotiques-est-une-realite-s-alarme-l-oms_4410249_1651302.html

« La résistance des bactéries ***s'aggrave en Europe*** *et dans le monde du fait de l'utilisation excessive d'antibiotiques, un fléau mortel et coûteux qui menace l'efficacité de pans entiers de la médecine moderne, ont averti des experts réunis mercredi à Stockholm. Des* ***bactéries quasi-invincibles*** *se développent, notamment en Europe, dans l'est et le sud du continent, grands consommateurs d'antibiotiques, ont souligné des spécialistes rassemblés par le Centre européen de prévention et de contrôle des maladies (ECDC), à l'occasion de la 2e journée européenne de vigilance sur les antibiotiques, organisée mercredi dans 32 pays. "On se rapproche du mur et on n'en est vraiment pas loin", a déclaré à l'AFP Dominique Monnet, spécialiste de la question au sein de l'ECDC, un organisme installé dans la capitale suédoise. "Les piliers du temple de la Santé se fissurent. Nous surconsommons une ressource mondiale que nous devons préserver pour les générations*

futures", a averti Otto Cars, professeur à l'université d'Uppsala et expert suédois de la question. »

http://actualite.aol.fr/actualite-sante/laresistance-aux-antibiotiques-saggraveavertissent/

«Un chiffre circule : environ 30 % des infections nosocomiales pourraient être évitées grâce à des mesures d'hygiène correctement appliquées. Mais cette affirmation date de ***trente ans****. Elle est issue d'une étude américaine, le SENIC project... Le taux d'infection du site opératoire a été réduit de 40 % chez les patients à très faible risque (moins de 60 ans, intervention programmée, chirurgie propre...). Il est passé de 1,1 % en 1995 à 0,58 % en 2000. Malgré les efforts de prévention, il est possible enfin que* ***les taux cessent de baisser****. D'une part, la médecine invente de nouvelles techniques invasives qui maintiennent en vie des personnes très fragiles et augmente la proportion de patients risquant de faire une infection. D'autre part, la population vieillit. L'âge moyen des patients admis à l'hôpital devrait augmenter. Or le risque d'une infection nosocomiale s'accroît avec l'âge. Les méthodes de prévention permettront-elles de compenser cet afflux de patients à risque?* » Sophie Coisnes in : .
« Epidémiologie, Infections, la vérité sur les chiffres » : .
http://www.larecherche.fr/content/recherche/article?id=9978

La lutte contre les infections nosocomiales :

En 2000 les pouvoirs publics ont décidé de réagir en sensibilisant les personnels hospitaliers à la contamination bactérienne. On a commencé des campagnes de sensibilisation à l'hygiène hospitalière, et on remarquera le travail de la Ministre Mme Bachelot. Prélude d'une nouvelle culture hospitalière, les mesures de précaution et de prévention de la contamination bactérienne ont fait l'objet d'une intense médiatisation pendant toute une décade. Toutes les études modernes (Senic project) ont montré que le retour à la rigueur des pratiques du nursing de l'ère pasteurienne permettrait de réduire de 30% à 40% au grand maximum (actuellement 15%) le taux de contamination au sein des services hospitaliers. Mais cette étude très ancienne est probablement biaisée, le chiffre de 15% de diminution des contaminations hospitalières est plus réaliste. Aucune étude n'a démontré que l'on pouvait descendre plus bas, en un mot que **la seule hygiène des comportements** suffise à faire **disparaître** les infections hospitalières. En dix ans, les mesures drastiques ont certes permis un regain d'optimisme mais on n'a jamais fait mieux que diminuer de 15% le nombre d'infections à hôpital. Ce qui signifie que les meilleures pratiques de nursing et de médecine n'ont **pas éradiqué les bactéries mutantes** des services de réanimation. Au contraire…

Au contraire, les enquêtes les plus récentes semblent plutôt démontrer une **nouvelle poussée** de contaminations. Même si elles sont moins transportées, les bactéries hospitalières deviennent de plus en plus tenaces. Déjà en 2009 le congrès de Stockholm avait tiré la sonnette d'alarme : les données actuelles de la science désignent clairement l'**agencement** des hôpitaux et des cliniques comme co-responsables de la crise. Les médecins et les personnels du nursing ne font que travailler **dans un milieu infecté**. Il existe maintenant une **épidémie générale** avec des germes définitivement mutés, provoquée par l'usage exagéré des antibiotiques, et favorisée par une mauvaise architecture qui permet le mélange des malades. Scientifiquement il semble peu crédible de désigner les professionnels qui travaillent dans ces structures comme les responsables des infections nosocomiales. Même la justice s'est invitée récemment dans ce débat de société. En effet il ne peut exister de vide de responsabilité dans le domaine des dommages à la personne. Alors, on désigne les médecins comme responsables, qui d'autre ?

« *Une juge d'instruction vient de demander, contre l'avis du parquet, le renvoi en correctionnelle de plusieurs médecins pour* ***homicide involontaire****. En 1999, un de leur patient hospitalisé à l'hôpital de la Pitié-Salpêtrière à Paris avait succombé à une infection nosocomiale. Une affaire qui relance le débat sur la responsabilité des médecins.* »

http://www.europe1.fr/Info/ActualiteFrance/Justice/Maladie-nosocomiale-des-medecins-juges-pour-homicideinvolontaire/ le 8/12/2009

Sophie Coisnes précise plus haut qu'il est possible que le taux de maladies nosocomiales « *cesse de baisser* » malgré les mesures préventives classiques. On constate en effet que les meilleures précautions sanitaires individuelles ne suffiront sans doute pas à les éradiquer ! Les études scientifiques démontrent qu'un ou plusieurs facteurs autres que le comportement des personnels hospitaliers favorisent la diffusion des infections nosocomiales. Les nombreux rapports décrivent les unités traitant les malades immunodéprimés comme les véritables **productrices de germes**

résistants. 50% des infections à germe hospitaliers se produisent dans les unités de soins intensifs qui ne représentent que 10% des lits d'hôpital (12). Une fois mutée, la bactérie quitte l'unité des soins intensifs et se balade partout dans l'hôpital ; ce ne sont pas les moyens de transport qui manquent. Plus les années passent, plus les bactéries deviennent naturellement résistantes et plus ces unités de confinement de patients immunodéprimés deviennent de véritables poudrières bactériologiques....

Le bioterrorisme :

Les infections à germes hospitaliers sont donc d'apparition récente, et constituent un véritable échec, imprévisible, de nos Santés Publiques. Pourtant cela fait un siècle que les milieux scientifiques s'intéressent aux nouvelles épidémies et aux germes dangereux. A partir des années 1910 les laboratoires militaires ont développé des armes bactériologiques. En 1925 la convention de Genève a interdit l'usage des agents bactériens contagieux de même que les agents chimiques. Mais après la deuxième guerre mondiale les laboratoires militaires ont redoublé leurs efforts pour mettre au point tout l'arsenal bien connu de la guerre froide (guerre nucléaire-bactériologique - chimique). Le génie humain, sous la pression militaire, a compris très tôt l'intérêt des microorganismes pathogènes comme armes de guerre. Dès lors les scientifiques ont fait muter les bactéries et les virus les plus dangereux pour les transformer en poisons massifs. L'apparition des antibiotiques a été à l'origine d'une nouvelle phase de recherche militaire. Les antibiotiques ont été utilisés comme **agents mutants** pour sélectionner les germes résistants aux traitements médicamenteux et infliger ainsi des épidémies incurables dans les pays visés. Dès les années soixante-dix les militaires avaient sélectionné des germes **résistants à tous les antibiotiques** connus en particulier dans le groupe des bactéries gram-, dans le but de produire des agents infectieux impossibles à soigner. (21)

« ... *Il a rapidement acquis la capacité d'accumuler des gènes de résistance aux antibiotiques, ce qui lui confère aujourd'hui une résistance quasi-totale. Les derniers travaux sur le génome de cette bactérie pourront servir à accélérer le diagnostic des infections nosocomiales et à en affiner le traitement. Au milieu de l'été 2003, l'Institut de veille sanitaire (InVS) recevait des nouvelles alarmantes de plusieurs établissements de santé. Une série d'infections nosocomiales à Acinetobacter baumannii, résistantes à la plupart des traitements antibiotiques, coûtait la vie à une dizaine de patients...Acinetobacter baumannii est une bactérie opportuniste responsable d'un nombre croissant d'infections nosocomiales ultra-résistantes et souvent mortelles, notamment de pneumopathies dans les services de réanimation. Le contrôle d'une épidémie à A. baumannii est toujours difficile, et passe par une désinfection soigneuse qui nécessite l'isolement des patients et la fermeture des services contaminés. Récemment, la bactérie A. baumannii a refait parler d'elle aux États-Unis, comme étant à l'origine de fréquentes infections au sein des hôpitaux militaires traitant les soldats blessés en Irak et en Afghanistan.* »

http://www2.cnrs.fr/presse/communique/806.htm

La tactique militaire aurait probablement consisté à bombarder les villes ennemies avec des missiles ou des obus émettant des **aérosols** chargés de millions de souches bactériennes multi-résistantes qui auraient provoqué des épidémies effroyables. Les plus terribles, la peste, la variole, le charbon étaient certes très « efficaces » mais dangereux à utiliser, plusieurs accidents ont eu lieu en Russie, et même aux Etats-Unis. En outre ils étaient interdits par la convention de Genève. Les études ont donc aussi porté sur des souches plus communes (principalement les bacilles gram-) et moins dangereuses à manipuler. Dans cette classe des bacilles gram- on retrouve donc beaucoup d'agents du **bioterrorisme**.

L'arrêté du 18 juillet 1994 classe par exemple Burkholderia mallei au sein du groupe des germes présentant un niveau de risque 3 et la manipulation des prélèvements et des cultures doit s'effectuer obligatoirement dans un laboratoire spécialisé (référence CNRS 3). Burkholderia mallei fait partie du groupe des pseudomonas, grande famille du groupe gram- dont beaucoup de représentants se retrouvent non plus comme agents bioterroristes mais comme germes hospitaliers fréquents (commensaux). Les germes militaires classés « 3 » sont très méchants mais les germes hospitaliers très proches génétiquement ne cessent de devenir de plus en plus résistants eux aussi, et même s'ils sont moins pathogènes au départ ils le deviennent du fait de la promiscuité. Actuellement ces germes hospitaliers ne sont dangereux que pour les malades affaiblis, il y a très peu de cas où ils s'attaquent au personnel soignant. Ceci les distingue des germes « militaires ».

Le militaire et l'hospitalier sont dans des zones bactériologiques très proches. L'acinetobacter baunanii qui hante les services de réanimation est un **germe génétiquement très proche** du fameux Burkholderia mallei militaire : ce sont des cousins. Et cet acinetobacter est un germe hospitalier parmi d'autres, une bactérie gram- présente dans les services de réanimation, de soins intensifs et de pneumologie courants. Ce qui est vrai également pour une dizaine d'autres bactéries et bacilles qui sont tout aussi virulents et mutent avec autant de facilité donnant des souches résistantes à un grand nombre d'antibiotiques. Les limites entre bactéries étiquetées « bioterroristes » et les bactéries endémiques de nos services de soins intensifs sont floues, et mouvantes. Les bactéries « civiles » se militarisent progressivement, au fil des ans, en acquérant inexorablement des résistances de plus en plus inquiétantes aux antibiotiques connus (par mutation de leur patrimoine génétique).

Le rapport du Pr D. Raoult précise que de façon générale l'**impact** des antibiotiques va en **diminuant** malgré l'augmentation considérable des doses prescrites (et des coûts). En matière de Santé Publique, le bioterrorisme se trouve à l'autre extrémité des préoccupations sanitaires, il regarde la défense nationale. Le bioterrorisme a consisté à sélectionner en quelques années dans des laboratoires secrets des bactéries multi-résistantes pour en faire des armes. La nature a fait la même chose en cinquante ans au grand jour, c'est pourquoi les infections hospitalières et le bioterrorisme sont si étroitement liés dans l'esprit du législateur depuis une quinzaine d'années.

A cause de l'usage intensif des antibiotiques on a tout simplement sélectionné les germes les plus résistants, mais le rapport du Pr Raoult commandité par le Ministre de la Santé le Pr. Mattéi va plus loin: il confirme l'intrication scientifique entre le domaine militaire et l'endémie civile aux germes multi-résistants. En effet d'un point de vue bactériologique les sujets à traiter sont les mêmes, les domaines militaires et civiles devraient se rapprocher. Aujourd'hui on retrouve l'acinetobacter baumanii, et beaucoup d'autres bactéries apparentées aux pseudomonas, dans tous les services de soins intensifs de France, mais aussi le staphylocoque doré méti-résistant (gram+), le bacille clostrium difficile, l'entérocoque résistant à la vancomycine, etc….tous des germes redoutables. Pourquoi ces germes se retrouvent-ils dans nos services de réanimation si sophistiqués? Peut-on retrouver des coupables et les punir (23)?

Rapport de la Mission Pr. D. Raoult :

« Les anti-infectieux, et plus particulièrement les antibiotiques, ont montré qu'ils étaient des thérapeutiques d'une nature différente de celle des autres médicaments. En effet, à la différence de toutes les autres molécules, ils font l'objet de réactions de défense des microorganismes sur lesquels ces molécules sont actives et, par ailleurs, entrent dans un écosystème qu'elles modifient par leur introduction. Dans l'équilibre entre la prescription d'antibiotiques et la résistance aux antibiotiques, la France se trouve dans une ***situation critique.*** *En effet, la prescription d'antibiotiques y est* ***la plus massive en Europe****, et ceci est associé au plus haut niveau de résistance. Ainsi, des travaux récents ont montré une corrélation, pour un agent infectieux aussi banal que le pneumocoque, entre le niveau de prescription et le niveau de résistance, en comparant des pays comme la France et l'Allemagne. A cet égard, dans la littérature internationale, la France est toujours prise comme (contre-)exemple dans le domaine de la prescription des antibiotiques. Plus encore, de part et d'autre de la frontière (Belge, Suisse, Allemagne), les taux de résistance s'effondrent démontrant que c'est la politique française qui est en cause....*

L'effort financier dans le domaine de la recherche contre les maladies infectieuses est de 4 Milliards de dollars (presque autant que pour le cancer), celle pour le bioterrorisme est considérable (de 1,3 milliards de dollars), hors de toute mesure de ce qui est envisagé et envisageable en France et même en Europe... Il faut créer dans chaque établissement de santé une structure en charge du problème général des infections. Il serait souhaitable de rattacher la commission des antibiotiques qui existe déjà, à une structure plus spécifiquement dédicacée aux maladies infectieuses comportant en outre le CLIN et le responsable bioterrorisme. Il faut intégrer les pharmaciens à cette structure." Rapport de Mission Pr. D. Raoult :

http://lesrapports.ladocumentationfrancaise.fr/BRP/034000441/0000.pdf le 15/10/2009

Le lavage des mains:

Parmi les causes des contaminations intra-hospitalières, la plus médiatique et la plus dénoncée est le transport par les mains des personnels soignants. Nous l'avons vu plus haut. Mais elle n'explique que 15 % (au grand maximum) des contaminations hospitalières. On a donc injustement accusé les médecins et les personnels d'être les **principaux responsables** de la crise des «infections nosocomiales ». La société étant immuable, comment peut réagir l'opinion publique devant une épidémie inexpliquée sinon de façon stéréotypée, violente et parfois irrationnelle ?

On a torturé puis brûlé vif au bucher les « **graisseurs de portes** » lors de l'épidémie de peste à Marseille en 1630. Ils étaient accusés de transmettre la peste en déposant sur les poignées de portes une graisse faite de décoctions de sphacèles purulentes. Luther accusait certains de ces concitoyens de transporter volontairement la peste et des « **semeurs de peste**» furent torturés à Milan et à Rome lors de la peste de 1720. Aujourd'hui dénoncer les médecins et les infirmières de « manu porter » les infections nosocomiales, si non par malveillance, du moins par négligence, n'a donc rien d'étonnant. Et les journalistes perpétuent cette tradition qui désigne les contaminations nosocomiales comme dues à des **négligences professionnelles**, corroborées par des enquêtes officielles «gênantes » qui prouvent le « laxisme » des personnels responsables. Que ne ferait-on pas pour plaire à l'opinion ?

Peut-on prendre des mesures efficaces pour traiter les contaminations ?

Depuis 10 ans on a mis en route des campagnes de sensibilisation au lavage des mains. Puis des index ministériels répressifs (voir ce chapitre). Parmi eux, l'indice de consommation de solutés hydro-alcooliques de lavage des mains. Dont acte… En réalité la consommation de solutés hydro-alcooliques, même s'il sert de critère de conformité aux normes officielles, ne mesure… que la quantité de soluté hydro-alcoolique consommé. Mais aucun volume du soluté n'a fait l'objet d'un **consensus scientifique**, il semblerait même que certains scientifiques souhaitent en **limiter** l'utilisation (Maillard et Cheesman in : 47). La crise des infections nosocomiales prend les autorités sanitaires de revers, et laisse les pays occidentaux dans une situation non résolue.

Les **associations de patients** restent néanmoins très mobilisées sur ces pratiques de lavage. Il convient en effet de ne pas les négliger, bien sûr, et nous apprécions ici la grande intelligence de ce blog canadien « rester-en-vie». Il n'en demeure pas moins que l'association « rester en vie » rappelle le droit des patients canadiens à des pratiques sécuritaires. Prévention et judiciarisation encadrent les pratiques hospitalières, partout dans le monde.

Mais que sait-on aujourd'hui de la portée réelle de ces nouvelles pratiques sécuritaires ?

« *On observe, entre 2005 et 2008, une diminution du nombre d'établissements classés en E et une stabilisation du nombre d'établissements non répondants (< à 1%) et une progression des établissements classés A ou B qui représentent 43,6% des établissements, progression qui reste à poursuivre. Ces résultats, très satisfaisants, prouvent que nos établissements de Santé sont de plus en plus mobilisés dans la lutte contre les infections nosocomiales : pour plus de 85%, cette implication ressort comme bonne ou très bonne.* ***La consommation de produits hydro-alcooliques, reflet de l'hygiène des mains****, a elle aussi largement progressé: la part des établissements obtenant une bonne ou une très bonne note dans ce domaine est passée de 11% en 2006 à près de 25% en 2007. Des progrès sont néanmoins encore indispensables. C'est pourquoi j'ai souhaité qu'une nouvelle journée « hygiène des mains » ait lieu le 5 mai prochain.* »

http://www.santejeunessesports.gouv.fr/IMG/pdf/Conference_de_presse_210109.pdf

« *Un bon point pour moi cette semaine. Lors de mon récent traitement de chimio j'ai demandé à l'infirmière qui s'occupait de moi, de se* ***laver les mains****... j'ai cherché comment lui dire sans la vexer, je la voyais travailler dans la salle, toucher à différents objets, mais je ne la voyais pas se laver les mains. Au final, avec beaucoup de précautions, j'ai réussi à verbaliser ma crainte et j'ai obtenu qu'elle le fasse. Elle a même retrouvé le sourire dans les minutes suivantes. Je l'en remercie, c'est très courageux. Je suis vraiment très satisfaite de ce dénouement heureux. En fait je n'ai fait que suivre le sage conseil de l'organisme « advin.org » qui publie un document pdf intitulé: « séjour à l'hôpital : quoi faire pour se protéger ? » dont vous pouvez demander copie en laissant simplement votre adresse email sur le site de Advin. Ce n'est pas seulement un conseil, c'est un droit prévu par la loi 113, le citoyen a droit à des soins de santé sécuritaires, certains l'ont compris, voyez ces exemples de réussite* »

http://www.resterenvie.com/blogue/?p=38.

« *On estime que* ***30 %*** *des infections nosocomiales pourraient être évitées par des protocoles de soins rigoureux. Au total, compte tenu des origines multiples des infections nosocomiales, on estime à 70% la* *proportion de celles* ***qui ne pourraient pas être évitées*** *par une meilleure prévention (mesures d'hygiène, locaux réaménagés, etc...) notamment en raison de leur origine exogène »*

http://fr.wikipedia.org/wiki/nosocomiale

« Toutefois, en laboratoire est apparue une preuve convaincante que le mécanisme de ***résistance*** *aux antiseptiques, biocides, et* **gels de lavage** *peut aggraver la sélection pour la résistance aux antibiotiques. La Nature conserve donc des stratégies de survie efficaces. Recourant aux mécanismes existants de la résistance aux antibiotiques et à leurs moyens de diffusion, des microorganismes ont adopté* **cette même stratégie** *de survie pour devenir résistants aux biocides. Ces mécanismes sont intrinsèques à leur nature ou sont acquis. Les conséquences pour l'efficacité des biocides en milieu clinique ne sont probablement pas significatives dans l'immédiat... Mais, la pression sélective exercée par les antiseptiques (biocides) sur les populations bactériennes qui ont des mécanismes de résistance semblables à celles aux antibiotiques ou qui sont des substrats pour la résistance aux antibiotiques, est* ***préoccupante*** *...»*

Infect Control Hosp. Epidemiol. 1989;10:402–407 (40)

L'isolement :

Ainsi, les études scientifiques récentes montrent que les bactéries s'adaptent aux antibiotiques mais également aux gels de lavage des mains. Cette découverte est plutôt préoccupante parce qu'il y aurait deux agents de mutation et non un seul : les antibiotiques que l'on injecte dans le corps et les solutés antiseptiques que l'on applique en surface sur les mains ou le corps.

De tous côtés on évoque aussi de plus en plus d'autres causes possibles à cette nouvelle forme d'épidémie. La **promiscuité** expliquerait les 70% à 85% restants de contaminations hospitalières. Voici un extrait de l'intervention des rapporteurs Mr Jean-Pierre Dorr, député, et Mme Marie-Christine Blandin, sénatrice : ce rapport débattu à l'assemblée et au sénat le 10 mai 2005 rappelle les devoirs de l'Etat en matière d'hygiène publique et l'intérêt capital de l'isolement des malades pour faire face aux dangers des **épidémies**. Le terme avait disparu du langage politique depuis 1960, le voici qui réapparaît. Le Pr D.Raoult , cité plus haut , ajoute également que le pays est dans une mauvaise situation sur le plan sanitaire à cause du niveau des résistances des germes aux antibiotiques et de la surconsommation des antibiotiques qui n'est pas assez règlementée. Il préconise lui aussi le retour à l'isolement des patients à risque.

« L'architecture hospitalière *: L'architecture hospitalière doit prendre en compte deux problèmes en matière de maladies infectieuses : la nécessité de disposer de* ***chambres d'isolement*** *des patients et de* ***circuits dédiés*** *aux malades contagieux. Il est apparu à vos rapporteurs qu'un certain nombre de lacunes pouvaient être listées, liées en partie au remplacement d'une architecture à base de* ***pavillons,*** *dont l'un pouvait facilement être isolé, par une* ***architecture sous la forme de tour*** *qui rend plus difficile la séparation des malades contagieux. La première lacune a trait à la réception des malades aux services d'urgence où il est peu fréquent de pouvoir disposer d'une structure d'accueil vers laquelle on peut orienter un malade à l'encontre duquel existe un soupçon de contagiosité. Cela constituerait probablement un gaspillage de disposer en permanence d'une telle structure mais il serait important que tous les hôpitaux se dotent d'un plan permettant, en cas de crise sanitaire, d'aménager un circuit dédié aux malades réputés contagieux. D'autre part, la construction ou l'aménagement d'un plus grand nombre de chambres pouvant être isolées, est une nécessité pour faire face à des* ***épidémies*** *qui toucheraient quelques centaines de personnes. .. »* réf. : N° 2327 Assemblée nationale : douzième législature enregistré à la Présidence de l'Assemblée nationale , le 11 mai 2005

En 2005 cette intervention des rapporteurs J.P.Door et M.C.Blandin a eu le mérite de dénoncer très clairement la façon de construire les hôpitaux en France. Et d'alarmer sur le taux d'infection nosocomiale détecté dans les grands centres les plus neufs, les plus modernes donc….

« *Le pays est dans une mauvaise situation sur le plan hospitalier où les niveaux de résistance sont souvent pris comme contre-exemples sur le plan international. Il faut fixer par établissement des objectifs en termes de consommation et de résistance aux antibiotiques. La lutte contre la résistance aux antibiotiques se fera par* ***l'isolement des malades porteurs de germes*** *multi-résistants et par la baisse de la pression de sélection.* ***L'absence de lois*** *permettant la prévention de la diffusion des épidémies est en contradiction avec la constitution de 1946 qui dispose que "la nation garantit à tous la protection de la santé" incluant les maladies contagieuses.*

Ainsi, en n'assurant pas la protection vis-à-vis des maladies extrêmement contagieuses, l'Etat manque à un rôle pourtant prévu dans le cadre de la constitution. Il apparaît raisonnable de proposer au parlement des lois concernant ***l'obligation de soins*** *pour maladies contagieuses* »

http://lesrapports.ladocumentationfrancaise.fr/BRP/034000441/0000.pdf

Partout est fait le constat d'une **endémie** peu sensible aux mesures internes visant les comportements des personnels soignants ou de relocalisation des unités de soins. La littérature scientifique récente ne produit paradoxalement pas non plus de textes étudiant l'urbanisme et l'architecture hospitalière elle-même (9). Certes il existe des articles scientifiques sur les hôpitaux pavillonnaires mais la plupart sont rétroactifs et non randomisés. On pourra s'étonner dès lors que les administrations de la Santé Publique partout dans le monde occidental, n'aient pas cherché à valider leurs propres façons de **construire les hôpitaux** en menant des **études prospectives** sur différentes formes d'hôpitaux neufs.

Quand on consacre en France des dizaines de milliards d'euros par an à la construction ou l'aménagement d'hôpitaux neufs, il serait heureux d'en valider la méthode. D'autant qu'il est démontré scientifiquement que la contagiosité des maladies infectieuses hospitalières est aggravée par la promiscuité c'est-à-dire **l'inadaptation des structures architecturales**. Car le laxisme en matière d'urbanisme hospitalier confronté au tapage médiatique sur ses causes « apparentes » ne peut que semer le doute sur la gestion de ce qui pourrait bien devenir un vrai Tsunami infectieux.

Les facteurs de contagion connus aujourd'hui :

On connait cependant de façon certaine un certain nombre de facteurs de risques intra-hospitaliers directement liés à l'architecture :

- la contamination aérienne est responsable de 10% des infections nosocomiales (39)
- le rôle des poussières des ventilateurs et de la climatisation est clairement identifié (39)
- les poussières des respirateurs en unité de soins intensifs, sont porteuses des germes les plus dangereux (Acinetobacter anitratus in… (38))

- l'eau chaude véhicule des germes contaminant comme la légionellose (par exemple la légionellose de l'hôpital européen Georges Pompidou) (40)

- la transmission par les parties inertes mobiles ou fixes a été formellement incriminée : (38)

- enfin le fait que des chambres contaminées se re-contaminent davantage même après désinfection, jette encore le trouble sur la compréhension de la transmission des infections intra-hospitalières (40)

Ces causes pourraient expliquer l'ampleur de la crise sanitaire, et le fait que les maladies nosocomiales **résistent** aux mesures de prévention classiques. Les seuls défauts de comportement individuels ne peuvent expliquer la persistance de ces infections particulières. Tous ces arguments plaident pour un isolement des patients beaucoup plus drastique qu'aujourd'hui. Et si l'on extrapole les chiffres admis par l'ensemble de la communauté scientifique on pourrait conclure que, en France, 1.000 décès environ seraient à mettre au compte d'infections nosocomiales manuportées et 4.000 dus à la promiscuité due à une architecture mal pensée.

Hôpitaux pavillonnaires :

Cette crise sanitaire est grave, il meurt donc plus de patients d'infection hospitalière que de tués sur les routes. Le surcoût économique de cette endémie est estimé à 300% par patient infecté. Les unités de soins intensifs, qui produisent les bactéries multi-résistantes, se trouvent au milieu de ces beaux hôpitaux à étages multiples, dont tous sont desservis par des ascenseurs dont les cages fonctionnent comme d'énormes cheminées. Elles poussent les poussières et les particules dans les moindres recoins, depuis la cave jusqu'aux turbines de ventilation. On retrouve les microbes multi-résistants partout. Ils voyagent sur les stéthoscopes des médecins, les stylos des infirmières, les roues des chariots, les appareils électriques, les cheveux, les blouses, les charnières des portes… et les poussières de l'air. La **contamination passive** est partout. Parfois on déménage une unité voire une partie entière d'un hôpital pour le « décontaminer » à grand frais, mais la pathologie infectieuse revient aussi vite, dès que les nouveaux malades sont réadmis… Tout cela semble bien ne pas servir à grand-chose, les germes hospitaliers ne cessent de devenir de plus en plus résistants.

Cette contamination est d'autant plus sévère que l'hôpital est gros et équipé : le taux de contamination des CHU est estimé à 8,3% et à 6,5% celui des petits centres hospitaliers généraux. L'application de règles strictes de comportements diminue actuellement ces taux de 15% dans les deux types d'hôpitaux en France, mais guère plus. Les taux plus élevés d'infection dans les centres **hospitaliers universitaires** vient de **leur grande taille** (plus de 350 lits) et des pathologies plus sévères qui y sont traitées (donc plus susceptibles de dissémination). La bienveillance des personnels ne change rien au fait que seulement 15% des infections contractées dans les hôpitaux sont actuellement réduites par une meilleure hygiène des comportements. L'enquête Raisin le confirme. Peut-on rester sur ce statu quo ?

*« Pour la première fois, une étude permet de connaître le nombre de décès dû aux infections nosocomiales dans une partie du parc hospitalier public que sont les centres hospitaliers universitaires (CHU) et les centres hospitaliers généraux. Les experts du CCLIN estiment que, si l'on applique ce taux de 2,8 pour 100 aux **153.000 décès survenus** dans l'ensemble des services de court séjour des CHG et des CHU, on obtient entre **4.000 et 4.500 décès** survenus chez des patients entrés à l'hôpital pour des soins et qui y sont morts à cause d'une infection contractée durant leur séjour. Mais, pour obtenir le nombre total de décès dus de façon certaine aux infections nosocomiales dans les établissements de soins, il faudrait ajouter à ce chiffre les décès survenus dans les petits hôpitaux, les cliniques privées, le secteur psychiatrique, ainsi que les maisons de retraite. …".* In : Le Point, n°1603 : hôpitaux le palmarès 2003 : Le défi des infections nosocomiales

*« La surveillance épidémiologique a été améliorée dès 2001 par la mise en place du réseau d'alerte, d'investigation et de surveillance des infections nosocomiales (Raisin), en lien avec l'institut de veille sanitaire (InVS). Cette politique a produit des résultats non négligeables en termes de prévalence des infections nosocomiales parmi les patients hospitalisés. Ainsi, entre l'enquête de prévalence de 1996 et celle menée en 2001, ce taux a été ramené de 8,3 % à **7,2 %** dans les **centres hospitaliers universitaires** et de 6,5 % à **5 %** dans les centres hospitaliers généraux. La prochaine enquête de prévalence est en cours; il sera utile d'observer si cette tendance se confirme ou non. »*

http://www.senat.fr/rap/r05-421/r05-4215.html

Sans doute l'apparition de nouveaux antibiotiques permettrait-elle de repousser les échéances, sans doute des comportements plus drastiques encore permettraient de gagner quelques % de contamination à un prix très élevé (matériels à usage unique, lavages plus fréquents, personnel spécifiquement dédié à un malade etc..) mais ne voit-on pas apparaître aujourd'hui des résistances aux **antiseptiques** (biocides) **locaux**, les dérivés chlorés, et aux gels hydro-alcooliques prôné par le ministère ? Ceci veut clairement dire qu'une pression de sélection génétique continue de transformer toutes les bactéries pathogènes en germes de plus en plus résistants aux molécules destinées à les éradiquer. Des mécanismes commencent à être étudiés en laboratoire concernant les dérivés chlorés ou iodés et les **gels hydro-alcooliques**, tous les produits de lavage et désinfection des mains. Précisément ces gels dont la consommation est vérifiée dans les scores officiels obligatoires de l'Etat. Alors ?

Certes ces résistances sont peu étudiées, en comparaison des résistances aux antibiotiques, mais attirent de plus en plus l'attention. Au point qu'il est recommandé aujourd'hui dans certains laboratoires de microbiologie de **ne pas abuser de la désinfection chlorée,** (précisément celle qui est recommandée par le ministère). En un mot, l'activité humaine transforme progressivement toute la flore bactérienne terrestre qui s'adapte en devenant résistante successivement à tous les produits destinés à la combattre. Les germes résistants aux antibiotiques ont en outre quitté les hôpitaux et les cliniques et se retrouvent aujourd'hui dans la population humaine ambulatoire, et la médecine de ville. Très souvent les patients sont des porteurs sains, mais les antibiotiques prescrits par les médecins de famille pour soigner les infections respiratoires, cutanées ou urinaires se heurtent à davantage de résistances…d'où les campagnes d'informations pour limiter l'usage systématique des antibiotiques.

« Comme pour les antibiotiques et les autres agents anti-infectieux, la résistance aux antiseptiques ou aux agents désinfectants peut provenir soit d'une ***mutation*** *soit de l'acquisition d'un matériel génétique sous la forme de plasmide ou de transposons. Il est important de noter que la résistance est un terme ambigu, à utiliser avec prudence, particulièrement en ce qui concerne la tolérance aux biocides ou aux désinfectants.*

Il est clair que les microorganismes peuvent s'adapter à une série d'environnement physiques et chimiques, et il n'est pas surprenant que des *résistances consécutives à **l'utilisation intensive** des antiseptiques et des désinfectants ait été décrite. Des mécanismes de résistance qui ont été étudiés, le plus significatif est manifestement le mécanisme propre (adaptation intrinsèque), plus particulièrement la sporulation, l'adaptation des pseudomonas, et la protection par les **biofilms**. En conclusion, il y a encore beaucoup à étudier dans la compréhension du mode d'action des antiseptiques et des agents désinfectants. Bien des progrès ont été accomplis dans l'étude des mécanismes adaptatifs des bactéries, il manque manifestement la compréhension de ces mécanismes pour les autres agents infectieux* » (80)

« *…nous avons également trouvé que les biocides (hydro-alcooliques) et agents de lavage induisent la formation de **biofilms** sur les cultures soumises à une concentration inférieure au minimum efficace, qui interpelle sur le mauvais usage des désinfectants et aussi la **résistance** de l'Acinetobacter baumannii due à la formation d'un biofilm protecteur* ». (42)

Un changement de Santé Publique est-il possible ?

*« Les solutions ou gels hydro-alcooliques (SHA) sont des solutions aseptisantes cutanées. Elles sont employées afin d'assurer l'hygiène des mains, notamment lors des soins médicaux. Elles agissent par contact direct et mécanique (en friction). Les avantages : encombrement et conditionnement réduits, installation dans des lieux sans point d'eau, applications multiples. Les solutions hydro-alcooliques ont des propriétés bactéricides, virucides et fongicides, **sans effet nettoyant**. Elles doivent être appliquées sur des mains sèches et non souillées. Leur utilisation est préconisée **en cas d'absence de point d'eau pour se laver les mains avec un savon**. »* Préfecture de la Meuse.

http://www.meuse.gouv.fr/Politiques-publiques/Alimentation-consommation-et-commerce/Alimentation-et-Hygiene-alimentaire/Les-solutions-hydro-alcooliques-sont-elles-efficaces 10/01/2014

Voici un extrait des recommandations d'hygiène publique de la préfecture de la Meuse. De façon remarquable, on découvre ici un certain recul sur l'utilisation des solutés hydro-alcooliques et un retour au lavage classique des mains... au savon. On présuppose donc en 2014 que le gouvernement a **changé sa politique** d'utilisation des solutions hydro-alcooliques de lavage des mains depuis que l'on sait que l' « *utilisation* *intensive* » des gels hydro-alcooliques chlorés (SHA) favorisent l'apparition de résistances bactérienne. Aujourd'hui il n'est plus recommandé qu'en l'absence d'un lavage classique au savon. Cette adaptation est la conséquence des mises en garde concernant l'apparition de résistances aux Solutés Hydro-Alcooliques. C'est une bonne mesure. Bravo Mme Touraine, bravo Monsieur le Préfet de la Meuse. Cette initiative est scientifiquement cohérente.

Une infection nosocomiale est une infection contractée dans un établissement de santé. Le terme nosocomial vient du grec « nosos », maladie et de « komein » soigner, qui forment le mot « nosokomeion » : hôpital. Une infection est dite nosocomiale ou hospitalière, si elle est absente chez le patient (mais pas son voisin de chambre) lors de l'admission à l'hôpital et qu'elle se développe 48 heures au moins après l'admission. (http://fr.wikipedia.org/wiki/Nosocomial). Cette terminologie n'est pas si innocente cependant, car elle insiste sur **« le lieu »** de l'infection (les hôpitaux) mais pas sur sa **véritable cause** (ces infections sont transportées d'un malade à un autre). La cause de la maladie nosocomiale paraît pourtant logique : la conjugaison d'une mauvaise utilisation des antibiotiques et l'inadaptation des hôpitaux dont l'architecture ne permet pas l'isolement des patients porteurs de germes résistants, font de la maladie « nosocomiale » une maladie de Santé Publique et pas une pathologie **locale** liée à l'endroit de la contamination. Il s'agit aujourd'hui plus d'une **endémie à germes mutés** qu'une infection contractée dans un lieu précis.

En niant le danger que représentait l'apparition des résistances aux antibiotiques dès les années soixante, les urbanistes hospitaliers semblent avoir pêché par excès d'optimisme et favorisé l'apparition de résistances bactériennes graves généralisées à tous les services hospitaliers. Les procédures de fermetures administratives de services pour décontamination deviennent de plus en plus fréquentes et pourtant le ministère de la Santé **continue de construire des hôpitaux-tours** au centre de toutes les villes (en contradiction avec la constitution de 1946). Il continue même de prôner la fermeture des petits hôpitaux et la concentration de tous les malades sur des très grosses structures au centre des villes.

« Avec 11,8 % du PIB, soit plus de 220 Mds € par an, la France est le troisième pays de l'OCDE qui consacre le plus de dépenses à la Santé. Au sein de cette dépense totale la part prise en charge par l'Assurance-Maladie

obligatoire est représentée par l'objectif national de dépenses d'assurance-maladie (ONDAM), pour un montant de 167,1 Mds € en 2011, réparti entre dépenses de soins de ville (46,3 % de l'ONDAM), dépenses hospitalières (43,6 %) et dépenses médico-sociales (9,5 %). Malgré une maîtrise renforcée au cours de la décennie 2000, l'ONDAM continue de progresser plus vite que le PIB (3 % contre 1,7 % en 2011)... Au total, la mission estime que ***la fermeture de 10 % des lits*** *en chirurgie conventionnelle liée au développement de la chirurgie ambulatoire génèrerait des économies à hauteur de 400 millions d'€. »*

http://www.economie.gouv.fr/files/rapport_ondam_igas-igf.pdf 10/01/2014

En 2014 la position des administrations reste malheureusement de **fermer 10% des lits hospitaliers**. Des économistes tels Mr. de Kervasdoué propose même jusqu'à 50% de fermeture. De toute façon, pour des raisons budgétaires, la concentration des lits reste un objectif technocratique très actuel en 2014. On voit que 10% de fermeture donnerait 400 millions d'euros d'économie. Mais qu'en est-il de l'augmentation du risque infectieux ? C'est bien ici que se mesure le choc entre la gestion technocratique de la Santé (logique marchande) et la réalité scientifique (logique naturelle). Ces deux cultures opposées préconisent des choix radicalement opposés : la logique financière recommande la raréfaction des hôpitaux et la concentration des lits pour diminuer les coûts d'exploitation. La logique scientifique recommande la multiplication des sites et leur isolement pour éviter la promiscuité des malades et la transmission des maladies infectieuses entre malades. Donc une moindre consommation des antibiotiques, qui aggravent la mutation des bactéries et les rendent plus résistantes encore. A la fin de ce raisonnement, quelles économies peut-on espérer de la fermeture de 10% des lits ?

« *Un coût économique certain : Les infections nosocomiales entraînent un* ***surcoût financier important****, essentiellement dû à un allongement de la durée d'hospitalisation (quatre jours en moyenne), au traitement antiinfectieux et aux examens de laboratoire nécessaires au diagnostic et à la surveillance de l'infection. On estime ainsi que la survenance d'une infection* ***allonge le séjour*** *en chirurgie orthopédique de près de deux semaines et augmente les coûts de prise en charge du patient de* ***300 %.*** *Les différentes études disponibles font état d'une échelle de coûts très large, allant de 340 euros en moyenne pour une infection urinaire à*

40.000 euros pour une bactériémie sévère en réanimation. Les estimations varient donc sensiblement en fonction du site anatomique de l'infection, de la nature du germe, de la pathologie prise en charge mais aussi du service d'hospitalisation. En appliquant une fourchette de surcoût moyen de 3.500 à 8.000 euros par infection aux 750.000 infections nosocomiales annuelles, on atteint un ***montant de dépenses de 2,4 à 6 milliards d'euros****. Ainsi, une diminution* ***de 10 % du nombre d'infections*** *conduirait à une économie de 240 à 600 millions d'euros, soit jusqu'à six fois plus que l'effort de prévention consenti par les établissements hospitaliers, qui s'établit à une centaine de millions d'euros. Ce rapide calcul montre combien le coût de la non-qualité est supérieur à celui de la prévention.»*

Enquête du centre interrégional de lutte contre les infections nosocomiales de Paris-Nord menée en 2000 et 2001 dans seize hôpitaux.

http://parlement-ue2008.fr/rap/r05-421/r05-4213.html

Oupps ! Cette enquête révèle exactement le contraire de l'objectif du ministère de la Santé en 2014. La suppression de 10% des lits d'hôpitaux, si elle entraîne une concentration sur des structures plus grandes et plus de promiscuité des malades, engendrera nécessairement des surcoûts liés aux infections nosocomiales. Il semble temps que les administrations se consacrent plutôt à décourager la surconsommation d'antibiotiques plutôt qu'à fermer des lits. De même il faudrait arrêter la construction d'hôpitaux-tours qui sont de véritables **cuves d'incubation** bactériologique. En tout cas il nous semble impérieux de proposer un moratoire sur la gestion des hôpitaux et des cliniques, leur architecture et leurs emplacements, quitte à faire tomber quelques conservatismes parisiens. On tirerait sans doute les conclusions suivantes :

- ne plus construire d'hôpitaux en **centre-ville**, mais là où le terrain est bon marché. Déconcentrer les sites d'hospitalisation et construire des bâtiments neufs, en surface, sans ascenseurs, pavillonnaires, ventilés et cloisonnés.

- démanteler les grands bâtiments-tours des CHU et CHR existants et les éclater en autant de structures petites et distantes, en imaginant un nouvel hôpital universitaire extra-urbain, pavillonnaire, **éclaté** sur plusieurs sites autonomes très distants et situés à des endroits différents de la périphérie des villes

- recomposer le paysage hospitalier en convertissant les petits hôpitaux généraux en structures **spécialisées** dans **un type** de pathologie donné, créant ainsi l' **hôpital fragmenté et spécialisé.**

Il ne faut plus de gros hôpitaux à l'intérieur des villes. Mais au contraire de petits hôpitaux à leur périphérie. Dans ces structures petites et lointaines dont le taux de contamination est naturellement **30%** moins élevé que dans les grandes (mieux que l'hygiène des mains et le score Icalin-Icsha), il y a moins de promiscuité du simple fait de la taille plus modeste. On y fera soit la médecine ou la chirurgie très propres (chirurgie cardiaque, greffe, orthopédie, ophtalmologie...) tandis que dans d'autres structures éloignées on pratiquera la médecine à grand risque de contamination (cancérologie, soins intensifs, hématologie) ou la chirurgie septique. Les taux de contamination interne seraient diminués du fait de la taille ; et le taux d'exportation vers des unités sensibles, soit par manu-portage, soit par transport aérien, soit de façon passive serait **ramené à zéro** puisque les patients cibles seraient éloignés de plusieurs dizaines de kilomètres ! Ceci traiterait les 70% de contamination non traités par l'hygiène des mains et les solutés hydro-alcooliques. On sait également que les résistances apparaissent parmi les germes pathogènes respiratoires (pneumocoques), ou les infections cutanées (staphylocoques dorés) des patients traités en ville, c'est-à-dire en dehors des hôpitaux. L'endémie commence donc à **déborder le cadre des hôpitaux** et des cliniques. L'ambulatoire ne résout donc pas tout...

Ce sont cependant les services de réanimation qui soumettent les germes pathogènes à la plus forte pression mutagène. C'est évidemment sur eux que doit se concentrer la prévention la plus rigoureuse. En **fragmentant** les divers services des énormes hôpitaux-tours et en les installant à des dizaines de kilomètres l'un de l'autre, on rompt de façon définitive le cercle vicieux du confinement. Puisque ces petites structures seraient spécialisées soit en médecine très propre, soit en médecine à risque nosocomial élevé, on reviendrait à la philosophie des sanatoriums ou des pavillons hospitaliers du 19ème siècle.

L'hôpital fragmenté aurait donc des structures très distantes, donc des personnels très éloignés, et une télégestion facile à mettre en œuvre. Ce n'était pas le cas dans les années trente, mais l'informatique permet aujourd'hui de concentrer les activités gestionnaires à distance sans conséquence pour le fonctionnement médical. Il ne nécessiterait pas des investissements lourds. Il faudrait prévoir de dédoubler certains équipements de radiologie ou de laboratoire mais cet investissement est sans commune mesure avec les coûts réels de la promiscuité.

L'avantage avoué des **hôpitaux–tours** était immobilier et gestionnaire puisqu'ils offraient à l'administration une place confortable au sein des gros établissements. Une administration centrale pourrait rester localisée en centre-ville et gérer des hôpitaux spécialisés à distance de plusieurs dizaines kilomètres sans aucun problème. Mr Evin, ancien Ministre de la Santé, président de l'Agence régionale de Santé d'Île-de-France, a plaidé pour la fermeture de **250 petits hôpitaux** et leur concentration dans les grands CHU, lors des 10èmes rencontres financières des décideurs hospitaliers. Cette idée a été reprise dans le livre : « le livre noir des hôpitaux » (23). Est-ce une bonne idée ? Nous pensons avoir montré que non, toute théorie économique aboutissant à une concentration des patients sur des sites hospitaliers raréfiés semblerait dangereuse puisqu'elle favorise **la promiscuité bactériologique** et va à l'encontre de l'isolement sélectif des patients. C'est cette concentration sans retenue, inventée par les urbanistes américains en 1930 qui semble pourtant bien être co-responsable de l'épidémie de maladies nosocomiales qui touche aujourd'hui tous les hôpitaux du monde. En 2014 l'OMS annonce l'arrivée d'une ère « post-antibiotique ». Or quelles étaient les mesures de Santé Publique à l'ère « pré-antibiotique » ? Que disait la loi à l'époque de Louis Pasteur :

« ... *devant l'ampleur prise par le fléau de la* ***tuberculose*** *aux graves répercussions individuelles, collectives et sociales, l'Etat dut prendre de nombreuses mesures contraignantes. La circulaire du* ***15 janvier 1904*** *stipulait en effet que :*

1. *les tuberculeux doivent être soignés dans des* ***hôpitaux distincts*** *qui leur seront exclusivement consacrés et ils ne seront pas admis dans les autres. Les villes qui possèdent plusieurs établissements hospitaliers seront invitées, en conséquence, à affecter immédiatement aux tuberculeux un ou plusieurs de ces établissements*

2. *dans les villes où l'affectation aux tuberculeux d'un hôpital tout entier est impossible, des* ***quartiers distincts*** *leur seront exclusivement réservés*

3. *même dans le cas où l'on ne pourra faire ni hôpital spécial, ni quartier spécial, les tuberculeux ne devront jamais être soignés dans les mêmes salles que les non tuberculeux »*

Jean marie Galmiche pp 428,429 (13)

Aujourd'hui la vérité biologique oblige à dire que les politiques sanitaires menées depuis les années 1960 étaient basées sur une idée **scientifiquement fausse**, et que nous devons construire une ère « post-antibiotique » et donc revenir aux principes simples et drastiques de Louis Pasteur. Plus de grands hôpitaux concentrés, plus d'usines de soins, mais de **nombreux petits hôpitaux spécialisés** qui éviteront la contamination des malades entre eux. La particularité de la crise actuelle est que les germes en cause sont nouveaux et le résultat de mutations génétiques provoquées par les hommes eux-mêmes. Pour la première fois dans l'histoire de l'humanité, les hommes sont confrontés à une épidémie provoquée entièrement par eux, mêmes les germes incriminés sont de leur fait.

Chapitre 6

Médecine et justice moderne

Hippocrate le fils du dieu de la médecine :

Hippocrate le grand est originaire de l'île grecque de Cos. On peut visiter les restes du temple et la ville gréco-romaine où Hippocrate a créé son école de médecine (Asklépiéon). Chose étrange, il se réclamait lui-même descendant du dieu Asclépios à la sixième génération. Cette revendication généalogique peut surprendre de la part d'un homme si moderne et précurseur de la pensée scientifique. Mais l'interprétation des legs antiques, aussi bien les textes anciens que les découvertes archéologiques, doit toujours être faite avec prudence et modestie. Il faut savoir lire entre les lignes et regarder entre les murs. Si le mode de vie antique était évidemment très différent du nôtre, les mentalités et le mode de pensée l'étaient tout autant.

La pensée antique n'était pas « cartésienne », mais complexe et symbolique. Un symbole n'est pas la réalité mais renvoie à une idée qui est interprétée selon des codes culturels. On ne désigne pas les faits directement mais très généralement de façon « imagée ». Une protection divine signifierait aujourd'hui un « **statut social** » particulier. Oui Hippocrate a revendiqué un statut social privilégié pour lui-même et ses confrères… pourquoi ?

Le siècle de Périclès a vu la naissance de la philosophie, mais aussi la condamnation à mort de Socrate, sous prétexte de « débauche ». Une sorte de Julian Assange au 5ème siècle avant Jésus-Christ… Il y a des points communs entre ces deux hommes. Ceci rapprocherait la philosophie Socratique du réseau Wikileaks, ce qui n'est pas dénué d'intérêt. En 404 Athènes est défaite par Sparte qui impose un régime conservateur-militaire dur (le Régime des Trente serait ainsi l'équivalent de la présidence de J.Busch junior et de l'espionnage planétaire par la NSA américaine). La trop grande liberté de pensée et de mœurs du père de la philosophie moderne a déplu au nouveau pouvoir. Julian Assange aussi… Les pharmacopoles ont été chargés de préparer la ciguë que Socrate est condamné à boire à mort en -399. Avant de mourir il a ce dernier message étonnement moderne:

« Les maux ne cesseront pas pour les humains avant que les authentiques philosophes n'arrivent au pouvoir ou que les chefs des cités par une grâce divine, ne se mettent à philosopher véritablement ».

Ceci ne doit pas déplaire aux partis écologistes, aux rénovateurs de la nouvelle gauche, aux ONG du monde entier, à Médecins sans frontières, à Green Peace, à WW Fundation et à Amnesty international. Cet assassinat ainsi que ceux d'autres philosophes sophistes ont ébranlé le Péloponnèse pendant des décennies et incité Platon et ses amis à la filer douce... Hippocrate en fait partie, on ne l'entend pas critiquer la junte au pouvoir.

Mais la simple prudence ne suffisait sans doute pas aux médecins de l'époque, et la construction légendaire d'une ascendance divine a été une quasi-obligation. Protégé d'Asclépios le grand Hippocrate (qui a 60 ans à la mort de Socrate) et ses confrères revendiquaient un « statut officiel », et donc se garantissaient aux yeux des tribuns une sorte d' « immunité » céleste. Asclépios ancêtre direct d'Hippocrate, que pouvaient les pouvoirs religieux et politiques contre les médecins grecs? Bien d'avantage, cette hagiographie pourrait être interprétée comme un **défi aux médecins des temples** et aux pythies. Les médecins hippocratiques, leurs rivaux, étaient les protégés du descendant du dieu Asclépios qu'ils vénéraient. Cette **filiation divine** a probablement sauvé la vie d'Hippocrate, et celle de ses amis. Mais il est également possible qu'elle lui a été concédée par le Pouvoir lui-même, assez satisfait de la conduite prude et noble des médecins hippocratiques. Cette reconnaissance est en tout cas un blanc-seing pour tous les thérapeutes de l'époque. On pourrait dire en terme contemporain, une « immunité politique et judiciaire ». Bien joué de la part d'Hippocrate, bon médecin et fin politicien....

En effet on ne connaît **pas de procès contre des médecins** hippocratiques au temps de Périclès et après -404. On ne peut pas en dire autant en ce début de troisième millénaire après Jésus-Christ... Les plaintes et les procès contre les médecins modernes ont augmenté et les indemnités accordées aux plaignants ont été décuplées. La cause est assez simple: en un siècle l'occident est passé d'une société de devoirs à une société de droits. Des patients se sentant victimes ont entamé des procédures contre leurs médecins dès le 19ème siècle. Mais très peu ont abouti parce que le droit soutenait la bonne foi des praticiens et acceptait l'impondérable destin face à la maladie ou la mort. Ce n'est plus vrai aujourd'hui. Les médecins sont-ils toujours les descendants du dieu de la médecine ?

Ce n'est pas peu dire que les médecins contemporains sont « désacralisés ». Asclépios est mort et enterré. Les juristes et les assureurs ont assisté à son inhumation. Car la **judiciarisation** de notre médecine n'est pas due à un effet du hasard. Elle est inhérente aux rapports qu'entretient la médecine avec la société moderne. En défendant une pratique de la Santé individuelle, elle instaure la primauté de l'homme, **indépendante de l'autorité** de l'Etat. Mais en se sophistiquant, elle dépend toujours davantage de Lui et des deniers publics ; elle doit donc être acceptée comme un choix de société, donc un **choix politique** qui consomme 15% du budget des Etats et plus de 10% de son PIB. La médecine moderne coûte cher, c'est indéniable. En contrepartie elle fait partie de la vie quotidienne de chacun ; plus d'épidémie, plus de mortalité infantile, et les femmes ne meurent quasiment plus en couche, on soigne 99% des maladies. On comprend l'aura de la médecine aujourd'hui mais aussi sa faiblesse. Donc : amour et haine pour les médecins, ce n'est pas facile à gérer.

*« La question de la « judiciarisation » de la médecine est très présente dans le débat public. Elle est aujourd'hui focalisée sur la dimension économique du problème, en raison de l'impact des contentieux sur le montant des primes payées par les professionnels de santé, qui crée une situation de crise. Cependant, l'examen des données disponibles, même incomplètes, permet de relativiser le caractère dramatique de cette évolution. Le **contentieux médical** reste, en effet, **très marginal** au regard du volume de l'activité médicale et son évolution est contrastée. . Quelques procès retentissants, comme celui concernant le sang contaminé ou encore ceux portant sur l'hormone de croissance, ont largement popularisé l'idée que la médecine était, elle aussi, exposée à l'investigation judiciaire. Ce mouvement, sensible sans doute depuis la fin des années 1960, s'est accentué à l'occasion de ces **grandes crises sanitaires,** et a pris alors une dimension sociétale majeure. Qualifiée de « dérive à l'américaine », cette évolution est perçue comme essentiellement négative par les **médecins déstabilisés** par les coups de boutoir des accusations judiciaires... ou médiatiques. Comme les élus et responsables publics, les médecins, confrontés, au quotidien, à une exigence croissante de transparence et de résultat de la part de leurs patients, subissant effectivement une procédure de réclamation qu'ils n'avaient, pour beaucoup d'entre eux, jamais connue*

auparavant, s'identifient spontanément à leurs rares confrères « traînés » devant les tribunaux et fortement mis en scène par les médias, alors même que le risque statistique qu'ils soient eux-mêmes confrontés à une telle situation est encore fondamentalement marginal. »

Laurence Helmlinger et Dominique Martin in :

http:// 213.161.196.111/load_pdf.php?ID_ARTICLE =SEVE_005_46 le 14/03/2010

« *Plus généralement, l'aggravation de l'intrusion du droit dans la pratique médicale s'accompagne d'un effet pervers auquel il ne faut pas céder : la* ***gestion bureaucratique de l'irresponsabilité médicale.*** *En effet, exposé à la mise en jeu de plus en plus facile de sa responsabilité juridique, le médecin et l'hôpital sont amenés à organiser leur défense. La préoccupation éthique qui dominait seule l'action du médecin, diminuer la souffrance du malade et contribuer à sa guérison, passe sournoisement au second plan au profit d'une nouvelle préoccupation : comment pratiquer un acte médical sans voir sa* ***propre responsabilité*** *ou, le plus souvent, la responsabilité de l'hôpital engagée. C'est ainsi que le médecin doit se parer de formulaires destinés à attester d'un consentement parfois insensé, c'est ainsi que le* ***respect des procédures*** *devient le seul garant de la « précaution » du médecin et risque de phagocyter les soins, absorbés par leur administration. C'est à l' « irresponsabilité médicale » que risque de mener l'aggravation de sa "responsabilité juridique* »

http://infodoc.inserm.fr/ethique/cours.nsf/

La judiciarisation de l'art de guérir :

La **gestion bureaucratique** de la médecine est apparue en même temps que le « néo-libéralisme » de Ronald Reagan. Les Etats occidentaux ont quitté le modèle de « l'Etat-Providence » confiant en sa médecine pour une idéologie beaucoup plus individualiste, le néo-libéralisme et l'idéologie économique de l' « école de Chicago ». La dérégulation du marché, soit, mais pourquoi donc les gouvernements ont-ils soudain commencé à « couper les cheveux en quatre » et à martyriser les médecins et les professionnels de la Santé à ce moment-là ? Pour obtenir une meilleure médecine, avec moins d'échec, donc moins chère ? Pour asseoir leur autorité politique sur les praticiens ? Les médecins seraient-ils devenus des « terroristes » à partir des

années 1980 ? Sous la pression de la rue, les Etats auraient-ils étés obligés de poursuivre des charlatans qui auraient trompé la société depuis un siècle et demi ?

Nous avons vu que les succès de la médecine n'ont jamais été aussi spectaculaires qu'aujourd'hui. Alors, que s'est-il passé ? Jamais la médecine n'a été aussi sûre et scientifique, et jamais elle n'a été aussi attaquée par la Justice. En fait il semblerait que les Etats occidentaux aient commencé à être gérés par une nouvelle génération de technocrates imprégnés **d'idées néo-libérales** à partir des années 1980. Cette mutation est probablement à l'origine d'une nouvelle conception de la place de la médecine dans notre société. Cette nouvelle génération de hauts fonctionnaires a fait des études de « science économique et de management » ; elle a donc pratiqué une gestion « scientifique » de l'économie et a fait exploser les contraintes de procédure notamment sur les professions de Santé, et pas seulement sur elles... Le problème est que la médecine ne se prête pas facilement à une manipulation administrative, n'étant pas réellement un service ni une fonction, mais plutôt un art. Peut-on gérer un « art » quand on sort d'une école d'administration ? Voici une question qui ne déplairait à Socrate : les énarques sont-ils devenus de « *vrais philosophes* » ?

Il ne semble pas, hélas. On constate en effet que cette gestion technocratique est devenue de plus en plus pesante au fil des ans, installant finalement la **« sur-gouvernance »** que nous subissons aujourd'hui, à la fois d'une lourdeur embarrassante et d'un coût sans cesse plus élevé. La multiplication des « Instances » légales, des « agences » d'Etat, des « hautes autorités », des « référentiels » officiels, des « recommandations opposables », des « autorisations » sous condition, des « accréditations », des « certifications », des « comités » et des « commissions » régionales, des « groupes de réflexion » locaux, des « experts » reconnus, des « directoires » et des « inspections générales », a profondément brouillé le rapport simple et discret du médecin avec son malade. Le nouveau « management » administratif s'est mis en travers de la relative indépendance des médecins ce qui provoque maintenant un trouble profond au sein de la profession. On n'est plus dans une pratique sereine de l'intime conviction médicale. Un trouble qui coûte cher à l'Etat. Ce qu'on appelle l' « usine à gaz » de la gouvernance technocratique contemporaine est en marche.

Il reste peut-être une autre motivation à cette « sur-gouvernance ». C'est le Président Sarkozy qui l'a expliquée clairement : c'est une volonté idéologique, la Santé Publique est devenue un **objet politique,** et donc... sécuritaire. Or depuis Hippocrate la médecine s'accommode mal d'être enrôlée dans un ordre « politique ». Les médecins grecs sont toujours **restés à l'écart** de la « doxa », de la ville et de sa politique. Depuis son origine la médecine refuse d'être enrôlée dans un projet politique et revendique rudement son **indépendance totale** et non négociable d'avec les autorités politiques. La déontologie médicale moderne exige encore aujourd'hui que les médecins fassent preuve de discrétion et de modération.

Or l'Assurance-Maladie française était, depuis 1945, un **modèle de gestion paritaire et décentralisée,** autonome et assez apolitique. Qu'en est-il encore en 2014 ? Chaque année un nouveau plan « de sauvetage » vient rappeler sa dépendance par rapport aux Autorités Politiques. On n'est plus dans un système équilibré. Pourtant ce ne sont pas les données scientifiques qui manquaient pour mettre en garde les responsables politiques contre toute intrusion autoritaire dans l' « art de guérir », et en général des professions indépendantes:

« *Dans tous les métiers relationnels (médecine, psychothérapie, éducation, gestion des hommes...)* ***l'excès de procédures*** *et de mesures de précaution peut s'avérer dommageable. On ne peut éliminer l'imprévu en renforçant à l'extrême les contrôles ou en s'en remettant à une technologie sophistiquée.* ***La multiplication des procédures paralyse****. Les professionnels en contact direct avec les clients doivent pouvoir disposer de marges de manœuvres suffisantes pour pouvoir prendre des initiatives pertinentes. La réponse stéréotypée n'entraine pas la confiance du client. Dans les hôpitaux publics* ***l'affaire du sang contaminé*** *a conduit à multiplier les procédures pour se couvrir, ou autrement dit pour " ouvrir le parapluie ". En 2004 on a pu recenser 42 familles de règlements!* »

Guy le Boterf, « Construire les compétences individuelles et collectives » in (17)

Les publications de Guy Le Boterf sont devenues dans les années 2000 des ouvrages de référence pour les entreprises et les organisations ayant compris que le développement des compétences pouvait être une source d'avantage concurrentiel. Guy Le Boterf, Docteur d'État en Lettres et

Sciences humaines, est fondateur de « Le Boterf Conseil ». Reconnu comme un des **meilleurs du management** et du développement des compétences, il est également l'auteur de nombreux ouvrages et articles professionnels de réputation internationale. Les méthodes proposées permettent de traiter avec un haut degré d'efficacité les questions couramment cataloguées sous les termes de gestion, de développement et d'évaluation des compétences dans les entreprises, les organisations publiques, les organismes de formation, les universités.

Alors ? On peut émettre l'hypothèse que l'étatisation de l'Assurance-Maladie en 1995, puis la « nouvelle gouvernance » de 2005 complétée par « la loi HPST » de 2009 ne sont pas seulement un vaste projet politique. C'est aussi le résultat d'une nouvelle culture technocratique et procédurière. Ensemble ils ont contribué à étouffer la médecine et à **la paralyser** sous un « *excès de procédure* » bureaucratique. Ce serait l'explication de l'échec relatif de la gestion autoritaire de l'Assurance-Maladie depuis 1995. Elle n'a pas réussi à trouver son modèle managérial, son « business model » adapté aux exigences de la nouvelle économie. Cette génération des années 1980, toute imprégnée de « management » n'a peut-être pas anticipé la complexité de nos économies, les diversités sociales, et l'arrivée d'une nouvelle société mobile et adaptative. La procédure administrative a installé une telle lourdeur de la gestion de notre société qu'elle a surement aggravé les crises financières et aussi accélérer la révolution « post-industrielle » que nous subissons aujourd'hui. 20 ans après le PLFSS d'Alain Juppé le désordre est permanent. Les « plans de sauvetage » annuels de la SECU semblent faire partie du système lui-même, en recherche permanente de son équilibre.

*« Après avoir bénéficié de réelles avancées statutaires en 2003 (amélioration financière des échelons, accélération de la carrière de PH, avènement du repos de sécurité et transposition européenne du statut de PH sur le temps de travail), nous constatons depuis **2004,** une volonté lancinante et permanente de déstabiliser le statut de Praticien Hospitalier et l'Hôpital Public.... »*

http://www.snphar.com/Default.aspx?intIdActualite=537&strFileXML=Actualite-fr-Archives-flash-infos.xml

Intéressante cette constatation d'une supposée **volonté négative** de l'Etat à l'encontre des praticiens. Ce que nous avons appelé le projet de

« démédicalisation » de notre société. Comment ce type de sentiment a-t-il pu émerger ? Quel but les autorités recherchent-elles ? Pourquoi « détruire » l'hôpital public et la médecine libérale ? Les relations troublées entre les médecins et l'Etat traduisent peut-être un malaise plus général de l'Etat Lui-même. Ou le déclin de la Politique ne trahit-il pas un glissement du pouvoir **public** vers les grands groupes financiers **privés** et la mort programmée du « contrat social » européen ? Attardons-nous sur cette société de la procédure :

Judiciarisation de l'art de guérir :

En 1982, Madame **Perruche** contracte la rubéole alors qu'elle est enceinte de 18 semaines. Or la rubéole peut entraîner de graves malformations de l'embryon. Mme Perruche indique à son médecin que si son enfant a contracté la rubéole, donc si elle va accoucher d'un enfant à coup sûr très gravement handicapé, elle demandera une interruption de sa grossesse. Le médecin interprète mal le test de dépistage de la rubéole et affirme à Mme Perruche que son embryon n'a pas la rubéole. En janvier 1983 naît Nicolas, affligé de troubles neurologiques graves, surdité bilatérale, rétinopathie, et cardiopathie, dus à la rubéole contractée par sa mère. Cette dernière **aurait choisi d'interrompre** sa grossesse **si** elle avait été correctement informée. Nicolas ne serait alors pas né. En juillet 1989, alors que Nicolas est âgé de 6 ans et demi, le couple Perruche assigne au fond le médecin, le laboratoire et leurs assureurs, au nom de leur enfant. Plusieurs jugements vont se succéder, ils vont bouleverser la Santé Publique française.

- Le 13 janvier 1992, le tribunal de grande instance d'Évry juge le laboratoire et le **médecin responsables** de l'état de santé de Nicolas Perruche et les condamne avec leurs assureurs à l'indemnisation de Nicolas et de ses parents.

- Le 17 décembre 1993, la Cour d'Appel de Paris juge les médecins responsables de fautes contractuelles et estime que le préjudice des parents doit par conséquent être réparé mais stipule que le « préjudice » de l'enfant n'est pas causé par les fautes médicales commises, les déficiences du jeune homme résultant de la maladie contractée par sa mère et non de l'erreur de diagnostic.

- Par arrêt du 26 mars 1995, la première chambre civile de la Cour de cassation casse l'arrêt dans les termes suivants : « Attendu qu'en se déterminant ainsi, alors qu'il était constaté que les parents avaient marqué leur volonté, en cas de rubéole, de provoquer une interruption de grossesse et que les fautes commises les avaient faussement induits dans la croyance que la mère était immunisée, en sorte que les **fautes médicales** étaient génératrices du dommage subi par l'enfant du fait de la rubéole de sa mère..» C'était donc une obligation de réparer intégralement le handicap, dont l'origine reposait sur le médecin, sa seule faute étant de ne pas avoir **diagnostiqué** une malformation fœtale (et en aucun cas d'être le responsable du handicap lui-même, puisque celui-ci préexistait à l'intervention médicale). Donc d'avoir privé la mère de la possibilité de mettre un terme à sa grossesse.

- Le 5 février 1999, la Cour d'appel d'Orléans, statuant comme cour de renvoi, déclare que le préjudice de Nicolas n'**est pas dû aux fautes** du laboratoire et du médecin, mais a été causé par le virus de la rubéole.

- Cette décision est cassée par l'arrêt de la Cour de Cassation du 17 novembre 2000 qui stipule : « Dès lors que **les fautes commises** par le médecin et le laboratoire dans l'exécution des contrats formés avec Madame Perruche avaient empêché celle-ci d'exercer son choix d'interrompre sa grossesse afin d'éviter la naissance d'un enfant atteint d'un handicap, ce dernier peut demander la réparation du préjudice résultant de ce handicap et causé par les fautes retenues. »

- Le député Jean-François Mattei propose le 3 décembre 2001 qu'il ne soit pas possible d'être indemnisé pour « le préjudice d'être né » (loi «anti-arrêt Perruche »). Ceci est intégré dans la loi « Kouchner » du 4 mars 2002. Selon ce texte, le préjudice d'un enfant né handicapé **n'est pas réparable**, excepté dans le très rare cas où le handicap résulterait d'une faute directe du médecin. En cas de non détection de malformations fœtales préexistantes seul est réparable le préjudice personnel des **parents**, les charges particulières découlant du handicap relevant désormais de la solidarité nationale.

- Par un arrêt du 17 novembre 2004, la Cour de cassation, en Assemblée plénière, casse cet arrêt et donne ainsi **raison aux époux Perruche** en déclarant « que dès lors que les fautes commises par le médecin et le laboratoire dans l'exécution des contrats formés avec Mme Perruche avaient empêché celle-ci d'exercer son choix d'interrompre sa grossesse et ce afin **d'éviter la naissance** d'un enfant atteint d'un handicap, ce dernier peut demander la réparation du préjudice résultant de ce handicap et causé par les fautes retenues. » C'est la première fois que la jurisprudence consacre en termes aussi clairs le droit pour l'enfant né handicapé d'être indemnisé de son propre préjudice. Les Juges contre l'Etat français. Le Pr. Mattei est mis K.O....

- Dans deux arrêts du 6 octobre 2005, la Cour européenne a condamné la France, en faisant valoir que l'entrée en vigueur de la loi Kouchner privait des familles ayant engagé une action avant le 7 mars 2002 de la possibilité d'être indemnisées pleinement. Ces victimes, titulaires d'une « créance », c'est-à-dire d'une espérance légitime d'obtenir une réparation intégrale, devaient donc être indemnisées selon les principes jurisprudentiels (Perruche). L'Europe contre l'Etat français.

- Par trois arrêts rendus le 24 janvier 2006, la Cour de Cassation, transposant la jurisprudence européenne, s'est prononcée en faveur de la non-rétroactivité de l'article 1er de la loi Kouchner. Elle a ainsi écarté l'application du dispositif anti-Perruche dans toutes les instances en cours au jour de son entrée en vigueur, ce qui a eu pour effet d'autoriser le principe de l'indemnisation du préjudice personnel de l'enfant handicapé et du préjudice matériel des parents dans ces dossiers anciens.

- Enfin, dans un arrêt du 8 juillet 2008, la Cour de Cassation a étendu ce raisonnement aux affaires dans lesquelles la « manifestation du dommage » est antérieure à la loi du 4 mars 2002. Le critère déterminant de l'application de la loi est désormais la date de manifestation du dommage qui, en pratique, est celle de la naissance de l'enfant. Faisant fi des termes de la loi, la Cour de Cassation a donc instauré un régime à deux vitesses : pour les dommages révélés avant le 7 mars 2002, le régime est celui issu de la **jurisprudence** Perruche, soit une **réparation intégrale supportée par les professionnels de santé** et ce, quelle que soit la date à laquelle la justice est saisie. Pour les dommages révélés après le 7 mars 2002, le régime est celui de l'article 1er de la loi du 4 mars 2002.

Les conséquences de cette affaire seront nombreuses, car pendant dix années il y a bien eu une guerre ouverte entre les juges et les médecins, opposés sur la nature même de la Santé Publique : service public avec obligation de résultat, ou art de guérir soumis aux aléas de la nature ? Les montants exigés par les particuliers à la suite de ces jugements font exploser les primes d'assurance alors que la France payait déjà mal ses médecins... Les assureurs paniquent, beaucoup cessent d'assurer les médecins. Les files d'attente se forment, des médecins démissionnent, panique générale.

- Les échographistes et gynécologues-obstétriciens se mettent en **grève**. Fin janvier 2002, la fédération des médecins de la naissance lance la menace d'un "arrêt total du suivi des grossesses et des accouchements à partir du 1er mars ». De nombreux médecins s'orientent vers l'abandon de la profession. Ils soulignent que « *les fautes graves doivent être sanctionnées mais que personne n'est parfait, on commet forcément des erreurs dans notre pratique et toutes les erreurs ne peuvent être sanctionnées à partir du moment où le travail a été fait dans les règles de l'art.* » Est interrogée également cette tendance « *à rechercher un coupable quand il n'y en a pas (dans tous les domaines et pas seulement le domaine médical)* ». Des cabinets de radiologie cessent de faire des échographies pour se concentrer sur des analyses moins risquées. Cela fait planer la menace de l'abandon de la pratique de l'échographie. Certains évoquent des solutions alternatives notamment en projetant de faire reprendre l'activité par des **manipulateurs** en radiologie médicale et des sages-femmes. On cherche à imaginer des solutions non médicales (donc moins judiciarisables) devant la paupérisation du parc des échographistes.

- On accuse aussi les médecins, dans ce débat, **de refuser d'assumer** leurs responsabilités. Mais tous le répètent: en cas de faute, ils comprennent que des parents les poursuivent avec succès parce qu'ils les auraient, par erreur, privés d'une interruption de grossesse. Mais ils n'admettent pas que l'enfant lui-même puisse le faire. La naissance ne peut être considérée comme un dommage pour celui qui vient au monde. « Le dommage, c'est la vie », a déploré Jerry Saint Rose, avocat général près la Cour de cassation. Un dommage par rapport à quoi? Un enfant idéal qu'ils seraient sommés de définir ? En vertu de quels critères? Si l'avortement devient une obligation sociale, on n'est pas loin de l'injonction à **l'eugénisme.**

- Quant aux professionnels de santé, ils s'indignaient de cet arrêt qu'ils trouvaient inique : le médecin devenait - par décision judiciaire - le responsable d'atteintes qui n'avaient d'autre origine que l'infection rubéolique ; dans la mesure où un tel dépistage n'a d'autre issue qu'un avortement lorsque les parents le souhaitent, certains prévoyaient que cette décision de justice allait augmenter le nombre des interruptions médicales de grossesses dès qu'il y aurait suspicion d'anomalies fœtales.

- En signifiant qu'un enfant pouvait légitimement être indemnisé pour **le fait de ne pas avoir été avorté,** alors que ses parents auraient obtenu une interruption de grossesse si son handicap avait été décelé, l'arrêt Perruche, le 17 novembre 2000, et ceux qui l'ont suivi, le 28 novembre 2001, ont ouvert une cascade abyssale de questions médicales, **éthiques, sociales et philosophiques,** outre l'affront au bon sens: comment peut-on demander réparation d'un dommage qui n'aurait pu être évité qu'en supprimant celui qui l'a subi et au nom duquel on réclame justice? http://www.lexpress.fr/actualite/societe/sante/l-affaire perruche_491434.html#FLIw7uot6TRay2e1.99

- Les primes d'assurance des gynécologues ont bondi : *« L'augmentation excessive de l'assurance professionnelle nous place dans une situation précaire quand on exerce dans le secteur conventionné. Je ne sais pas si je garderai encore longtemps la foi dans ma profession de médecin accoucheur »* ; le tarif des primes annuelles d'assurance du Sou Médical était de 1.000 euros en 1998, il s'élevait à 10.000 euros pour les gynécologues obstétriciens et à 15.000 euros pour les chirurgiens en gynécologie en 2004. En 2014 elles sont de **20.000 euros** pour les obstétriciens. Des primes qui se rapprochent des standards américains. Ceci entraîne la démotivation des praticiens due à des **surprimes assurantielles** avec des tarifs variables étant donné la difficulté d'évaluer les risques, à la difficulté aussi de continuer à travailler avec la peur au ventre. Dans la Sarthe par exemple, il y a eu un moment où il n'y avait plus aucun échographiste. Certaines patientes devaient donc aller dans les départements voisins, plusieurs praticiens ne conservant que le versant gynécologique de leur activité. Ceci s'est un peu rectifié depuis.

- Le témoignage de cette gynécologue est effrayant : *« L'avant dernier diagnostic, c'était une grave malformation cardiaque. Je la dépiste à 4 mois et demi. J'envoie la patiente à un spécialiste de cardio qui confirme*

mon diagnostic et quand la dame est revenue me voir à 7 mois, elle me dit : "si mon bébé a le moindre problème après l'opération, comme le chirurgien m'a dit qu'il y avait 1% de risque, je ***vous intente un procès****". Aujourd'hui, il y a des bébés qui ont des malformations curables, mais moyennant de grosses interventions chirurgicales qui coûtent cher, et des cardiologues disent aux parents, je l'ai entendu, qu'il vaut mieux interrompre leur grossesse et recommencer". Quand un enfant meurt à la naissance à la suite d'une faute, on paye environ 2 à 3.000 euros pour les parents. Si l'équipe médicale arrive à le réanimer, c'est 38 millions d'euros. À la question : Ont-ils donc intérêt à* ***ne pas*** *réanimer, l'assureur répond donc sans hésitation : Aujourd'hui ? Oui, bien sûr »*
https://www.cfef.org/texte_divers/ImpactPerruche.pdf

Et puis, cette « loi Kouchner » et cet « arrêt Perruche » ont eu une conséquence plus tardive mais socialement importante. Aujourd'hui en 2014, elle a découragé beaucoup de médecins. Il n'y a presque plus de gynécologue-obstétricien en France. Le nombre de maternités a baissé et il y a un véritable problème de démographie médicale. Il risque de se produire une crise sanitaire dans dix ans. C'est donc finalement la démographie médicale qui a fait les frais d'un système qui **exigeait trop des praticiens**.

« La démographie actuelle de la spécialité ***est désastreuse****. Le nombre de départs en retraite excède largement le nombre des nouveaux qualifiés par la voie normale (DES). Le déficit de nouveaux gynécologues est estimé aux alentours de 150 par an depuis 2010. Ce déficit se prolongera à un niveau équivalent pendant encore au moins 5 ans. Au-delà, il est très probable que le déficit continuera à se creuser, mais l'absence de données sur le nombre de poste de DES dans la filière GO ne permet pas d'estimer ce qui se passera à partir de 2020 »*

http://www.conseilnational.medecin.fr/sites/default/files/referentiel_gynecologie_obstetrique_2.pdf

Ainsi on constate que le 20ème siècle s'achève en brûlant ce qu'il a adoré : la Santé Publique. Les médecins sont attaqués par les juges car les bienfaits de la médecine sont devenus un **droit acquis**, et que l'aléa des soins est maintenant susceptible d'indemnisation par les médecins eux-mêmes. La Santé Publique cède la place au droit privé et armé. Cette évolution a transformé la relation médecin-malade, puisque le patient ne s' « en remet » plus à son médecin, mais négocie avec lui l'accès à la Santé auquel il estime avoir droit. Le médecin n'est plus l'acteur de sa propre conscience mais serait bien devenu un « prestataire de service ». Et d'autres déceptions l'attendent encore. Il n'y a pas que les juges qui scrutent les pratiques médicales et les moindres échecs. La médecine est aussi le théâtre d'enjeux économiques majeurs qui ne sont pas sans conséquences sur les pratiques personnelles des médecins.

L'intrusion des intérêts économiques :

« Philippe MASQUELIER écrit en 2010 : En France, les recommandations pour la pratique clinique des professionnels de santé élaborées par la Haute autorité de santé (HAS) ***sont sous influences****. L'influence des firmes pharmaceutiques est très importante, en particulier à cause des liens d'intérêts des « experts » élaborant ces recommandations. L'absence de prise en compte de ces liens d'intérêts par la HAS, à l'encontre de ses propres règles, altère le contenu de ces recommandations. Le Formindep apporte des exemples de ces recommandations peu recommandables. Compte tenu des conséquences délétères pour la santé publique, le Formindep demande le retrait de ces recommandations dans l'intérêt des patients et des soignants »*

http://www.pratiques.fr/Haute-Autorite-de-Sante-et.html le 2/05/2010

« Marisol Touraine a de la lecture. La ministre des affaires sociales et de la Santé a reçu, mercredi 11 et lundi 16 septembre 2013, le rapport sur la réorganisation des vigilances sanitaires ; Les deux auteurs dressent un constat accablant : Soulignant le retard français en matière de surveillance de la consommation de médicaments, ils en évoquent, dans leur rapport 2013, les causes probables : "L'organisation de notre système de soins et de remboursement ainsi que ***le faible niveau de culture de santé publique*** *qui caractérise notre pays". Plutôt que la création d'une nouvelle agence dans un* ***paysage déjà encombré*** *(!) les auteurs proposent notamment de créer une structure d'interface organisant et facilitant l'accès aux différentes sources de données existant en France*

L'initiative "transparence Santé", qui défend le libre accès de la société civile et des sociétés privées aux données sur l'offre de santé, se réjouit d'un constat évident... les pouvoirs publics ont largement fait la preuve de leur ***incapacité*** *à assurer un pilotage efficace de la politique du* *médicament et, de fait, à assurer la sécurité des citoyens... Les deux rapports sont convergents ; l'accent mis sur la* ***formation*** *des professionnels de santé, dans le rapport Bégaud-Costagliola, et la volonté de développer le* ***niveau régional*** *de la vigilance sanitaire, au plus près du terrain, dans le rapport Grall, renvoient au même problème : celui du manque de* ***culture de Santé Publique*** *dans notre pays. »*

http://www.lemonde.fr/sciences/article/2013/09/23/la-mauvaise-surveillance-du-medicament-un-mal-francais_3483086_1650684.html

« ... de nouvelles recommandations sont apparues au cours des dernières décennies en matière de sécurité et ont a pris conscience que :

1) plus les thérapeutiques progressent et sont efficaces plus leur réalisation est complexe ***dangereuse*** *et sujette au risque d'erreur.*

2) les piliers de la sécurité ont changé, il y a peu la sécurité reposait sur des individus bien formés et des équipements fiables... on imaginait que les accidents disparaissaient avec « la bonne formation» des professionnels, respectant les bonnes pratiques enseignées ... Aujourd'hui les accidents sont plus rares mais surviennent chez le plus souvent bien formés et reconnus. Les dernières études épidémiologiques sur les accidents d'anesthésie confirment clairement que si la sécurité anesthésique a progressé, la majorité d'entre eux est favorisée par des facteurs « humains » et organisationnels. Pour réduire ces erreurs il serait bien simpliste ***et hypocrite*** *de laisser croire qu'il suffit* ***de punir les professionnels impliqués****, en les assimilant à des « casse-cou » pour que la sécurité soit à nouveau garantie...le changement de paradigme est de prendre conscience que les erreurs sont indissociables de l'activité humaine : « les erreurs et l'intelligence sont les deux faces d'une même pièce ». Le principal enjeu actuel est donc de passer d'une vision où l'erreur humaine était considérée comme intolérable et inacceptable à une vision où l'erreur est intégrée comme* ***inévitable*** *et d'admettre qu'il convient de construire des systèmes résilients autour de l'erreur »*

In : revue Oxymag (28)

La revue « Oxymag » introduit ici une notion juridique inconnue et révolutionnaire : la « normalité de l'erreur humaine ». Les données scientifiques sur l'organisation du travail en équipe plaident pour des erreurs

« systémiques » qui n'ont rien d'individuel. Le hasard fait que l'accident **tombe** sur une personne plus qu'une autre ; la Justice peut-elle sanctionner le hasard ? En outre les neurosciences montrent que l'erreur de jugement est une donnée commune de l'état de conscience, elle est « naturelle ». La Justice peut-elle sanctionner un comportement non approprié mais normal sur le plan physiologique ?

Les normes de l'Etat :

Pour encadrer le travail de la Justice, l'Etat s'est attaché à décrire les règles de pratiques « normales » de la médecine. Une nouveauté radicale, même si les Pouvoirs ont toujours voulu contrôler « ce que les médecins faisaient ». Cette fois, c'est différent : l'Etat a décrit la médecine qu'Il **voulait**. Pour fixer ses recommandations, l'Etat a fait appel à des « experts » choisis par lui-même, Ses experts…

Mais qui sont ces « experts », sont-ils indépendants et donc sincères, ou bien représentent-ils les intérêts économiques de certaines grandes sociétés pharmaceutiques ou les intérêts politiques du ministère ? Le débat est très vif depuis une vingtaine d'années. Une chose est sure, dans plusieurs dossiers, l'Etat a dû faire marche arrière pour revenir à une position beaucoup plus neutre….c'est intéressant parce que cela jette un regard un peu différent sur les motivations de toutes ces procédures administratives, qui ne seraient pas toujours très « médicales », mais le reflet d'autres influences plus obscures…. L'objectivité des « recommandations » ministérielles n'a pas toujours été démontrée, et à l'avenir les médecins devront se montrer **beaucoup plus vigilants** sur ces « directives » dont certaines sont manifestement suspectes. Ces faits confirment sans doute une certaine opacité des instances d'Etat, et le caractère « autoritaire » (peu transparent) de certaines décisions de Santé Publique. Nous verrons ultérieurement la possible porosité entre quelques procédures administratives et des intérêts commerciaux privés.

« …c'est sur Internet que l'on peut trouver un éclairage différent sur la HAS et l'Alzheimer. Le ***collectif Formindep*** *qui milite pour une formation et une information médicales indépendantes au service des seuls professionnels de santé et des patients a, en effet, publié un article intitulé «Des recommandations professionnelles peu recommandables ». D'après l'enquête réalisée par les membres de ce collectif, il existerait des* ***conflits***

***d'intérêts majeurs** entre l'industrie pharmaceutique et les experts travaillant pour la HAS à l'élaboration des recommandations de bonnes pratiques. La recommandation « Prise en charge de la maladie d'Alzheimer et des maladies apparentées » semble, par exemple, poser problème. Tout ceci pourrait s'avérer très ennuyeux, car les recommandations de bonnes pratiques médicales engagent la responsabilité médicale des praticiens et leur sont devenues opposables... »*

http://www.droit-medical.com/actualites/4-evolution/410-has-haute-autorite-santealzheimer#ixzz0b4Kqmadu le 29/12/2009

*« Les autorités de Santé, comme les patients, exigent du corps médical toujours plus de qualité. Dans ce contexte, quel rôle joue l'Industrie pharmaceutique ? Pour Christian Lajoux, Président de Sanofi-Aventis France, celui **d'un allié naturel légitime**, mature et proactif. Une position à mille lieux des idées reçues... Elle inscrit nos relations dans la maturité, la transparence et la constance, avec pour objectifs communs l'amélioration de la prise en charge des patients, et l'optimisation des coûts. Attention toutefois à ne pas dévoyer la qualité thérapeutique, sous la pression des difficultés de prise en charge du médicament ! La qualité ne doit pas se limiter aux contraintes des payeurs, de même qu'il ne faut pas la restreindre à la seule réduction du risque. La judiciarisation de la santé est un élément aujourd'hui très prégnant. »*

http://www.ifdqs.org/site/tables/lajoux.asp

Non seulement la médecine est sous le feu de la Justice et des patients regroupés dans ce qu'on appelle désormais le « lobbying des associations », mais elle est aussi contrôlée par des comités d'experts en étroite relation avec le « lobbying pharmaceutique et commercial ». Dans notre société, les médecins sont donc **ciblés par des groupes d'intérêts** privés peut-être plus puissants que la médecine elle-même. Ceci crée un déséquilibre nouveau parce que la médecine est restée dans une conception très traditionnelle de son rôle et de son fonctionnement. Alors que les soins de Santé ont attirés de nombreuses convoitises et des intérêts commerciaux organisés de façon très puissante, appelés les « prédateurs de la Santé » (55) par certains observateurs.

Les relations entre les fabricants de médicaments et l' « Assurance-Maladie » ne sont donc pas simples, précisément à cause du poids **des**

enjeux économiques et des risques liés aux exigences nouvelles de la Justice. Entre les deux, l'Etat négocie les marchés qui sembleraient aujourd'hui encore sous influence. La Santé Publique est devenue un puissant intervenant dans le fonctionnement des institutions publiques. Et les relations avec les fabricants de médicaments interrogent sur le fonctionnement de nos institutions, en Europe et aux USA. Mais aussi entre les médecins « de base » et les administrations qui gèrent l'offre des soins. L'exemple du Mediator ® est réellement traumatisant pour les patients qui en ont été les victimes, mais aussi pour les médecins qui ont utilisé un médicament légalement mis sur le marché par l'Etat Lui-même. Or la presse relate des « lenteurs inhabituelles » à évaluer correctement les effets secondaires de ce médicament. Que s'est-il passé ?

« *L'étude qui a contribué au retrait du médicament a mis près de* ***neuf ans*** *à être finalisée. Une durée incroyablement longue. Est-ce la fin du feuilleton, du moins, de la première saison ? Désormais, presque toutes les pièces du puzzle Mediator s'assemblent. Mises bout à bout, elles permettent de comprendre pourquoi un médicament sans intérêt thérapeutique et aux effets secondaires graves a pu rester sur le marché français de 1976 à 2009....Suite à ces rapports italiens, Servier envoie le 1er février 2001 un courrier au Dr Anne Castot à l'****Afssaps*** *décrivant un protocole d'étude sur 12 mois. Ce dernier inclut un suivi cardiaque par échographie des patients traités par Mediator. Mais les choses traînent en longueur. «Il y aura quelques années d'inertie, voire d'inaction avant que cette étude soit mise en place», admet Anne Castot. La conception de l'étude se fera en 2004-2005. Entre-temps, le Mediator sera retiré du marché espagnol en 2003 et italien en 2004. Sans d'ailleurs qu'aucune étude ne soit nécessaire.* »

http://sante.lefigaro.fr/actualite/2011/01/11/10662-mediator-raisons-dun-si-long-sursis

Il y a d'autres exemples. En 2009, l'utilisation d'un savon hydro-alcoolique a été intégrée dans les critères d'attribution du score officiel Icsha-Icalin qui mesure la performance d'un hôpital en matière d'hygiène des mains. (voir le chapitre 5 : infections nosocomiales). Un score « SHA » (soluté hydro-alcoolique) a été spécialement créé pour mesurer le **nombre de litres** de ce produit de lavage-là consommé par chaque hôpital ou clinique, au détriment d'autres produits. Il attribue des points administratifs, de façon autoritaire, et **sans démonstration scientifique**. On a vu que cette solution alcoolique est par ailleurs inductrice de résistances et favorise les microfilms et la sporulation des germes qui sont les formes les plus dangereuses. L'OMS recommande l'utilisation des solutés SHA à égalité avec les lavages au savon dans la prévention générale des infections hospitalières. Alors, gestion « scientifique » ou « politique » de la Santé Publique ?

L'obligation de conformité :

En contrepartie des faibles coûts des assurances médicales, l'Etat exige dorénavant des « autocontrôles » des connaissances des médecins, ce qui veut dire que ce sont les médecins eux-mêmes qui contrôlent leurs connaissances et en apportent la preuve. L'autorisation d'exercer la médecine n'est plus accordée par les universités, mais est sans cesse remise en cause par une sorte de « suspens » permanent : le médecin doit lui-même apporter les preuves qu'il se conforme régulièrement aux exigences médico-juridiques déployées par l'Etat. C'est comme si les automobilistes devaient sans cesse repasser de nouvelles épreuves de conduite et en apporter les preuves sans quoi leur véhicule serait confisqué sans avoir commis la moindre faute de conduite. On a vu que ce stress permanent est voulu par les autorités sanitaires de l'Etat pour lutter contre la sinistralité liée aux soins de Santé et « diminuer » le coût des assurances. Il y a quand même quelques remarques à formuler :

Il s'agit ici d'une démarche **volontariste** à l'américaine dans un système de Santé qui ne l'est pas du tout... Ce n'est pas le moindre paradoxe. Il nous semble en effet étonnant que les dirigeants d'un système de Santé étatisé sollicitent les médecins dans une démarche d'autoévaluation typiquement libérale à l'américaine. Il y a incompatibilité des méthodes:

- Aux USA, les assureurs privés surveillent la **sinistralité de leurs clients** médecins et exigent d'eux qu'ils se conforment individuellement à un barème de connaissances récentes sélectionnées pour diminuer leur risque personnel. Les assureurs surveillent leurs clients et les encouragent à une limitation volontaire de certains de leurs actes jugés trop risqués, et aussi....à la sélection de leurs malades. Chaque médecin soigne les malades pour lesquels il se sent compétent. Les autres sont orientés vers d'autres spécialistes, de préférence les plus renommés. Les assureurs orientent directement les malades. Par exemple un chirurgien orthopédiste très réputé de New-York reçoit chaque semaine une centaine de dossiers médicaux de la part de plusieurs compagnies d'assurance privées. Il **choisit** logiquement les dossiers les plus faciles, sans avoir vu aucun des patients ; il rejette les cas jugés trop risqués pour ne pas aggraver sa propre sinistralité. Mais si un cas s'avère particulièrement difficile et nécessite obligatoirement sa contribution, une **négociation financière** est menée entre lui et l'assureur, à l'insu du malade. On convient du prix de l'acte opératoire et du malus chirurgical éventuel. Chaque chirurgien est classé selon un index de « bonus-malus » en fonction de ses échecs et de ses réussites. Il existe un classement officiel dans chaque état des meilleurs médecins par spécialité. L'Etat américain n'intervient jamais.

- En France rien de tel. L'Etat est le seul assureur social. Les prix des actes médicaux sont conventionnés et **non négociables** en fonction du risque, les honoraires ne sont pas libres. Les médecins ne sont pas sollicités par les assurances mais directement par les malades. Il n'y a pas de classement en fonction des compétences, celui-ci ne se justifierait pas puisqu'il n'y a pas de concurrence entre les assureurs. Les malades ont le libre choix de leur médecin qui n'est recommandé que par le bouche à oreille. Il n'y a pas de compétition entre les médecins auprès des assureurs. Les choix des traitements sont peu motivés par la seule recherche d'une sinistralité faible mais plutôt par la recherche du **meilleur rapport bénéfice/risque** puisque les honoraires sont les mêmes quels que soit la compétence du médecin et les risques qu'il prend.

*« Le médecin traitant dans le viseur de la justice : La Justice sanctionne de plus en plus lourdement les médecins dans des spécialités à risque. Mais ce phénomène de judiciarisation de la santé risque bien de toucher de plus en plus les **médecins traitants** qui doivent assumer de plus grandes responsabilités... Le nombre de plaintes déposées par des patients ne flambent pas. Mais, globalement, la justice a la main lourde. Selon le bilan 2008 du Sou Médical, les médecins sont condamnés par la justice dans 67 % des cas. Mais le phénomène le plus inquiétant, c'est que le **montant des indemnisations** monte en flèche. Alors qu'en 2007, la MACSF n'avait que 2 dossiers dépassant les 2 millions d'euros, elle en a eu 9 en 2008. Sinon, cette année, comme les précédentes, trois spécialités sont à hauts risques : la chirurgie, l'anesthésie et l'obstétrique. Un chirurgien risque par*

*exemple d'être attaqué en justice pas moins de **15 fois** au cours de sa carrière ».*

http://www.medecinews.com/3850/medecins-traitants-dans-leviseur-de-la-justice.html le 04/01/2010

L'affaire du sang contaminé :

La Justice intervient de plus en plus pour « individualiser » les plaintes des patients et rendre plus difficile la gestion collective des risques sanitaires. Le départ de cette judiciarisation semble être l'affaire du sang contaminé par le virus du SIDA (en 1983). Depuis **l'affaire du sang contaminé** l'Etat semble avoir été ébranlé par l'action de la Justice et avoir choisi de se prémunir contre de telles catastrophes politiques. A cet effet, la Haute Autorité de Santé a été investie de pouvoirs juridiques afin de décrire des pratiques médicales idéales qui ne serviraient peut-être qu'à garantir l'immunité de l'Etat et de ses administrations. L'Etat ne voudrait **plus assumer cette gestion collective du risque** sanitaire. Pourtant, la Santé Publique fait bien partie, nous semble-t-il, du « contrat social ». Que signifie encore le terme «conventionné », s'il n'existe plus aucune convention (réciproque) et que l'ensemble des charges revient à l'une des parties ? On se retrouve donc dans un dispositif juridique qui pourrait être léonin. Etudions cette histoire du sang contaminé :

- *« 25 avril 1991. L'hebdomadaire l'Evénement du Jeudi révèle que le **Centre national de transfusion sanguine** (CNTS) a distribué en 1985 des produits sanguins contaminés en **connaissance de cause**.*

- *21 octobre. Inculpation de Michel Garretta, ancien directeur du CNTS, Jacques Roux, ancien directeur général de la Santé, Robert Netter, ancien directeur du laboratoire national de la Santé.*

- *3 novembre. **Georgina Dufoix,** ancien ministre des Affaires sociales du gouvernement Fabius, se dit **«responsable mais pas coupable»** dans cette affaire.*

- *4 novembre. Inculpation de Jean-Pierre Allain, chef du département de recherche du CNTS.*

- *22 juin 1992. Ouverture du procès en correctionnelle pour «**tromperie sur la qualité des produits** ».*

- *27 juillet. Plainte de Me Jacques Vergès, représentant de transfusés, contre les anciens ministres, Georgina Dufoix, Laurent Fabius et Edmond Hervé, ministre de la Santé.*

- *28 octobre. De retour des Etats-Unis, Michel Garretta est arrêté et écroué. 4 décembre. Libération révèle qu'un million de dollars s'est évaporé à travers les filiales créées par Garretta.*

- *30 septembre. Mises en examen respectives de Georgina Dufoix, Edmond Hervé et Laurent Fabius pour* **complicité d'empoisonnement**.

- *le 18 juin 2003* **non-lieu général** *sur le dossier du sang contaminé : la cour de cassation a achevé l'étouffement officiel du scandale du sang contaminé, un des crimes les plus horrifiants du gouvernement Socialiste (PS) du début des années 1980. L'aspect politiquement explosif de ce crime social provenait non seulement de la colère justifiée des familles des victimes, mais aussi du fait qu'il compromettait des membres des plus hauts milieux politiques et patronaux. »*

http://www.wsws.org/francais/News/2003/juillet03/280603_SangcontamineFr.shtml consulté le 16/01/2014

« De 1983 à 1985 les chefs du Centre National de Transfusion Sanguine (CNTS) ont sciemment laissé écouler des stocks de sang non-chauffé qu'ils savaient être contaminés par le virus du sida. Ces transfusions empoisonnées ont fait plus de **4.000 victimes**, *surtout parmi la population hémophile en France. On enquête toujours sur la possibilité que des stocks de sang contaminé aient été envoyés à d'autres pays, notamment la Tunisie, où ils auraient fait davantage de victimes. Selon Patrice et Agnès Gaudin, parents de deux enfants, contaminés à 5 et 8 ans et décédés à 11 et 15 ans : « On s'est servi d'eux comme de cobayes en les perfusant deux fois par semaine, alors que leur hémophilie ne nécessitait qu'un traitement une fois par mois. De 1983 à 1985, ils savaient que les produits sanguins étaient contaminés à 45%, 60% puis 100% ».....Le jugement de la cour de cassation s'appuie largement sur la loi du sénateur Pierre Fauchon (UDF, centre-droite) du* **10 juillet 2000,** *qui a modifié le code pénal pour exiger un niveau très élevé de preuves pour poursuivre les délits non intentionnels. A présent*

il faut démontrer une « faute caractérisée » d'une « particulière gravité ». Quand l'Assemblée nationale a passé la loi, on la considérait déjà comme une ***amnistie*** *légiférée pour le scandale du sang contaminé.....En fait, cette tragédie démontre qu'au besoin, les principales tendances de la politique établie et les grands médias en France s'uniront pour s'assurer qu'il n'y aurait* ***pas*** *de* ***responsabilité pénale*** *en santé publique en France. Comme l'indique le commentaire du Figaro, les cercles dirigeants cherchent activement des manières de se mettre de plus en plus à l'abri des poursuites criminelles. Ceci doit donner à réfléchir à ceux qui insisteraient qu'un gouvernement «démocratique» est incapable de tuer ses propres citoyens pour des raisons d'Etat ou de profit. »*

http://www.wsws.org/francais/News/2003/juillet03/280603_Sangcontamine Fr.shtml

Cette affaire tragique (mondiale) qui a fait 4.000 morts en France et des dizaines de milliers de malades, a orienté pour 30 années l'action des administrations de la Santé Publique, en érigeant une **véritable forteresse** juridique autour de l'Etat. A partir de 1985 la stratégie a été de décrire les pratiques sanitaires telles qu'elles **devraient dorénavant être** (l'Etat dictant sa loi) en ne faisant plus que faiblement confiance aux professionnels de la Santé. Ce fut un virage à 180°. « *Les médecins ne peuvent pas tout savoir, l'Etat ne peut pas les* ***autoriser*** *à tout prescrire... en dehors du panier des soins*», cette phrase d'un Grand Serviteur de l'Etat Jean de Kervasdoué, fait l'apologie de la mise sous tutelle des médecins, rien de moins.

Ainsi en cas de nouveaux accidents, l'Etat se porterait partie civile contre les « fautifs », de sorte que les politiciens ou les hauts fonctionnaires n'y seraient plus jamais mêlés. Mais il se fait que ces professionnels de la Santé travaillent **pour le compte de l'Etat** eux aussi. Ce système revient donc à ce que l'Etat dirige tout mais se retourne contre ses propres subordonnés en cas de problème ou d'accident de Santé Publique. La médecine semble bien être prise au dépourvu.

Nous avons montré que cette position de l'Etat n'est plus en accord avec la gestion publique d'un risque de Santé Publique. Cette immunisation progressive de l'Etat a mis fin à l'idée d'un « Etat-Providence » qui garantit le bien-être de chacun. L'**invulnérabilité administrative** a nécessité de rédiger des centaines de tomes de milliers de référentiels et de règlements opposables. Ce florentisme* bureaucratique a tout de même un sérieux inconvénient : la rupture d'avec les administrés. La « fracture sociale » est la contrepartie de l'immunité des hautes administrations et des élus.

* « *Florentisme est un terme appliqué à une certaine manière de gouverner en politique. Ce n'est pas vraiment de la dictature mais une manière d'imposer sa vue et de régner en maître. Il semble que ce terme provienne de la manière avec laquelle les Médicis ont régné sur Florence pendant de nombreuses années* » http://fr.wikipedia.org/wiki/Florentin

Pourtant, la Santé Publique peut-elle ne plus faire partie du **contrat social** qui a animé l'action publique dès la fin du 19ème siècle, justifié la convention de l'accès aux soins de 1926, et la création de l'Assurance-Maladie en 1945 ? Ce n'est pas sûr. La médecine a acquis une place de « pilier de la République » à cause de sa contribution déterminante à la transformation sociale du 20ème siècle. La disparition de cette première place ne serait sans doute pas sans conséquences sociales au 21ème siècle.

« *Tout au long du 20eme siècle la médecine s'est institutionnalisée élevant la santé comme une* ***valeur première*** *dans la société, Tout d'abord les découvertes technologiques, viennent seconder la démarche médicale, et affirment la technicité comme fer de lance d'une médecine moderne, d'un point de vue épistémologique la médecine s'apparente à une "big science" et le développement de la science médicale et des sciences connexes, confirment une tendance à la réification du corps où la personne enfouie dans un "soma" douloureux devient une collection d'organes à traiter . Au niveau politique la* ***médecine représente alors un pilier des valeurs de la République*** *qui a à cœur de défendre les intérêts de ses citoyens et ainsi lutter contre la mortalité notamment infantile, contre les maladies contagieuses et contre les fléaux sociaux comme l'alcoolisme. Une autre religion semble naître... Ajouté à cela le recours à un médecin de famille et à des services hospitaliers, va devenir la norme donnant aux médecins et à l'institution médicale, un* ***pouvoir élevé*** *au rang d'une puissance quasi supérieure car pouvant défier la douleur et la mort* » .
E. Joué, L. Flora, O. Las Vergnas : « Construction et connaissance du savoir expérientiel des patients »

http://halshs.archives-ouvertes.fr/docs/00/64/51/13/PDF/58-59synthese_sante_np.pdf

Notre Santé Publique faisait partie intégrante de l' « Etat-Providence » jusqu'à cette affaire tragique. A partir des années 1985, l'Etat a commencé à se méfier de sa propre Santé Publique. Il a mené une action de reprise en main (et de discrédit ?) de la médecine mouvement inverse de celui de 1945 que l'on peut qualifier aujourd'hui de « repli sécuritaire de la Santé » ou encore de « démédicalisation » de la société. Aujourd'hui on peut réellement dire que la médecine est stigmatisée comme dangereuse, coûteuse, et trop indépendante. Elle a perdu sa place de « pilier de la République ». Il n'est plus question d'une **puissance quasi supérieure** accordée aux médecins, mais ils sont réduits à un corps social méprisable (« les sacs à main » de Mr Saoult) ou irresponsable (« ils ne peuvent pas tout connaître » de Mr de Kervasdoué). L'Etat s'affirme **contre eux**, en rupture avec ceux qui ont animé la vie sociale pendant plus d'un siècle:

*« Les recommandations de l'HAS (haute autorité de santé) sont devenues **une référence scientifique** pour le bon exercice de la médecine à des coûts raisonnables ce que l'on peut louer. Mais aussi une **règle opposable** en cas de litige civil ou pénal, **ce qui est beaucoup moins confraternel et social**.... On peut le croire si l'on se réfère à une décision du Conseil d'Etat en date du 26 septembre 2005 dans une affaire opposant le Ministre de la Santé et de la protection sociale au Conseil national de l'Ordre des médecins au sujet d'un arrêté du 5 mars 2004. La décision concerne des recommandations de bonnes pratiques relatives à l'accès aux informations concernant la santé d'une personne. On note dans cette décision que : Le Conseil d'Etat convient :*

- *que les **recommandations** qui sont édictées dans un sens qui les rend **obligatoires,** ont de ce fait une valeur normative*

- *que si les recommandations de bonnes pratiques n'ont pas le caractère **de décision faisant grief,** elles doivent toutefois être regardées comme ayant un tel caractère, tout comme le refus de les retirer, lorsqu'elles sont rédigées de façon impérative ».*

*La loi va même plus loin puisqu'elle **oblige** maintenant des praticiens à veiller à **l'application des bonnes pratiques** comme, par exemple, dans l'article D312-158 du code de l'action sociale et de la famille... Or en matière de médecine on sait que les recommandations de bonne pratique* *sont par définition changeantes et subjectives , la médecine* ***étant un art*** *et non une science à proprement parler.»*

http://droit-medical.com/perspectives/6-la-forme/36-pieges-bonnes pratiquesmedicales#ixzz0RSkCJuUA

La place de la « recommandation officielle » est bien celle d'un levier autoritaire et pas d'une aide « sympathique » envers les médecins. Aussi surprenant et désespérant que cela puisse apparaître, l'usage des recommandations de « bonnes pratiques » édictées par les agences de l'Etat est avant tout **politique**. Sont-elles sincèrement « bonnes » pour les praticiens ou pour ceux qui les écrivent ? L'extrait suivant est rempli d'enseignements sur l'usage que les autorités administratives font des « recommandations de bonnes pratiques médicales » :

« *L'AP-HP ferme l'unité d'oncologie pédiatrique de Garches pour non-respect des bonnes pratiques...L'Assistance publique-hôpitaux de Paris (AP-HP) a souhaité, dans un communiqué, apporter des précisions sur le transfert de l'unité d'oncologie pédiatrique de l'hôpital Raymond Poincaré de Garches (Hauts-de-Seine) vers l'hôpital Ambroise Paré de Boulogne-sur-Seine. Un moyen aussi de répondre aux inquiétudes qu'a soulevées ce transfert concernant la prise en charge des enfants traités dans cette unité. En effet, l'association d'Aide aux malades en traitement individualisé en spécialité tumorale (Ametist) a déposé le 29 avril auprès du TGI de Nanterre* ***une plainte*** *pour délaissement d'enfants suite à ce transfert. L'AP-HP indique que ce transfert est "purement lié à des* ***considérations médicales****". Elle rappelle vouloir que les patients traités pour des cancers le soient* ***"conformément aux recommandations de bonnes pratiques"*** *de la HAS, de l'Institut national du cancer (Inca) et des sociétés savantes, et ceci dans le cadre des autorisations délivrées par les autorités de santé. Le CHU souligne à ce titre que les méthodes utilisées par le docteur Nicole D. font « l'objet de controverses depuis plusieurs années". De fait, son départ à la retraite conduit* ***"à ne pas laisser subsister une unité qui*** *ne respecterait pas les bonnes pratiques »..... « Les recommandations de bonnes pratiques » ne sont pas respectées sur deux points majeurs, détaille l'AP-HP. Ainsi, le protocole original utilisé « n'a jamais été soumis à une évaluation par les pairs ou par un Comité de protection des personnes (CPP) », les résultats affichés ne sont étayés « par aucune évaluation ayant fait l'objet d'une analyse objective et/ou publication dans les dix dernières années » et la* *tenue de réunion de concertation pluridisciplinaire pour chaque patient pris en charge en oncologie n'est pas appliquée ».*

http://www.hospimedia.fr/ édition du 30/04/14

Ici, l'autorité administrative s'appuie sur les recommandations de bonnes pratiques médicales pour **fermer un service** d'oncologie pédiatrique. Est-ce encore de la **recommandation** de bonnes pratiques ? La question soulevée par cette fermeture d'un service hospitalier réputé est bien celle de la méthode. Car pour être objectif on peut supposer que :

- si le service du Dr. Nicole D. avait eu de mauvais résultats médicaux, il aurait dû être restructuré depuis longtemps (y compris par l'ordre des médecins qui veille aux bonnes pratiques) et pas précisément le jour de la retraite de sa chef.

- si le service du Dr. Nicole D. avait au contraire de bons résultats, ce que laisse supposer l'action en justice menée par l'association « Ametist », ce seraient bien des impératifs **autres** que la compétence médicale qui seraient la cause de sa fermeture au profit d'un service concurrent dans la même région.

- En Europe ferme-t-on des services hospitaliers parce qu'un médecin ne se conformerait pas à des « recommandations médico-administratives »? Au pire on changerait le médecin, mais pas son service. Si l'hôpital est à sa bonne place et remplit sa mission issue d'un consensus régional, il n'y a aucune raison « médicale » de le fermer. C'est cela l'esprit de la T2A européenne.

- Dès lors pourquoi fermer un service hospitalier pour une raison (économique) et en invoquer une autre (médicale) ? Nous faisons modestement remarquer l'aspect quelque peu florentin de cette procédure : si les autorités administratives ont décidé de fermer une partie d'un hôpital, pourquoi ne pas **dire la vérité** (vraisemblablement financière) qui préside à ce choix ? Et au contraire invoquer des manquements aux « recommandations de bonnes pratiques **médicales** » qui seraient soudain devenues éliminatoires ? Pour qui fait-on passer les médecins, une fois encore ?

L'autorité de la Santé Publique **évoque** un « manquement » médico-administratif de préférence à négocier de façon **transparente** une carte sanitaire régionale plus rationnelle. Asseoir tous les intéressés autour d'une table et réfléchir sereinement à l'organisation des soins d'oncologie pédiatrique dans la région de Garches. Faire de la gestion pluraliste.... Ce travail a justement été mené en Allemagne, en Belgique ou aux Pays-Bas il y a 20 ans déjà, avec une certaine sérénité, **avant** l'application de la T2A. Tandis qu'ici, l'administration régionale de la Santé laisse accroire qu'il existe des fautes médicales avérées pour mener en réalité une action économique frontale. Il ne nous revient pas de commenter le fond de cette affaire ; mais la forme choisie est à nouveau...désolante. Il nous paraîtrait plus en phase avec le management contemporain de négocier raisonnablement les cartes sanitaires régionales en respectant la vérité des faits. On retrouve ici encore le même petit défaut: l'Etat ne parle qu'à Lui-même.

Les jeunes citoyens préfèrent la négociation à l'autorité, ceci explique le succès des nouveaux modèles de société participative à la scandinave. Le modèle autoritaire (centralisme bureaucratique) génère une distance entre l'Etat et les administrés, pressentie dans ce qui s'est appelé la « *fracture sociale* » des années Chirac. Cette rupture se retrouve dans la contestation médicale qui a suivi la mise en place de la loi HPST par Roselyne Bachelot en 2009 dans la foulée du discours de Bletterans. Une contestation de cette ampleur est assez inhabituelle chez les médecins.

« Face à la pression des hospitaliers et des libéraux, le gouvernement lâche du lest. Mais le malaise du corps médical semble profond. Aux sénateurs de le mesurer pour mieux le déminer : Haro sur la loi Bachelot. Les médecins sont mobilisés depuis plusieurs semaines contre la loi «Hôpital, patients, santé, territoires » (HPST). Pétitions, assemblées générales dans les établissements, tribunes assassines dans la presse nationale, l'opposition fait feu de tout bois. A tel point que salariés du public et spécialistes libéraux se mettent à signer des communiqués communs. « Nous refusons toute aggravation d'une politique de santé étatique, ***hiérarchisée de façon descendante sans le moindre débat*** *avec les professionnels », protestent les médecins spécialistes de la CSMF et deux intersyndicales de praticiens hospitaliers (INPH et CPH).*

Et le 28 avril prochain, la rébellion franchit un nouveau seuil avec la manifestation prévue à Paris. La situation est critique. « Le syndrome Juppé revient chez les médecins», avertit le Dr Rachel Bocher, présidente de l'intersyndicale nationale des praticiens hospitaliers (INPH). Un constat partagé par le président de la République, Nicolas Sarkozy s'est livré à une opération de déminage en recevant à l'Elysée les représentants des médecins hospitaliers ... «Je veux un et ***un seul patron*** *à l'hôpital », avait répété le président de la République. Autrement dit, le directeur mène la barque. Il nomme et révoque les médecins, notamment les chefs de pôle, sans avoir à suivre l'avis de la commission médicale d'établissement. Ce principe adopté abruptement à l'Assemblée nationale soulève* ***le rejet de tous les hospitaliers****, même chez les partisans de la réforme. « Il casse la dynamique instaurée depuis 2005 par la mise en place des pôles dans les établissements, explique le Dr Francis Fellinger, président de la conférence des présidents de CME des hôpitaux généraux. La réforme Mattei avait suscité des oppositions, mais, elle a su finalement instaurer un* ***dialogue*** *entre les médecins et les administratifs indispensable à l'évolution des hôpitaux».*

http://www.medecinews.com/2896/la-loi-bachelot-prend-leau.html
30/12/2009

Le débat sur les méthodes de gestion de la Santé Publique n'est pas clos. On pressent un besoin de dialogue, de **démocratisation** de l'outil de gestion. Constat qui ouvre bien des questions sur les missions « extra-médicales » de la médecine, sur sa vocation éthique et sociale ? Aujourd'hui les médecins sont tenus à un certain **devoir de réserve**. Mais aux origines, Hippocrate envisageait le rôle des médecins différemment : conseillers des familles en matière d'hygiène, puis conseillers en Santé Publique, puis conseillers politiques et philosophiques dans l'organisation des villes et de la société. Aujourd'hui les médecins constituent tout de même le 5ème groupe professionnel le plus représenté à l'Assemblée Nationale (24).

Le retour à l'autorité de l'Etat :

Assez sagement le Code de Santé Publique accordait aux médecins une indépendance morale et professionnelle :

« *Le médecin ne peut aliéner son indépendance professionnelle sous quelque forme que ce soit* ».

Ceci repose la question de l'usage qui est fait des « recommandations de bonnes pratiques » par les autorités de l'Etat. Précisément pour éviter l'**intrusion de la politique** dans l'art de guérir qui est une affaire relevant de la vie privée. Mais la nouvelle gouvernance est bien un projet qui inclut toute la médecine dans le champ politique. L'Etat s'est durci en transformant la Santé en un sujet idéologique -ce qu'elle n'était pas- et il n'est pas dépourvu d'intérêt de chercher quelques similitudes dans notre passé proche.

Que sont les **ordonnances de Napoléon III** ? L'empereur est arrivé au Pouvoir en 1848 élu président de la République au suffrage universel à la faveur de la révolution de 1848. Il devient empereur après son coup d'Etat de décembre 1851.

- 1850 - Le 15 juillet, la loi sur les sociétés de secours, tout en maintenant la liberté d'association, rend possible une forme de contrôle par l'Etat grâce à la " reconnaissance d'utilité publique ".

- 1852 - Napoléon III soumet les sociétés de secours mutuel au **régime d'autorisation** : les sociétés autorisées sont reconnues d'utilité publique, placées sous tutelle et réglementées. Les sociétés *approuvées* ont des statuts soumis au préfet, des effectifs limités et un président nommé par l'Empereur lui-même ou le préfet du département. Elles ont des avantages fiscaux et financiers. Les sociétés *libres*, en nombre restreint et dépourvues de capacité juridique, ne peuvent recevoir de subventions... La **mutualité impériale** repose non pas sur une base professionnelle mais territoriale : les communes apportent un soutien matériel. Fin 1852, on comptait moins de 2.500 sociétés de secours mutuel.

- 1870 : abdication de Napoléon III et exil en Angleterre

- 1893 - Loi sur **l'assistance médicale gratuite**. La Santé Publique redevient libre et gratuite.

- 1898 - La loi du 1er avril 1898 octroie à la mutualité un véritable statut. Elle autorise, sur simple déclaration, la *création de sociétés libres*. En donnant à la mutualité la possibilité d'organiser des unions et de créer des **caisses autonomes**, la loi lui ouvre notamment tous les champs d'activité de la protection sociale : assurance-vie, assurance invalidité, retraite, œuvres sanitaires et sociales (dispensaires et pharmacies par exemple), allocations chômage.

En 1852, après son plébiscite, l'Empereur installe donc des sociétés de secours sous l'autorité de l'Etat et elles reposent sur une base territoriale. Aujourd'hui en 2014 elles s'appellent « Agences Régionales de Santé », et elles sont dirigées par des préfets nommés en conseil des ministres. **La similitude** entre les deux systèmes est étonnante. Une même politique autoritaire et centraliste, organise la Santé Publique de façon verticale, l'une appelée « Mutualité Impériale » l'autre « Nouvelle Gouvernance » ; certes en 2014 notre Santé Publique est démocratique, mais les voisins immédiats de la France ont eux aussi des régimes démocratiques. Ceci ne les empêche pas d'avoir opté pour une décentralisation administrative et un **pluralisme gestionnaire** de leur Santé Publique. La « nouvelle gouvernance» de 2005 et 2008 avec sa « *politique de Santé Publique hiérarchisée de façon descendante sans le moindre débat* » serait le parachèvement du dispositif **de Restauration conservatrice** de l'Etat.

La médecine de demain :

La question de la nouvelle gouvernance de la Santé ouvre une question médicale : prépare-t-elle aux nouveaux enjeux de la médecine ? Sans aucunes considérations politiques, les progrès de la génétique sont en train de décrire une médecine révolutionnaire basée sur les dispositions génétiques individuelles à développer telle maladie ou telle sensibilité aux médicaments. Les enjeux financiers obligent de leur côté les professionnels de la Santé à revenir à leur cœur de métier et à simplifier leurs traitements. Intervenir plus tôt, plus vite, et proposer des traitements plus simples nécessite donc une excellente coopération entre les professionnels, mais aussi d'engager beaucoup de médecins pour passer davantage de temps avec les malades et pratiquer une meilleure éducation thérapeutique. Plus de médecine, et plus de médecins donc…Mr de Kervasdoué est-il disposé à ce changement de culture ?

On devine en effet que la haute technicité et la diminution des coûts passeront par une meilleure efficience, c'est-à-dire que la compétence médicale reviendra nécessairement au cœur du dispositif de gouvernance. Ce qui n'est plus le cas aujourd'hui, le dispositif semble au contraire favoriser sa culture de la « procédure » et du « référentiel » étatique, nous l'avons montré. L'indignation des médecins face à la réforme de 2009 est finalement passée inaperçue. Mais ils espèrent toujours être réintégrés dans un système de Santé Publique rénové et d'y jouer un rôle décisionnel de premier ordre. Pour une raison essentielle : ce sont bien eux qui font tourner tout les systèmes de la Santé en Europe.

Quelle médecine pour demain ?

Nous avons vu que l'important dispositif administratif de l'Assurance-Maladie s'emploie à construire une « certaine médecine », Sa médecine.... Comme l'écrit Mr. Johanet à la « *modifier en profondeur* ». Quelle est-elle, et surtout est-elle différente de celle que l'on enseigne dans les universités françaises ? Que cherche l'Etat en « sécurisant » la médecine de ville ou celle des hôpitaux ?

Se prémunir d'un échec médical est honorable, mais **inventer une médecine sans échecs** est impossible. Par principe. La médecine n'est pas une science, et la Nature n'obéit pas aux décrets administratifs. C'est ainsi, on ne peut rien y changer. La mission de la médecine est de gérer les lois de la Nature en meilleure entente possible avec les autorités des cités. En contrepartie une prévention sincère de la sinistralité médicale passerait peut-être par une écoute et une **confiance** envers les praticiens afin d'établir la cohérence entre le règlementaire et les pratiques médicales réelles. Elle impliquerait la reconnaissance de l'autorité des médecins sur leurs propres méthodes, et l'intégration de la médecine dans une économie générale des services de proximité afin de lui accorder une autonomie et un statut.

« Le sens de la décision médicale, l'estimation de son impact et de ses conséquences, relèvent d'une conception avérée et partagée de ce que constitue un soin justifié et cohérent. Or les médecins n'ont pas toujours consacré l'attention nécessaire à la définition des règles qui encadreraient leurs pratiques. Confrontés à des demandes et à des pressions sociales parfois inconsidérées, ils doivent désormais ***trouver les repères*** *adaptés à des évolutions médico-scientifiques génératrices d'incertitudes et d'équivoques susceptibles de compliquer les choix... Si l'efficacité médicale a nécessairement ses limites, les professionnels n'en sont que plus sollicités dans leur capacité de préserver la relation lorsque la guérison s'avère incertaine ou impossible. Les réflexions inspirées par le mouvement des soins palliatifs ont en quelque sorte relié les attitudes modernes à la grande*

tradition ***humaniste*** *de la vocation médicale. La mesure, la pondération et la lucidité nous permettent ainsi de renouer avec la vertu — ce courage dont procède un acte authentique »*

http://www.espaceethique.org/sites/default/files/Hirsch_Magendie_2003_Médecine

Si le « risque sanitaire » avait été sincèrement considéré comme médical, il nous paraît évident que les administrations auraient travaillé de concert avec l'ordre des médecins et les organisations médicales pour concevoir avec eux, écrire et mettre en œuvre un **vadémécum des bonnes pratiques** de la médecine moderne. L'Etat aurait travaillé avec les universités de France pour enseigner aux étudiants tous les risques juridiques de la médecine et comment les éviter le mieux possible tout en renforçant la vertu et le courage des médecins. Ceci se serait appelé une « vraie » prévention médicale.

Mais si le « risque sanitaire » n'est envisagé que dans le but de renforcer l'immunité de l'Etat et de ses administrations, voici en effet quelque chose de tout à fait différent. L'objectif principal est alors de dissuader les associations de plaignants de se retourner à nouveau contre l'Etat, ses Ministres et ses hauts fonctionnaires. Cette prévention-là est **juridique et politique**, elle n'est plus réellement médicale… La question est finalement de savoir si le programme d' « encadrement des pratiques » est moderne, s'il répond aux besoins d'une médecine sophistiquée, en un mot s'il garantit à la médecine de demain une autonomie et un consensus social sans défauts.

« L'administration de l'assurance maladie par des représentants des assurés et des cotisants fait partie du « contrat social » issu de la Libération. Même si elle a pris plusieurs formes au fil du temps, élective ou désignée, paritaire ou non, elle a conservé cette marque d'origine. Les pouvoirs publics, soucieux de diversifier les terrains de négociation sociale, ont toujours ***magnifié le rôle des gestionnaires****, qualifiés de « garants d'une conquête sociale historique et gardiens d'un pilier du modèle social européen ». Depuis plus de quarante ans, l'Etat cherche à réconcilier ce projet politique avec une vision économique. Il a misé successivement sur le paritarisme, le partage des rôles, la multiplication des instances de pilotage, sans arriver à sortir d'une situation instable. Il a écarté une régulation par*

les Régions, ou encore un pilotage «pluriel » par des opérateurs en concurrence. Il est probable que ces hésitations perdureront tant que la ***question de la responsabilité*** *du ou* ***des délégataires*** *n'aura pas été résolue. »*

http://www.ceras-projet.com/index.php?id=1347 le 28/04/2010

Evidemment, cet article édité par le « Ceras » dit tout. L'équipe du Ceras, implantée à La Plaine Saint-Denis depuis l'automne 2005, est composée de Jésuites et de laïcs. Son activité se répartit autour de trois missions : accompagner les ONG engagées dans le champ social, mettre en débat les questions qu'elles portent, les former dans ses champs de compétence. Des stagiaires étudiants, des bénévoles, des personnes diversement associées à ses projets apportent au Ceras leurs compétences et leur dynamisme. Le Ceras, ce n'est donc pas la haute finance ni la « France Forte ». Son analyse humaniste dénonce la **magnification du rôle des gestionnaires**, ce que nous appelons la **« sur-gouvernance »,** et regrette l'absence de gestion démocratique de la Santé Publique, de sens des responsabilités et de délégation de pouvoir que nous reprenons dans l'appellation de « nouvelle citoyenneté participative » ou de « modèle scandinave ». Il s'agit bien ici d'un tout autre projet politique que le centralisme d'Etat. L'analyse du Ceras est labellisée 100% nouvelle citoyenneté. Du pur bio-ONG… Les médecins sont concernés : sont-ils encore les garants de l'intimité de soins individuels et libres de leurs pratiques ? Quelle médecine pour demain ?

En pleine déroute budgétaire et économique, les Etats européens évoluent peut-être vers une situation où les médecins seront par nécessité les défenseurs d'une nouvelle société participative et responsable. Une nouvelle économie de Santé porteuse d'un vrai projet économique, d'une économie redistributive et régionale. Devenus trop techniciens au 20ème siècle, voici les médecins redevenus philosophes à la façon d'Hippocrate. En 2014 la médecine moderne semble symboliser un **nouveau projet de société**. Ce que l'on pourrait appeler la « re-médicalisation » de notre société post-industrielle. Or cette ambition est bien plus qu'une revendication corporatiste. Elle est réellement un choix de modèle économique qui finira peut-être par s'imposer comme incontournable.

L'Etat est-il encore un bon juge en matière de Santé Publique ?

Le contrôle des pratiques médicales concerne non seulement la Santé Publique (règlementaire) mais aussi les dépenses (économiques) nous rappelait Mr Gilles Johanet. L'Etat surveille donc les modes d'exercice des médecins, mais aussi ce qu'ils prescrivent. Un pied dans le juridique, un pied dans le budgétaire, l'administration entend contrôler toute la chaîne du soin aux personnes. Mais qu'en est-il de **l'intégrité** des organismes étatiques qui se substituent à la conscience individuelle et deviennent les **gendarmes** de la profession médicale ? Si les décisions de la Haute Autorité de Santé ont indiscutablement force de loi, la composition de ses instances et l'intégrité de ses membres ont soulevé un débat public. Plusieurs médecins se sont insurgés contre cette concentration de moyens entre les mains de quelques « experts » tombés du ciel, qui pourraient être de fait « juge et partie » en matière de Santé Publique.

Nous allons étudier plus en détail l'affaire de la grippe A5H1N1 de 2009. Nous allons voir ce qui s'est passé en France et en Pologne...

« La Pologne refuse les vaccins A5H1N1 « AFP 06/11/2009 : le premier ministre polonais Donald Tusk a accusé aujourd'hui les sociétés pharmaceutiques de chercher à rejeter sur les gouvernements la responsabilité pour d'éventuels effets secondaires des vaccins contre la grippe H1N1, justifiant ainsi le refus de la Pologne de les acquérir. "Nous savons que les sociétés qui offrent les vaccins contre la grippe H1N1 ne veulent pas prendre la responsabilité des effets secondaires de ce vaccin", a déclaré Tusk à la presse. "Elles refusent de les mettre sur le marché, parce que leur responsabilité juridique serait alors plus grande. Elles demandent des clauses qui ne sont probablement ***pas conformes à la législation polonaise****, et qui rejettent toute la responsabilité sur le gouvernement d'un pays en ce qui concerne les effets secondaires et des indemnisations éventuelles," a-t-il ajouté. La Pologne* ***refuse*** *pour l'instant d'acheter des vaccins contre la grippe A5H1N1, estimant qu'ils n'ont pas encore été suffisamment testés par les autorités médicales »* . http://www.lefigaro.fr/flash-actu/2009/11/06/01011-20091106FILWWW00529-la-pologne-refuse-les-vaccins-h1n1.php

*«****Un milliard et demi d'euros****, c'est le coût de la campagne anti-grippe A5H1N1. Sur son blog, le médecin et député socialiste de Paris Jean-Marie Le Guen s'en fait l'écho. La somme semble démesurée pour une campagne qui tourne à la* ***déroute*** *: seulement 4,5 millions de Français ont été*

vaccinés... L'Etat français a commandé 94 millions de vaccins "pour un montant de 869 millions d'euros", selon le ministère de la Santé.... Des dépenses faites au nom du principe de précaution, explique-t-on au gouvernement. ..Mais "acheter deux vaccins par personne, c'est absurde", tranche Bernard Debré, qui, dès l'été 2009, avait dénoncé le catastrophisme lié à l'épidémie de grippe A.... Pour l'équilibre des comptes de la Sécurité Sociale, la pandémie de grippe A sera difficile à supporter. Selon un rapport sénatorial sur le projet de financement de l'Assurance-Maladie en 2010, ***le coût total pourrait atteindre 2,2 milliards*** *d'euros. En effet, au coût de l'achat de vaccin s'ajoute la campagne de vaccination d'un montant de 35,8 millions d'euros, l'acquisition de respirateurs pour 5,8 millions d'euros, l'achat d'antiviraux pour 20 millions d'euros, 150,6 millions d'euros de masques, 41,6 millions d'euros de dépenses logistiques, 290 millions afin d'indemniser les personnels de Santé réquisitionnés, 59,6 millions destinés aux frais d'information et à la campagne de communication...* »

http://www.lemonde.fr/epidemie-grippe-a/article/2010/01/04/une-grippe-a-deuxmilliards-d-euros_1287422_1225408.html

Une même menace sanitaire, deux décisions étatiques radicalement opposées. Certes on peut comprendre que face à une menace sanitaire imminente, des mesures exceptionnelles ont été décidées par la Ministre de la Santé française et qu'elles aient été justifiées par un principe de **précaution.** Le problème est que ce principe de précaution n'a pas été analysé partout en Europe de la même façon, alors que la menace sanitaire, elle, était strictement la même. La grippe de Pologne était-elle différente de celle de France ?

Les choix qui ont été fait à l'occasion de cette épidémie de grippe A5H1N1 restent donc assez flous d'un point de vue médical. Ceci est gênant dans la mesure où ces mêmes Etats exigent une exemplarité toujours plus grande de leurs administrés, des médecins en particulier. Le sont-Ils Eux-mêmes ? Il semble évident qu'à risque sanitaire identique, tous les Etats européens auraient dus prendre les mêmes mesures de prévention médicale. Sinon de quelle légitimité scientifique disposent-Ils ?

La seule explication à cette cacophonie, c'est que précisément les administrations des Etats ne seraient peut-être pas aussi « transparentes » qu'elles le disent. Ces distorsions de Santé Publique pourraient être évitées si l'expertise médicale sincère et neutre était retirée aux administrations et confiée à **des sociétés savantes** européennes comme cela existe pour le droit européen. Le droit européen s'impose parfois au droit français (arrêt Perruche). Une expertise savante européenne devrait pouvoir **s'imposer aux administrations** de Santé des divers Etats membres selon le même principe. Elle en assurerait la transparence. Elle aurait également l'avantage de créer une instance scientifique supranationale qui surveillerait les décisions de Santé et d'expertise médicale des différents Etats européens.

Les médecins sont-ils responsables de « tout » ?

La **responsabilité du médecin** est-elle légitime dans tous les cas ? Ou sommes-nous en train d'assister à un contrat social léonin, dans lequel le médecin servira **d'écran juridique** pour couvrir toutes les instances, y compris les administrations de la Santé ? On peut en effet soupçonner l'absence d'équilibre dans le fonctionnement du système de Santé Publique, l'Etat et la Justice ayant tous les deux un intérêt à se trouver des « responsables » facilement indentifiables (et socialement sécurisant). L'étude d'un arrêt à propos d'un **cas de suicide** dans une clinique psychiatrique mérite une réflexion particulière :

« Responsabilité pour faute d'un médecin psychiatre : attendu que M. X a été, le 19 août 1992, hospitalisé à la clinique H, à la demande de son médecin traitant, en raison d'un état dépressif avec tendances suicidaires ; Que, le 23 août 1992, il s'est donné la mort dans l'établissement ; que son épouse, agissant en son personnel et en qualité de représentant légal de leur fils, a recherché la responsabilité de Mme Y, médecin psychiatre ayant suivi M. X durant son séjour à la clinique.....

Que l'arrêt attaqué (Aix-en-Provence, 26 juin 2003) a déclaré Mme Y responsable du préjudice subi par Mme X et son fils, l'a condamnée in solidum avec son assureur au paiement de différentes indemnités et a mis hors de cause la clinique H et son assureur ; Attendu qu'il appartient au médecin psychiatre, chargé au sein de l'établissement de santé de suivre le patient, de ***prescrire*** *les mesures de soins et de surveillance appropriées à son état ; que la Cour d'appel a relevé que Mme Y avait connaissance des risques élevés de suicide par pendaison, qu'il lui incombait dès lors de donner au personnel soignant les informations et* ***instructions*** *nécessaires, notamment quant aux objets que la victime pouvait garder, ...au contenu et* *la fréquence de la surveillance... qu'aucune information particulière n'avait été donnée de nature à mettre en œuvre une surveillance rigoureuse et que le suicide avait été réalisé par utilisation d'une sangle de sport, laissée en la possession de M. X qui détenait en outre une ceinture ... que le personnel soignant de la clinique n'avait pas* ***connaissance du risque*** *d'autolyse et qu'il avait effectué une surveillance régulière de la victime , qu'il ne pouvait légalement accéder à l'ensemble du dossier médical du patient pour déterminer lui-même les mesures de surveillance à envisager, n'avait en l'absence d'information,* ***pas commis de faute.***

... La faute est réalisée dans le cadre d'un travail d'équipe, elle n'est civilement imputable ***qu'au praticien*** *qui a placé sous* ***son autorité*** *l'ensemble des acteurs de cette équipe médicale... Le praticien doit mettre en œuvre tous les moyens qui sont à sa disposition pour éviter toute tentative de suicide... L'appréciation souveraine des juges du fond permet à la Cour de cassation de dire que le praticien avait, en l'espèce, « connaissance des risques élevés de suicide par pendaison ». Il appartenait au* ***praticien de prendre toutes les mesures*** *et précautions nécessaires et d'alerter la clinique, afin d'éviter un suicide toujours possible chez une personne dans cet état, hospitalisée dans un établissement spécialisé à la demande de son médecin (Cour de cassation, 1civ. 1er mars 2005). Dès lors, cette faute civilement établie* ***ne peut être imputable qu'au praticien*** *et non à l'établissement de santé privé qui emploie le personnel soignant.*

La notion d'équipe médicale : Lorsque le médecin prend la direction d'une intervention, ou d'un soin, le personnel de l'équipe médicale qui l'assiste se trouve sous ***sa dépendance et son autorité.*** *Le praticien conserve donc la direction des soins et* ***subordonne*** *l'ensemble de l'équipe soignante à ses prescriptions... En effet, seul une personne habilitée à exercer l'art médical, au sens des articles L4111-1 et suivants du Code de la santé publique, est amenée à diriger une équipe médicale. L'équipe soignante ne répondait donc* ***que du seul praticien*** *dans l'exécution des soins consciencieux, attentifs et conformes aux données acquises de la science à apporter au patient.*

Il devient dès lors impossible de rechercher une quelconque responsabilité de l'établissement de santé. En l'espèce, aucune faute n'est imputable à l'établissement de santé dans l'organisation du ***service paramédical****. La responsabilité civile d'une clinique ne peut pas être* *recherchée du fait d'une faute commise dans l'exercice de l'art médical. Dès lors, l'établissement de santé privé n'est plus le commettant de son personnel paramédical.* ***La seule entité juridique qui peut exercer son pouvoir de direction est le praticien qui exerce son art. »***

http://www.droit-medical.net/article.php?id_article=28

On est donc ici **au cœur du droit**. Le praticien est dit « *seul habilité à exercer l'art médical* » ; il met donc ses divers collaborateurs en état de « *dépendance juridique* » ce qui les rend insolvables. Cette notion juridique nous paraît peu moderne, dans la mesure où les soins complexes, même la prise en charge d'un dépressif suicidaire, résulte d'un **travail d'équipe** où chacun est formé à un aspect du traitement qui forme un ensemble. Surveiller l'usage que le patient dépressif fait de son ceinturon ne requiert pas une compétence que seul le médecin possède, elle est à la portée de tous ses collaborateurs aussi… Mais voilà : la Justice estime que le praticien est « *responsable de tout* », du soin au malade et de toutes ses conséquences.

Les soins sont-ils encore dispensés sous l'autorité du seul médecin ?

Dans la médecine moderne, le médecin est l'architecte des soins, et divers corps de métiers en assument la construction. C'est **toute l'équipe soignante** qui met en œuvre les référentiels de Santé Publique et les décrets fixant l'organisation des soins médicaux. Médicalement il n'existe plus aucune « *dépendance* » mais des fonctions spécifiques de chaque personnel. Ainsi, la responsabilité en cas d'accident est bien **collective**, sauf exception rare. Une exception serait un manquement caractérisé ; il peut être le fait de chaque corps de métier. La responsabilité médicale est de plus en plus collective dans la mesure où les soins de Santé sont de plus en plus une **affaire d'équipes spécialisées** ou de filières de soins. La Justice ne se trouve-t-elle pas dans la nécessité de moderniser sa vision de la médecine qui est devenue davantage technique et interdépendante qu'il y a trente ans.

D'ailleurs, cet « éclatement » de la compétence est tellement actuel, que c'est éventuellement le problème inverse qui se pose : celui de la cohésion des soins médicaux. L'équipe soignante peut-elle se morceler sans conséquences juridiques ? Un excès d'**indépendance** de certains professionnels peut-elle menacer la sécurité du service médical ? L'exemple suivant tend à montrer que le travail d'équipe n'implique pas nécessairement une « *dépendance* » professionnelle qui ôte toute responsabilité aux divers agents. Il n'est plus certain que « *la faute réalisée dans le cadre d'un travail d'équipe n'est civilement imputable qu'au praticien qui a placé sous son autorité l'ensemble des acteurs de cette équipe médicale ».* Etudions la pression des **sages-femmes** qui revendiquent leur « autonomie » depuis plusieurs années :

« Le déficit de reconnaissance des sages-femmes doit être entendu rapidement, car ce mouvement génère notamment dans les salles d'accouchement des tensions délétères pour l'ensemble des professions qui les côtoient, et à terme pour les femmes... »

http://www.emploisante.com/content/autonomie-des-sages-femmes-un-danger-pour-les-femmes

Ici, on est dans la **situation inverse** du cas de cette clinique psychiatrique H où personne ne voulait porter la responsabilité de l'accident médical à part le Dr. Y. Tous les personnels déclaraient « *se trouver sous sa dépendance et son autorité ».* Ici la profession des sages-femmes réclame au contraire son autonomie et sa reconnaissance. Voici bien la preuve que les soins médicaux sont dispensés par une équipe variée et il n'est plus sûr que les médecins aient « *placé sous leur autorité l'ensemble des acteurs de cette équipe médicale ».* L'autorité des gynécologues est clairement remise en cause dans le mouvement des sages-femmes qui agite le monde hospitalier depuis plusieurs années. Elles réclament leur autonomie et leur statut de médecin. Avec quelles conséquences juridiques ?

« Communiqué des intersyndicales de praticiens hospitaliers : L'hôpital public saura-t-il mobiliser toutes ses compétences autour de la naissance ? De l'importance du travail ***en équipe*** *: Les services de gynécologie et d'obstétrique hospitaliers sont marqués depuis plusieurs mois par un mouvement de* ***revendications*** *des sages-femmes hospitalières... Nous n'avons jamais mis en cause la compétence du métier de sage-femme et souhaitons bien au contraire qu'elle soit valorisée par les pouvoirs publics au plan statutaire et matériel..... Nous considérons que la gestion préventive et curative du* ***risque*** *nécessite une étroite et constante collaboration entre médecin et sage-femme, intégrée dans un fonctionnement partagé et respectueux, mais non cloisonné, sous l'autorité fonctionnelle des chefs de pôles... nous ne pouvons pas accepter que cette légitime reconnaissance du métier de sage-femme soit construite sur une organisation fonctionnelle et*

administrative qui pourrait exclure les médecins spécialistes hospitaliers d'une partie de leur cadre métier, de déstabiliser le fonctionnement des blocs obstétricaux, ou d'augmenter à terme le ***risque médico-légal*** *d'exercice pour les deux professions. »*

La Lettre de la CMH : Communiqué des intersyndicales de praticiens hospitaliers Sadek Beloucif - SNAM-HP ; Rachel Bocher – INPH. Paris, le 6 février 2014

Cet extrait syndical éclaire la situation actuelle. Une intersyndicale de gynécologues fait paraître un communiqué le 6 février 2014 pour rappeler que leurs collaboratrices les sages-femmes interviennent comme membres d'une **équipe de gynécologie** et que les **chefs d'orchestre** restent bien les médecins gynécologues-obstétriciens. Ils sont opposés à une « scission », chaque corps de métier reste membre d'une équipe, et cette unité garantit **la bonne gestion du risque**. Chacun est responsable de ses actes, mais un seul chef commande : le chef de pôle ou de service. Il semble incohérent que les sages-femmes fassent « bande-à-part », car leur compétence ne leur permet pas d'assurer le risque obstétrical de A à Z. Alors, qui serait responsable en cas d'accident survenu au cours d'un accouchement supposé normal mais qui tournerait mal ?

Cet extrait montre des tentations de scission des services hospitaliers, poussées par la logique de démédicalisation de la culture hospitalière et son mille-feuille statutaire. Qu'en est-il du Droit qui les arbitre ? Peut-il fragmenter les responsabilités en cas d'échec médical, et donc encourager un éclatement de l'autorité traditionnelle des médecins, ou au contraire reste-t-il attaché à une responsabilité unique ce qui suppose qu'il ne reconnaîtra pas une médecine divisée par les 200 nouveaux métiers de l'hôpital ?

On comprend la situation où se trouvent aujourd'hui les médecins : ils n'ont plus autorité sur leurs convictions professionnelles, c'est l'Etat qui décide à leur place de ce qui doit être leurs « bonnes pratiques ». Mais ils sont quand même « *responsables de tout* » ce qui advient par la suite, y compris les erreurs ou manquements des divers agents paramédicaux qui participent pourtant à la mise en œuvre du traitement. Ce système est ambigu, il est à la jonction entre deux mondes :

- la judiciarisation de la médecine nécessite de désigner un « **coupable** clairement identifiable par les experts » : le praticien. Ceci rassure les victimes de l'échec médical ou leur famille et renforce l'autorité judiciaire.

- Mais d'un autre côté, chaque corps professionnel veut devenir « autonome » et assumer « sa part » du traitement des malades. Et en effet, les techniques médicales modernes nécessitent des équipes de plus en plus spécialisées. Chaque agent réclame logiquement sa part de « reconnaissance » et d'autonomie.

Chaque corps professionnel devrait sans doute assumer un peu plus ses propres responsabilités juridiques. Ce serait bien normal. Chaque corps professionnel est-il prêt à cela, et la Justice est-elle prête à revoir sa position sur ce point et à répartir les responsabilités entre plusieurs corps professionnels sans notion de « dépendance » ? Donner un soin, c'est mener une action qui comporte **de toute façon** un risque. Ce risque est inévitable, et partagé par l'ensemble des agents de soins. Ce risque doit être assumé tel qu'il est, c'est-à-dire inhérent, incoercible et dans une certaine mesure il comprend un **côté imprévisible** de l'ordre des lois de la Nature que la médecine ne contrôle que partiellement. Il résulte d'une action qui interroge **toute la société**. L'impression est tout de même que les médecins (tel ce psychiatre seul accusé de ne pas s'être « *préoccupé du ceinturon* » de son patient) servent de « responsables de tout » à une Justice qui n'a peut-être pas suffisamment intégré ce que soigner suppose d'intrusion, de risques cachés et partagés, et d'aléas divers provoqués par les caprices de la Nature et des techniques.

Ce qui permet de conclure :

On a donc assisté au cours des trente dernières années à l'intrusion des juges (affaire Perruche), du politique (affaire du sang contaminé), des lobbies industriels privés (affaire de la grippe A5H1N1) dans notre médecine traditionnelle. L'art de guérir s'en est trouvé très affecté. En particulier par une « sur-gouvernance » manifeste et une avalanche d'obligations et de procédures, qui rendent l'art de plus en plus difficile à exercer « conformément aux recommandations de l'Etat ». Mais l'alourdissement des procédures de soins et leur supervision administrative sont-elles **la bonne réponse** à l'augmentation de la judiciarisation de la Santé ? Existe-t-il une évidence scientifique que les 40 commissions de surveillance obligatoires dans chaque établissement hospitalier diminuent réellement la sinistralité médicale ? Ou que les 42 familles de règlements sanitaires relatifs à la transfusion sanguine aient réellement modifié l'art de la transfusion ?

« La MACSF qui assure 386.302 professionnels de Santé en responsabilité civile fait état, pour l'année 2011, de 3.678 déclarations de sinistres corporels et matériels, soit 0,95 pour 100 sociétaires contre pour 0,93% en 2010. Sur le périmètre des dommages corporels, le taux de sinistralité des médecins libéraux, toutes spécialités confondues, est passé en un an de 2,28% à 2,37% avec de fortes disparités selon les disciplines....De manière générale, la part des réclamations portées devant les Commissions de conciliation et d'indemnisation (CCI) ***augmente*** *alors que celles aboutissant devant les tribunaux diminue. Mais le taux de condamnation reste important : 67% en moyenne devant les juridictions civiles. Comme par le passé, les indemnisations les plus importantes concernent la chirurgie, l'anesthésie, l'ophtalmologie et l'obstétrique. En 2011, aucun dossier n'a dépassé les 3 millions d'€, alors qu'en 2010, deux cas avaient abouti à des indemnisations supérieures à ce montant. »*

http://www.argusdelassurance.com/acteurs/rc-medicale-legere-hausse-de-la-sinistralite-en-2011-pour-la-macsf.59709

La réalité judiciaire parait donc plus contrastée. La lourdeur des contraintes de procédure imposées aux médecins depuis 20 ans n'a **pas fait baisser** leur sinistralité. Le seul grand gagnant serait donc l'Etat, encore que le scandale du Mediator® repose la question de l'équité des experts reconnus par Lui. Et de ses relations avec les industriels de la pharmacie et des produits de Santé.

Chapitre 7

La « nouvelle gouvernance » : les médecins et l'Etat

La Santé Publique, prototype d'une nouvelle organisation des Etats ?

La décentralisation a été suggérée par le **Général De Gaulle** au peuple français lors du référendum d'**avril 1969**. Celui qui a installé un régime présidentiel à l'américaine comprend que la révolte de mai 1968 appelle un rapprochement du Pouvoir d'avec le peuple et les régions de France. De Gaulle parle l'allemand et a d'excellentes relations avec Konrad Adenauer. Il connait parfaitement le régime de l'Allemagne fédérale. Il propose en avril 1969 une décentralisation qui rapprocherait la 5ème République du régime fédéral de l'Allemagne de l'Ouest.

«.... *il s'agit d'apporter à la structure de notre pays un changement très considérable. C'est beaucoup de faire renaître nos anciennes provinces aménagées à la moderne sous la forme de* ***régions****, de leur donner les moyens nécessaires pour que* ***chacune règle ses propres affaires****, tout en jouant son rôle à elle dans notre ensemble national. D'en faire des centres où l'initiative, l'activité et la vie s'épanouissent sur place. C'est beaucoup de réunir le Sénat et le Conseil Economique et Social en une seule assemblée, délibérant par priorité et publiquement de tous les projets de loi, au lieu d'être chacun de son côté réduit à des interventions obscures et accessoires. C'est beaucoup* ***d'associer la représentation des activités productrices*** *et les forces vives de notre peuple à toutes les mesures locales et législatives, concernant son existence et son développement. Votre réponse va engager le destin de la France.....* »

http://fresques.ina.fr/de-gaulle/fiche-media/Gaulle00134/discours-du-25-avril-1969.html

Le Général propose donc une révision de la Constitution en vue de la « régionalisation » qui n'est autre qu'une décentralisation (vers les régions) et un partenariat d'Etat (avec un nouveau conseil économique et social). Tout cela fait très « sociale démocratie » avec 50 ans d'avance. Pour exercer ses compétences, la région pourrait ester en justice, recourir à l'emprunt, passer des contrats, prendre des participations dans des sociétés d'économie mixte, créer, gérer ou concéder des établissements publics et conclure des conventions avec d'autres régions. La nécessité d'une seconde chambre consultative représentant les collectivités territoriales et les organisations économiques, familiales, intellectuelles avait été énoncée par le général de Gaulle dans son discours de Bayeux le 16 juin 1946. Il s'agit donc d'un extraordinaire projet de **modernisation politique** qui va dans le sens d'un équilibre avec les institutions allemandes.

Mais le « non » l'emporte avec 52,41 % des voix. En 2014 la France n'a pas fini d'en supporter les conséquences. On mesure aujourd'hui le décalage entre les intrigues de palais qui alimentent la République et les besoins du peuple qui ne sont plus compris. Ce que le Général espérait garantir, la vivacité de la Présidence élue au suffrage direct, a dérivé en une République berlusconienne fantasque et inefficace. Pire encore, le dogme centraliste des Présidents qui ont occupé l'Elysée est à l'opposé même de l'héritage de Charles De Gaulle. En effet, la « **régionalisation** » ne va pas nécessairement de pair avec l'affaiblissement, ou le déclin de l'Etat, l'exemple allemand doit rester dans tous les esprits.

En matière de Santé Publique cette différence idéologique s'exprime fortement. L'Etat allemand autorise en effet la **concurrence** à ses propres caisses primaires, il n'y a pas de système unique et étatique, mais de nombreuses caisses d'Assurance-Maladie privées: certaines strictement régionales, d'autres privées et professionnelles (BKK) d'autres plus généralistes (OAK), enfin des caisses indépendantes (EKK). L'absence d'une hégémonie étatique, et la mise en concurrence des instances sanitaires publiques avec des caisses privées, soit locales soit nationales, fournissent un ensemble d'organismes qui garantissent la pluralité et la liberté des citoyens. Or ce système de Santé s'est avéré plus efficace que le Monopole d'Etat dans l'éducation sanitaire ou la régulation de la médecine de ville (exemple : la consommation des génériques ou des antibiotiques), avec un coût légèrement moindre. Pour une raison très humaine, voire écologique :

- il respecte davantage l'identité de chaque assuré. Les caisses régionales disposent de pouvoirs importants et peuvent « modeler » l'Assurance-Maladie selon leur sensibilité et leur culture politique (décentralisation)

- il sollicite des entretiens réguliers avec les corps professionnels. Les décisions de Santé résultent d'un consensus **négocié** avec les partenaires non-étatiques (partenariat).

- il est plus respectueux du marché et de la libre concurrence. Les prix des médicaments n'étaient pas fixés par l'Etat jusqu'en 2011. Depuis, ils sont réglementés. La croissance des dépenses de médicaments en Allemagne a été inférieure à celle observée dans la zone OCDE. Cette évolution résulte en fait **d'une diminution des prescriptions**, et d'une stabilisation de l'indice de prix lorsque l'ensemble du marché est considéré. Les efforts pour améliorer l'efficience de la prescription ne semblent pas vains puisque la pénétration des génériques sur le marché allemand est importante et la prescription de produits à efficacité contestée en déclin réel.

Il est donc intéressant de noter le rôle essentiel de **l'ordre des médecins allemand**. Cet organisme indépendant, comme en France, est reconnu par l'Etat qui lui délègue la reconnaissance des qualifications médicales, la formation permanente, les référentiels médicaux des pratiques, et enfin un rôle de trésorier : il s'occupe de la négociation tarifaire, la perception et le versement de l'argent des caisses aux différents médecins. Contrairement à la France, l'Etat allemand considère l'ordre des médecins comme **son** interlocuteur. Il sert d'intermédiaire entre les objectifs gestionnaires (technocratiques) formulés par Berlin et leur application pratique par toute la corporation : cette fonction d'intermédiaire est donc reconnue et sollicitée par l'Etat allemand.

La situation financière de l'Assurance-Maladie publique en Allemagne contraste avec celle de la France, puisqu'elle est **globalement équilibrée** voire excédentaire depuis 2004. Le financement des hôpitaux en Allemagne a été profondément modifié par un passage progressif à un système de tarification à l'activité (T2A) en 2003 avec une phase de convergence de 2005 à 2014 pour optimiser le financement. Les forfaits à la pathologie sont définis au niveau **fédéral** par une échelle relative des coûts élaborée par la Fédération des établissements de Santé, les Unions Fédérales des caisses d'Assurance-Maladie et la Fédération des Assureurs-Maladie privés; puis les **tarifs sont négociés** au sein **du Land** au niveau de chaque établissement avec l'Union des caisses d'Assurance-Maladie

http://www.tresor.economie.gouv.fr/File/374396

« En Allemagne, La couverture maladie publique (légale) est obligatoire pour les personnes dont les revenus sont inférieurs à un certain seuil. Le plafond de l'assurance maladie obligatoire est de 4.050 € / mois. En deçà de ce seuil, l'adhésion au régime légal est obligatoire. Au-delà de ce revenu brut, l'assurance maladie n'est pas obligatoire, l'adhésion à une assurance privée est possible. Si un assuré a fait le choix de l'assurance privée, il doit y rester.... Les ***Länder assurent la mise en œuvre*** *des lois fédérales et préparent* ***leurs propres lois*** *dans leur domaine de compétences. Dans le domaine hospitalier, ils ont la responsabilité de la planification et de l'investissement. L'exercice des professions de santé est réglé en détail par la législation des Länder ainsi que le droit statutaire des ordres. Si la loi des ordres et les règlements sur la formation spécialisée diffèrent d'un Land à l'autre dans le détail des dispositions, les règles fondamentales sur l'exercice de la profession sont toutefois prises d'un commun accord (avec l'ordre fédéral). En matière de formation des médecins, si le niveau fédéral est responsable de la formation des médecins, par le diplôme, ce sont les Länder, responsables des universités, qui pilotent au final, par le biais du nombre de places à l'Université, le nombre des étudiants en médecine.*

...Les caisses maladie sont des ***organismes autonomes*** *de droit public. Elles disposent d'une administration spécifique et sont autogérées par les partenaires sociaux, représentants des employeurs et des assurés. Cependant, des dispositions contraignantes encadrent leur action, qui connaît une uniformisation croissante, notamment en ce qui concerne les prestations fournies aux assurés. Il existe une limite légale importante à l'autogestion des caisses : elles ont des ressources propres, essentiellement les cotisations versées par employeurs et salariés, et elles doivent équilibrer leurs comptes, ne peuvent s'endetter, mais peuvent présenter des déficits couverts par des ponctions sur les réserves ... Il ne peut y avoir de « trou » de la sécurité sociale. Le régime légal compte trois types de caisses : caisses d'entreprises (BKK), caisses locales générales du lieu de résidence (AOK), caisses libres agréées ou caisses de substitution (EKK). Cette distinction traditionnelle a cependant aujourd'hui perdu pour l'essentiel son sens initial....*

Les ***négociations*** *entre les caisses et les unions de médecins se font en deçà du taux maximum fédéral, au niveau de la* ***circonscription*** *des unions* *de médecins dans le Land ... et aboutissent à la signature d'une* ***convention.*** *L'union des médecins doit discuter avec chaque caisse maladie car des rémunérations spécifiques pour les médecins peuvent être prévues dans le cas de contrats spécifiques, comme par exemple la prise en charge de patients souffrant de certaines pathologies comme le diabète etc... L'enveloppe d'honoraires est divisée par le nombre total de points que représentent les actes effectués par les médecins de l'union. Quand les caisses ont versé leur part à l'union de médecins, elles sont dégagées de toute responsabilité et c'est à l'union de reverser les honoraires aux médecins. L'enveloppe médecine ambulatoire ne peut jamais être dépassée.»*

http://lesrapports.ladocumentationfrancaise.fr/BRP/024000448/0000.pdf

En 2014, on constate donc que l'Allemagne a déjà amorcé cette mutation médicale et considère tout ce secteur comme **une économie de services** devant laquelle les autorités locales ou nationales déroulent des tapis rouges. Les médecins sont invités comme conseillers et négociateurs des grands choix économiques du secteur ; la médecine est une économie locale respectée. En Allemagne, les indicateurs sont au vert. Il n'y a plus d'illusion à se faire : l'économie allemande réussit bien à cause de son modèle politique décentralisé, pluraliste et surtout pragmatique. La Santé Publique fait partie d'un système économique efficace et respecté. En France, elle est au contraire combattue rudement.

La situation en France : une production « taylorienne » de soins ?

Les déclarations des hauts fonctionnaires parisiens jusqu'au Président lui-même montrent un parti **anti-médical** qui s'appuie sur la conviction que l'Etat est plus puissant qu'il n'est en réalité. La France se fait sans doute beaucoup d'illusions. La « sortie de récession » annoncée mainte fois par Bercy n'est pas au rendez-vous en 2014...

« *Dans un entretien au Monde publié lundi, François Hollande fait part de son pessimisme quant aux perspectives de croissance en Europe. "Il y a un vrai risque* ***déflationniste*** *en Europe : en France, l'inflation n'a jamais été aussi basse", constate-t-il avant d'appeler l'Allemagne à agir pour la croissance* ».

http://www.lejdd.fr/Politique/Evoquant-une-deflation-Hollande-critique-la-rigueur-allemande-678912

Depuis l'étatisation de l'Assurance-Maladie par le gouvernement Juppé, le déficit de la branche maladie a été multiplié par 10. Il est intéressant d'essayer de comprendre pourquoi l'Etat autoritaire a été et reste un si **mauvais gestionnaire** de la Santé. Une grande différence sépare les deux Etats : L'Allemagne fait confiance aux médecins, comme elle fait confiance à ses industriels. Elle les considère comme des partenaires essentiels de l'économie, les désigne comme les co-gestionnaires de l'Assurance-Maladie au niveau des Lander et du gouvernement fédéral à Berlin. En un mot, l'Etat respecte et valorise la compétence professionnelle des praticiens, comme celle des chefs d'entreprise. En France pas. Mais la France a augmenté ses dépenses de Santé de 300% en 47 ans, l'Allemagne de 200%. En 2006 la France consacrait 11,1% de son PIB à sa Santé Publique, l'Allemagne 10,6%. La France a eu une croissance de ses dépenses de Santé / PIB de 50% plus rapide que l'Allemagne, malgré une gestion centrale plus autoritaire et une médecine plus pauvre. L'Allemagne a compris que la médecine est un métier « à part », intégré dans **l'économie sociale des services** ; la France peut-être pas encore. Se pose alors une question primordiale : l'Etat centralisé a-t-il été **capable** de développer et d'encourager les compétences et les talents de la société française ? Son attitude vis-à-vis du secteur médical permet certainement de poser cette question.

« *Il apparaît important de repérer les micro-compétences ……qui jouent un rôle essentiel dans les* ***processus de conception et de production****. Elles s'acquièrent dans l'expérience et sont difficiles à formaliser. Les opérateurs eux-mêmes n'en ont en souvent pas conscience. Elles sont construites dans des contextes particuliers organisationnels et techniques: …elles ne peuvent que se trouver « in situ ». Il conviendra de distinguer parmi ces connaissances tacites, celles qui peuvent être formalisées …et celles qui ne peuvent pas être formalisées et dont on organisera la transmission par des mises en situation d'apprentissage sur le terrain* »

Dans de nombreux cas la réalité montre que ***l'application des procédures*** *n'est pas toujours efficace ; ceci est fréquent dans les entreprises de process et dans les services… Face aux imprévus, et aux aléas, face à la complexité des systèmes et des logiques d'action, le professionnel devra savoir prendre des initiatives et des décisions, négocier et arbitrer , faire des choix, prendre des risques ,réagir à des pannes ou des avaries, innover au quotidien et* ***prendre des responsabilités****. Pour être reconnu comme* *compétent, il ne suffit plus d'être capable d'exécuter le prescrit, mais aller au-delà du prescrit... la tendance générales des entreprises est de dépasser progressivement les situations à prescription stricte et d'**inspiration taylorienne** »* (19). Rappelons que Taylor dit: « *chaque ouvrier doit apprendre à abandonner sa façon particulière de procéder, adapter ses méthodes aux **nombreuses règles** nouvelles, s'habituer à recevoir et à exécuter **des ordres** au sujet des détails grands et petits, autrefois laissés à son initiative* »

La « nouvelle gouvernance » de la Santé offrirait donc quelques similitudes avec un **taylorisme** médical et paramédical. Nous allons essayer de comprendre pourquoi la « nouvelle gouvernance » de la Santé a abouti à un système de soins **productiviste** très opposé aux exigences de la nouvelle société de marché et de services.

« *Il est intéressant de noter qu'en 2005 le collège national des généralistes enseignants (CNGE) définissait ainsi la compétence des **médecins généralistes** : **savoir agir complexe**, en lien avec le contexte d'apprentissage ou de l'exercice, qui intègre plusieurs connaissances et qui permet à travers une famille de situations non seulement l'identification de problèmes mais également leur résolution par une action efficace et adaptée à un moment donné* » (19)

Aujourd'hui il semble admis que l'art de guérir n'est rien d'autre qu'une de ces « micro-compétences » impossibles à **formaliser** de façon lourde (taylorienne). Son acquisition est contrainte, fine et progressive ; elle sort du champ de l'Administration Publique qui ne fonctionne que par et pour les procédures rigides. La médecine est au contraire le fruit d'une expérience assez **complexe,** d'études universitaires très sélectives et d'un compagnonnage permanent et modeste. Elle traite des choses de la Nature qui n'obéit pas aux prescriptions officielles. Elle représente un « savoir-faire » particulier qui se situe entre l'art et la science, et que l'on appelle modestement la compétence. La compétence médicale est bien un « *savoir agir complexe* ». Sa vraie nature est-elle entendue par la règlementation administrative « taylorienne » installée depuis 20 ans ?

Un exemple de « savoir agir complexe » :

La sécurité **aéronautique** est arrivée à la conclusion que la régulation des vols la plus sûre laisse une grande initiative aux pilotes qui

résolvent seuls sept problèmes graves sur dix, et les consignes réglementaires trois. De même la médecine. Si on conçoit aisément de règlementer strictement un service public comme la poste ou les transports urbains, il est impossible de s'immiscer dans le champ des professions complexes par le seul argument de la procédure. Tout le monde se souvient de l'atterrissage de l'airbus sur le fleuve Hudson à New-York. Comment cela a-t-il été possible ? En appliquant les procédures de sécurité ou en faisant confiance au pilote ?

« *Le vol 1549 d'US Airways avait décollé à 15h26 (20h26 GMT) de l'aéroport La Guardia, à destination de Charlotte en Caroline du Nord et est tombé dans l'eau quelques minutes plus tard, selon une porte-parole de la FAA, l'aviation civile américaine... le pilote avait signalé un « double choc d'oiseaux », moins d'une minute après le décollage et qu'il s'apprêtait à réaliser un atterrissage d'urgence... Le pilote a alors déclaré « Préparation à l'impact, parce que nous allons vers le bas », ajoutant : « C'était extrême. C'était extrême. Vous ne pouviez que vous en remettre au pilote. Il a fait un sacré atterrissage »... D'après des témoins, le pilote semble avoir maîtrisé la descente de l'avion, qui s'est presque posé sur l'eau. « J'ai vu un avion de ligne qui descendait, on aurait dit qu'il atterrissait sur l'eau », expliquait Bob Read qui a assisté à la scène depuis les bureaux du magazine de télévision Inside Edition* ».

http://www.sudpresse.be/actualite/monde/2009-01-16/crash-airbus-hudsonphotos-677244.shtml (voir page 134)

On se souvient de l'enregistrement de la conversation entre la tour de contrôle et le commandant de bord :

- «*vous pouvez atterrir sur la piste 1 à Teterboro.*

- Le pilote toujours très calme: « *Ici vol 1549: nous ne pouvons pas* ».

- Le contrôleur : « *OK, quelle piste préférez-vous ?* ».

- Le pilote, plein de sang-froid : « *Ici vol 1549: nous allons bientôt nous poser dans l'Hudson* ».

- Le contrôleur : « *Excusez-moi, pouvez-vous répéter Cactus ?* »

Il n'y a pas de réponse et le contact radar est perdu quelques instants après. - - « *Je crois qu'il (le pilote) a dit qu'il allait se poser dans l'Hudson* », lui répond alors un autre contrôleur ...

Voici une démonstration de l'importance de **ne pas trop règlementer** les professions « complexes » et de favoriser leur innovation de façon naturelle. C'est pourquoi il serait sans doute plus prudent de laisser les médecins **contrôler eux-mêmes** leurs pratiques, leur faire confiance sur l'organisation de leur métier, comme il sied aux micro-compétences ; c'est précisément ce qui est fait en Allemagne. Le contrôle de l'économie médicale se ferait plus à propos en laissant la profession choisir elle-même ses méthodes ; et par contre **négocier** avec elle directement des **objectifs** financiers réalistes (co-management). C'est d'ailleurs à cela que correspond une « économie de services ».

La Santé Publique à l'aube d'une révolution managériale :

La Santé Publique se trouverait donc bien dans un espace managérial assez nouveau, où cesserait l'autorité bureaucratique du « prescrit » et où commencerait le **partenariat** sur des objectifs économiques réalistes et modernes.

« Un récent article de recherche a tenté de mesurer si, dans une compétition de code, les équipes ***auto-organisées*** *en ligne étaient plus efficaces que les équipes coordonnées et* ***organisées hiérarchiquement****. Au final, estiment les chercheurs, les équipes auto-organisées en ligne fonctionnent mieux et se révèlent plus efficaces et plus performantes que celles auxquelles on assigne une* ***procédure.*** *Le coût à devoir s'auto-organiser génère plus de bénéfices au groupe que ceux qui doivent suivre des règles. Mieux, les groupes auto-organisés ont été plus à même de fournir des solutions qui marchent, plus de solutions et des solutions de meilleure qualité. »*

http://internetactu.blog.lemonde.fr/2014/03/21/linternet-a-t-il-vraiment-fait-la-demonstration-de-notre-capacite-a-collaborer/

Il y a une intense recherche sur les modes de management les plus appropriés, et les études démontrent l'avantage du **management auto-organisé** sur le management autoritaire et les procédures. La gestion hospitalière, qui est hyperspécialisée et dramatisée par ses enjeux sociétaux, est à l'avant-scène de ces nouveaux managements. La modernité irait donc vers une grande autonomie de la gestion de ces services. Or c'est exactement l'inverse qui a été fait. Une explication est peut-être donnée par le sondage Ipsos de 2013 :

*« Les attentes de l'opinion se positionnent pour un renforcement de l'autorité politique et de l'échelon national. 87% des Français sont d'accord avec l'idée selon laquelle « on a besoin d'un **vrai chef** en France pour remettre de l'ordre »... On savait l'opinion publique française pessimiste et inquiète depuis longtemps. On la découvrait à chaque enquête annuelle de plus en plus défiante. On la mesure maintenant dans le repli, la crispation identitaire .... »*

http://www.ipsos.fr/ipsos-public-affairs/actualites/2013-01-24-france-2013-nouvelles-fractures

Ainsi, les choix d'installer une gestion **autoritaire**, et « un directeur-directif », semblent paradoxaux en termes d'efficacité managériale. La nature même de la médecine et des soins de Santé plaident pour une auto-organisation qui est séculaire et plus appropriée à la compétence médicale (profession « fine »). On a montré que la méthode verticale était en réalité un choix politique posé par la droite nationaliste revenue au Pouvoir en 1995 ; on a aussi constaté que le management néo-libéral installé dans les écoles d'administration avait contribué à complexifier la gestion de la Santé Publique. Mais la méthode de gestion répressive ne serait-elle pas aussi le reflet d'une opinion publique majoritairement repliée sur son identité et pessimiste. L'hôpital serait donc traité en France comme le **reflet de l'opinion politique** du pays, elle-même inquiète et désireuse d'autorité ? La question initiale revient à savoir si la médecine doit s'adapter aux enquêtes d'opinion, ou si elle est une vraie profession, invariable, comme l'aviation civile par exemple. Une profession qui s'est toujours tenue à l'écart des tribuns des cités et des opinions politiques.

La façon dont l'Etat voit la médecine :

*« Mr Gérard Bapt interpelle ainsi la ministre à l'assemblée nationale le 12 février 2009: " nous avons discuté récemment avec un conseiller de Nicolas Sarkozy. Il nous a dit: **Je ne vois pas de différence entre l'hôpital et l'industrie aéronautique** ». Gérard Bapt précise encore: « le directeur de l'hôpital sera nommé directement en conseil des*

ministres. En prise directe avec une gestion centralisée, il aura donc tous les pouvoirs pour « disposer » puisque en effet il est prévu que la commission médicale d'établissement « propose » et que le directeur « dispose »....c'est le président du directoire (directeur) qui arrêtera le projet médical (et non plus les médecins) lequel devra **concorder** *avec le contrat d'objectifs et de moyens passé avec le directeur de l'agence régionale de santé. »*

http://2007-2012.nosdeputes.fr/parlementaire/gerard-bapt/tag/hôpital

Gérard Bapt est né le 4 février 1946 à Saint-Étienne, il est un homme politique français membre du Parti socialiste et médecin-cardiologue.

L'économie de l'hôpital reproduit dorénavant en petit, la façon dont l'Etat gère la Santé Publique en grand. Les médecins doivent se plier aux objectifs financiers « passés avec le directeur de l'agence de Santé » ce qui sous-entend d' «*adapter leurs méthodes aux nombreuses règles nouvelles, s'habituer à recevoir et à exécuter des ordres au sujet des détails grands et petits, autrefois laissés à leur initiative* ». C'est-à-dire exactement la définition du **travail productif de Taylor**... Or l'ingénieur américain Frederick Winslow Taylor a vécu entre 1856 et 1915. Son organisation du travail est tout de même âgée de 125 ans. Cette économie correspondait à une première phase ascendante, de croissance économique portée par une grappe d'innovations technologiques (machine à vapeur, chemin de fer, électricité, nouvelles technologies de l'information...) générant des gains de productivité qui se diffusèrent à l'ensemble de la société, par élévation du niveau de vie, du pouvoir d'achat et amélioration du confort de la population. On n'en est évidemment plus là en 2014...

Aujourd'hui on vit dans la phase dite de la désindustrialisation et de réorientation de l'économie vers les « services ». La vision de l'Etat sur la médecine ne semble pourtant pas avoir changé pour autant. Dans cette organisation autoritaire de l'hôpital, rien n'est le résultat d'une négociation, ni d'une délégation de gestion. Le système est simplement... vertical (productiviste). Alors que le « produit fini » des hôpitaux est bien « les soins de Santé et les services aux personnes ». Alors, que font les médecins ? Ils tournent le dos aux gestionnaires qui les ignorent et ils professent selon leur conscience, en considérant qu'ils doivent répondre à toute demande de soin. Comme le « directeur-unique-patron » n'y connait généralement pas grand-chose en médecine (la plupart du temps il n'est pas médecin), il ne sait pas choisir lequel de leurs actes est inutile ou mal réalisé. Alors l'hôpital fonctionne sans offre de soins clairement définie et encadrée.

« *Le concept de* ***rentabilité*** *ne peut s'appliquer à l'hôpital de la même manière qu'à une activité commerciale ordinaire. En matière de Santé toute pratique d'évaluation, quelle que soit sa valeur technique propre, doit prendre en compte les missions fondamentales de l'hôpital et les intérêts souvent contradictoires et conflictuels des «clients» du système de soins. En revanche, en privilégiant la comptabilisation des actes techniques au détriment de l'écoute ou d'examens cliniques longs et précis, elle conduit à considérer comme « non rentables » beaucoup de patients accueillis notamment en médecine générale, en psychiatrie, en gérontologie ou en pédiatrie, dont* ***le coût réel*** *de la prise en charge* ***n'apparaît pas*** *dans la grille de calcul...L'importance de ces situations ne doit pas a contrario devenir un prétexte à s'opposer frontalement à la philosophie de cette réforme, mais au contraire pousse à réfléchir à un nouveau mode d'appréciation du temps médical utilisé* »

http://www.ccne-ethique.fr/ docs/avis101.pdf

Ces deux extraits sont impressionnants. D'un côté l'opinion d'un conseiller du Président de la République révèle un adepte de Taylor, et de la **production mécanique** de soins médicaux, de l'autre le Comité Consultatif National d'Ethique décrit le mensonge de la gestion « autoritaire » des hôpitaux qui méconnait une importante partie de leurs activités. Mais comme l'administration est incapable de les « comprendre », alors elle les oublie tout simplement. Cette cécité coûte 10 milliards d'euros au trésor public chaque année. Le montant aurait dû alarmer les élus de la Nation depuis longtemps. Or, rien n'est venu, parce que le système politique lui-même n'a peut-être pas été capable de se réformer. Ce n'est pas le cas de tous les pays européens :

« *Espagne : le système d'assurance maladie. Depuis 1974 deux systèmes de soins cohabitent en Espagne, l'un relevant de l'Etat, des régions et des municipalités, l'autre des régimes d'assurance maladie. En 1986 l'Espagne choisit la décentralisation et crée un service national de Santé universel et gratuit. Aujourd'hui le système de Santé espagnol est presque exclusivement financé par les cotisations sociales et représente 6% du PIB.*

*Le financement équitable des systèmes de Santé de chacune des communautés autonomes (ou régions espagnoles) est décidé par une disposition législative du 27 décembre 2001. En 2002, le gouvernement de Madrid a transféré les compétences de gestion de la santé publique aux régions autonomes en réduisant le rôle de l'Etat central et en 2003, la loi du 28 mai a institué le " Consejo Interterritorial del Sistema Nacional " dont la tâche est l'****évaluation*** *du fonctionnement de chacun des services des autonomies.* »

http://www.ladocumentationfrancaise.fr/dossiers/assurance-maladieeurope/espagne.shtml le 27/04/2010

Il est possible de décentraliser la gestion de la Santé Publique afin d'améliorer l' « évaluation » des services médicaux rendus et ancrer le service médical dans la réalité économique régionale. Au lieu d'installer au sein des régions des « conseils » qui animeraient le service public dans le **dialogue**, peut-on encore en 2014 les ordonner depuis Paris ? Et nos voisins du sud ont adopté le modèle allemand de gestion de la Santé Publique à l'époque où François Mitterrand briguait un second mandat, il y a donc 30 ans déjà… Au contraire, en France les rapports entre l'Etat et les professionnels sont devenus plus « verticaux » et plus centralisés au cours de cette même période. Cette rigidité se solde malheureusement par un **décrochage social** et économique par rapport aux pays nordiques. Et la crise industrielle actuelle montre son impréparation aux enjeux de la modernité. Le modèle de gestion adopté en 1995 a eu logiquement deux conséquences : l'une est économique et l'autre sociale. La conséquence économique est une impossibilité d'ouvrir la Santé à un marché des services de proximité. La conséquence sociale est la confusion sur le rôle de la Justice comme arbitre des pratiques médicales :

1) Une nouvelle économie de la Santé ?

« Alors qu'en 1978, le quart de l'emploi était industriel, seulement 14% des emplois sont désormais comptabilisés dans les branches de l'industrie. Cette transformation du tissu productif et des emplois en France s'est faite au profit des ***services de santé****, d'éducation ou d'action sociale, mais aussi des services fournis par des entreprises à d'autres entreprises. La croissance de l'économie des services provient de trois phénomènes : les ménages ont acheté depuis la fin des années 1990 de plus en plus de services*

marchands ; le contenu de la production s'enrichit en composantes immatérielles ; des activités tertiaires autrefois effectuées en interne dans l'entreprise ont été externalisées. »

http://www.insee.fr/fr/themes/document.asp?ref_id=ip1163&reg_id=0

Une mutation de la Santé Publique s'est donc produite depuis les années 1990 partout en Europe. Elle est passée du statut de « service public » garanti par l'Etat-Providence et le plein emploi industriel, à une « économie de service » assurant des emplois de substitution au déclin industriel. La Santé suit le mouvement général de développement des services de proximité. Le **rôle économique des médecins** n'a cessé de croître à cause d'une très forte demande de soins médicaux et à cause d'une révolution des techniques médicales qui a mobilisé une technologie de plus en plus sophistiquée. La compétence médicale est elle-même inductrice de progrès technologiques.

Cette ascension de la médecine comme actrice économique s'est produite au moment précis où commençait le déclin industriel des pays occidentaux. Ceci a encore renforcé la place du secteur sanitaire comme **économie nouvelle**. A l'intérieur de la profession, le rôle des médecins a évolué. De praticiens solitaires, ils sont devenus les leaders d'équipes sophistiquées prodiguant des soins complexes. Ils sont devenus les chefs d'orchestre, les architectes du **savoir-faire de l'hôpital**. Dans une économie bien pensée, l'hôpital public serait devenu le pionnier d'une nouvelle **économie de service**. Son management aurait été rénové dans le sens du développement de sa performance économique et de sa notoriété technique. Le marché de la demande de soins aurait été appréhendé comme la source d'un redémarrage économique basé sur la consommation de services de Santé non délocalisables.

Or les réformes successives des hôpitaux publics ont été menées exactement dans le **sens inverse**, vers une « démédicalisation » de ses structures et vers une réduction de son offre (contraction, fermetures). On voit ici l'influence néo-libérale des nouveaux technocrates sortis des écoles d'administration à partir des années 1980. On a fermé la moitié des hôpitaux, on a créé des déserts médicaux, on a diminué le nombre de médecins dans le but de « faire des économies » budgétaires. A force de « faire des économies » on est passé à côté de « la nouvelle économie ».

L'idéologie néo-libérale au pouvoir a cassé l'essor de l'économie des soins médicaux. Dans les hôpitaux, la place des médecins a été diminuée, les services ont été volontairement éclatés, le médecin-directeur a disparu. Enfin la création des nombreux nouveaux métiers de l'hôpital tel l'ingénieur biomédical, ou l'infectiologue référent, le chargé de relation avec la direction, ou le responsable du comité de lutte contre la douleur ou les infirmiers « cadres-référents » s'est faite en dehors d'un cadre médical cohérent, et même en concurrence avec lui.

« *On dénombre près de **200 métiers** non médicaux à l'hôpital en 2009* » (50), et pas moins de 40 commissions médicotechniques sont obligatoires dans un hôpital de moyenne importance. Ce sont des activités aussi diverses que la logistique, la recherche et les soins, des métiers relevant du pilotage, de la gestion et de l'aide à la décision, des métiers axés sur les infrastructures et la maintenance technique, des métiers sociaux ou éducatifs. Ce morcellement des tâches a installé une **atomisation** de la prise en charge médicale qui correspond à ce que Taylor appelle la « **fragmentation horizontale des tâches** ». Le problème, c'est que les hôpitaux souffrent aujourd'hui du syndrome de la Tour de Babel : plus personne ne se comprend, la surveillance des soins est éclatée, c'est-à-dire confiée à des agents « spécialisés » qui ne les exercent plus eux-mêmes : tout ceci est notoirement peu efficace, et le sens des responsabilités s'est dilué derrière une nébuleuse administrative et technique en décalage par rapport aux enjeux économiques. Par la volonté de l'Etat, l'hôpital est devenu une sorte de mille-feuille sur lequel ne persiste plus qu'un vernis médical.

« *...le médecin est responsable des prescriptions mais il ne peut pas intervenir dans l'appréciation de leur exécution, qu'elle soit bonne ou mauvaise. Médecins et paramédicaux se retrouvent à travailler ensemble sans capacité à interagir pour améliorer leur collaboration. Il y a dans cette entrave au rapport direct de soignant à soignant une **dilution progressive** du sens des responsabilités individuelles et une perte de sens du travail en équipe : nous travaillons côte à côte mais pas ensemble. Cet état de fait est connu : un manque de collaboration au sein de l'unité de travail est dénoncé par 33% des soignants de l'APHP toutes catégories confondues. La haute Autorité de Santé (HAS) fait un constat troublant : aujourd'hui le travail en équipe repose essentiellement sur la **juxtaposition d'expertises** et n'est pas assez articulé autour d'une culture et d'un objectif commun qui permettent à chacun de mieux se coordonner et coopérer... La **fragmentation** de* *l'information (la rétention ?) est une autre forme d'entrave au développement du travail en équipe, par l'impossibilité d'implication qu'elle génère... A l'échelle du pôle le défaut de collaboration se hausse à 44% et celui d'information à 59% pour l'APHP (Hôpitaux de Paris). 45% des médecins estiment que la transmission de l'information s'est dégradée lors de la mise en place des pôles... Or sans communication nous perdons toute possibilité de porter un regard critique sur les décisions prises (mais bien sûr pas annoncées ni présentées)...Les dysfonctionnements de l'unité de soins sont en cause dans 26% des* ***évènements indésirables*** *recensés par la HAS qui ajoute : une diminution de 18% de la mortalité a été observée après un programme d'amélioration de travail en équipe dans une étude américaine récente...* »

Le mag de l'INPH, n°1 , avril 2014, 29, (52)

La mission première d'un hôpital est tout de même d'accueillir les patients, de poser sur eux un diagnostic précis et de les soigner de façon moderne et structurée. Le centre de l'hôpital, c'est le patient. Or, les réformes ont été menées, non dans le souci d'offrir des soins les meilleurs pour les malades, mais dans une préoccupation sur le travail hospitalier lui-même et les statuts de ses agents. Chaque corps de métier a obtenu son **individualisation**, son autonomie, son « mot-à-dire » en même temps que naissaient de nouveaux métiers, de nouvelles fonctions. Tous ont perturbés **l'unicité du traitement**, avec l'aval des autorités administratives qui ont encouragé cette atomisation des services et des tâches.

L'apogée de cette **fragmentation** a bien été obtenue avec la loi de 2005. Elle abolit les services hospitaliers, unités fonctionnelles, au profit des « pôles ». Ce sont des regroupements de services dans lesquels les médecins n'ont plus rien à dire (ou presque). La raison d'être d'un pôle est de créer un « pool » d'infirmières qui mutent en fonction des besoins ponctuels de tel ou tel service. Ceci empêche l'acquisition d'une compétence particulière, parce que le personnel est mobile ; et ceci perturbe le rôle d'architecte des soins dévolu aux médecins. Mais il n'est pas dû au hasard :

« *La* ***division technique du travail*** *est la décomposition d'une tâche au sein d'une entreprise en une série de tâches parcellaires, confiées à des individus ou à des groupes d'individus spécialisés et souvent peu qualifiés.*

Elle a été l'un des facteurs importants du développement de l'économie et des gains de productivité dans les entreprises. (Cf. Taylorisme) »

http://www.toupie.org/Dictionnaire/Division_travail.htm.

On est évidemment en droit de se demander pourquoi ces réformes ont été menées à contresens des nécessités du progrès médical et de la nouvelle économie de services. La raison semble bien être **idéologique** : le Pouvoir n'a plus la conviction qu'un hôpital est le lieu où les patients viennent consulter des médecins pour être soignés par eux, sous leur autorité. Mais au contraire, l'hôpital est **une usine de soins** organisée par l'Etat de façon productiviste avec une **fragmentation verticale** (primauté au gestionnaire administratif, aux nombreux « chefs » et « référents », séparation des tâches de « dirigeants » et celles de « soignants ») et une **fragmentation horizontale** (multiplicité et autonomie des tâches de nursing et des 200 métiers paramédicaux). Ceci est le résultat de la conviction que l'hôpital ne serait guère différent d'un atelier d'assemblage. Les faits donnent aujourd'hui l'apparence d'une **chaîne d'assemblage des soins**, sous le contrôle exclusif d'une bureaucratie autoritaire et complexe. Il est troublant de constater que ces réformes successives de l'hôpital public ont appliqué à la lettre les principes de Taylor sur le travail à la chaîne. Ce décalage est alarmant. En tout cas, il ne semble pas préparer la Santé Publique à devenir une « économie de marché ». Or les pays européens ont-ils beaucoup de ressources pour se décharger d'une part de leurs charges budgétaires, et redistribuer leur masse monétaire ? Probablement pas…

2) La Justice et les soins médicaux :

Tout ceci est incohérent mais peut aussi devenir une source de tensions. A l'autre bout de la « chaîne de montage des soins », ce sont bien les juges et les avocats des familles qui attendent **des responsables**. Et qui sont-ils ? Les médecins et rien que les médecins, car ils créent avec les autres personnels un « *lien de dépendance* » qui leur ôte toute implication juridique ou presque. En d'autre terme, la Justice est garante de l'opinion publique, qui confirme que l'hôpital **n'est pas une usine**, mais une institution où l'on soigne des malades sous l'autorité et la **responsabilité** des médecins. Les structures actuelles ne semblent plus permettre ce rôle juridique, plus essentiel que jamais, des praticiens.

Prenons cet exemple tout simple : le service de stérilisation des hôpitaux est tenu de surveiller ses pratiques pour garantir que les instruments chirurgicaux sont parfaitement stériles. C'est bien normal. Comment s'organise cette surveillance, comment cette unité traite-t-elle ses dysfonctionnements éventuels ?

« Comité de retour d'expérience en ***stérilisation*** *: un outil de gestion des risques : ...quelle que soit la méthode d'analyse choisie, celle-ci doit être simple dans sa compréhension et sa mise en œuvre, afin de faciliter son appropriation par l'ensemble des membres du comité. Le choix s'est porté sur la méthode Orion® basée sur l'analyse systémique empruntée à l'aéronautique et adaptée à l'hôpital. Elle nécessite la description factuelle de l'évènement indésirable et l'analyse de ses causes d'écart par rapport à un référentiel (règlementation, procédure...) IL s'agit d'une analyse mettant en cause les dysfonctionnements d'un système* ***et non basée sur la recherche de responsabilités individuelles****. Les professionnels impliqués dans un évènement indésirable* ***ne peuvent pas être sanctionnés****, sauf en cas de manquement délibéré aux règles de sécurité et de qualité fixées par l'engagement qui figure dans* ***la charte de non punition*** *portée à la connaissance de tous. L'analyse d'un évènement comporte six étapes : la collecte des informations, la reconstitution de la chronologie de l'évènement, l'identification des causes et des facteurs contributifs, l'identification des écarts par rapport aux référentiels (protocoles, recommandations, règlements...), la proposition d'actions à mettre en œuvre, la rédaction d'un rapport d'analyse.... »*

Interbloc, la revue des infirmières du bloc opératoire, hors-série, mai 2014 (53)

Cet extrait de la revue des infirmières de bloc opératoire « Interbloc » de mai 2014 explique l'utilisation d'un logiciel Orion® de surveillance des pratiques des personnels de la stérilisation. Le personnel accepte une méthode de contrôle des incidents et des malfaçons dans le cadre d'une **charte de « non punition** », point essentiel de la méthode. L'absence de sanction est évoquée ici comme un lieu commun. Une faute de stérilisation n'entraine plus la recherche de « responsabilités individuelles ». Mais alors qui assume les conséquences des infections qui en résulteraient chez les malades ? Puisque tout préjudice à la personne mérite une réparation, qui assume la « punition » en cas de faute de stérilisation ? Cette interrogation est valable pour tous les autres services hospitaliers ; la « non-punition » est considérée comme indispensable à la mise en confiance des personnels :

« ...Le circuit du médicament représente un système très complexe avec plus d'une cinquantaine d'étapes et différents flux d'informations et de produits, qui expose à un risque d'erreurs non négligeable, soutient le chargé de projet. L'objectif du comité Crex est, par conséquent, de rechercher les erreurs, de savoir en parler et de les utiliser pour s'améliorer. Dans certains établissements ou services, "la signature d'une ***charte de non-punition*** *par le directeur de l'établissement est* ***nécessaire*** *afin de libérer la parole et permettre aux professionnels de santé, en particulier aux infirmières, de se* ***sentir en confiance****. Il s'agit d'un véritable engagement des directeurs à* ***ne pas punir*** *les erreurs constatées", commente Hervé Laborie. »*

http://www.ticsante.com/Circuit-du-medicament-mise-en-place-du-Crex-pour-la-securisation-NS_187.html

Qui assume la responsabilité des soins ?

Les obligations imposées aux divers corps de métiers travaillant à l'hôpital ne sont manifestement pas toutes les mêmes… Les corps de métiers paramédicaux ont organisé leur **impunité**, les chartes de « non-punition » donnent une assise légale à cet état de fait. Est-elle bien normale dans une société dominée par les associations de victimes des soins médicaux ? L'indépendance professionnelle n'imposerait-t-elle pas une co-responsabilité juridique de tous les agents hospitaliers ? Les médecins sont-ils sincèrement « *responsables de tout* », quand ils n'ont –presque– plus rien à dire ?

Certes, les médecins bénéficieraient eux aussi d'une certaine « immunité » liée à la fonction publique. Est-ce vrai ? Si elle a jamais existé, cette immunité est en voie de disparition définitive. La société exige d'identifier les responsables des dommages et des fautes commises dont les malades sont les victimes; même au sein des hôpitaux publics. En réalité les médecins hospitaliers ne sont plus immunisés du fait qu'ils exercent dans une institution publique. Il existe de nombreuses situations où leur responsabilité professionnelle est engagée de fait :

- Si le médecin exerce en secteur privé de l'hôpital

• Si le préjudice est dû à l'acte médical, le médecin est responsable.

• Si le médecin exerce en secteur public de l'hôpital, le médecin est responsable s'il a commis « une faute personnelle détachable du service ». Il s'agit d'une faute « qui relève un manquement inexcusable à des obligations d'ordre professionnel et déontologique » (Cour de cassation, 2 avril 1992).

En outre, la responsabilité ordinale ou pénale des professionnels de santé s'applique à raison :

• d'une infraction non intentionnelle (homicide ou des blessures involontaires) qui suppose une faute d'imprudence, de négligence ou d'inattention, un dommage et un lien de causalité certain entre la faute et le dommage

• d'une mise en danger de la vie d'autrui (délit presque intentionnel qui suppose un manquement délibéré à une obligation particulière de prudence ou de sécurité, légale ou réglementaire)

• d'une non-assistance à personne en péril (délit d'abstention volontaire)

• d'une violation du secret professionnel (délit volontaire)

Ainsi on peut constater le fossé qui se creuse entre les agents encadrés par leurs chartes de « non-punition » et les médecins du même établissement qui engagent en permanence leur responsabilité personnelle du fait de leur « indépendance professionnelle ».

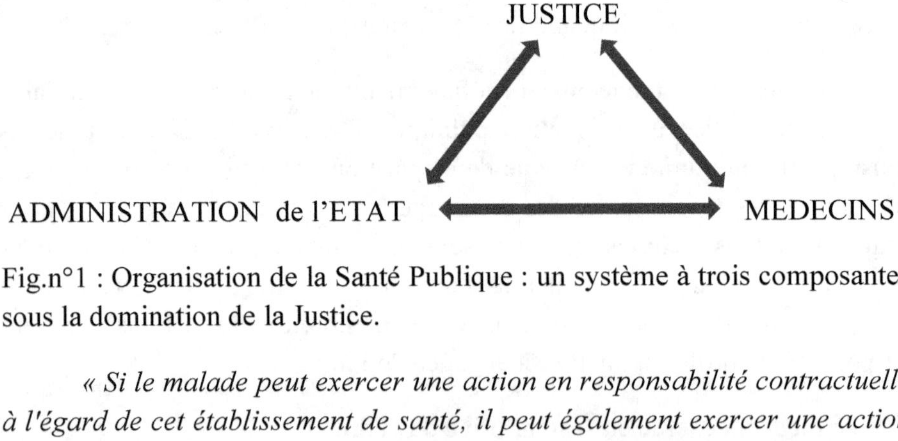

Fig.n°1 : Organisation de la Santé Publique : un système à trois composantes sous la domination de la Justice.

« Si le malade peut exercer une action en responsabilité contractuelle à l'égard de cet établissement de santé, il peut également exercer une action en responsabilité délictuelle à ***l'encontre du médecin salarié*** *de cet*

établissement qui aurait commis une faute médicale à l'origine de son préjudice, compte tenu de ***l'indépendance professionnelle*** *dont bénéficie le médecin dans l'exercice de son art. »*

http://www.jurisques.com/jfc21.htm#santesoignant

Un exemple : le devoir d'asepsie

« Le ***devoir d'asepsie*** *est donc une obligation réglementaire pour les médecins et les établissements de soins mais aussi une obligation déontologique pour le médecin. L'article 49 du Code de déontologie médicale dispose que le médecin... doit tout mettre en œuvre pour obtenir le respect des règles d'hygiène et de prophylaxie. L'article 71 dispose que le médecin doit notamment* ***veiller à la stérilisation*** *et à la décontamination des dispositifs médicaux qu'il utilise et à l'élimination des déchets médicaux selon les procédures réglementaires. Il ne doit pas exercer sa profession dans des conditions qui puissent compromettre la qualité des soins et des actes médicaux ou la sécurité des personnes examinées. Il doit veiller à la compétence des personnes qui lui apportent leur concours. Le médecin pourrait être sanctionné par le Conseil de l'Ordre, en cas de manquement à ses obligations déontologiques en matière d'asepsie, mais il peut surtout être poursuivi devant les tribunaux.* ***L'asepsie est un devoir du médecin*** *qui doit donner au patient des soins conformes aux données acquises de la science. La responsabilité en matière d'infections nosocomiales est essentiellement civile ou administrative. La personne responsable doit* ***réparer le dommage*** *que son action (ou son inaction) a causé à autrui. Il peut s'agir d'une personne physique (le médecin) ou morale (l'établissement de soins). L'objectif de la responsabilité civile ou administrative est d'indemniser financièrement la victime du préjudice subi... Le chirurgien exerçant en clinique privée peut ainsi être condamné à payer des dommages et intérêts au demandeur, qui seront pris en charge par son assurance en responsabilité civile professionnelle. Pour le chirurgien hospitalier, c'est l'assurance de l'établissement qui sera le plus souvent condamnée à une réparation pécuniaire,.... »*

http://www.maitrise-orthop.com/viewPage.do?id=648

Le médecin est donc bien tenu de « *veiller à la compétence des personnes qui lui apportent leur concours* » en l'occurrence le service autonome de stérilisation ; ceci est-il compatible avec la **charte de « non-**

punition » des salariés de ce service ? Et c'est bien le praticien qui doit réparer le dommage que son action (ou inaction) a causé… La nouvelle gouvernance des hôpitaux permet-elle encore au médecin de vérifier la compétence des personnels qui l'entourent, ou de veiller personnellement à la stérilisation des matériels qu'il utilise ? Rien n'est moins sûr, l'hôpital « taylorien » est dorénavant cloisonné et fragmenté de telle sorte que l'intrusion médicale est devenue impossible dans les unités autonomes. Ceci crée au sein des établissements de Santé une situation inconfortable. Les corps paramédicaux ne cessent de réclamer leur **autonomie** et leur immunité tandis que les praticiens sont de plus en plus seuls à assumer la responsabilité des soins face aux patients et leurs avocats. Et la tendance s'accélère, les différences entre « soins privés » et « soins publics » ne cessent de s'amenuiser, et le champ de cette responsabilité ne cesse de s'élargir:

*« L'Observatoire des risques médicaux publie un rapport sur la sinistralité médicale en France. Son étude porte sur les 8.300 dossiers définitivement clos et réglés entre 2007 et 2012, pour un montant supérieur à 15.000 euros. La chirurgie représente 60 % des affaires ; l'obstétrique, 5,4 %. 29 % des accidents médicaux trouvent leur origine dans un acte médical fautif, 29 % sont des accidents médicaux non fautifs pris en charge par l'ONIAM (Office national d'indemnisation des accidents médicaux) au titre de la solidarité nationale, 18 % sont des infections nosocomiales. Les autres dossiers sont liés à des effets médicamenteux, des problèmes d'organisation ou des défauts d'information. Les assureurs privés versent en moyenne **107.000 euros** à chaque victime. Avec l'ONIAM, l'indemnisation moyenne s'élève à **181.000 euros.** Trente dossiers ont dépassé les **2 millions** d'euros. La voie amiable est empruntée plus de neuf fois sur dix quand le dossier est traité par l'ONIAM (47 % des dossiers si c'est un assureur privé qui intervient).*

http://www.lequotidiendumedecin.fr/actualite/exercice/accidents-medicaux-la-chirurgie-concernee-six-fois-sur-dix

*« **Deux praticiens** du CHU de Saint-Étienne, un chirurgien et une anesthésiste, ont été relaxés le 24 avril 2014 par le Tribunal correctionnel de Saint-Étienne (Loire), ont indiqué à « Hospimedia » des sources concordantes. Ils étaient poursuivis pour homicide involontaire suite au décès d'un enfant, en octobre 2009… Selon nos confrères de France Bleu,*

l'enfant de 4 ans est mort le soir-même de son opération, alors que les vérifications et les contrôles nécessaires semblaient "tous avoir été faits dans les règles par l'équipe médicale". La justice paraît s'être appuyée sur ce que l'on appelle "l'aléa thérapeutique", commentent-ils, précisant que le procureur-adjoint ayant requis ***trois mois de prison*** *avec sursis pour les deux praticiens, cette relaxe est apparue comme "une surprise"... Également sollicité ce 25 avril par Hospimedia, le Parquet de Saint-Étienne a annoncé sa décision de* ***faire appel*** *de ce jugement de relaxe »*

http://abonnes.hospimedia.fr/articles/20140425-judiciaire-deux-praticiens-du-chu-de-saint-etiennem

« Le chef du service des urgences du CH de Guéret est sous le coup d'une interdiction d'exercer. La sanction de ***l'Ordre des médecins****, en vigueur depuis le 1er mai, intervient après le décès d'une jeune femme de 23 ans passée par les urgences de l'hôpital le 6 mai 2010. Quelques mois plus tard, son père avait mis fin à ses jours. Le chef du service des urgences du CH de Guéret (Creuse) s'est vu infliger six mois d'interdiction d'exercer la médecine dont trois mois avec sursis par la chambre disciplinaire de l'Ordre des médecins du Limousin, le 9 octobre 2012. Une décision dont l'intéressé a fait appel. La chambre disciplinaire nationale de l'Ordre des médecins a toutefois rejeté la requête du médecin et confirmé la sanction, au terme de son audience qui s'est tenue le 6 mars dernier. Dans sa décision tardive rendue publique le 11 mars, elle précise qu'entre temps, un jugement du* ***tribunal administratif*** *de Limoges, en date du 7 février 2013, devenu définitif, "a statué sur la responsabilité du centre hospitalier de Guéret dans les faits ayant entraîné le décès d'une étudiante en pharmacie âgée de 23 ans. La chambre disciplinaire nationale de l'Ordre a décidé que l'interdiction d'exercice prendrait effet ce 1er mai jusqu'au 31 juillet prochain.... »*

http://abonnes.hospimedia.fr/articles/20140514-judiciaire-la-chambre-disciplinaire-de-l-ordre-des

L'**implication juridique** des médecins est bel et bien devenue un fait de société, même au sein des hôpitaux publics. La Justice les désigne directement comme des acteurs « à part » au sein du système sanitaire. C'est toute l'ambiguïté de la « nouvelle gouvernance » des hôpitaux. Et sur ce point, la récente loi HPST de 2009 augmente la « judiciarisation médicale » en encourageant la pression des procédures médico-légales, tout en « renforçant l'autorité fonctionnelle de l'Etat sur les médecins » ce qui les place réellement dans une situation de double exposition. Dans les faits, l'administration n'a pas le même statut ni les mêmes intérêts que les médecins au regard de la justice. Ils forment bien **deux entités distinctes** au sein de la Santé Publique, et observées différemment par la Justice.

L'implication juridique de l'Etat est elle aussi devenue un fait de société ?

«Les Hôpitaux de Paris condamnés pour le décès d'un enfant : Olivier A. , 17 mois, était mort déshydraté à l'hôpital Armand-Trousseau. C'est une décision qui fera peut-être jurisprudence : pour la première fois de son histoire, ***l'Assistance publique-Hôpitaux de Paris (AP-HP)*** *a été condamnée au pénal, en tant que personne morale, pour la mort d'un enfant de 17 mois dans l'un de ses établissements. Le tribunal correctionnel de Paris a reconnu coupable l'institution hospitalière, mercredi 3 septembre, et l'a condamné à 10.000 euros d'amende pour "homicide involontaire" et "mise en danger d'autrui" après le décès, le 10 février 1999 du petit Olivier A. à l'hôpital Armand-Trousseau (12e arrondissement de Paris)... A ce stade, l'AP-HP, qui regroupe 30 hôpitaux dont 17 à Paris, niait toute responsabilité pénale, en s'appuyant sur des arguments juridiques : la défense indiquait que la responsabilité de l'AP-HP en tant que personne* ***morale ne peut être engagée*** *que si une infraction a été commise par l'un de ses représentants, en l'occurrence la direction générale ou son conseil d'administration. Toute la question du procès revenait à étendre ou non cette responsabilité aux faits commis par la direction d'un hôpital et son personnel. Au cours de l'audience, l'AP-HP a opéré un changement total de stratégie : face à la gravité des faits et à* ***l'image désastreuse*** *du fonctionnement du service hospitalier qui se dessinait, elle a accepté d'endosser entièrement sa responsabilité : "Olivier ne devait pas mourir, avait reconnu à la barre le directeur juridique, Jean-Marc Morin. Quand une institution remarquable commet des erreurs,* ***elle doit les assumer*** *et je les assume." Le tribunal a suivi cette logique en condamnant l'AP-HP pour la première fois en tant que personne morale. »*

http://www.actu-environnement.com/ae/news/etat-fonds-garantie-condamnation-remboursement-agriculteur-lorraine-pesticides-18125.php4

Ce Jugement confirme le fait de la position **d'arbitre de la vie sociale** qu'exerce aujourd'hui la Justice, tant envers l'Etat qu'envers les médecins, en dissociant bien l'un de l'autre. Nous vivons dans une société judiciarisée et rien ne peut y contrevenir. Le triptyque Justice-Etat-Médecin résume les rapports des administrations de l'Etat avec les professionnels de Santé. Tous deux sont également surveillés de près par les Juges. Pourtant, ce n'est pas l'impression que donnent ces mêmes administrations, peut-être encore restées dans une conviction d'immunité, comme en témoigne l'attitude initiale adoptée par la direction de l'APHP en 2003 au procès du petit Olivier A. Aujourd'hui il n'existe plus d'immunité administrative ....

« Un hôpital et son directeur sont condamnés pour absence de déclaration en préfecture d'une installation classée et absence d'analyse des eaux rejetées par des tours aéro-réfrigérantes... Pour les juges, le directeur de l'hôpital, au moment des faits « devait assurer le respect de cette obligation de déclaration qui constituait une formalité administrative indispensable relevant de son pouvoir de direction », et ce d'autant plus que l'hôpital et son directeur connaissaient « parfaitement l'obligation de déclaration leur incombant et qu'ils ont faussement laissé ou fait mentionner le fait que cette déclaration avait été effectuée ». Les juges en concluent que l'hôpital et son directeur, à l'époque des faits, « ont ainsi, au sens de l'article 12-1-3 du code pénal, ***créé la situation de danger****, constituée par la non-déclaration manifestement délibérée de l'installation classée, ce qui a permis la réalisation* ***des dommages causés par la légionelle*** *». L'hôpital est donc condamné au paiement d'une amende de 12.000 euros et le directeur de l'établissement au moment des faits est condamné à une peine d'emprisonnement de trois mois avec sursis et au paiement d'une amende de 2.000 euros... Le pourvoi en cassation de l'hôpital et de son directeur au moment des faits a été rejeté par la Cour de cassation et leur condamnation est donc devenue définitive. »*

http://personneldesante.fr/cadre-juridique-exercice/legionellose-condamnation-penale-hopital-directeur.html

« Harcèlement moral : le tribunal condamne le directeur de l'hôpital de Fourmies. Philippe D. a été condamné hier par le tribunal correctionnel d'Avesnes. Les juges ont estimé en première instance que Walli M. un ancien salarié de l'hôpital, était recevable dans sa plainte pour ***harcèlement moral****, formulée à l'encontre du directeur de l'hôpital de Fourmies et Hirson (notre*

édition du 13 avril). Me Segard, conseil de Philippe D. informe qu'il fera appel du jugement dans le délai de dix jours qui lui est imparti. Il « constate » également « que le tribunal n'a pas suivi les réquisitions du procureur ».

http://www.lavoixdunord.fr/region/harcelement-moral-le-tribunal-condamne-le-directeur-de-jna12b0n482807

Qui est le garant de la qualité des soins ?

La mission du directeur administratif est devenue primordiale à la suite des diverses réformes des hôpitaux depuis 20 ans. Ceci explique la disparition de son concurrent, le directeur médical, ce qui n'est le cas ni en Allemagne, ni en Suisse, ni en Belgique... nous l'avons vu. La fonction administrative se trouve donc « renforcée » et « concentrée », le directeur se comportant comme un «*chef d'entreprise cotée en bourse*» rappelait le Président Sarkozy. La réalité juridique est hélas bien différente et dans une certaine mesure, le système de **directeur unique** créé une impasse juridique. En effet les contresens et les conflits d'intérêts ne manquent pas, et plutôt que de dynamiser le secteur hospitalier cette nouvelle gouvernance l'a rendu apparemment plus ambigüe. En concentrant l'autorité sur un seul représentant (l'Etat) la gestion hospitalière apparaît technocratique et déshumanisée. Elle risque d'augmenter les conflits...et leur judiciarisation.

*« L'implosion sociale est un risque. Rien ne va plus à **l'hôpital de Dijon**. Avec plus de 41 millions d'euros de déficit cumulé, dont plus de 7 m. rien que pour 2011, le CHU doit se serrer, encore une fois, la ceinture.... Pierre-Charles Pons, le directeur général prévient, dans une lettre datée du 8 février dernier, envoyée à l'ensemble des professionnels du CHU : « Cette dérive met en danger notre capacité à poursuivre le financement de nos investissements si aucune mesure **vigoureuse** n'est prise rapidement. » ...Associer les pôles mais très clairement, et temporairement, dans un management « **directif**» que la situation exige. Cette formule de «management directif» inquiète Frédérique Mugnier de la CGT : «Malheureusement, la direction, générale n'a pas le choix. Puisque le ministère lui fait savoir qu'elle doit sabrer, notamment en direction du personnel. La position de Pierre-Charles Pons n'est pas tenable. Il impose ce qu'on lui impose. Le personnel hospitalier est obéissant car il est très dévoué à son travail. L'hôpital prodigue encore des soins de qualité*

uniquement grâce au dévouement de son personnel. Mais il y aura une limite. Le personnel tient parce qu'il peut prendre quelques vacances en famille. Ce management directif va ***entraîner de la casse****....* »

http://www.gazette-cotedor.fr/2012/03/14/le-rale-de-lhopital/

« *Mr Jean-Louis Lumineau se reconnait volontiers sous les traits d'un directeur patron embauché par Nicolas Sarkozy : « Je suis un* ***directeur directif*** *d'où l'idée que j'ai pu me faire du directeur patron.* ***Je décide*** *mais avec les médecins et les partenaires sociaux.* » (11)

Jean-Louis Lumineau était directeur du Centre hospitalier de Courbevoie-Neuilly-Puteaux ; Il est décédé en août 2011. Il se fait ici le porte-parole de l'esprit de la loi de 2009, en se présentant comme un super « directeur-directif ». L'expression « directeur-directif » est devenue un lieu commun, elle se retrouve aujourd'hui dans la bouche de presque tous les directeurs d'hôpital. Mais...nous espérons avoir montré que la Santé Publique du 21ème siècle résulte d'un **équilibre** entre trois forces équivalentes : La Gestion qui l'organise, la médecine qui l'anime et la Justice qui l'arbitre. Aucune ne peut s'imposer aux deux autres. Les intérêts du « directeur-directif » sont différents de ceux des médecins, et leur statuts juridiques sont mêmes très opposés. De sorte que nous avons la conviction que l'organisation des hôpitaux sera appelée à évoluer dans le sens d'une séparation plus nette entre la fonction du gestionnaire financier, et celle des détenteurs du savoir-faire et responsables des soins de Santé, la fonction réelle des médecins aujourd'hui. Il semble donc logique de réinstaller un **directeur médical** qui symbolisera cette séparation des fonctions, renforcera la notoriété des soins et facilitera leur mutation vers une nouvelle économie de services. Le tout arbitré par la Justice.

« .. le Dr Jean-Jacques T. est assigné en référé à la 17e chambre correctionnelle du Tribunal de grande instance (TGI) de Paris mardi 20 mai pour la publication de son essai « Le serment d'hypocrite. Secret médical : le grand naufrage ». Cet ouvrage ... dénonce notamment l'intervention de sociétés externes dans le codage des actes médicaux (ndr : T2A). *Cette assignation, indique-t-il...est à l'initiative de la* ***direction du Centre Hospitalier*** *de Saint-Malo (Ille-et-Vilaine), mise en cause dans l'essai. Il est assigné en référé pour trois motifs : manquement au devoir de réserve, manquement de discrétion professionnelle et propos diffamatoires... »*

http://abonnes.hospimedia.fr/articles/20140516-judiciaire-le-dr-jean-jacques-tanquerel-est-assigne?

Voici donc un praticien hospitalier qui dénonce sa direction dans un livre, et cette direction qui l'assigne en Justice. La direction administrative d'un hôpital (l'Etat) assigne un salarié de ce même hôpital (l'Etat aussi). Un tel évènement montre que le statut juridique de l'hôpital public évolue à grande vitesse, et le nier expose probablement à des déconvenues. Car il est devenu le théâtre de conflits d'intérêts de plus en plus fréquents. En effet la logique du directeur unique pourrait le conduire **à choisir** de façon arbitraire entre ses intérêts de gestionnaire et l'éthique médicale, ce qui est loin d'être anodin sur le plan social. L'affaire de l' « *optimisation du codage des actes médicaux* » par des sociétés externes (non assermentées au respect de la vie privée des patients) soulève malheureusement ce **conflit d'intérêts** qui devrait être mieux intégré dans le management des hôpitaux. L'installation du **directeur médical** aurait le bénéfice de revenir à une direction à deux têtes. La gestion d'un côté, les soins et l'éthique de la Santé de l'autre. Chaque directeur aurait son domaine, et sur les grandes orientations un consensus « médico-financier » serait requis **sur place**.... et pas devant les tribunaux. Une sorte de pluralisme serait recréé.

Le directeur des soins surveillerait directement les pratiques du nursing, et mettrait fin au morcellement des tâches : un seul malade, une seule équipe, une responsabilité partagée par tous. La « charte de non-punition » pour tout le monde serait elle aussi sous le contrôle du directeur médical qui en surveillerait l'application afin de ne pas diluer les responsabilités des divers agents et garantir la qualité finale des services rendus, comme en Allemagne... C'est d'ailleurs peut-être la Justice elle-même qui finira par solliciter une telle séparation.

Le savoir-faire médical : à valoriser ou à combattre ?

Le socle du savoir-faire hospitalier moderne est bien l'**équipe médico-technique**. Ce sont ces petits collectifs fonctionnels qui assurent la compétence de l'hôpital comme dans toutes les entreprises de service modernes. La modernité imposerait d'appliquer à l'hôpital les règles du management privé et en particulier l'obligation du partage du pouvoir entre la direction et les animateurs de ces collectifs médicotechniques. C'est bien le directeur médical qui sera le garant de cette dynamique d'autonomie et de simplification des charges administratives. Un retour vers le « cœur de métier » de l'hôpital : les soins. Voici un autre témoignage très intéressant :

« Médecins intérimaires: au secours, l'hôpital public part à vau-l'eau! Le récent rapport parlementaire "Hôpital cherche médecin coûte que coûte" du député Véran est symptomatique du malaise qui touche l'hôpital public mais plus globalement du système de santé où chacun cherche son bénéfice individuel ***plutôt que l'intérêt général****. Et encore une fois, au lieu de s'intéresser à la cause de la fuite des médecins hospitaliers, notre ministre de la santé stigmatise les médecins dans Le Parisien : "Il est quand même choquant que des médecins jouent des difficultés de recrutement que peuvent rencontrer certains établissements". Mais de qui se moque-t-on?*

Si les médecins fuient les hôpitaux et que ces derniers sont obligés de recruter des médecins intérimaires, ce n'est ni la faute des médecins hospitaliers, ni celles des intérimaires. C'est plutôt la faute d'un système hospitalier qui fait tout pour les faire fuir. Les médecins hospitaliers sont en effet passés en quelques années du stade de "patrons" aux pleins pouvoirs à celui ***d'ouvriers spécialisés****, simples exécutants au service d'une administration à l'ampleur démesurée. Pas étonnant que les médecins fuient, préférant l'activité libérale, mieux rémunérée et surtout plus libre. ....Chaque année le taux de vacance statutaire des praticiens hospitaliers dépasse 30% dans certaines activités (anesthésie-réanimation, urgences, radiologie) sur les 40.900 praticiens en 2011.... Chaque année, le concours pour y accéder comporte plus de places que de candidats! Depuis la promulgation de la loi HPST (Hôpital Patients Santé Territoire), le directeur administratif a autorité sur tous les personnels, y compris les médecins, dans le respect des règles déontologiques. De plus, il nomme à la tête des pôles d'activité, les chefs de pôle avec pour mission l'organisation et le fonctionnement de ces pôles. Exit les chefs de services donc avec une indépendance d'organisation. Les chefs de pôles dépendent du directeur... Si le médecin n'est plus d'accord avec les logiques managériales et budgétaires, il ne peut/doit que s'incliner... Les jeunes professionnels du monde de la santé veulent bien revenir à l'hôpital à condition d'y être bien traités:*

• *en participant pleinement à la gouvernance de l'hôpital : ils souhaitent pouvoir travailler de concert entre soignants et managers. Un directeur médical ou soignant permettrait un* ***pilotage bicéphale*** *de l'établissement et* *des évolutions de carrières attractives pour les jeunes médecins ; les Agences Régionales de Santé doivent également être re-médicalisées en urgence.*

• *en bénéficiant de passerelles aujourd'hui inexistantes d'une spécialité à l'autre, rendant les choix de spécialité à l'Internat (appelé Examen Classant National) moins définitifs qu'aujourd'hui et comblant ainsi les déficits démographiques ;*

• *en décloisonnant des carrières universitaires ou de recherche, réservées aujourd'hui à une faible minorité de praticiens hospitalo-universitaires nommés à vie (selon un statut archaïque créé en 1958). Les médecins des hôpitaux doivent tous pouvoir assurer soins, recherche et enseignement et exercer en temps partagé ces fonctions de manière flexible et évolutive en cours de carrière. C'est le cas ailleurs dans le monde et au bénéfice de tous.*

• *en favorisant des modes d'exercice mixtes, avec, par exemple, trois jours à l'hôpital et deux jours en libéral sans être pénalisés financièrement (nécessaire convergence des niveaux de rémunération public/privé).*

• *en valorisant les zones et spécialités déficitaires sur des critères justes de responsabilité, pénibilité et besoins de santé publique et favoriser la réversibilité des choix (le praticien choisissant un poste en secteur pénurique serait favorisé dans une installation future ailleurs) »* .
Gérald Kierzek, Medecin urgentiste, in:

http://www.huffingtonpost.fr/gerald-kierzek-/medecins-interimaires-hopital-public

Ce plaidoyer du médecin urgentiste de l'hôpital Cochin, Gérald Kierzek, mérite d'être confronté à l'interview de Mr. Jean-Louis Lumineau qui représentait l'opinion des « directeurs-directifs » issus de la réforme de 2008. Des directeurs d'hôpitaux sans vis-à-vis, comme en témoigne le conflit social au CHU de Dijon. Sans médecins comme interlocuteurs en tout cas. C'est-à-dire sous tutelle purement bureaucratique. La conséquence de cette idéologie est inexorable : les hôpitaux recrutent difficilement des médecins de qualité, le niveau des prestations baisse, l'hôpital « taylorien » devient une **usine de montage.** Est-ce le souhait des citoyens qui aiment leur hôpital et entretiennent une relation passionnelle avec leurs praticiens ?

Face aux logiques politiciennes, les médecins ne peuvent qu'opposer leurs obligations déontologiques envers les personnes souffrantes. Mais ils se sentent peu écoutés. La **rupture morale** est la conséquence logique de ce mode de nouveau mode de management axé sur la « procédure ». Les soins intimes à la personne humaine, sous le regard pressant de la Justice, nécessiteraient un statut social autrement **plus structuré** que la position misérable accordée aujourd'hui aux médecins. Ce qui domine c'est bien le **vide institutionnel** qui entoure la mission de soigner.

Le management moderne des services :

La technocratie est en effet coupée du monde de la **médecine réelle**, elle donne l'impression de concevoir un système auto-suffisant qui ne dit rien publiquement de ses intentions mais laisse les soignants et les associations seuls en face des malades. Et ce n'est pas la **néo-langue technocratique** dite langue de bois, qui apporte la transparence que les patients exigent aujourd'hui. Il s'est installé un décalage entre l'obligation de l'information médicale claire et sincère des malades et la non-communication des autorités administratives issues de la nouvelle gouvernance appelée « langue de bois »:

« ...attention les mots n'ont pas la ***même signification*** *pour vous et pour les tutelles qui utilisent un langage néo-libéral: efficience et qualité des soins indiquent respectivement économie et soin au moindre coût ».*

In : « Phare », (50)

Plus grave encore, le centralisme bureaucratique a choisi d'installer une autre médecine plutôt que remettre en question **ses propres méthodes** de gestion. C'est « l'hôpital-usine de montage de soins géré de façon taylorienne » aboutissement de 20 années de dérive administrative centralisatrice (à l'image de la culture technocratique et de l' « ENA »). Or ce ne sont pas les publications qui manquent sur la science de gérer des équipes de soins.

« Le problème à traiter ne doit pas en effet être le « ***problème du chef*** *» mais celui des membres du collectif. Cette fonction d'animation est connue alors comme « facilitatrice » et non comme un rôle de contrôle. Il s'agit de faciliter la convergence des points de vue et d'avancer*

progressivement sur un processus d'amélioration continue, plutôt que contrôler si chacun travaille bien. »

In : Le Boterf, page 232 (17)

« *Il faut souligner que la nouvelle orientation impliquée par le développement des compétences correspond bien à l'évolution actuelle des entreprises dans la mesure où elles sont contraintes à des changements plus rapides et plus profonds que par le passé…de ce point de vue le développement des compétences fait partie des initiatives qui visent l'accroissement de la participation individuelle aux décisions collectives, comme par exemple la constitution de groupes autonomes et la création de* ***cercles de qualité*** »

Claude Lévy-Leroyer in : (20)

La compétence des soins de Santé nécessite la **participation** aux décisions de gestion. Voici le management contemporain. Plus un service hospitalier devient compétent, plus les services rendus sont « pointus », plus ce service doit être écouté et **participer aux décisions** qui le concernent de près ou de loin. Jusqu'à constituer un groupe autonome appelé « cercle de qualité ». Claude Lévy-Leroyer ne décrit-il pas ce que devrait devenir le conseil médical du futur hôpital public, puissant et occupant un espace de décision très élargi et non pas réduit à émettre des « avis » soumis au diktat du directeur administratif ? Il aurait l'avantage de corriger immédiatement les dysfonctionnements du système actuel qui est anormalement « démédicalisé ».

« *Jean PAILLARD : cette loi Bachelot est qualifiée de* ***loi anti-médecin*** *par les médecins libéraux comme par les praticiens hospitaliers. Est-ce le cas ?*

Michel CHASSANG : …le système proposé est en outre pour le moins étatique. La réforme contribue à rigidifier le système hospitalier alors que celui-ci aurait besoin d'être ***assoupli,*** *de même qu'il rigidifie la médecine de ville qui jouissait jusqu'alors d'une souplesse relative. De ce fait, les médecins ont réellement le sentiment d'une loi anti-médecin. A cela s'ajoutent quelques amendements vexatoires …. Enfin, des pans entiers de la convention sont sortis du système conventionnel, ce qui comporte de nombreux dangers.*

Gérard BAPT : Cette loi écarte de nombreux acteurs, notamment les médecins hospitaliers qui sont particulièrement inquiets de l'importance prise par le directeur d'hôpital. Concernant la médecine de ville, cette loi s'accompagne de mesures pour le moins maladroites comme l'autorisation d'absence. Le malaise est parfaitement compréhensible »

http://www.fnp-online.org/file_pdf/Convention %209%20avril%202009%20 table%203.pdf le 25/01/2010

Le « pouvoir agir » soulève souvent des questions de...pouvoir. Si l'on veut réellement entrer dans une logique de « compétence » médicale et paramédicale, il faut commencer par **sortir d'une logique distributive** ; et ensuite il faut créer les structures qui permettent d'analyser le niveau de compétences d'un établissement de soins, puis de le faire progresser, et enfin de le surveiller. Pourrait-on opter pour un management de la Santé qui **délègue** de réels pouvoirs aux professionnels ? On ne peut pas demander aux équipes de l'excellence, de la prise d'initiative, des succès, une notoriété régionale, une médecine efficace et moins coûteuse, une satisfaction maximale des patients, sans leur donner les moyens et le pouvoir de s'organiser et de fonctionner comme **elles** le jugent nécessaire. Cela signifie clairement de reconnaître:

- une responsabilisation sur les **objectifs financiers de l'activité médicale**, la possibilité de pouvoir faire évoluer ces objectifs ou de les corriger, le pouvoir et les moyens de pouvoir **s'organiser** rationnellement pour les atteindre.

- Cette délégation ne conduit pas à nier le pouvoir managérial mais à le moderniser, à lui donner une nouvelle définition correspondant à « une économie de services ». Le co-management ne nierait pas le rôle du directeur administratif, mais donnerait à sa mission un sens plus réaliste. Le gestionnaire reviendrait à son cœur de métier qui est d'organiser les dépenses, et pas d'être le « chef de tout ».

- Claude Lévy-Leboyer ajoute enfin que « *L'initiative laissée à chacun pour organiser son développement personnel coïncide avec la manière dont les individus cherchent à gérer eux-mêmes leur carrière. Ceux-ci acceptent beaucoup moins facilement une* ***autorité tutélaire qui décide*** *ce qu'ils doivent entreprendre sans laisser d'autonomie. La démarche* *de compétence appelle des choix politiques importants sur l'organisation du travail, la place accordée à la polyvalence…et la délégation de pouvoir accordée aux* ***équipes de terrain*** *».*

Claude Levy-leboyer, 113-114, (20)

Evidemment ceci c'est l'inverse du « directeur-directif ». C'est très exactement son opposé. La conviction moderne est que l'efficience résulte de la délégation de pouvoir et de l'autonomie. Tandis que l'autoritarisme braque les équipes, « va entraîner de la casse » nous dit ce délégué syndical du CHU de Dijon.

Ainsi on entrevoit ce que sera l'hôpital de demain. Devant une économie atone, l'Etat sera contraint d'accepter de **céder une part de ses prérogatives** en faveur de ses partenaires, pour mettre en œuvre la « nouvelle économie de services », unique chance de recréer des emplois. Il devra donc renoncer à son centralisme bureaucratique au profit d'un nouveau pluralisme. Sous la pression budgétaire, l'hôpital sera tenu de revenir à son « cœur de métier », les soins de Santé, et de les **valoriser** au sein d'une « économie sociale de marché », celle qui se met en place aujourd'hui. Il devra donc réévaluer sa mission d'« ascenseur social passif » au profit d'une économie sociale beaucoup plus participative (de « marché »). L'hôpital public cesserait d'être sanctuarisé mais deviendrait une sorte de coopérative de soins médicaux.

Qui est garant de la qualité des services rendus, l'Etat ou les médecins ?

Il y a un consensus international sur l'importance de développer le savoir **collectif** au sein des entreprises et des services. Et sur le principe de considérer l'équipe, comme le noyau du savoir-faire, même à l'hôpital. La crainte idéologique de voir les médecins reprendre le **leadership** des unités fonctionnelles et de les animer, devrait pouvoir s'effacer pour promouvoir au contraire le savoir-faire médical et sa participation à une économie ouverte de proximité. Le rôle de « chef d'orchestre » est d'assurer la compétence maximale de l'équipe de soins, avec un seul objectif : la qualité des prestations offertes. Mais attention : James Reason nous rappelle que les **accidents médicaux** peuvent être dus à des **défauts de conception** du système de soins, et que tous les acteurs de la compétence collective sont impliqués dans son bon fonctionnement.

« James Reason rend visible la responsabilité du système dans lequel s'inscrit l'individu. Ce dernier n'est plus qu'un ***maillon*** *de la « cascade accidentelle » responsable des erreurs qu'il peut commettre, mais aussi* ***victime*** *des défauts de conception du système, des «* ***peaux de bananes*** *» parsemées tout au long du processus. Dans ce modèle, l'individu commet des erreurs le plus souvent involontaires et consécutives à des « erreurs systémiques ». L'analyse ne doit donc pas concerner seulement les opérateurs de première ligne, mais tous les acteurs ayant contribué à la conception et au fonctionnement du système »*

In : (28), 20-22

Avec les réformes récentes, c'est l'Etat qui s'est attribué l'organisation des services hospitaliers en ne concédant plus aux médecins qu'un droit consultatif à égalité avec le conseil des personnels non-médicaux. Ce management est axé sur les statuts de la fonction publique hospitalière, et donc fortement démédicalisé. Il n'est pas sans danger, car il cumule deux handicaps : il n'y a plus de primauté à l'engagement médical envers les malades, et les objectifs médicaux ne sont plus que consultatifs à égalité avec les acquis statutaires des agents. L'organisation des soins résulte donc d'un compromis entre des intérêts parfois très opposés. Et des conflits d'intérêts sont fréquents.

L'accident de soins n'est plus que très rarement une faute individuelle, mais plus fréquemment une cascade d'événements indésirables. Pourquoi surviennent-ils ? D'abord parce que les soins sont prodigués par des **équipes**, plus ou moins bien hiérarchisées, parfois en conflit idéologique; ensuite parce que l'accident est une cascade souvent liée à un défaut d'organisation globale plus que de compétences individuelles. Sont responsables, in fine, ceux qui ont **conçu le système lui-même** et qui le cautionnent. Dans une telle logique, le « directeur-directif » serait en réalité une bombe à retardement. Il se désignerait lui-même comme le responsable de toutes les erreurs systémiques, puisqu'il est responsable de toute l'organisation de son hôpital. Bien sûr il ne le fait pas, et est même prompt à désigner d'autres coupables (par le biais des « référentiels nationaux »). Mais il pourra le faire de moins en moins, car la loi hospitalière le désigne maintenant comme celui qui cautionne toutes les « *peaux de bananes* » qui parsèment son hôpital. La réforme HPST de 2009 est probablement à contre-courant de ce point de vue. L'amélioration du système de soins passera donc par une contre-expertise permanente. Ce sera sans doute le rôle du directeur médical qui exercera ce contre-pouvoir :

« Un décès « inexpliqué » à Cochin relance la polémique sur l'Hôtel-Dieu... Amenée par les pompiers à 16 h 30 pour une blessure au pied, la patiente de 61 ans est examinée dix-huit minutes plus tard par l'infirmière d'accueil et d'orientation. Mais le système informatique ne lui permet pas de savoir que la femme a déjà été hospitalisée en avril 2012, après une venue aux urgences. La patiente se voit attribuer une priorité 3 et doit donc être vue par un médecin dans les ***soixante minutes****. Elle est placée dans un fauteuil devant les brancards, en face du poste de l'infirmière d'accueil, qui souhaite pouvoir la surveiller. Cette zone est « extrêmement passante puisque c'est le lieu d'entrée dans la zone de soins. Ce n'est que plus de* ***cinq heures*** *plus tard, entre 21 h 30 et 21 h 40, qu'un médecin charge une externe de l'examen. Celle-ci va chercher et appeler la patiente dans différentes salles d'attente et même dehors, où certains patients vont fumer. Une interne reprend ensuite la recherche avant d'informer le médecin de son insuccès. La patiente est alors considérée comme « sortie sans avis médical ». Des sorties « fréquentes dans un contexte d'attente longue », avec 7 à 12 cas par jour, relève le rapport. A 23 heures, (****six heures et demi*** *plus tard) une aide-soignante remarque que cette patiente, «entourée de quatre personnes dont aucune n'a fait spontanément mention d'une demande ou d'une plainte», est « blanche ». Un médecin constate le* ***décès****.*

... Le rapport écarte toute erreur individuelle des membres de l'équipe médicale ainsi que tout problème de sous-effectif. Il liste cependant une méconnaissance des procédures à suivre et ***plusieurs failles*** *dans l'organisation, révélatrices de tensions structurelles au sein des services d'urgence. « Rien ne correspond à une faute grave en soi, c'est une succession de* ***petits dysfonctionnements*** *qui ont abouti à un événement indésirable grave», estime le professeur Pierre Carli, président du Conseil national de l'urgence hospitalière et coauteur des recommandations annexées au rapport.*

- causes immédiates : la recherche de la patiente n'a pas abouti, l'échange de dossiers entre l'interne et l'externe dans un but de rapidité d'exécution a entrainé un moindre contrôle du senior, la fragilité de la patiente n'était pas décelée dès le lors d'un premier contact, ce qui ne permettait pas d'exclure que la patiente ait pu partir sans attendre les soins,

54 patients étaient présents au service des urgences peu avant l'heure , 7 patients relevaient du « fast-trac »

- causes profondes : le logiciel « Urqual » propose une représentation de l'occupation du service et de la prise en charge des patients... La communication verbale entre les différents intervenants semble peu privilégiée ; la diversité de l'application des nouvelles procédures nous semble liée une intériorisation ***insuffisante*** *des procédures communes par l'ensemble des praticiens.*

Dysfonctionnements : les diagnostics antérieurs de la patiente portés en hospitalisation n'étaient pas accessibles au service 7A ce qui pose le problème de l'accès au dossier du patient ; Cependant cette information n'aurait été recherchée que lors de la prise en charge médicale de la patiente, seul un médecin peut y avoir accès ; le groupe hospitalier porte actuellement un intérêt particulier aux questions de l'accès au dossier patient dans le cadre de la réponse aux recommandations pour la certification, le délai entre l'événement et sa déclaration est imputable à plusieurs facteurs qui tiennent à une méconnaissance des procédures à suivre »

http://www.lemonde.fr/societe/article/2014/02/28/deces-a-l-hopital-cochin-l-ap-hp-admet-des-dysfonctionnements-mais-pas-de-faute_4375442_3224.html LE MONDE | 28.02.2014

Il appartiendra peut-être à la Justice de déterminer les causes du sort de cette patiente blessée, admise dans un service hospitalier et laissée sur un fauteuil pendant 6 heures ½ avant d'être découverte morte. Attardons-nous sur les circonstances de cet échec. La description ci-dessus publiée dans le journal « Le Monde » permet de comprendre ce qu'est **la cascade accidentelle** de James Reason. Elle commence par la méconnaissance du logiciel « Urqual » par les urgentistes, le mauvais interface fourni par ce logiciel sur l'état des malades, puis le délai d'intervention médicale non respecté (équipe surmenée ?) , l'accès insuffisant au dossier médical et donc la mauvaise prise en charge initiale, enfin l'abandon des recherches de la malade montrant une équipe médicale « démotivée » et surtout qui ne communique pas entre elle. Mais qui a cautionné le système d'urgences mis en place à l'hôpital Cochin ? C'est bien un directeur-directif. Finalement, ne manque-t-il pas tout simplement un « pilote dans le cockpit » de l'avion, un directeur des soins ?

« L'hôpital peut être condamné pénalement du fait des infractions commises, pour son compte, par ses organes et représentants étant précisé que sa responsabilité de personne morale n'est pas exclusive de celle des personnes physiques dont le comportement délictuel est à l'origine du dommage. Ainsi, le ***directeur qui « valide »*** *une organisation des soins non conforme à la réglementation engage la responsabilité pénale de l'établissement mais* ***également la sienne****. »* SHAM portail prévention :

http://prevention.sham.fr/Droit-Pratiques/Le-point-sur/La-faute-penale-a-l-hopital/(chapitre)/2/(subpage)/

La Justice garante de la mutation managériale des hôpitaux ?

Voici une preuve ultime de la **primauté de la Justice**. Les conflits humains sont évidemment la conséquence inéluctable de cette déshumanisation de la gestion hospitalière :

« Monsieur le Directeur Général : Médecins hospitaliers, nous avons pris connaissance du texte intitulé : « Décès d'une patiente à l'Hôpital Cochin (AP-HP) : Publication des conclusions de l'enquête et des recommandations » émanant du Bureau d'Enquête-Analyse du Groupe Hospitalier « Hôpitaux Universitaires Paris Centre ». Ce document résulte d'une enquête diligentée à la suite de la survenue du décès d'une patiente dans le service d'accueil des urgences de l'hôpital Cochin (AP-HP) le 15 février 2014. Dans ce document on lit: « l'anomalie qui préoccupe est de ***ne pas avoir trouvé la patiente et non pas son décès.*** *» Cette phrase est le reflet de tout le contenu de ce texte et des recommandations qu'il contient….*

Vos rapporteurs affirment : « le jour de l'événement, la situation en personnel était conforme à ce qu'elle doit être habituellement »…Tous les jours, avec des moyens insuffisants, les urgentistes reçoivent un nombre de patients comparable à l'afflux massif de victimes observé lors d'une catastrophe exceptionnelle. Que se passerait-il d'ailleurs dans une telle situation ? Les recommandations et prétendues solutions, proposées dans ce rapport, sont indignes : elles ne consistent qu'à étiqueter, trier les patients, « protocoliser », « informatiser », « rentabiliser », « court-circuiter » les prises en charges, « fast-track » en anglais dans le texte, dans une ***totale***

***indifférence**, devant la véritable misère humaine qu'illustre cette tragédie. Monsieur le Directeur Général, comment pouvez-vous accepter : que dans un service d'urgence une patiente soit morte sans que personne ne s'en rende compte, qu'il y ait plus de 7 heures d'attente dans la plupart de vos services d'urgence en raison du trop grand nombre de malades reçus ? »*

Le bureau national du SNMH-FO

Une révolution sanitaire et sociale :

L'Etat ne peut plus rêver d'une **médecine sans aléas**, parce que les soins médicaux sont des prestations complexes et qu'ils mettent en jeu des dizaines de métiers différents. Le projet d'une médecine « autoritairement règlementée » relève probablement du fantasme bureaucratique, et est devenu un luxe très coûteux pour l'Etat Lui-même. La médecine moderne a évolué depuis 30 ans, elle est de moins en moins une prestation solitaire, mais bien davantage une performance collective. L'approche en termes d'organisation est différente. Enfin, la société contemporaine est en train de se montrer plus exigeante sur l'humanisation des soins, elle privilégie la qualité aux dépens des procédures.

«.... Il est possible de défendre la logique d'Hippocrate face à celle de Machiavel, le professionnalisme et l'autonomie des médecins, plus largement celle des équipes soignantes et de leurs compétences collectives, face aux défaillances conjuguées de la main invisible du marché et de celle trop visible de la bureaucratie managérialiste » Dr. Jean-Pascal Devailly : http://jpdevailly.blogspot.fr/2010/07/hippocrate-contre-machiavel

La Santé a été gérée comme une « fonction d'Etat » et un marché attractif par les investisseurs privés, en tout cas comme un Monopole. Le monopole d'Etat alimente les grands groupes commerciaux privés et leurs actionnaires. Les deux se sont entendus pour tirer profit, chacun de son côté, de l'énorme quantité d'argent qui a circulé pendant 30 ans au sein de la Santé Publique. Aujourd'hui, la menace n'est plus sanitaire mais budgétaire:

*« ... à l'aune de ses extraordinaires succès au XXe siècle, la médecine triomphante pouvait encore se permettre de prélever 10% du PIB en 2007, aussi bien en France qu'en Allemagne ou en Suisse. Or ces prélèvements deviennent insupportables pour une collectivité qui entre en **récession**...Au XXIe siècle, les maladies nosocomiales (infections contractées à l'hôpital) et*

les accidents liés à la médecine prennent des proportions considérables et inquiétantes. L'hôpital n'est plus le temple de la qualité des années 1990-2000.

Désorganisé par une ***administration envahissante****, il se déshumanise, décourage ses personnels, et devient un lieu inquiétant où les erreurs sont de plus en plus fréquentes, provoquant des milliers de morts tous les ans. Un événement récent est emblématique de la dégradation du climat « humain » hospitalier : le projet de doter tous les patients hospitalisés d'un bracelet d'identification, comme les nouveau-nés : les intérimaires qui bouchent les trous des plannings ne connaissent pas les patients et le risque d'erreurs de personnes est important. Les témoignages des « habitués » des hôpitaux montrent que l'erreur n'est plus l'exception, mais une réalité avec laquelle on compose.*

L'Histoire nous apprend que lorsqu'un système atteint un niveau de complexité important, il finit par consommer ***toutes les ressources disponibles*** *pour son administration. Il ne produit alors plus grand-chose et s'étouffe avant de s'écrouler à l'occasion d'un événement imprévu. La santé publique n'a pas de raison d'échapper à ces cycles systémiques universels. La fissuration actuelle de la protection sociale pourrait bien en être un signe avant-coureur, face à un corps médical découragé, ou influencé par des experts liés aux acteurs financiers de la santé. La réaction des pouvoirs publics a été aussi classique qu'inadaptée : augmenter l'administration du système. Cette inflation administrative n'est parvenue qu'à renchérir les soins, à en diminuer la qualité, et à décourager les soignants. Il est frappant de noter que dans une économie libérale comme celle de la France, c'est le système du* ***Gosplan soviétique*** *qui est appliqué à la santé, et qui doit être renforcé prochainement. L'Histoire montre pourtant que toutes les tentatives d'administration centralisée et dirigiste des phénomènes économiques conduisent à la ruine....*

Le coup d'arrêt du financement solidaire risque d'être le facteur de ***rupture de la bulle médicale*** *: le public va brutalement s'interroger sur le bien-fondé de ses dépenses de Santé et chercher des alternatives économiques. Il risque d'avoir quelques surprises.* »

http://www.agoravox.fr/actualites/sante/article/quand-la-bulle-medicale-va-t-elle-50640

Des doutes comme ceux-ci étaient inimaginables il y a encore 20 ans. La remise en cause de **tout le système de Santé Publique**! L'urgence politique serait probablement de trouver un nouveau système, tout simplement. Le pragmatisme serait peut-être d'accepter une forme de gestion administrative moins dirigiste et plus fine, qui fournirait le meilleur rapport qualité / gestion, dans l'optique d'un désengagement de l'Etat et de l'autonomie de l'économie des soins de Santé. Le pragmatisme consisterait donc à ne plus se poser la question de la présence « régalienne » de l'Etat dans les cabinets de consultation, mais comment faciliter le travail des professions médicales et garantir la qualité des soins.

« La médecine et la Santé Publique connaissent une relation complexe, contradictoire, faite de crises et de réconciliations, d'opposition et d'identité parfaite. Bref, une relation passionnée. Au moins dans notre pays. Car au ***Royaume-Uni****, l'une et l'autre vivent un mariage clair, avec séparation de biens, un contrat social établi en bonne et due forme, au sein d'un service de santé socialisé. La médecine s'y occupe des individus, la Santé Publique (public health) des populations. Et quand cette dernière a besoin de la première, c'est par contrat.*

Aux Etats-Unis*, le divorce a été consommé depuis longtemps, la Santé Publique et la médecine menant des chemins parallèles, l'une pratiquement étatique, l'autre essentiellement libérale, mais ici aussi en cas de besoin des contrats sont passés (au sein des Health Maintenance Organizations par exemple).*

En France*, la situation est beaucoup plus complexe, ou confuse. Bien malin celui qui peut affirmer quelles sont les responsabilités de la médecine par rapport à celles de la Santé Publique, ce qui relève uniquement du privé ou essentiellement du public, de la solidarité nationale ou du domaine du risque individuel. D'ailleurs, la confusion sémantique règne : quand les uns parlent de Santé Publique pour évoquer les activités des pouvoirs publics, voire celles des grands organismes d'Assurance Maladie, d'autres y voient un terme générique pour parler de la santé, dans laquelle la médecine s'inscrit alors naturellement.*

Pendant pratiquement tout le XXe siècle, la Santé Publique a été vécue dans notre pays comme une sous-catégorie de la médecine... La bulle a éclaté avec l'affaire du sang contaminé. La Santé Publique est devenue du jour au lendemain un domaine beaucoup plus prestigieux dans notre pays, ... les médecins praticiens sont devenus des « acteurs de Santé Publique », mais sans que l'on précise assez clairement leur rôle... ni que l'on définisse leurs objectifs, leurs moyens et, accessoirement (!), leur rémunération pour leur activité de Santé Publique : dépistages, vaccinations, prévention, traitement de l'hypercholestérolémie, de l'obésité, le sevrage tabagique, etc... Mais aussi une faible systématisation des ***responsabilités*** *des uns et des autres, par exemple dans la consommation d'antibiotiques qui entraîne un taux de résistance inégalé au monde. Ainsi, le* ***service de contrôle*** *de l'Assurance Maladie comporte-t-il presque autant d'agents que toute la Santé Publique « étatique » du pays : ministère de la Santé, toutes les Ddass, toutes les Drass et toutes les agences (Afssaps, INVS, Affse, Afssa...) réunis... Les médecins associent donc naturellement le terme : « public » aussi souvent à « contrôle » qu'à «programme de santé ».*

Lucien Abenhaim et McGill University, Université Paris 5, (site Cochin Port Royal).

http://www.john-libbey-eurotext.fr/fr/index.phtml le 11/01/2010

Lucien Abenhaim dresse un constat très pertinent du système de Santé français. S'il n'existe aucune confusion en Angleterre sur les rôles de la Santé Publique – considérée comme l'hygiène des populations- et de la médecine – considérée comme la thérapeutique individuelle- il n'en est pas de même en France. Il décrit bien cette **confusion** entre le domaine de la sécurité publique et celui de la pratique médicale individuelle. En outre, toute mobilisée par sa volonté de mainmise sur la médecine, la veille sanitaire oublie sa mission éducative auprès des industriels et des populations, d'où les retards bien connus en matière de prévention.

La nouvelle médecine qui se dessine sera différente. Elle fera mieux la part entre la « Santé Publique » (sécurité sanitaire) et les « soins de médecine » (prestations individuelles). Les agences de Santé négocieront avec les médecins et avec les autorités politiques régionales des objectifs de Santé réalistes, et sans tabous. Ces instances **paritaires** pourraient même inciter financièrement les médecins à l'excellence, les intéresser à leur propre activité dans les hôpitaux publics, valoriser leur rôle dans des programmes de Santé Publique tels que la diminution de consommation de médicaments. Elle sera participative, elle encouragera une gestion plus responsable des arrêts maladies, une contribution plus généreuse de toutes familles dans le transport de leurs proches (davantage de participation individuelle et moins de service d'Etat), et responsabilisera les familles dans le soutien financier des personnes âgées. Toutes ces initiatives fines diminueraient le reste à charge de l'Etat. En un mot, une **humanisation** de la Santé Publique en vue de la préparer à devenir une économie de services. Les citoyens seraient davantage impliqués dans leur rôle de **sociétaire** de « leur » Assurance-Maladie.

Chapitre 8

La nouvelle société

En 1998 j'étais de garde à l'hôpital CHAM de Berk-sur-mer. Un soir j'ai accueilli dans mon service un homme d'une quarantaine d'années, vieilli et négligé. Il y avait une particularité : on avait déposé ses deux jambes artificielles au pied de son lit. J'ai interrogé ce malheureux patient. Il s'est avéré que ce monsieur était un ancien cadre commercial qui avait perdu son travail et était devenu progressivement un clochard, un «SDF» en techno-langue. Une nuit d'hiver il s'est endormi sur un banc et s'est réveillé avec les deux jambes gelées. Il m'a dit ensuite : « *voyez-vous, je suis en traitement depuis cinq ans dans plusieurs hôpitaux et j'ai coûté une véritable fortune à la société française, le prix de plusieurs villas. Elle aurait économisé beaucoup d'argent en m'offrant un logement décent et chauffé il y a cinq ans. Et moi j'aurais gardé mes jambes…* ».

Il n'y a pas un pays occidental qui ne se considère aujourd'hui comme étant en grande difficulté financière. L'année 2014 est l'année de tous les dangers, l'Europe n'arrive pas à surmonter la crise, et reste « à la traîne » vers un déclin définitif ? Pour faire des économies, trois leviers sont actionnés par presque tous les Etats : deux pour diminuer les dépenses, et le troisième pour augmenter les recettes.

- D'abord, l'Etat et la fonction publique. Partout en Europe, les gouvernements tentent de montrer l'exemple en réduisant leur train de vie. Les ministères sont mis à contribution soit par un gel, voire une baisse du salaire des fonctionnaires, soit par une diminution des effectifs. De manière plus générale, l'Etat diminue ses investissements ou les alloue à des projets qui réduisent le nombre de chômeurs (emplois aidés).

- Ensuite, la protection sociale, qui coûte cher à l'Etat, est rabotée. Cela passe par un relèvement de l'âge de la retraite, par une diminution des montants ou des durées des allocations chômage, ou par une baisse des différentes prestations.

- Enfin, afin de renflouer les caisses, la fiscalité est durcie: augmentation de la TVA, hausse de l'impôt sur le revenu, ou des taxes sur les capitaux et les entreprises. Ceci diminue la masse monétaire en circulation.

http://www.touteleurope.eu/fr/actions/economie/euro/presentation/comparatif-l-austerite-en-europe.html

Un autre regard :

Bien qu'on ne parle jamais d'eux, il faudrait rester attentif aux « endettés » et aux laissés pour compte du néo-libéralisme. Malgré la tourmente, nos sociétés européennes restent actives, inventives et solidaires. Elles continuent de rendre d'incroyables services et de découvrir tous les jours de nouveaux systèmes de solidarité. Elles génèrent d'importantes richesses partagées, peu connues, mais qui devraient prendre de l'importance comme « seconde économie ». On peut considérer qu'il existe en Europe une **économie sociale souterraine** qui mûrit petit à petit. Elle sera sans doute appelée à prendre la place du libéralisme spéculatif après l'effondrement de la finance virtuelle. Soyons attentif à ces « petites choses » qui se mettent en place :

« *La Santé, une ressource économique exceptionnelle. L'opinion publique, partout ou presque dans le monde, n'a que rarement notion des* ***ressources économiques*** *brassées par la Santé. En France, les dépenses de Santé nationales les plus récentes s'élèvent aujourd'hui à 206,5 milliards d'euros. La part de la Santé dans l'ensemble de la consommation française est passée* ***de 5,2 % en 1960 à 11,8 % en 2006****. Cette croissance et la part qu'elle emporte sont supérieures à celles des dépenses alimentaires, bien plus élevées que l'ensemble de la consommation liée aux voitures.*

Ces dépenses de Santé ont permis de diffuser les progrès remarquables de la médecine, sont responsables d'avancées sociales importantes et ont contribué à la croissance économique... Plus un État jouit d'une économie développée et prospère, plus la population bénéficie de conditions de vie favorables. En revanche, qu'une phase de récession brutale intervienne, que de fortes déstabilisations sociales soient ainsi générées et se développe immanquablement une crise sanitaire. Ces ruptures n'ont été que trop rarement analysées, étant présentées comme des épisodes conjoncturels locaux ou temporaires.

On ne peut, aujourd'hui, que très difficilement envisager de s'attendre à ce que les ménages et les pays ayant des niveaux de vie élevés cessent d'accorder la ***priorité à la Santé****, à la sécurité sanitaire ou à la prévention. Les pays développés y consacrent entre 8 % et 10 % de leur Produit Intérieur Brut (PIB) : 15 % pour les États-Unis, 12 % pour la Suisse à et 11 % en France. Avant l'irruption de la crise économique actuelle, personne ne voyait comment empêcher le franchissement du cap des 20 % en 2030. L'utilité sociale de ces dépenses, l'attrait qu'elles ont sur les populations correspondent à de tels besoins qu'il semble certain que ce cap des 20 % de PIB soit atteint rapidement. Et pourtant, les économistes décrivent à l'envi et de façon très classique et reconnue les* ***effets négatifs des dépenses de Santé*** *sur les économies...*

Certes, l'inscription des dépenses de Santé dans la perspective d'un développement qualitatif et durable, en cohérence avec les orientations de croissance, exigerait un regard moins classique, plus décloisonné. À l'évidence pourtant, elles constituent un ***puissant moteur de croissance*** *compte tenu de la densité des emplois liés aux services. Il faut aussi tenir compte des enjeux de la compétitivité. Les dépenses de Santé sont aussi des investissements, des investissements stratégiques, qui s'opèrent ici ou là, à différentes échelles depuis l'Union Européenne jusqu'aux nations telles que la France, sans oublier les régions et les territoires.* » .
http://www.orsnpdc.org/observation/211292_1economie.pdf

On ne peut être plus clair, tout est dit. **L'observatoire régional de la Santé Nord Pas-de-Calais** décrit ici ce qui est l'âme même de la culture européenne, et le creuset de l'économie de demain. Mais aussi le conflit actuel entre les technocrates néo-libéraux et la réalité économique de terrain, locale et régionale. Il appelle à une « *gestion moins classique et plus décloisonnée de nos économies* »....tout un programme !

Voilà pourquoi les médecins, qui mettent en œuvre cette nouvelle économie, tirant parti du ressort économique de l'Assurance-Maladie, sont pris en tenaille entre la technocratie européenne toute baignée de « dérégulation » néo-libérale et les Etats reconcentrés autour de la réduction de leurs dettes. Le peu de cas que les politiques libérales de Mme Thatcher ou de Mr Berlusconi font des médecins montre quel chemin il reste à faire pour mettre en œuvre des économies « post-industrielles ». Les grands décideurs européens sont passés à côté de ce qui faisait l'admiration du monde entier : le modèle social européen. Aujourd'hui ils préfèrent fermer des hôpitaux ou des crèches et gonfler la marée de chômeurs plutôt que poser la question: quelle économie pouvons-nous encore développer sur place en Europe et comment profiter aujourd'hui de nos frontières communes ? Comment pouvons-nous nous **protéger** de la guerre économique mondiale tout en défendant une nouvelle façon de produire et de consommer en Europe. Comment mettre en œuvre une économie continentale face à la déferlante maritime du commerce mondial ?

La nouvelle société: plus attentive, plus économe, plus engagée :

Oui, le paradis économique se trouve peut-être dans l'enfer social, et le 21ème siècle serait davantage le siècle du **mieux vivre ensemble** que la consommation solitaire (et non-redistributive) que nous subissons aujourd'hui. On entrevoit ici le rôle de la médecine comme une force inductrice de renouveau social. Pourquoi la médecine ? Parce qu'elle étudie l'ordre de la Nature et qu'elle est donc iconoclaste des convictions managériales autant que des décrets bureaucratiques. La médecine a inventé l'économie de la Santé, elle invente maintenant les services de proximité, la confiance réciproque, l'empathie sociale en n'ayant qu'un seul but, le mieux-être humain et pas l'enrichissement du plus petit nombre d'entre eux. La Santé se présente ainsi comme l'**ultime richesse** de nos sociétés sophistiquées. Sans doute rien ne dépassera plus jamais **le désir d'être « bien portant »** tant la médecine est devenue efficace. C'est probablement le premier bien de consommation après le confort élémentaire, alimentation et logement.

Au moment de la première greffe du cœur en 1967 les philosophes avaient prédit une redéfinition de la notion de la mort et s'en émerveillaient. Au moment de la première implantation d'un cœur électrique en 2013 il se pose la redéfinition de la vie en commun, de l'activité économique et de la civilisation elle-même. Notre recherche de Santé a-t-elle une limite ? Ceci risque de vieillir les conjectures de la classe dirigeante internationale, encore ancrée dans le monde ancien : les citoyens préfèreront toujours être guéris de leur cataracte plutôt que posséder le tout dernier « iPhone 6 » ® bigger, faster, smaller…et même y consacreront plusieurs fois le prix d'un smartphone. Ils n'hésiteront pas une seconde. La Santé est devenue un mode de consommation qui doit enfin entrer en compétition avec les autres formes de commerce.

Les progrès scientifiques ont changé nos sociétés, mais une chose n'a pas changé : notre mentalité. Notre société qui se dit « moderne » vit avec des convictions anciennes. Les progrès ne s'achèvent que lorsqu'ils ont changé la civilisation elle-même. Nous devons inventer aujourd'hui la société du bien-être médical de demain. Et la médecine a conservé 50 années d'avance tellement le nombre de bouleversements qui s'annoncent sont nombreux. Elle est en mesure d'entrevoir un nouveau modèle économique probablement du même ordre que la révolution pasteurienne en 1900 ou à la révolution antibiotique des années 1950. Regardons ce qui se prépare en ce moment. Nous verrons que la machine à progrès continue de tourner à plein. Les changements qui s'annoncent se produiront, de toute façon. Car les découvertes scientifiques ont toujours remis en cause les dogmes des divers ordres sociaux. Ils ont toujours fini par s'imposer. Il n'y a pas de raison que cela s'arrête...Une analyse prospective s'impose, elle s'avère plutôt iconoclaste :

1. L'âge de la retraite :

Lorsque le Général De Gaulle a porté l'âge de la retraite à 65 ans, l'espérance de vie d'un Français était de...67,5 ans. Aujourd'hui elle approche 80 ans. Il n'est pas envisageable de revendiquer 12,5 années de pension supplémentaires sans y contribuer soi-même. Ceci paraît évident mais alimente une véritable crise politique depuis la loi Balladur sur les retraites en 1993. Il est d'ailleurs étonnant de constater l'impréparation des Etats à la crise démographique du 3ème âge puisque les chiffres étaient connus dès les années 1970. Plus l'espérance de vie augmente plus la Justice sociale imposerait que la part de retraite à charge de la communauté reste **constante.** Pour faire court, la solidarité sociale pourra toujours assumer une petite dizaine d'années de retraite aux cotisants, mais sans doute jamais plus. Les 25, 30 et même 35 ans de pension ne pourront jamais plus être supportés par les Etats. L'âge fixe de la **retraite à 60 ans est une catastrophe scientifique et économique**... Le seul véritable indice serait de fixer la retraite à +/- 7 ans de l'espérance de vie, cette date serait donc fluctuante et varierait en fonction des progrès de la science. Sinon à quoi sert-elle ? L'espérance de vie en bonne santé ne cesse de s'allonger, donc l'âge de retraite devrait se **décaler** inexorablement vers 70 ans et davantage. Plus les progrès de la science permettent d'allonger la vie humaine, plus l'homme pourrait travailler longtemps. A quel titre ne le ferait-il pas ? Augmenter la charge qu'il fait peser sur ses concitoyens ? Donc la contribution sociale doit rester sincère en toute circonstance…Chaque bénéficiaire devrait logiquement se consacrer plus longtemps à sa propre retraite s'il est en bonne santé. L'allongement de la durée de cotisation est une décision juste et **scientifiquement irréfutable.**

« Harrison Ford, 71 ans, a subi une opération de la jambe après s'être blessé lorsqu'une porte de garage est tombée pendant le tournage dans les studios Pinewood près de Londres. La porte-parole de la star a voulu rassurer en affirmant que "son opération s'est bien passée, qu'il commencera très prochainement sa rééducation et qu'il a hâte de retourner travailler ».

http://www.huffingtonpost.fr/2014/06/19/star-wars-7-harrison-ford_n_5511917.html

Le défi social consiste donc à **allonger la durée de l'activité** professionnelle en laissant une période inactive constante. Il faut donc éviter de retomber dans la chienlit qui a agité la France en 1993, 1995, 1996, 2003 etc.., pour arracher 2 années de cotisations supplémentaires par rapport au décret de François Mitterrand fixant l'âge de la retraite à 60 ans (!). Si la société fonctionne selon un équilibre qui assure sa pérennité, il est irresponsable de mettre à charge de l'employeur tout le coût social des progrès médicaux. Cette attitude a provoqué les délocalisations compétitives vers les pays moins-disant sociaux au cours des années 1990-2010. En Allemagne cependant, la durée de cotisation a été augmentée de deux ans d'un coup, sans la moindre protestation. Le débat national avait été préparé en amont. En France, un débat public permanent permettrait de passer d'une société des « acquis sociaux » figée, à une société « responsable » auto-contributive qui redéfinirait en **permanence** les normes sociales en fonction des richesses produites et des données de la science.

La réforme des retraites :

« La question de l'équilibre financier des régimes de retraite se pose du fait du vieillissement de la population : l'arrivée à l'âge de la retraite de la génération du "baby-boom" fait chuter le rapport entre actifs et inactifs et augmente à partir de 2005 les besoins financiers des régimes de retraite. Plusieurs leviers existent pour équilibrer le système : fonds de réserve, taux de croissance, durée de cotisation, âge de départ à la retraite, productivité du travail, taux de fécondité, immigration, mode de

revalorisation des pensions, incitation à l'épargne, etc. Cependant, le ***système reste très difficile à réformer*** *(échec du plan d'Alain Juppé en 1995, réussite des plans Balladur de 1993 et Fillon de 2003) en raison de ses conséquences sociales (notamment dans la fonction publique), mais aussi du symbole social que représente la retraite. Le Conseil d'orientation des retraites mis en place en 2001 a ainsi pour rôle de réunir l'ensemble des acteurs concernés pour étudier les solutions et préparer les décisions dans un climat de dialogue. Mais à terme, la réforme des retraites renvoie à d'autres thèmes plus larges qui touchent par exemple aux temps de la vie, aux liens entre les générations et donc à l'avenir de notre Etat providence »*
http://www.cidem.org/cidem/themes/eco_solidaire/eco_fr.html

L'âge de la retraite est-il un acquis social intouchable ou une donnée scientifique fluctuante en fonction des progrès ? L'âge moyen de cessation d'activité tend désormais à remonter un peu, mais pour la plupart des salariés, prolonger leur activité jusqu'à 65 ans, voire 67 ans, pour espérer bénéficier d'une retraite à taux plein apparaît totalement irréaliste. Elle interroge les capacités de modernisation de nos rapports sociaux, et de la **flexibilité des statuts** qui dépendent pourtant des progrès industriels ou scientifiques. En outre, tous les citoyens n'étant pas égaux devant le vieillissement, une contribution individuelle est nécessaire à l'équilibre des retraites. Donc les statuts devraient être accordés **à la carte** pour être vraiment égalitaires. En outre, nos sociétés devront également réfléchir à la façon de travailler après 67 ans. Comment financer ce monde de vieux ? Le vieillissement démographique mais aussi la montée du chômage aggravent le déséquilibre entre le nombre d'actifs cotisants et le nombre de retraités pensionnés.

« 21,3 millions de plus de 60 ans en 2035: *l'incidence de l'augmentation de l'espérance de vie sur les systèmes de retraites est importante. On devrait voir quasiment* ***doubler en France le nombre des retraités,*** *11 millions en 2000, 20 millions en 2040. Depuis 2005, la génération du baby boom commence à partir en retraite, ce qui tend à engendrer un phénomène de « papy boom ». La proportion des personnes de 60 ans dans la population devrait passer de 24% en 2000 à 36 % en 2040, soit une hausse de 50%, ce ratio pouvant même atteindre 45% en 2050 dans certains pays de l'OCDE. Le nombre des personnes de 60 ans ou plus passera de 13,3 millions en 2007 à 21,3 millions en 2035,»* http://www.gabrielperi.fr/Comment-assurer-le-developpement

Or le poids des dépenses de retraite et de Santé augmente inéluctablement. Ceci n'est pas satisfaisant. Le « Panorama des pensions 2011 » publié par l'Organisation de coopération et de développement économiques (OCDE), indique que les dépenses publiques pour les pensions de retraite représenteront en France 14,2 % du produit intérieur brut (PIB) en 2050 ; quant aux dépenses de Santé, elles augmenteront également, en fonction de l'évolution de la longévité et du coût de la dépendance. Ce fardeau pourra-t-il toujours peser sur les seuls actifs? La longévité ne va-t-elle pas imposer de nouveaux équilibres, de nouveaux modes de solidarité intergénérationnelle ? Les Français devront-ils changer leurs comportements d'épargne ? Probablement tout cela en même temps.

« *La question consiste donc à assurer des pensions de retraite plus élevées à des personnes plus nombreuses et vivant plus longtemps... mais les réformes Balladur (1993) et Fillon (2003) ont été instaurées dans l'intention de réduire très sensiblement le montant des retraites..* »

Pourtant les conséquences financières du vieillissement sont encore assez théoriques pour les Français, qui se sentent peu concernés. Selon le baromètre Axa-CSA réalisé en mars 2014 sur le sujet, l'allongement de la durée de la vie n'est perçu comme un bouleversement majeur que **par 28 %** d'entre eux.

«.... *Il y a peu de temps qu'ils ont commencé à comprendre que le système public financerait* ***insuffisamment*** *leurs pensions, note Claude Fath, le président de l'Association d'assurés pour la retraite, l'épargne et la prévoyance (Agipi). Des systèmes volontaires - contrats de retraite d'entreprise, plans d'épargne retraite populaire - permettent de compenser la faiblesse des pensions. Il y a un début de prise de conscience, qui touche essentiellement les classes moyennes supérieures.* »

http://leblogalupus.com/2011/04/12/comment-financer-un-monde-de-vieux/comment-page-1/

La progression de ce type d'épargne est déjà significative : en France entre 2005 et 2010, l'encours des contrats de retraite a augmenté de 54 % à hauteur de 133,2 milliards d'euros, dont 87 milliards d'euros de contrats d'entreprise et 46,2 milliards d'euros de contrats souscrits par des particuliers (en hausse de 82,6 % sur cinq ans). Mais le remplacement des retraites par répartition par **les fonds privés de pension** n'est pas sans conséquences. Au contraire, ces fonds sont à l'origine des « Krachs » financiers des 30 dernières années car ils imposent des rendements élevés. Les fonds de pension anglo-saxons échappent totalement au contrôle des salariés, ils présentent **d'énormes risques**, périodiquement des scandales éclatent, avec la perte pour les salariés des fonds accumulés, ainsi Maxell en Grande-Bretagne dans les années 90, Enron, Worldcom aux États-Unis en 2001 et 2002. :

« En effet, la constitution d'un capital permettant de verser une rente suffisante pendant ***près de 20 ans*** *nécessite des rendements élevés pendant des durées très longues (entre 4 et 5 % par an). Si l'on ajoute la marge des organismes privés en charge de la gestion, on se retrouve dans des situations qui contribuent au développement de l'économie financière et de la* ***spéculation*** *».*

http://www.pauljorion.com/blog/?p=58033

Ainsi voit-on que l'augmentation de l'espérance de vie ne cesse d'avoir des conséquences en cascade. Elle rend obligatoire l'allongement de la durée de la vie active. Mais elle pose la question d'un capitalisme qui permettrait des investissements **sécurisés sur le long terme**, donc le contraire de ce qui est fait aujourd'hui. Dans une économie mondialisée et fluctuante, il n'est pas raisonnable d'espérer des placements à taux fixes élevés pendant de très longues périodes (20 à 30 ans). La logique financière imposerait que la durée de la retraite complémentaire soit équivalente à un cycle de placement, soit environ 7 années. Pas davantage.

L'autre conséquence est que les jeunes actifs devront choisir entre une retraite à taux plein mais courte ou une retraite longue mais dévalorisée. Dans tous les cas, ils devront épargner deux fois : une fois de façon obligatoire par des retenues sur leurs salaires (solidaire) et une deuxième fois en se constituant un complément de retraite (individuelle). Ceci bouleverse le **consensus social** acquis aux cours des années 1960-1990 dans lequel l'Etat « garantissait tout » dans le package appelé « acquis sociaux ». Pas de « régression sociale » proclament les leaders syndicaux. Mais on vit déjà dans une société qui a largement hypothéqué son avenir en dépensant plus d'argent qu'elle en produisait. La question des acquis sociaux est techniquement dépassée, il faut maintenant reconstruire une économie qui aborde autrement la gestion de la solidarité sociale. L'allongement de la vie est un « acquis scientifique et social » qui bouscule nécessairement les autres acquis. Un nouvel équilibre doit être accepté par la négociation. Notre société doit se préparer à une mutation considérable de ses mentalités, de ses rapports démographiques, et de ses gisements de croissance économique interne. Ce sera de toute façon une société « molle », il n'y aura plus d'acquis irréversibles à la charge des générations futures, mais une participation active de chaque bénéficiaire à sa propre sécurité.

L'or gris et la « silver économie » :

Le troisième âge nécessite un financement solidaire et individuel élevé. Mais il constitue aussi un **marché potentiel** très étudié en ce moment. Un Français sur quatre sera âgé de plus de 60 ans en 2020. Cette révolution démographique génère une demande de produits et services autour du bien-vieillir, c'est un défi sociétal, mais aussi une opportunité de marché. Si les revenus des retraités devaient baisser, leur pouvoir d'achat devrait **rester supérieur** à celui des actifs dans la mesure où ils ont fini de rembourser leur logement et de payer les études des enfants. Le Centre de recherche pour l'étude et l'observation des conditions de vie (Crédoc) a observé qu'à partir de 65 ans, la consommation connaît un brutal repli, mais que les revenus baissent à un rythme bien plus lent. Du coup, la part de revenus non consommés croît dans des proportions étonnantes (3.400 euros par an entre 60 et 69 ans, 6.100 entre 70 et 79 ans et 7.400 en moyenne après 80 ans). En d'autres termes, **les seniors pourraient consommer beaucoup plus**... et participer à la croissance. C'est une question de mentalité. D'après les calculs du cabinet Accenture, 0,25 point de croissance par an pourrait être gagné grâce aux anciens... une contribution non négligeable quand la croissance du PIB reste aux alentours de 1% .

« *Pour certains territoires, la vieillesse va presque devenir le «gisement » d'un développement économique local axé sur* ***la prise en charge des personnes âgées*** *et pourvoyeur d'emplois non délocalisables, affirme le rapport du conseiller général socialiste Luc Broussy. Déjà, les pensions de retraite représentent plus d'un tiers des revenus globaux dans certains départements, et des maisons de retraite sont parfois le seul employeur d'un canton ou d'une commune.* »

http://siteinfosecusante.free.fr/spip.php?article3979

La direction de l'animation de la recherche des études et des statistiques (Dares) a, de son côté, estimé que la Silver économie peut entraîner 300.000 créations d'emplois nettes d'ici à 2020. Luc Broussy* a remis le 11 mars 2013 un rapport sur le vieillissement et les personnes âgées :

- *« Le premier constat c'est qu'un «retraité averti en vaut deux ». Je crois en effet que si les générations précédentes se sont fait* ***« surprendre »*** *par la longévité et la dépendance, les générations à venir, parce qu'elles ont eu à gérer la dépendance de leurs propres parents, savent à quoi s'en tenir. Elles ne se feront pas avoir, elles ! Je fais donc le pari que les générations à venir de personnes âgées seront* ***plus aptes à anticiper****, à prévenir, à préparer leur vieillissement. Elles seront plus enclines à adapter leur logement, voire à en changer s'il n'est pas adapté et seront moins rétives aux technologies adaptées et aux outils domotiques.*

- *Le second constat est plus démographique : « un mamie-boom peut en cacher un autre ». Si nous savons tous que la France va être confrontée à une forte hausse de personnes âgées en perte d'autonomie, il faut avoir conscience que nous allons également assister à une explosion de personnes très très âgées (****au-delà de 85 ans****) mais en bonne santé. Ces « très âgés valides» seront plus de 3 millions en 2050. La société doit donc dès maintenant s'adapter à elles : en adaptant les logements, les villes, l'urbanisme, les transports publics etc...*

- *Enfin le troisième constat, c'est qu'il faut cesser de traiter la question de la vieillesse sous le seul angle sanitaire ou médico-social ; Je propose la création d'une Agence Nationale des* ***Technologies de l'Autonomie*** *car je crois fortement que la France a des atouts insuffisamment exploités dans ce domaine ; je propose que le label «Ville amie des aînés » soit généralisé et que les maires se battent autant pour l'obtenir que pour détenir le label villes fleuries .... »*

http://www.ps95.fr/2013/03/luc-broussy-remet-au-1er-ministre-un-rapport-sur-l'adaptation-de-la-societe-francaise-au-vieillissement-de-sa-population/

*Luc Broussy est Conseiller Général (P.S.) du Val d'Oise et Directeur du Master de politiques vieillesse à Sciences-Po, aussi candidat à la mairie de Goussainville (s'est désisté au 2d tour).

Le troisième âge est donc devenu un groupe social important et un gisement économique. La médecine a donc réussi à créer de toute pièce une tranche sociale qui n'existait pas il y a cinquante ans. Cette classe comporte sa propre sociologie, peut-être ses propres convictions morales ou culturelles, ses propres habitudes et rituels, mais également sa propre économie qui se présente comme « une terre vierge » qu'il faut à présent valoriser.

2. Les conditions de travail

Il en est de même de l'idée que l'on se fait de l' « usure au travail ». Certes les travaux physiques particulièrement lourds altèrent la santé. Mais dans nos sociétés post-industrielles les emplois de l'industrie ne représentent plus que 11% des salaires, et tous ne sont pas lourds. En réalité le fait de travailler est **excellent pour la santé**. En maintenant un stress physique neurogène, l'activité professionnelle est salutaire.

*« Le mot stress vient du latin stringere-stressum qui signifie « rendre raide », « serrer ». Cette racine latine est reprise par la langue anglaise dès 1303 dans le sens de tension. Le médecin physiologiste français Claude Bernard fut un des premiers à donner une interprétation des effets du stress sur le comportement, en 1868. Selon lui, les réactions dues au « stress » visent à maintenir l'équilibre de notre organisme. Puis, Walter Cannon, un neurophysiologiste américain, appela cette recherche «**homéostasie** » (qui veut dire : « tendance des corps vivants à stabiliser leur organisme »). Stress a un sens positif et **favorable**.*

*Ce n'est qu'en 1963 que Hans Selye utilise ce mot en médecine, et qu'il le définit comme étant « des tensions faibles ou fortes, éprouvées depuis toujours, et déclenchées par des événements futurs **désagréables** ou agréables.» Il y voit des « forces potentiellement destructrices » et parle « d'état de stress » pour décrire les « changements physiques provoqués par une situation stressante » ; il s'agit de la notion moderne du stress actuellement employée. Souvent perçu comme néfaste, le stress est pourtant **bénéfique** s'il ne dépasse pas un certain seuil. En effet, dans un environnement stressant, nos glandes surrénales sécrètent des hormones* *agissant sur tout l'organisme. L'une d'elles, le cortisol, favorise initialement l'adaptation à ce stimulus en améliorant alors la communication entre les neurones.*

Découlant principalement d'auteurs tels que Dewey, Toynbee, Cohen (1980) ou encore Low et McGrath (1971), la ***théorie de la motivation*** *stipule que la perception d'une situation stressante est un puissant stimulant et conduit toujours à une motivation supplémentaire. Par là même, la performance est améliorée. Ici, le stress est vécu comme un défi que l'individu se fait un honneur de surmonter. Au contraire, un manque de stress conduirait à une motivation diminuée... Selon Lazarus (1984) les capacités à « faire face » ou «* ***coping*** *» correspondent à l'ensemble des pensées et des actes développés par le sujet pour résoudre les problèmes auxquels il est confronté et ainsi de réduire le stress qu'ils engendrent ; le coping vise donc la minimisation du lien stress-détresse. Le coping est toujours présent lorsque l'individu a perçu une demande d'adaptation et comprend beaucoup de processus autant conscients qu'inconscients. Concernant les processus inconscients, nous pouvons citer les mécanismes de défenses observés par Freud comme le déni, le déplacement, l'agressivité objectale, l'intellectualisation, etc. Les processus de coping conscients sont soumis aux lois de l'apprentissage; on les appelle alors les stratégies d'ajustement au problème.... »*

http://fr.wikipedia.org/wiki/Stress_chez_l'humain

Travailler n'est donc pas mauvais, au contraire. Il est démontré que le **travail est bon** pour la santé physique et psychique. Au moment du putsch d'Alger, le général De Gaulle avait 68 ans. Lorsqu'il a fait voter la retraite à 65 ans pour tous, il en avait...73 et était employé à temps plein comme Président de la République. Mais en leur qualité de reflet de leur époque, certains syndicats défendent au contraire l'idée d'une période professionnelle courte et d'une longue retraite pour mieux répartir les emplois dans nos sociétés désindustrialisées. En laissant la place aux jeunes, les salariés profiteraient pleinement de leur retraite qui surviendrait très tôt dans leur vie. Mais le débat est vif : faut-il équilibrer le financement des retraites en travaillant de plus en plus tard ? Ou lutter contre le chômage en cessant de travailler de plus en plus tôt ?

*« Prolonger la durée d'activité, alors même que la **souffrance** au travail se développe et que de nouvelles pathologies apparaissent, obère le temps dont les salariés disposent pour jouir réellement des meilleures années de retraite. L'objectif annoncé pour la nouvelle « réforme » est de combler un déficit des régimes de retraites plus important que prévu, qui serait d'environ 20 milliards en 2020. Il y a d'abord là un élément paradoxal..».*

http://france.attac.org/actus-et-medias/salle-de-presse/articles/retraites-pour-un-choc-de-repartition

« Stressé *? Et si vous pouviez partir plus tôt à la retraite ? La CFE-CGC, syndicat des cadres, demande que le stress au travail soit considéré comme un facteur de pénibilité. Et qu'il permette donc de **prendre sa retraite plus tôt** ... Mais pour la CFE-CGC, syndicat de l'encadrement, il manque une famille à l'appel: les travaux sous pressions psychologiques, générateurs de stress... le stress ne se mesure pas, c'est subjectif, contrairement par exemple au travail de nuit pour lequel on a des critères précis, concède Martine Keryer, secrétaire nationale Santé au travail de la CFE-CGC. N'empêche, rappelle-t-elle, les pathologies existent et c'est notre rôle d'attirer l'attention ».*

http://votreargent.lexpress.fr/retraite/reforme-des-retraites-stresse-et-si-vous-pouviez-partir-plus-tot-a-la-retraite_338040.html

Notre société n'a pas fait consensus sur le **stress professionnel** : bon ou mauvais ? Certains tirent argument des dangers du stress pour exiger des départs à la retraite de plus en plus **précoces**. La reconnaissance du stress professionnel comme « pénibilité » permettrait d'avancer d'autant l'âge des retraites. Le mauvais stress pour libérer de bons emplois ? Mais quid du bon stress ? Est-il « politiquement incorrect » ? La neurobiologie est iconoclaste des mythes du 20ème siècle: un stress professionnel bien organisé est bon pour la santé du cerveau. Oui décidément la médecine ne respecte ni les croyances politiques ni les convictions syndicales.

Avec une nuance tout de même : le stress professionnel est à la fois bénéfique s'il est occasionnel (eustress) et dangereux s'il est mal vécu (détresse). La limite est individuelle, et culturelle. Certes il existe des cas dramatiques (comme la vague des suicides chez France-Telecom). Mais la société qui se dessine intègrera sans doute mieux les nouvelles contraintes professionnelles nées avec le management moderne. On peut en effet soupçonner une impréparation des salariés, mais aussi de leurs employeurs, aux nouvelles techniques de management. Un élément médical important reste que le stress professionnel n'est **pas nuisible** en soi. Au contraire.

*« L'exercice physique augmente la neurogenèse. On a longtemps cru que le cerveau avait un nombre immuable de neurones. Maintenant qu'on a démontré le contraire, les chercheurs s'intéressent à la **neurogenèse**, le phénomène par lequel l'organisme produit de nouveaux neurones. L'une des découvertes les plus fascinantes concerne le fait que l'exercice physique favorise la neurogenèse. C'est-à-dire le développement de nouveaux neurones fonctionnels, comme un phénomène qui semble être bien réel dans le cerveau humain adulte. On remarquera au passage qu'une telle **révolution scientifique** ne survient pas d'un seul coup mais plus souvent après une longue accumulation d'observations qui ébranlent progressivement notre conception initiale. »*

http://www.francoisguite.com/2007/08/lexercice-physique-augmente-la-neurogenese/

*« Au printemps 1998, E.Gould et son équipe rapportent avoir observé la présence de neurogenèse dans l'hippocampe et les bulbes olfactifs de primates adultes. L'automne suivant, la même observation est faite chez les singes macaques, des singes encore plus proches de l'humain. Ces résultats chez le macaque seront bientôt corroborés (en mai 1999) par David R. Kornack et Pasko Rakic. En novembre 1998, l'équipe du suédois Peter Eriksson et de l'américain Fred H. Gage publient une étude où ils démontrent que **de nouveaux neurones** sont générés dans le gyrus dentelé de cerveaux humains adultes. De plus, ils montrent que ces nouveaux neurones produits à partir de cellules souches migrent à travers la couche granulaire et se différencient en neurones matures avec dendrites et axones..... En octobre 1999, E. Gould publie dans la revue Science un article affirmant que de nouveaux neurones étaient produits dans trois régions du néocortex du macaque adulte. Ces trois régions associatives (le cortex préfrontal, temporal inférieur et pariétal postérieur) seraient impliquées dans des fonctions cognitives supérieures comme la **prise de décision**, la **mémoire** à court terme, la reconnaissance des visages, la position des objets dans l'espace, etc. En 2000, Peter Eriksson et Fred Gage publient une étude où ils démontrent que de nouveaux neurones sont*

générés dans le gyrus dentelé de personnes ayant jusqu'à ***72 ans****. De plus, l'exercice peut renforcer et accélérer les processus de plasticité du cerveau. »*

http://lecerveau.mcgill.ca/flash/capsules/histoire_bleu05.html

Ainsi les données de la neuroscience plaident pour le maintien d'une vie active même à des âges avancés. La régénérescence des neurones de l'hippocampe et de l'hypothalamus, et peut-être aussi des régions corticales associatives seraient liées à l'exercice physique. Ainsi la plasticité cérébrale apparaît comme une nouvelle donne sociologique : le processus de vieillissement peut être ralenti en **maintenant les salariés** dans des situations **d'activité**. « Jouir des meilleures années de la retraite » semble donc un concept scientifiquement inexact, la retraite anticipée pourrait au contraire accélérer le processus de vieillissement cérébral et de dépression. Il semble préférable de dire que le maintien d'une activité professionnelle raisonnable est bénéfique pour la santé **jusqu'à 72 ans**. A-t-on fait les bons choix jusqu'à présent ?

La France a l'un des taux d'activité **les plus bas** des pays de l'Union européenne pour les hommes de la tranche d'âge 55-64 ans, celui-ci atteint à peine **38 %** **.** La diminution spectaculaire de ce taux (73 % en 1971) est liée aux dispositifs des politiques de l'emploi : préretraites, dispenses de recherche d'emploi après 57 ans qui permettent de rayer ces travailleurs des statistiques du chômage officiel... Ces dispositifs ont encouragé dans les entreprises les licenciements avant l'âge de la retraite. Ceci compromet la transmission des savoir-faire et prive les systèmes de retraites de cotisants ayant de meilleurs salaires en fonction de leur ancienneté tout en engendrant de nouvelles charges pour les systèmes de retraite et l'ensemble des budgets sociaux.

Le maintien en activité au-delà de 65 ans constitue un véritable défit politique, parce qu'il s'inscrit à **contre-courant** de ce qui a été fait depuis 30 ans. En repoussant l'âge de la mort, la médecine a remis en question un consensus social unanime. La retraite est une période dorée de la vie, la vraie vie (mais à charge de la génération suivante). Cette idée est évidemment **fausse**, d'abord parce que la retraite est toujours vécue comme un déclin et une mise en dehors du champ social, et ensuite parce que la vie

« à crédit » sur les générations suivantes a une limite raisonnable qui ne peut pas dépasser une **petite dizaine d'années**. Rien de plus.

3. Notre société de consommation provient d'une technique de vente :

L'aptitude de contribution au bien commun - l'altruisme- s'oppose à la vision freudiennne qui est « individualiste » par nature. Cette sur-puissance du « moi » a servi de fondement à la théorie de l'**élitisme néo-libéral.** Le « chacun pour soi » libéral est l'enfant du « moi narcissique » de Freud de 1898. Le libéralisme américain a théorisé à partir des années 1920 que la réussite individuelle a un fondement psychologique, et qu'elle se fait au détriment de la sécurité du groupe, sans aucune préoccupation sociale donc : c'est le fameux « **chacun pour soi** », base de la société de consommation. Dans la société freudienne, comme dans l'idéologie libérale, les autres n'existent pas. La filiation freudienne de cette nouvelle **idéologie libérale** est sure et certaine et d'ailleurs généalogique ; elle est symbolisée par Edward Bernays qui a inventé la « relation publique » et le façonnement de l'opinion publique :

« Edward Louis Bernays, né à Vienne en Autriche le 22 novembre 1891 et mort à Cambridge (Massachusetts) le 9 mars 1995 ; il est considéré comme le père de la ***propagande politique*** *institutionnelle et de l'industrie des relations publiques, dont il met au point les méthodes pour des firmes comme Lucky Strike. Son œuvre aborde des thèmes communs à celle de Walter Lippmann, notamment celui de* ***la manipulation*** *de l'opinion publique. Il fit à ce titre partie du « Committee on Public Information » créé par Woodrow Wilson pour gagner l'opinion publique américaine à l'entrée en guerre des États-Unis en 1917... Il est* ***le double neveu de Sigmund Freud****, sa mère, Anna Freud, est l'une des sœurs du fondateur de la psychanalyse (une autre Anna Freud est la fille de Sigmund Freud), et son père est le frère de Martha Bernays, la femme de Freud. Eddy Bernays a été un des premiers à vendre des méthodes pour* ***utiliser la psychologie du subconscient*** *dans le but de manipuler l'opinion publique. Pour lui, une foule ne peut pas être considérée comme pensante, seul le « Ça » s'y exprime, c'est-à-dire les pulsions inconscientes. Il s'y adresse pour vendre de l'image* ***dans des publicités****, pour le tabac par exemple, où il utilise le symbole phallique. À la demande de l'industrie cigarettière, qui cherchait à faire tomber le tabou de la consommation du tabac par les femmes, il a notamment organisé des défilés très médiatisés de « fumeuses » jeunes et*

jolies qui affirmaient leur indépendance et leur modernité par l'acte de fumer en public »

http://fr.wikipedia.org/wiki/Edward_Bernays

Effrayant ! L'inconscient est à peine découvert par Freud que déjà le gouvernement américain utilise ses théories pour **manipuler son opinion** publique (1917) et **conditionner les consommateurs** (1920). La société de consommation apparaît comme une construction politique post-freudienne, narcissique et ostensiblement conditionnée. Notre société se serait donc construite autour de l'exploitation de nos pulsions inconscientes et leur **détournement vers le commerce** de biens de consommations. Le Pouvoir utilise l'inconscient de chaque citoyen pour en faire un « objet », le manipuler et lui vendre des images politiques ou publicitaires. Cette idéologie repose sur l'illusion que le citoyen puisse se satisfaire d'un comportement solitaire suggéré artificiellement par des organismes puissants (conditionnement politique ou publicitaire).

Cette société invente donc une nouvelle inégalité de classes, qui n'est plus basée sur des titres de noblesse, mais sur la manipulation : il y a les « conditionneurs industriels » et les « conditionnés consommateurs » de biens ou d'opinions politiques. C'est bien notre société actuelle. Et pourtant la neuroscience semble suggérer aujourd'hui que l'homme est attentif aux **regards des autres** individus de son groupe, soit pour s'affirmer, soit pour lui porter secours. La vie de groupe constitue la **culture** même de l'espèce humaine et des grands animaux, « un but en soi » auquel la personnalité de chaque individu participe pour le **bien du groupe lui-même** et non de chacun de ses individus. L'homme paraît bien adapté à la vie commune et génétiquement disposé à l'**altruisme** bien plus qu'à l'égocentrisme.

Ce n'est évidemment pas ce qu'Eddy Bernays et ses collaborateurs ont mis en œuvre. Un groupe altruiste est très différent d'une société considérée comme une « *foule non pensante* ». Quelle femme se sent libre en fumant des cigarettes Lucky Strike® ? Tout cela n'est-il pas de la pure mystification ? Par contre les plaintes en raison du tabagisme passif imposé au bureau ou à domicile, rappellent que fumer ne cause pas du tort qu'au fumeur lui-même mais à tout son groupe… En un siècle on est passé de la fiction freudienne *(fumer en public rend libre)* à la réalité altruiste de la société des Hommes (*fumer empoissonne le corps du fumeur et celui de ses voisins).* Ici encore, la Justice semble mener un combat qui dépasse le respect du Droit Lui-même, mais défend une certaine idée du « vivre ensemble » contre la violence fictionnelle de la société ultra-libérale.

Une société plus consciente d'elle-même, serait plus altruiste :

La société du 20ème siècle a bien été l'œuvre du docteur Freud et de ses confrères ; celle du 21ème siècle la conteste, mais elle est une nouvelle fois une œuvre scientifique, de la neuroscience et de la zoologie. Elle sera sans doute un retour à une société équilibrée et « culturée ». Le modèle de l'Etat « arbitre de la vie civile » et non « manipulateur de l'opinion publique » semble bien adapté à cette nouvelle vision de l'homme.

On comprend les enjeux qui se dessinent : trouver un modèle politique empathique (solidarité nationale plutôt que spéculation) et résilient (participatif plutôt que directif). Un modèle qui rende les citoyens **acteurs de leur vie sociale**. La démocratie participative, pluraliste et décentralisée rapproche le Pouvoir des citoyens et autorise une réappropriation de la vie en commun. Dans cette société reconstruite, la parentalité et la famille seraient vues différemment. Non plus comme une institution mise à disposition des nouvelles formes de sexualité ou de comportements, mais bien comme des réalisations qui hissent les hommes et les femmes au-dessus de leurs conditions individuelles pour les transformer en des citoyens du monde.

« *La meilleure sécurité est celle qui maximise les chances pour une personne* ***de construire son avenir****, d'exploiter pleinement ses capacités de développement. L'allocation sociale devrait être un besoin transitoire pour le plus grand nombre des bénéficiaires. La protection sociale active doit être une source de* ***mobilité sociale*** *qui donne à tous la capacité ...de mener à bien son projet de vie. La vraie sécurité est celle dans laquelle* ***on est acteur et pas simplement receveur****. Le nouveau modèle social français devra transformer nos politiques sociales passives en politiques actives afin de donner à chacun le pouvoir d'agir. Dans une logique de politique sociale active, on préfère le temps choisi à la réduction du temps de travail; on demande aux chômeurs d'assurer des services pour la collectivité et de se former en contrepartie des allocations chômage: on instaure l'autonomie des établissements scolaires et hospitaliers et on laisse un libre choix aux personnes de s'assurer pour leurs soins courants. Les grands perdants de l'évolution économique et sociale de ces dernières années étant les jeunes* *adultes, ces derniers deviennent le centre de gravité du nouveau modèle social. »* Frédéric Bizard, Maître de conférences à Sciences Po-Paris

http://www.huffingtonpost.fr/frederic-bizard/refonder-le-modele-social_b_3532230.html

La nouvelle sécurité sociale est faite d'assurés qui construisent leur avenir et ne sont plus simplement des receveurs passifs ! Nous sommes ici au cœur de cette révolution de la Sécurité Sociale qui se prépare. Si l'on accepte que les difficultés économiques commencées en 2001 et aggravées en 2007 ont provoqué une table rase mondiale, alors la société actuelle est en train de vivre une **transformation profonde et irréversible**. Elle abandonne un Etat-Providence qui a installé une citoyenneté passive avec ses « acquis sociaux » immuables, au profit d'une société plus participative dans laquelle chacun devra s'investir pour assurer sa propre existence. L'Etat interviendra de façon ponctuelle pour encadrer ces démarches individuelles et comme conseiller de dernier recours. Dès lors que des associations privées d'entraide vont recréer des liens de sociétaire à sociétaire, l'Etat garantira la neutralité de l'espace public et le secours aux démunis.

4. La médecine génomique :

La médecine que l'on offre est donc le **reflet** de la société dans laquelle on vit. Notre société est basée sur la consommation de masse. En effet nos sociétés sont convaincues que la médecine est un **bien de consommation** parmi d'autres. L'Assurance-Maladie représente tout de même une manne gigantesque de plus de 200 milliards d'€ par an. Ce budget gigantesque s'apparente à un « mastodonte ». C'est-à-dire une offre de soins de masse conçue non plus par les médecins et les scientifiques mais par des technocrates et des businessmans en **amont de la réalité médicale**. C'est bien notre modèle actuel. Notre Santé Publique sert surtout de marché garanti aux fabricants de médicaments. Or les progrès de la science et de la médecine risquent de renverser cette vision distributive et commerciale.

En effet la médecine génomique consiste à prendre en charge le patient avant de s'intéresser à sa maladie. Elle consiste à établir **la carte génétique** du patient pour comprendre ses prédispositions à faire telle maladie ou sa sensibilité à tel traitement. Ainsi, pour le prix de 200 € chaque citoyen pourra disposer de sa carte génomique individuelle qu'il copiera dans son smartphone et dont disposera chaque thérapeute qu'il serait amené à rencontrer. C'est en fonction du profil individuel de chacun, que les traitements seraient ou non prescrits. Il faut d'abord individualiser la demande avant de recourir à l'offre de soins ou de médicaments. Ou encore, en amont de la gestion économique massive, il faudra établir la carte médicale personnelle de chaque citoyen. Cette approche est intéressante car elle confie aux médecins la charge de profiler chaque « consommateur de soins » et d'établir ce qui sera son « panier de soins individuels ».

« *L'expression médecine personnalisée peut sembler redondante, car le propre de la médecine est d'identifier et de mettre en place un traitement adapté au* ***couple patient / maladie****. L'originalité des approches reposant sur la recherche en génomique est que l'examen clinique du patient peut être complété par la mesure d'un grand nombre de paramètres biologiques quantitatifs, permettant de sonder plus finement les propriétés du patient, de sa maladie, ainsi que leurs interactions. Alors que les thérapies ciblées sont déjà une réalité clinique, notamment en cancérologie ainsi que pour le traitement du sida, l'extrême complexité du vivant révélée par les données génomiques pose de nouveaux défis aux biologistes et aux cliniciens ;*

Bien que le développement de nouveaux médicaments soit un processus relativement long, les approches récentes reposant sur les données génomiques portent déjà leurs premiers fruits. ***L'impact économique*** *du recours à de telles thérapies ciblées est important car les traitements anticancéreux sont onéreux. L'analyse économique doit également prendre en compte le fait que les tests moléculaires développés pour guider l'application de ces thérapies peuvent éviter le recours à une chimiothérapie inefficace. Ceci permet non seulement de* ***supprimer des dépenses inutiles*** *mais également d'améliorer très sensiblement la qualité de vie de patients n'ayant pas à subir les effets secondaires d'un traitement lourd, si l'on est capable par ailleurs de prédire son inefficacité* » .
Les presses de l'Institut Gustave Roussy, 2013 :

http://stat.genopole.cnrs.fr/_media/members/pneuvial/papers/neuvial13variances.pdf

Curieusement il existe maintenant un « **amont de l'administration** » de l'offre de soins. Il consisterait à dire : avant de budgéter les soins, nous devons savoir quels soins et pour qui. Ce qui peut se résumer à concevoir une économie de Santé Publique **au service des demandes individuelles** qui ne pourraient plus être standardisées mais au contraire personnalisées. On évolue pour des raisons scientifiques, vers des traitements médicaux « à la carte ». Et de même les techniques de production de médicaments en gros volumes (pharmacie de masse) cèderaient la place à une production de médicaments beaucoup plus spécifiques avec une détermination fine de leurs doses, qui seraient **strictement individuelles** (pharmacie sur mesure).

Les champs d'application de la médecine personnalisée semblent infinis. On est aujourd'hui en mesure d'affirmer que toute maladie systémique a une origine génétique (donc individuelle) ; ceci ne concerne pas seulement le cancer ou les maladies immunitaires. Il deviendra impossible d'induire un traitement médicamenteux sans une expertise génétique personnalisée afin de prédire la nature du traitement le mieux adapté, ses doses et sa durée.

« La médecine personnalisée tient compte des particularités génétiques de chaque personne pour ***adapter un traitement médical.*** *Les nouvelles connaissances acquises sur le génome humain et la fonction des gènes permettent d'entrevoir des solutions thérapeutiques innovantes pour plusieurs maladies. La pharmacogénomique pourra éventuellement prévoir les réponses thérapeutiques de chaque patient à un traitement donné. Les recherches dans ce domaine permettront non seulement d'améliorer l'efficacité des traitements prescrits, mais aussi* ***d'en réduire les effets nocifs****. Le Laboratoire de génétique et médecine génomique de l'inflammation de l'ICM crée et applique de nouvelles approches d'établissement de facteurs de risque génétiques de maladies affectant les systèmes cardiovasculaire (ex. : l'athérosclérose, le lupus systémique érythémateux), gastro-intestinal (ex. : maladie de Crohn, colite ulcéreuse), articulaire (ex. : arthrite rhumatoïde) et nerveux (ex. : sclérose en plaques) présentant une inflammation chronique. »*

http://med.umontreal.ca/la-recherche/tour-dhorizon/genetique-genomique/

« En parlant de la génomique, le secrétaire du Collège des médecins du Québec, Dr Yves Robert, est catégorique : « C'est un ***véritable tsunami social*** *qui s'en vient ». Ce qu'on entend généralement dire à propos de l'ère génétique annoncée le confirme. Bientôt,* ***un patient saura quel cancer*** *l'emportera dans 20 ans. « On pourrait même vouloir éliminer certaines*

maladies en empêchant les personnes porteuses de tel ou tel gène de se reproduire »…. Et l'impact du génotypage dépassera le strict cadre médical. Pensons aux compagnies d'assurance. Ne voudront-elles pas avoir en main le dossier génétique d'un client avant de lui vendre une police d'assurance-vie ? Et les employeurs ? Peut-on anticiper une forme de « discrimination génétique » dans les milieux de travail ? »…

Le champ d'application de la médecine génomique s'étend à toute la Santé Publique, allant même jusqu'aux conseils en matière de procréations. La médecine génétique envahit de toute évidence ce qui était du ressort exclusif de l'Etat et de « la veille sanitaire ». En effet on passe maintenant d'une Santé Publique qui observe les risques publics, à une Santé Publique qui recherchera et décrira les **risques individuels**. Le bouleversement est profond.

*… « Ce sera une révolution, mais elle sera lente », tempère le Dr Jacques Corbeil, titulaire de la Chaire de recherche du Canada en génomique médicale. En attendant, la médecine personnalisée s'impose comme le premier visage de la génomique appliquée aux soins de Santé. Son potentiel est prometteur, autant en ce qui concerne **l'efficacité des traitements** que les **bénéfices économiques pour le système de Santé**. Mais en quoi cette médecine adaptée à chaque patient transforme-t-elle le quotidien du médecin ?…. Cette médecine entend permettre de **sélectionner** des traitements adaptés à la génétique du patient, réduire les effets secondaires, prévoir la probabilité d'une maladie et ainsi mieux orienter les efforts de prévention. Entre autres choses. Car la médecine personnalisée est un vaste domaine. Et nous ne sommes encore qu'à la première page de l'avant-propos », souligne le Dr Robert…Aux États-Unis, les ventes liées à la médecine personnalisée (thérapies ciblées, diagnostics moléculaires, services de laboratoire spécialisés) ont totalisé **24 milliards de $ en 2009**. Ce marché atteindrait **42 milliards en 2015** selon PricewaterhouseCoopers (2010)…. C'est clair, l'ensemble du système de Santé va devoir embrasser la technologie génétique. Et il y a aussi du travail à faire sur le plan réglementaire. Par exemple, le test Oncotype DX a fait ses preuves partout pour traiter le cancer du sein. Au Québec, par contre, il n'est pas encore remboursé par l'Assurance-Maladie. Il faudra que la technologie soit adoptée au niveau social et éthique, politique et médical, souligne pour sa part le Dr Jacques Corbeil. Ça va prendre du temps… et de l'argent. »*

http://santeinc.com/2012/11/quand-la-genomique-sort-du-labo/

La carte d'identité génétique est une des clés de la médecine prédictive. Les pouvoirs publics insistent sur la mise en œuvre de la « prévention médicale » dépistage, éducation sanitaire, vigilance sanitaire etc...Ce que l'on appelle la « Veille Sanitaire » coûte aujourd'hui 50 milliards d'euros par an à la France (en plus des 200 milliards de l' « Assurance-Maladie »). Il pourrait s'avérer indispensable de coupler les efforts de **prévention générale** à l'étude du risque **individuel**. Il se pourrait bien que cette génomique préventive produise une véritable révolution des mentalités au sein des ministères et aussi d'appréciables économies. Il s'agira que les administrations adaptent leurs méthodes aux risques réels individuels (et non plus « supposés ») tels qu'ils seront établis par la génétique de chaque assuré social. Le ministère ne pourra plus écrire et décrire une Médecine sans échecs totalement règlementée, mais les règlements devront s'adapter aux diverses réalités génétiques des assurés.

« *Comme beaucoup de généticiens, Michael Snyder, de l'Université de Stanford, a eu la possibilité de faire analyser son ADN, la molécule porteuse du code génétique qui régule le développement et le fonctionnement de notre organisme. Il a aussi poussé un peu plus loin les investigations concernant son propre corps en étudiant son ARN, son « protéome » (le profil protéinique) et ses anticorps sur une vingtaine de prélèvements réalisés en 14 mois. Les résultats, publiés sur le site de la revue Nature, ont révélé que le chercheur était génétiquement prédisposé au diabète de type 2, en l'absence d'antécédents familiaux ou d'autres facteurs de risque. Au cours de l'étude, la maladie a même commencé à se manifester suite à une infection virale et lui et ses collègues ont pu suivre en temps réel les changements moléculaires impliqués dans l'apparition du diabète. « Je prévois, à l'avenir, que dans le cadre de tout traitement médical, les personnes verront leur génome séquencé pas seulement une fois mais plusieurs fois, » estime James Lupski du Baylor College of Medecine qui a commenté l'étude. « Parce que notre génome est en évolution par exemple, pour le cancer, il y a des différences entre les périodes de rémission et de rechutes. Mais l'analyse de son génome n'est pas sans conséquence. Michael Snyder a en effet communiqué ses résultats à sa* ***société d'assurance maladie*** *qui a largement augmenté le montant de ses cotisations. Cependant, il estime que la génomique lui a sauvé la vie en lui permettant de détecter précocement la survenue du diabète, ce qui lui a permis de modifier son* *mode de vie en conséquence. Ce type d'investigation sera de plus en plus courante dans les prochaines années, déjà les personnes qui le souhaitent peuvent, via des sociétés privées, faire décrypter une partie de leur génome »*

http://www.sciencesetavenir.fr/sante/20120320.OBS4171/la-genomique-pour-une medecine-predictive-et-personnalisee.html

La preuve du changement de culture induit par la génomique réside dans le fait que les **primes d'assurance** du chercheur Michael Snyder ont bondi dès la connaissance de son patrimoine génétique. L' Assurance-Maladie organisme tutélaire, risque de subir une révolution interne du même type. En effet comment concilier une offre de soins globalisée avec des risques sanitaires clairement individualisés et même prévisibles ? Comme l'assureur privé du chercheur Michael Snyder, l'assureur public pourra-t-il maintenir une **culture de l'offre**, ou devra-t-il passer à une culture de la **demande ciblée** ? On comprend que cette nouvelle Santé Publique risque de donner un coup de vieux aux idées de Mr. Johanet ou de Mr. de Kervasdoué. Plus aucun « panier global des soins » mais 65 millions de « paniers individuels » en France ! La gestion des ressources financières de la Santé Publique seront dorénavant soumises non plus à un arbitrage politique mais confondues avec une véritable génétique des populations qui englobera plusieurs ministères.

« La génomique personnelle dans la tourmente : Alors qu'en France les tests génétiques privés ***sont prohibés*** *depuis longtemps, la Food and Drug Administration (FDA) de nos cousins d'outre-Atlantique veut à son tour les interdire. Le 22 novembre, elle demandait à la société « 23andMe » de cesser de vendre ses kits de génomique personnelle à 99$. Cinq jours plus tard, le 27, elle déposait une plainte en Californie contre la société de génomique...Reste que ce conflit entre la FDA et « 23andMe » pose quelques questions de fond, qui engagent l'avenir même de la génomique personnelle. Après tout, l'une des principales craintes de nos voisins d'outre-Atlantique n'est-elle pas que* ***leur assureur exige une cartographie*** *de leur génome pour leur faire payer une police à un prix correspondant aux risques réellement encourus ?... »*

ttp://internetactu.blog.lemonde.fr/2013/12/20/la-genomique-personnelle-dans-la-tourmente/

Il est donc à craindre que les avancées de la génomique ne décrivent une nouvelle organisation de la Santé Publique qui contrarie les **monopoles actuels**. Car connaître son risque sanitaire individuel est une excellente chose en soi. Il fournit au citoyen une connaissance de ce qu'il est et de **ses propres risques de santé,** ce qui est une excellente chose : « connais-toi toi-même ». Mais cette connaissance de notre risque sanitaire personnel ne remet-elle pas en cause le principe d'une « offre globale et solidaire de soins », car ce qui intéressera le cotisant se limitera uniquement à son risque personnel. Le système national ne fonctionnait que dans la mesure où les risques **individuels étaient méconnus**. Comme une loterie nationale, on ignorait les numéros gagnants qui allaient sortir un cancer du sein ou un infarctus du myocarde. Dans ce cas, il était cohérent de mutualiser les moyens puisque les risques particuliers étaient inconnus.

Depuis une petite dizaine d'années ceci n'est plus vrai. Les clients-assurés sociaux peuvent connaître les numéros gagnants. L'exemple le plus médiatique, est **l'actrice Angelina Jolie** et sa double mammectomie « préventive » sans cancer déclaré. Dans cette situation, ce ne sont plus les autorités administratives qui décident des ressources allouées « à la Santé Publique », mais ce sont les généticiens qui décideraient en fonction de l'intérêt particulier de leur patient. La Santé Publique deviendrait une « Santé individuelle ». On évolue donc vers un système de « solidarité ciblée ». Mais si l'Assurance-Maladie veut réduire ses coûts, elle devra nécessairement tenir compte des informations fournies par les cartes génétiques de ses assurés. Connaître les **risques réels** qu'elle assure, et chez qui. Elle ne peut plus ignorer les risques réels qu'elle assure. Il ne s'agira plus d'une médecine à deux vitesses, mais à 65 millions de vitesses. Voici donc un bouleversement en cours….

« *Cependant, ces nouveaux développements scientifiques et techniques soulèvent de nombreuses questions, notamment d'ordre* ***éthique*** *et politique.... L'accent mis par la médecine prédictive sur les risques pourrait-il entraîner des inquiétudes exagérées ? Est-ce que la connaissance de nos risques nous en libère ou nous y condamne ?....Pour le système de la Santé, l'intérêt de l'usage des nouvelles applications devra être évalué de manière transparente et sérieuse, afin de s'assurer que le système de Santé ne soit* ***pas paralysé*** *par une multiplication de tests coûteux. Encore une fois, les désaccords entre scientifiques et dans la population en appellent à un large débat. Gilles Bibeau, en s'appuyant sur les propositions de Peter*

Sloterdijk, souligne finalement qu'il est peut-être temps de repenser l'humanisme en considérant que la technologie en fait dorénavant partie »

http://ethiquedessciences.com/wiki/La_g%C3%A9n%C3%A9tique_et_la_g%C3%A9nomique_en_sant%C3%A9_:_comment,_pour_qui_et_pour_quoi

Une nouvelle fois les avancées médicales façonnent la société de demain. Au lieu de fournir un « panier de soins » autoritaire et standardisé, négocié avec les producteurs de médicaments de masse, les soins médicaux redeviennent individuels. La personnalité génétique du patient redevient la première préoccupation (et pas les tractations marchandes dans les couloirs du ministère). Les barrières entre la médecine « préventive » et « curative » sont déjà en train de tomber puisqu'on sera en mesure de prédire les complications d'un traitement. La pénétration de la médecine dans l'organisation future de la société se trouve aujourd'hui renforcée.

La société de demain matin :

On voit donc se dessiner une nouvelle société. Elle est méconnaissable. Toutes ses caractéristiques sont le fruit des progrès de la science et de la médecine. Les relations de l'homme avec son travail, la durée de l'activité professionnelle, la nouvelle Santé Publique participative, la médecine individualisée et la disparition de la notion de l'Assurance globale ou profit du risque individualisé de chaque assuré. Tout cela modifie les rapports entre la « fonction publique » qui a géré jusqu'à présent la Santé Publique et les individus qui seront pris en charge de façon de plus en plus personnelle. Le secteur de l'économie sanitaire est en profonde mutation et se montre de plus en plus comme un « marché » plutôt qu'une fonction régalienne de l'Etat. Cette révolution est scientifique, et non plus politique. Pourtant la question se trouve bien posée au niveau politique. Il faudra bien que les Etats modernes se dessaisissent de l'organisation autoritaire des soins de Santé et la confie à des professionnels de terrain. On passe de la Santé Publique « idéologique » à une économie de services de soins de Santé hautement technologique.

Chapitre 9

Un nouveau modèle d'économie sociale et solidaire

Pascal Lamy, ancien directeur général de l'Organisation Mondiale du Commerce s'est exprimé sur le rôle politique de la nouvelle Europe et sur la valeur de son système social. Il s'exprime sur le futur ordre mondial.

« Dans l'esprit des non-Européens, l'identité européenne est parfaitement claire. Je crois qu'il y a un modèle social européen. L'Europe, c'est la version civilisée de la mondialisation, à côté de celles, efficaces mais aussi plus brutales, que présentent les Etats-Unis et la Chine. C'est justement cette ***économie sociale de marché****...Cette recherche d'équilibre qui fait que les inégalités y sont moins criantes que sur d'autres continents. Je crois que ce modèle existe et que les Européens doivent se rassembler autour de ce narratif celui de la paix comme fondement de l'Union européenne ayant inexorablement fait son temps* ».

http://international.blogs.ouest-france.fr/archive/2014/03/15/europe-omc-lamy-france-mondialisation-11398.html

La question du changement d'époque ne se pose donc plus. Celui de la mise en concurrence de notre modèle économique avec des blocs concurrents ne fait pas de doute non plus. **Défendre notre contrat social** suppose d'accepter la compétition d'autres économies et de nous y adapter afin de conserver une croissance minimale de 2% par an et des avancées technologiques à la hauteur de la qualité de nos universités. Pour cela une révolution mentale est nécessaire en Europe, accompagnée d'audace politique. Les 8 chapitres précédents ont montré des ressources humaines mal exploitées en Europe faute d'une compréhension de notre situation économique réelle. Ce chapitre visera donc à décrire ce que pourrait être le « troisième continent » s'il acceptait de sortir de son conservatisme administratif et osait libérer ses forces de progrès.

Nous allons nous attarder à nouveau au blog de Frédéric Bizard, Maître de conférences à Sciences Po-Paris et économiste de la santé :

*« ...**Notre modèle social est en crise**. Depuis les années 80, notre taux de chômage oscille entre 8 et 11% de la population active et place la France parmi les pays **les moins performants de l'OCDE**... Depuis plus de 20 ans, les enquêtes menées dans les pays développés révèlent qu'en France plus qu'ailleurs, on se méfie de ses concitoyens, des pouvoirs publics, des politiques, des institutions et du marché. Enfin, nous faisons face à une crise financière du modèle social français. Les dépenses publiques françaises, avec 57% de PIB en 2012 sont **les plus élevées au monde** et sont financées à crédit depuis 30 ans d'où une dette publique de 90% du PIB en 2012 (contre 20% en 1980). La France dépense ainsi 140 milliards €, soit plus de 2100€ par habitant, de plus en dépenses sociales que la moyenne des pays de l'Union Européenne.*

*Le monde a changé, notre protection sociale doit s'adapter aux nouveaux enjeux... La structuration du risque est aujourd'hui différente de celle de 1945 puisqu'on est passé de risques sociaux courts à des risques sociaux longs (chômage, maladies chroniques, retraites). La gestion de ces derniers nécessite une transformation profonde de notre système social et l'évolution d'une gestion du modèle par **l'offre** vers une gestion par la **demande** sociale.*

*La nature corporatiste du modèle **détériore l'efficacité** et l'équité de notre organisation sociale... L'intervention de l'Etat dans nombre d'activités de la société civile **vide le dialogue social** de son contenu. En passant d'un modèle corporatiste à un modèle universel, on prend en compte la pluralité sociale de la société civile qui permet la participation de tous, en tant qu'égaux, à l'organisation de la vie commune.*

*La protection sociale doit être une source de **mobilité sociale** qui donne à tous la capacité de mener à bien son projet de vie... Le nouveau modèle social français devra transformer nos **politiques sociales passives** en politiques actives afin de donner à chacun le pouvoir d'agir ... on laisserait un libre choix aux personnes de s'assurer pour leurs soins courants où et comme ils veulent.*

*Faire du modèle social un **agent de la croissance économique**. Le financement de notre protection sociale est historiquement assis sur le travail, faisant porter l'essentiel des coûts sur les actifs... Il en résulte **un coût du travail en France plus élevé de 24% que la moyenne des pays***

***européens**, ce qui pénalise notre compétitivité. Il devient logique de faire participer davantage les retraités aisés au financement de leur Santé. Alors qu'une part importante des dépenses de Santé est générée par les retraités, ces derniers ne participent que marginalement à leur financement. Ils n'ont aucune cotisation sociale sur leur retraite de base et seulement 1% sur les retraites complémentaires.*

*Nous disposons en France d'une **oligarchie sociale sclérosée** et dont la légitimité est en chute libre... Le modèle social français s'est transformé en contre-modèle, ruinant jusqu'à l'idée même du progrès et incapable de prendre les décisions d'ajustement du système. Une autre conséquence du modèle universel est d'acter la fin du paritarisme et de réinventer une forme **de partage et d'exercice du pouvoir**, fondée sur le renforcement de la participation de la société civile à la prise de décision en matière sociale.*

*Nos dirigeants politiques, de droite comme de gauche, ont fait le choix ces dernières années, sans débat démocratique, de **l'étatisation de notre protection sociale**. Cette voie est une impasse tant du point de vue de la faible légitimité actuelle de l'Etat et de ses représentants, que de l'avènement d'une société de l'information et du savoir qui transforme la gouvernance politique et même la façon de faire de la politique, en particulier en matière sociale. »*

http://www.huffingtonpost.fr/frederic-bizard/refonder-le-modele-social_b_3532230.html

Il est clair que Frédéric Bizard vient de décrire ce qui est vécu chaque jour par ceux d' « en bas » dont les médecins et les professionnels de la Santé. Le discours de Bletterans du Président Sarkozy représente sans doute l'apogée de la conception « **paternaliste** » de la Santé Publique et de la « survalorisation » du rôle de l'Etat. Ce qui place la France dans une position assez isolée au sein de l'Europe. Mais l'Etat français a-t-il encore les moyens de ses ambitions ? En conséquence, peut-Il encore prétendre rester aux commandes de toute l'économie de la Santé et la discréditer en la « sur-gouvernant », alors qu'elle est en pleine expansion dans le reste du monde ? Il est probable que la crise financière de 2007-2008 se termine maintenant par une véritable révolution économique doublée en France d'un collapsus politique. Avec du recul on peut même imaginer que le vide institutionnel de 2014 renvoie finalement à l'échec du référendum d'avril 1969, et l'ombre du Général De Gaulle prônant sa « régionalisation ». Elle s'est faite presque partout en Europe… sauf en France.

« Il est alors possible d'imaginer que l'État puisse se comporter comme un grand metteur en scène et parfois devenir acteur. Il suscite les vocations privées pour que les activités considérées comme nécessaires soient entreprises dans des conditions socialement et politiquement acceptables par des acteurs autres que l'État, le secteur privé ou aujourd'hui aussi ce qui est communément appelé le tiers secteur, le secteur à but non lucratif. Lorsque le privé et les autres acteurs sociaux ne sont pas en mesure de réaliser ces activités, alors l'État est obligé de le faire lui-même. Ceci se produit notamment dans des industries naissantes ou mourantes...La multiplication des activités dans lesquelles l'État est potentiellement appelé à intervenir est telle qu'il est très important de considérer ***cette implication comme temporaire,*** *le temps que des acteurs privés soient capables de les reprendre. Ainsi, l'État est toujours en affaires soit par la nationalisation, soit par la création de nouvelles entreprises d'État. Il est aussi toujours en position de* ***privatisation pour se libérer des activités*** *qui ne nécessitent plus son* ***intervention****. La privatisation et la nationalisation sont ainsi des activités qui seront toujours présentes dans les sociétés modernes, même si leur importance peut varier selon les époques. »*

http://www.dictionnaire.enap.ca/dictionnaire/docs/definitions/defintions_francais/privatisation.pdf

L'Etat n'a-t-il pas **fini son rôle** de metteur en scène de l'économie de la Santé, n'est-il pas temps qu'il cède maintenant la place à des acteurs privés ? Ils permettront à cette économie sociale de marché de se substituer au Monopole d'Etat installé en 1995 et revendiqué encore en 2008 à Bletterans. Ce Monopole aura finalement entravé le fonctionnement normal de la nouvelle économie de Santé comme pourvoyeuse d'emploi de proximité et redistributive des richesses dans l'économie sociale ; mais il aura favorisé l'évaporation des richesses produites par la médecine vers les holdings internationales de l'assurance ou de l'industrie pharmaceutique…

Construire une économie mixte de la Santé, locale et redistributive :

« Entre 2001 et 2009, la part de l'industrie dans la valeur ajoutée a perdu 5 points (passant de ***17 % à 12 %). La forte croissance des activités de services*** *dopée notamment par la consommation des ménages, la plus*

faible progression des prix des produits industriels... L'économie a été affectée par ***une forte contraction de son activité*** *depuis 2008. L'industrie a été* ***particulièrement affectée par la crise économique,*** *notamment en raison de sa plus forte exposition au commerce mondial. Son poids dans l'économie a diminué : elle a généré 12,2 % de la valeur ajoutée principalement marchande en 2009, contre 14,0 % en 2007...* »

http://cache.media.enseignementsuprecherche.gouv.fr/file/2012/60/1/NI_MESR_12_01_212601.pdf

L'étatisation de l'Assurance-Maladie durant l'hiver 1995-1996 était-elle une bonne idée ? Elle est bien à l'origine d'une politique rugueuse comme la « chasse aux médecins » et la « démédicalisation » : la **répression** de l'offre de soins et la création des déserts médicaux. Or n'aurait-il pas été plus licite d'anticiper un déclin de l'industrie classique et son remplacement par une **économie de services bien organisée** dont la Santé Publique représente un des secteurs les plus porteurs. C'est-à-dire d'organiser la Santé Publique comme une « *économie sociale de marché* » et non pas comme une fonction à la charge de l'Etat.

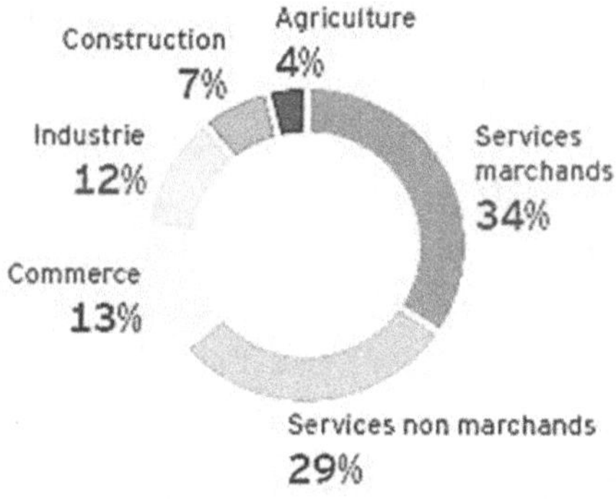

Fig. n° 2 : Comptes Nationaux 2010 – INSEE

« *L'économie des services, facteur de croissance et d'emploi : Les activités de services ont généré les deux tiers des implantations internationales en Europe entre 2006 et 2011. En Europe, la part des services s'élevait à 76% du PIB en 2010. En France, les activités de services représentaient la même année 80% du PIB, contre 69% il y a vingt ans. Cette croissance provient aux trois quarts des services marchands, qui représentent 47% de la valeur ajoutée du PIB français. Les services marchands en France ont connu une croissance de 2,8% par an depuis vingt ans, contre 2% pour l'ensemble de l'économie. Avec 8,6 millions d'emplois, le secteur des services marchands est le 1er employeur en France, comptant pour 34% de l'emploi total (ou 48% de l'emploi marchand) ».*

http://www.ey.com/FR/fr/Services/Advisory/La-Revolution-des-Services---Une-revolution-en-marche---Les-services-poids-lourd-de-l-economie

En 2014 faute d' « industries traditionnelles » comment l'Etat peut-il encore financer sa Protection Sociale ? Si la réforme sociale avait été entreprise dès 1996, la dette de la Sécurité Sociale serait-elle de 217 milliards d'euros aujourd'hui ? Aurait-on détruit 1.000 hôpitaux et créé des déserts médicaux ? La rénovation sociale aurait été entreprise à une époque beaucoup plus favorable qu'aujourd'hui.

L'INSEE montre que nous vivons déjà dans une économie « post-industrielle ». 63% de l'activité économique provient des services. Il aurait été sans doute judicieux de préparer dès 1995 la Santé Publique à quitter le domaine « non marchand régalien » et **éternellement déficitaire**, pour la faire évoluer vers une économie mixte. Ou de façon plus prosaïque, encourager les meilleures offres de soins, l'excellence médicale et paramédicale, plutôt que raboter ce secteur au nom d'une « austérité budgétaire » dont on sait qu'elle est totalement dépassée. La question subsidiaire est évidemment de savoir pourquoi ces choix ont été faits sinon suscités par une idéologie conservatrice et l'incapacité du régime à se rénover lui-même. Les Etats européens se trouvent aujourd'hui dans l'obligation de quitter l'idéologie de l'Etat-Providence qui a aussi été l'Etat-Sur-gouvernance et de mettre de l'ordre dans leurs comptes publics :

« Pour le président de la Bundesbank, Paris doit donner le bon exemple : la France est-elle l'homme malade de l'Europe ? Je me méfie de cette expression, attribuée à l'Allemagne il y a une quinzaine d'années. La France est un pays économiquement puissant, mais comme le dit lui-même le président Hollande : la France a des défis structurels à relever, elle doit redresser sa compétitivité et ***réduire le niveau très élevé de ses dépenses publiques****. Le gouvernement français a commencé à le faire. Il est important de continuer afin qu'une France renforcée puisse jouer son rôle au sein du moteur franco-allemand. Paris devrait exercer son leadership en donnant le bon exemple, notamment en matière budgétaire. »*

http://www.lemonde.fr/economie/article/2014/08/13/pour-la-banque-centrale-d-allemagne-paris-doit-donner-le-bon-exemple_4470757_3234.html

Une transformation irréversible :

« *Vivons-nous un cycle économique habituel, avec une phase de reprise succédant à de longues années de récession et de* ***croissance atone*** *ou, vivons-nous, au contraire, une formidable mutation de l'économie, avec le passage d'une économie industrielle à une* ***économie de services*** *dématérialisée mondialisée ultra-connectée ?...En ce qui nous concerne, presque dix ans après le début de la crise des "subprimes" qui a dégénéré en une des plus importantes crises économiques de notre histoire, nous pouvons nous demander si les années 2015-2020 ne s'avéreront pas capitales, pour les grands pays occidentaux ; elles apporteront, en effet, un premier élément de réponse à cette question lancinante et structurante : saurons-nous renouer durablement avec un rythme de croissance économique soutenu et* ***auto-entretenu*** *ou rentrons-nous, au contraire, dans une période longue de stagnation, qui pourrait, à terme, se révéler mortifère pour nos sociétés ? ....Le taux de croissance moyen de l'économie française est, par exemple, passé de 4 % dans les années 1970 à 1,5 % dans les années 2000 – niveau* ***trop faible pour financer notre modèle social*** *redistributif et la dette souveraine que nous avons contractée...C'est ce formidable basculement de l'économie que nous n'avons, peut-être,* ***pas correctement appréhendé****, tant la sémantique de "crise" utilisée depuis 2008 a, malencontreusement, occulté ce mouvement de "mutation de l'économie" liée au vieillissement de la population, à la désindustrialisation et la tertiairisation de l'économie avec la révolution des services dématérialisés mondialisés.* »

Le Cercle : « Mutation économique : d'une économie industrielle à une économie de services dématérialisée mondialisée ultra-connectée »

Mounis HASSIM / Enseignant à Sciences Po Paris | Le 04/05/2014

« *Un secteur stratégique pour la France : La Santé est l'une des préoccupations majeures des Français (baromètre TNS Sofres – déc. 2012). Le montant des dépenses de Santé s'élevait à* ***240 milliards*** *d'euros en 2011 soit près de 12 % de la richesse nationale. Si le système de Santé français est l'un des* ***plus coûteux au monde****, il est également crucial pour l'activité* *économique du pays : les industries de la Santé emploient 4,6 % des effectifs de l'industrie française soit 200 000 salariés et génèrent un chiffre d'affaires de 75 milliards d'euros. L'industrie du médicament est le 2ème secteur exportateur français et la France est le 3ème producteur européen de médicaments (source : LEEM juin 2012). L'Académie des Technologies estime que ce secteur représentera de 15 à 20 % de notre richesse nationale en 2030. La France dispose de nombreux atouts : une recherche biomédicale parmi les meilleures au monde,* ***un marché domestique solvable*** *et de grande taille et enfin un écosystème favorable à l'innovation. Néanmoins, l'innovation en matière de santé en France est aujourd'hui en panne. Elle doit faire face à une concurrence internationale de plus en plus forte, notamment en provenance des émergents, et à la fuite de ses innovations. »*

http://www.desideespourdemain.fr/index.php/post/2013/12/10/Nouveau-rapport-Santé-:-faire-le-pari-de-l'innovation#.U9MQfSjF91k

Un marché domestique solvable, voici qui aurait dû motiver une politique particulière depuis 20 ans. Une des explications à cet échec, proviendrait du système politique lui-même. Trop conservateur, il ne se prête plus facilement à sa transformation, car il est soudé dans une conviction de Monopole d'avant-crise. Il faut être réaliste, le régime autoritaire de Santé Publique pèse bien sûr sur les comptes publics, mais il alimente aussi une économie très puissante. Les grands groupes commerciaux internationaux qui en bénéficient ne sont pas prêts à céder la place à une **gestion consensuelle** et pluraliste. C'est l'avantage des grands monopoles : on ne les réforme pas facilement…

Cette économie des services de Santé semble se comporter comme un état dans l'Etat, et être traversée par de nombreuses influences extérieures. Pourquoi ? On peut soupçonner que les 200 milliards d'euros de la Santé Publique attirent quelques convoitises. Il faut regarder de plus près ce qui se passe aujourd'hui dans l'appareil d'Etat. Pourquoi le marché de la Santé Publique a-t-il tellement tardé à se rénover et à s'adapter aux nouvelles donnes de l'économie ?

Pourquoi les services publics ne se laissent-ils pas transformer facilement ?

Pour bien saisir le cœur du système actuel il sera intéressant de suivre le parcours de ce haut fonctionnaire typique de la 5ème république, Grand serviteur de l'Etat et parfaitement intégré aux règles internes du régime tel qu'il est devenu 50 ans après sa création. Le site Wikipedia nous présente Mr Gilles Johanet comme un haut fonctionnaire français, spécialiste de la Santé Publique. Nous avons déjà fait références à certaines de ses positions, tout-à-fait respectables et reflétant le mode de pensée technocratique des années 1990-2000. Après des études à l'IEP puis à l'ENA, il entre à la Cour des comptes en 1977 ; Il est le chef du cabinet de Georgina Dufoix, Ministre socialiste de la Santé en 1981-1982, puis il devient directeur de la Caisse Nationale d'Assurance-Maladie de 1989 à 2002. Il quitte la direction de l'Assurance-Maladie pour devenir directeur général adjoint de l'assureur privé AGF jusqu'en 2006, à la tête de la branche Santé et assurances collectives. Le 18 février 2011, il est nommé président du Comité économique des produits de Santé en remplacement de Noël Renaudin dans le ministère de Xavier Bertrand ministre UMP de la Santé. En 2012, à l'investiture de François Hollande, il quitte le ministère de la Santé pour devenir procureur général près la Cour des Comptes.

Jusqu'à la fin des années 90, M. Gilles Johanet a défendu un **numerus clausus** bas des étudiants en médecine qui a eu des conséquences sur la diminution drastique du nombre de médecins et sur la création des déserts médicaux. Mr. Johanet a donc occupé des postes importants au sein de 2 gouvernements de couleurs politiques opposées, un poste de directeur de l'Assurance-Maladie et un poste de directeur général chez un assureur privé. A cette époque il propose une réduction de la cotisation à l'assurance-santé complémentaire contre des preuves d'achat du yaourt Danacol® de Danone®... Ainsi Mr. Johanet fait plaisir au lobby d'un puissant groupe laitier en « médicalisant » le yaourt et en le faisant rembourser par sa complémentaire-santé, au moment précis où l'Etat refuse d'accorder aux médecins généralistes 1 euro de supplément par consultation.

Il propose une complémentaire-santé dite d'Excellence à **12.000 €** par an et par personne, donnant accès « aux meilleurs médecins de France »... Un réseau de 200 médecins bénéficiaires est déjà constitué, mais face au tollé général, le projet ne verra jamais le jour. Il redevient ensuite le négociateur gouvernemental des produits médicaux auprès des sociétés pharmaceutiques près du Ministre de la Santé Xavier Bertrand à nouveau au contact des lobbies pharmaceutiques. Ce haut fonctionnaire a mené une carrière brillante de spécialiste de la Santé Publique. Son parcours montre les passages entre les intérêts publics et les intérêts privés.

De façon générale, les hauts fonctionnaires spécialisés en Santé Publique sont à l'interface entre les intérêts de l'Etat et ceux du business commercial (appelés ici « fonds privés »). On comprend ainsi que notre société moderne n'a pas légiféré sur les intrusions officielles ou cachées des sociétés commerciales dans la gestion de l'Etat. Le conseil d'affaires s'appelle le « lobbying » et est autorisé, son pendant caché s'appelle la prise illégale d'intérêt et est un délit. La limite entre les deux n'est pas claire.

Les intrusions commerciales dans la gestion de l'Etat :

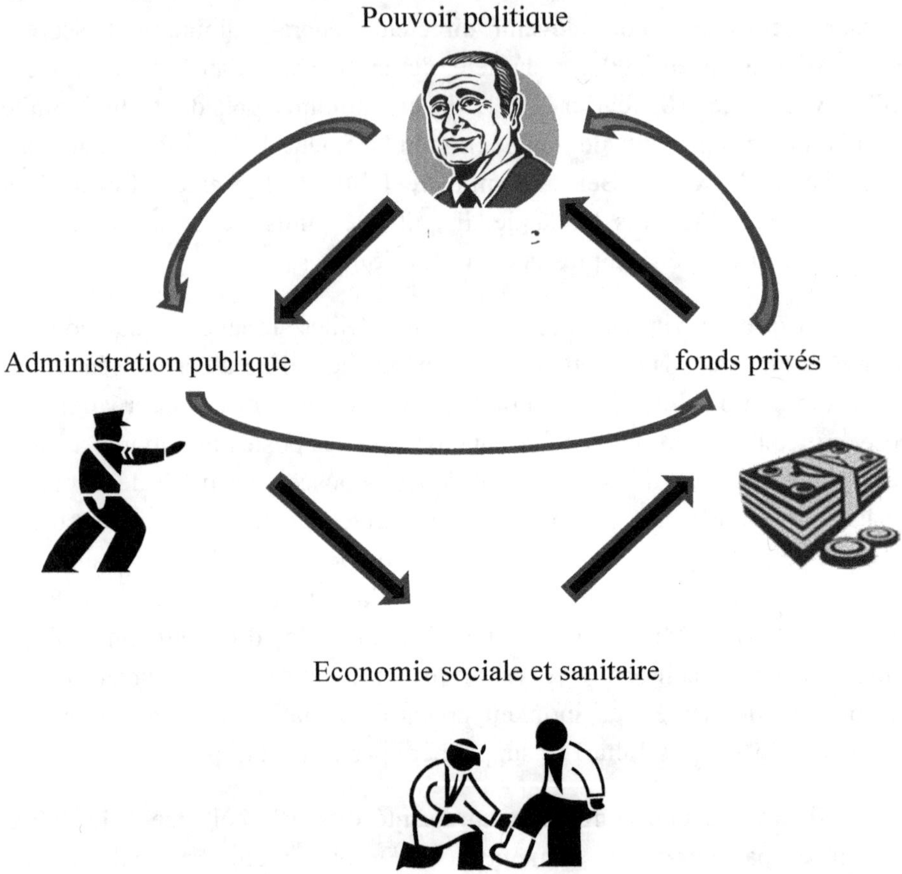

: L'Etat « contrôleur » des pratiques médicales et de l' « économie sociale » alimente les fonds privés. Le secteur de la Santé Publique est très endetté et … très lucratif.

: Les intrusions commerciales dans l'appareil d'Etat

Fig. n°3 : le système autoritaire de la fonction publique de la Santé.

Le Monopole d'Etat a pour conséquence de soumettre l'exercice de la médecine au pouvoir des directeurs d'agence ou d'administration ; cette dernière est aussi perméable aux intérêts de groupes commerciaux privés. Si l'on pense que la médecine est une « marchandise », et les médecins de simples techniciens aux ordres, il est cohérent qu'un pouvoir important revienne aux « lobbyistes » qui vont et viennent entre les ministères et les sociétés privées. Dans les faits, le monopole d'Etat sur la Santé profite aux grands groupes commerciaux et à leurs actionnaires. Le Monopole d'Etat enrichit les assurances, les complémentaires de Santé et les très grands groupes pharmaceutiques. Mais ce secteur n'est pas considéré comme une économie ouverte, bien au contraire il est verrouillé par l'Etat. Pourquoi ? Il n'est pas dénué d'intérêt de lire la biographie des 5 ou 6 derniers ministres de la Santé ou du Budget :

« ....En 1993, il dépose les statuts de « Cahuzac Conseil » une EURL qui travaillera exclusivement pour l'industrie pharmaceutique. Jérôme Cahuzac reconnaît avoir gagné beaucoup d'argent en officiant comme « conseiller purement technique » de la plupart des ***laboratoires pharmaceutiques****.... En juin 2013, Mediapart affirme que Jérôme Cahuzac touchait des pots-de-vin entre 1988 et 1991 lorsqu'il travaillait pour le ministre de la Santé, Claude Évin : ces pots-de-vin auraient été versés pour obtenir des décisions favorables du ministère dans l'attribution de scanners et d'IRM (appareils d'imagerie par résonance magnétique) à des établissements de Santé ».*

http://fr.wikipedia.org/wiki/Jérôme_Cahuzac

Cette intelligence entre les fonds privés et la haute direction de la Santé interroge sur le fonctionnement de nos Institutions. Mais attention, il n'y a pas de couleur politique dans ces pratiques :

« En France, dans le comité de lutte contre la grippe, créé par la Ministre de la Santé ***Roselyne Bachelot****, au moins 6 des experts qui y participent sont, eux aussi, rémunérés par l'industrie pharmaceutique: Jean Claude Manuguerra (Roche et Institut Pasteur), Jean Louis Bensoussan (Roche), Sylvie Van Der Werf (Pasteur, GSK), Brigitte Autran (Sanofi-Pasteur), Jean Beytout (Novartis), Catherine Weil-Olivier (Sanofi-GSK-Roche). Le médecin Jean Louis Bensoussan assure que « le ministère de la Santé était parfaitement au courant, il fallait nous dire si cela posait un*

souci ». Les pouvoirs publics semblent donc avoir accepté en connaissance de cause. C'est seulement, parce que des journalistes ont découvert ***le manque d'indépendance de ces experts****, que cela a été diffusé dans l'opinion publique. Finalement, cela n'a rien d'étonnant, car ce sont les pratiques habituelles des hauts représentants des pouvoirs publics, ils appartiennent généralement aux mêmes classes sociales que les élites économiques. Ils ont donc des pratiques et des intérêts relativement concomitants. .... Roselyne Bachelot elle-même avait travaillé auparavant pour un laboratoire pharmaceutique, pendant au moins 12 années. Dans son ancien CV, lorsqu'elle était au Parlement européen, en 2004, elle détaille son activité professionnelle : Déléguée à l'information médicale pour les laboratoires ICI Pharma de 1969 à 1976. Chargée des Relations Publiques chez Soguipharm de 1984 à 1989 ».*

http://www.liberterre.fr/liberterres/meta-mafia/brugvin3.html

« Le conseiller politique de François Hollande ***Aquilino Morelle*** *est accusé d'avoir travaillé avec des laboratoires pharmaceutiques alors même qu'il était censé les contrôler en tant qu'inspecteur de l'Igas (Inspection générale des affaires sanitaires)....Derrière l'icône de la méritocratie à la française, «fils d'immigrés espagnols» incarnant l'aile gauche du PS et surfant sur l' «image d'un médecin intègre» depuis son rapport accablant sur le Mediator, se cache un Aquilino Morelle aux nombreuses parts d'ombre, «qui a beaucoup menti», selon Mediapart. Au cœur de l'enquête, ses liens troubles avec l'***industrie pharmaceutique***. ... Enarque, Aquilino Morelle intègre en 1992 le corps des* ***inspecteurs de l'IGAS*** *(Inspection générale des affaires sanitaires). Mais, en 2007, il entame en parallèle une collaboration avec Lundbeck, un laboratoire danois qui lui aurait rapporté 12.500 euros hors taxe. Ce qui est rigoureusement interdit par la loi qui stipule que «les fonctionnaires et agents non titulaires de droit public consacrent l'intégralité de leur activité professionnelle aux tâches qui leur sont confiées. Ils ne peuvent exercer à titre professionnel une activité privée lucrative, de quelque nature que ce soit».*

Seuls « l'expertise, la consultation, les activités littéraires et scientifiques et les enseignements peuvent être autorisés», assure l'IGAS, ...pas de trace d'une autorisation pour travailler avec un laboratoire privé. Cette activité non déclarée pourrait donc s'apparenter à une ***prise illégale d'intérêts****, un délit puni de 75.000 euros d'amende et de 5 ans de prison.*

Interrogé par Mediapart, un dirigeant de Lundbeck confirme les bons services rendus par Aquilino Morelle : «Il nous a ouvert des portes. Et c'est un enjeu majeur : nous permettre d'aller défendre notre dossier auprès de la bonne personne.» Selon le site, le conseiller aurait ensuite approché d'autres laboratoires comme Sanofi et même Servier, (avant le scandale et son fameux rapport), ce que les intéressés ont confirmé. »

http://www.leparisien.fr/politique/le-conseiller-de-francois-hollande-accuse-de-multiples-conflits-d-interet-17-04-2014-3775783.php

Voici la dernière preuve que le lobbying pharmaceutique est pratiqué sans frontière administrative ni politique. Ces techniques d'intrusion (de capture de la décision politique) et de prises d'intérêts inhérentes au néo-libéralisme supportent tout de même de plus en plus mal le choc social provoqué par les mesures d'austérité budgétaire. Le « paternalisme » bureaucratique a de plus en plus de mal à assumer publiquement ses propres pratiques internes parfois assez… laxistes. C'est cela aussi la médecine à deux vitesses. Comment les Etats peuvent-ils se montrer si compliants à certains « intérêts commerciaux » tout en prônant l'austérité aux assurés sociaux et en sur-gouvernant l'exercice de la médecine ? La réponse tient peut-être au mode de fonctionnement du Monopole d'Etat qui opère sans vis-à-vis. Ses pratiques sans contrôle sont peut-être à l'origine de choix de Santé Publique contestables , qui auraient aggravé la dette publique (cf.: la gestion de la grippe A5H1N1 en Pologne et en France).

« *Ainsi, alors que l'on manque dans les hôpitaux de façon parfois dramatique de médecins et d'infirmières en raison d'un numerus clausus excessif, on embauche des directeurs de pôles venant du privé ou reclassés à partir des anciens services publics privatisés ...Cette réforme libérale prend donc dans l'immédiat la forme d'une énorme machine bureaucratique à la française, multipliant les niveaux de décision* »

http://www.democratie-socialisme.org/spip.php?article1035 le 5/04/2010

Un secteur économique qui n'a pas encore trouvé sa place :

La question des « intrusions secrètes » pose une question strictement politique : ne serait-ce pas aux citoyens de redevenir les acteurs de leur Santé Publique, en leur qualité de cotisants responsables ? Ils seraient pleinement intégrés dans la régulation budgétaire du système qu'ils financent eux-mêmes, et inventeraient ainsi une nouvelle société participative. **La médecine comporterait donc son propre modèle social**, ou du moins aspirerait à une certaine « modélisation politique » nouvelle à cause des valeurs sociales qu'elle véhicule : la nouvelle société participative.

A l'opposé d'un circuit fermé par l'Etat et qui profite à quelques grandes entreprises commerciales, on peut concevoir un système économique complet et équilibré. Chaque partenaire partage la gestion de l'ensemble. Un modèle de gestion pluraliste de la Santé Publique, donnant accès à une économie « ouverte ». Le développement d'une économie sociale de marché, commencerait par réconcilier les forces vives de la Santé Publique avec le Pouvoir politique, dans l'optique d'un nouveau « contrat social » plus moderne et plus participatif. La restauration d'un projet de société passerait par une reconnaissance mutuelle entre les décideurs politiques et les professionnels du secteur de la Santé.

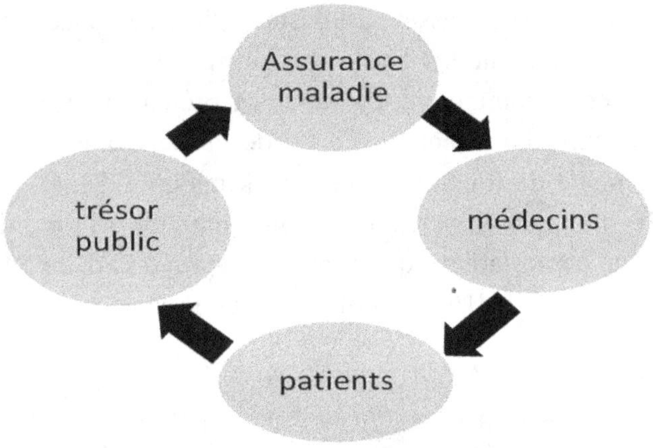

Fig. n° 4 : La Santé Publique, système équilibré à 4 composantes.

La disparition du Monopole d'Etat imposera le pluralisme de la gestion (comme ailleurs en Europe) et créera une économie nouvelle, paritaire, mais surtout ouverte sur la réalité économique. La « sur-gouvernance » actuelle est évidemment la marque de ce « frontalisme d'Etat » qui heurte de plus en plus la conscience sociale et empêche le secteur économique sanitaire de devenir un important moteur de notre économie.

Financement du système d'économie mixte :

La question résiduelle reste évidemment celle du financement du cycle de la Santé Publique. Aujourd'hui le Trésor Public est sous la pression des banques et des fonds privés. Il faut gérer la **dette publique**. Pour obtenir des taux bas, l'Etat doit « donner confiance » aux prêteurs étrangers, ce qui justifie la **politique d'austérité** qui est à l'œuvre. Et la « démédicalisation » de notre société.... Or cette politique ressemble beaucoup à celle du chasseur qui se tire une balle dans le pied. Pour plaire aux investisseurs internationaux et financer sa dette publique l'Etat détruit ses propres emplois nationaux. En réduisant la masse monétaire en circulation, l'Etat assassine ses petites et moyennes entreprises. Si on veut admettre qu'il existe une masse monétaire « idéale » pour chaque Etat, comment faut-il la faire circuler pour assurer un équilibre idéal des finances ? Deux actions simultanées sont seulement possibles :

- Augmenter l'emploi local, en favorisant l'économie de proximité (de services)

- Modifier les standards de consommation, en favorisant le recours aux services de proximité et en défavorisant la consommation de produits industriels lointains

La « gratuité des soins » produit exactement **l'inverse de ce principe**. Les consommateurs consacrent **anormalement peu d'argent** pour leur santé et leur bien-être, et anormalement trop d'argent pour la consommation de biens accessoires manufacturés dans des pays lointains. Il faut encourager nos économies locales et les revaloriser. Le redémarrage économique des pays européens supposerait donc une augmentation des coûts de la Santé et une **modification** des habitudes de consommation au profit des activités (de service) réalisées en Europe. Cette politique doit évidemment être encadrée, l'Etat doit continuer d'assumer l'accès aux soins des plus démunis (20% de la population). Mais le contrat social européen ne peut se perpétuer qu' en se consacrant bien davantage à son économie sociale et sanitaire qui a l'avantage d'être redistributive et locale. C'est-à-dire l'inverse de ce qui est recommandé aujourd'hui par la technocratie adepte du libre-échange. L'Europe n'a pas d'autre choix que de se mobiliser pour imposer son modèle social comme le concurrent commercial des produits manufacturés à bas coût.

Des changements sont en cours dans les services publics, qui commencent à bouleverser leur « business model » pour répondre au monde nouveau qui se met en place :

« *La Poste va* ***fortement augmenter ses tarifs*** *dès le 1er janvier, après avoir reçu le feu vert de l'Arcep : L'Arcep indique vendredi dans un communiqué avoir validé la demande de* ***La Poste*** *afin d'assurer la pérennité du service universel et de donner à La Poste les moyens d'engager la* ***transformation de son modèle de développement****. Cet encadrement des tarifs postaux porte sur une période de quatre ans, de 2015 à 2018, se basant sur une augmentation annuelle moyenne des tarifs de 3,5 points au-dessus de l'inflation (pour laquelle l'Arcep a retenu un taux moyen de +1,7% sur la période) "soit une évolution nominale de 5,2%" au total, détaille l'autorité. Mais La Poste avait également demandé, en raison de ses difficultés financières, à pouvoir "consommer une partie significative de sa marge de manoeuvre tarifaire en début de période d'encadrement", c'est-à-dire pratiquer dès janvier 2015 une augmentation supérieure à celle prévue pour une seule année. L'Arcep a décidé d'instaurer un "plafond annuel", qui permet à l'entreprise d'utiliser dès le 1er janvier 2015 jusqu'à 50% de l'enveloppe globale prévue sur l'ensemble des quatre ans.* »

http://www.huffingtonpost.fr/2014/07/25/la-poste-tarifs-augmenter-1er-janvier_n_5620075.html

L'idée d'une solvabilité des consommateurs de services publics s'impose. Non comme un renforcement du rôle de l'Etat mais bien au contraire comme une redistribution en faveur des **économies locales** pourvoyeuses de mains d'œuvre. Ce qui revient à payer les services publics au prix qu'ils coûtent. La médecine va suivre ce même protocole.

L'économie mondiale est-elle en déclin ?

Le déclin de l'enthousiasme démocratique plane autour de l'Occident. La Russie et la Chine se comportent déjà en puissances prédatrices tout en montrant l'exemple de sociétés très inégalitaires (et médicalement archaïques). L'ombre noire rode maintenant autour de nos vieilles démocraties. Peut-on se satisfaire d'attendre que « le marché » règle nos difficultés, alors qu'en réalité il les aggrave ? Nous vivons une véritable guerre financière mondiale. Le temps semble suspendu, quand viendra le « sursaut » ou l'effondrement de notre civilisation ? Dépend-il d'un retour d'une croissance économique supérieure à 5% ? Soyons sérieux, qui croit encore à cela ? On ne prévoit au mieux que 0,6 % en 2014 et rien de supérieur à 2% avant les 5 prochaines années. On ne peut donc pas espérer notre salut de l' « équilibre naturel des marchés ». La question pourrait se résumer ainsi : peut-on **encore financer notre modèle de société**, en pratiquant la politique de désendettement ? Va-t-on rejoué le scenario de l'Allemagne de 1933 ? Il est peu probable que nos sociétés cultivées et mures politiquement se laisseront enterrer vivantes sans réagir de façon extrême….

Un peu de recul permet de constater que les sommes d'argent produites et investies tous les jours dans le monde n'ont jamais été aussi énormes. Voici bien le paradoxe de notre temps. Le trading privé mondial est estimé à **1.000 milliards de $ par mois** soit 10.000 milliards d'€ par an. Ces sommes faramineuses sont purement spéculatives et volatiles. D'où proviennent-elles ? Elles proviennent bien de l'économie réelle (humaine) ; est-il équilibré qu'elles ne soient réinvesties dans l'économie réelle ?

La richesse mondiale a plus que doublé depuis 2000, atteignant un nouveau record historique de **241.000 milliards de $** en 2012 soit 200.000 milliards d'€. Dans le même temps la dette des Etats industrialisés à elle aussi plus que doublé : la dette de la France est passée de 830 milliards d'€ en 2000 à plus 1.800 milliards d'€ en 2012. Les dettes publiques de tous les Etats de l'union Européenne s'élèvent à 11.500 milliards d'€ en 2013. La dette publique des USA est 14.000 milliards d'€ (18.000 milliards de $). Les dettes publiques cumulées de l'Europe et des USA représentent donc 12,5% de la richesse mondiale estimée par le Crédit Suisse en 2012*. Elles sont donc aisément amortissables.

*http://images.smh.com.au/file/2013/10/09/4815797/cs_global_wealth_report_2013_WEB_low%2520pdf.pdf?rand=1381288140715

Aujourd'hui les échanges « dématérialisés » ont débordés le cadre des USA, ou de l'Europe et sont délocalisés partout dans le monde. Ils sont organisés de telle sorte qu'ils échappent à la taxation normale et se comportent donc en flibustiers de la finance. Malheureusement une taxe sur les échanges non commerciaux nécessiterait l'accord unanime de 195 Etats. Une taxe redistributive du type « Tobin » est donc illusoire en cette période de guerre économique entre les continents. Si une nouvelle taxe devait être imposée, elle devrait en effet surmonter plusieurs écueils :

- Aucun Etat même puissant ne l'assumera seul. Il faudra donc que cette taxe soit **imposée par un organisme supranational**, la banque mondiale ou l'Organisation mondiale du commerce en l'occurrence. Elle devra agir en tant que garante de la paix et de la sécurité du monde et s'imposer à tous les Etats au même moment. Elle aura pour objectif politique le retour à l'équilibre des finances publiques des Etats développés (qui ouvrent leurs territoires aux échanges commerciaux) et une concurrence juste entre les blocs économiques.

- Le trading internet est tellement sophistiqué, qu'il n'y a aucune chance qu'il soit un jour interdit ou contrôlé par un Etat ou un groupe d'Etat. Les spéculateurs se délocaliseront toujours. La régulation du marché spéculatif est une affaire de **droit international** et elle nécessite des moyens techniques et juridiques sophistiqués à la mesure de ces enjeux.

- Le trading moderne comporte aujourd'hui des pratiques toxiques sur le plan économique. Si l'on peut considérer que la « fluidité des capitaux » est nécessaire au développement économique, les placements de moins d'une semaine n'ont évidemment aucune visée économique (contrairement à ce qui est dit). Les pénalités retenues contre eux seraient élevées puisque 80% du trading spéculatif est inférieur à une semaine. Il y aura donc une forte **mobilisation contre toute règlementation** de cette pratique très lucrative. Seul une banque mondiale aurait l'autorité peut le faire.

- La taxation doit concerner aussi les échanges commerciaux. En effet les délocalisations « compétitives » se présentent comme vertueuses puisqu'elles permettent l'essor de nouvelles puissances économiques dans le monde. Cependant, elles ne traitent pas la misère sociale qu'elles créent dans les pays qu'elles délaissent. Au contraire, les Etats industrialisés maintiennent un niveau de vie élevé à leurs citoyens, malgré tout, ce dont profitent ces mêmes industriels en leur revendant leurs produits avec une marge maximale. Et c'est l'endettement public qui fournit les marges bénéficiaires spectaculaires de cette « nouvelle économie ». Il est nécessaire que les industriels s'acquittent des dettes qu'ils laissent en payant une taxe de rééquilibrage. Ils ne l'accepteront évidemment jamais de plein gré….

Une solution unique et mondiale :

Les Etats se livrent une guerre qui ne présage pas la possibilité d'un règlement « amiable » pour équilibrer leurs échanges commerciaux et les moraliser. La finance dématérialisée permet de survoler les territoires nationaux **sans y payer de contribution**. C'est cela aussi le « libre-échange » prôné par l'organisation mondiale du commerce. Il n'y a aucune chance qu'elle renonce à cet avantage décisif. Alors, le danger est bien que les Etats industrialisés, impuissants, se déclarent un jour **insolvables**, lorsque leur dette publique sera devenue tellement lourde qu'aucune initiative sociale ne pourra plus être prise. Le désordre public grandissant, Il n'y aura plus d'autre solution que de généraliser la faillite. On connait les suites de la crise de 1929. Car c'est bien à une **crise « idéologique** », à une crise de modèle social, à une crise politique, que nous sommes confrontés aujourd'hui.

Le rôle de la médecine dans un nouveau modèle économique :

Au fil des chapitres précédents, on a vu défiler l'aversion profonde des « experts économiques » contemporains à l'encontre de la médecine et de toute économie sociale. Relisons ce rapport d'experts, qui émane d'un puissant lobby au service du Medical Concil anglais :

*« ... Il est de toute urgence nécessaire d'évaluer avec une grande précision les avantages socio-économiques relatifs des différents type de pratiques médicales. Ce serait sans doute le moyen de vérifier que bien des formes curatives en particulier la chirurgie et l'alitement, pourraient être **abandonnées** et que les crédits qui leurs sont alloués seraient bien plus utilement affectés à la recherche des signes ou symptômes précoces de maladie dans l'ensemble de la collectivité. L'inconvénient d'une telle approche c'est que plus on recherche la maladie plus elle se manifeste dans la collectivité. Lorsque les efforts portent non plus seulement comme autrefois sur les grands problèmes de Santé tels que les infections aigües, (tuberculose) mais sur les maladies plus bénignes, il est évident que ces dernières se rencontrent plus fréquemment.*

Si le fait de tomber malade n'entraîne que peu d'inconvénients sur le plan personnel ou économique, et que la possibilité de soins est illimitée, la morbidité et la consommation de soins médicaux ne cesseront de croître. Du point de vue économique cela n'est sans doute pas surprenant ; à supposer par exemple que les vêtements, les logements ou les moyens de transports soient disponibles, gratuits ou pour un prix nominal, la demande serait elle aussi illimitée. De même que nous pourrions tous être mieux habillés ou plus confortablement logés, la plupart des gens, tout au moins lorsqu'ils ont atteint un certain âge, ont le sentiment qu'ils pourraient être en meilleure santé. Rares sont ceux qui se portent mieux en vieillissant. A mesure que les techniques médicales progressent, on peut faire davantage dans ce sens, mais les dépenses potentielles s'accroissent en conséquence.

Les responsables de la planification des services de Santé n'ont pas encore résolu le problème que pose la définition de ce qui doit être soigné et de ce ***qui ne peut pas l'être****...par exemple, doit-on essayer d'assurer à l'ensemble de la population un niveau minimal de Santé en refusant de soigner les maladies relativement bénignes, et en centrant l'action sanitaire sur les maladies les plus graves ? Ou bien doit-on accepter le fait qu'un grand nombres de maladies graves sont probablement incurables et refuser de gaspiller des ressources limitées pour les traiter afin de centrer l'action sanitaire sur l'amélioration de l'état de santé de la majorité ... On ne peut pas toutefois se cacher que, sans avoir à adopter l'une des position extrêmes, il est nécessaire de faire un choix dans un sens ou dans un autre.* »

M.G.Teeling-Smith , directeur of Office for Health Economics*, London, http://whqlibdoc.who.int/euro/phie/WHO_PHIE_1_(part1)_fre.pdf

*OHE : L'Office of Health Economics est une société anglaise de consulting sanitaire ; elle effectue des recherches et fournit des services de conseil sur l'économie de la Santé et les questions politiques connexes qui affectent les soins de Santé et les industries des sciences de la vie.

Cette expertise est intéressante. Elle résume la pensée dominante des années Thatcher de 1980 au krach de 2007-2008. Elle concentre en effet tout ce qu'il ne faut plus faire en 2014 :

- Considérer la médecine comme un acteur économique passif (gaspilleuse des ressources limitées de l'Etat)
- Considérer les malades comme des clients passifs du service public de soins
- Considérer que les finances publiques n'ont aucune considération morale (et donc sociale)

Cet office OHE fournit les conseils sur ce qui est « *soignable* » et ce qui doit être « *abandonné* »….Or ceci relève tout de même, nous semble-t-il, d'un choix moral au niveau de la société toute entière, et pas d'un simple avis technique. D'autant plus que cet « *abandon* » s'appelle aujourd'hui la **non-assistance à la personne en danger**, et il est assimilable à un homicide avec préméditation. Enfin, la distillation des moyens financiers « *accordés*» à la Santé, part d'un principe que les richesses privées issues du libre-échange doivent servir essentiellement à autre chose qu'à soigner les populations ou à l'économie sociale, mais bien au contraire à sécuriser les patrimoines privés des possédants et des happy few récemment enrichis. On voit en 2014 les yachts qui s'entassent dans des marinas exotiques, des manoirs à vendre à 50 millions de $, des start-up comme WhatsApp achetée 19 milliards de $ alors qu'elle compte…50 salariés. Cet argent ne serait-il pas mieux investi dans l'amélioration de la qualité de vie des citoyens en développant une véritable économie sociale active et pérenne ?

Toute cette richesse néo-libérale récente à quoi sert-elle si elle n'est pas réinvestie dans la société elle-même ? Ceci faisait jadis la fierté de ce qui s'appelait une « civilisation », c'est-à-dire un modèle social unanime.

« Le Medef a présenté mercredi des propositions pour réformer le système de santé, notamment une refonte de son financement axée sur un transfert de la couverture réalisé par l'Assurance maladie vers les complémentaires et sur-complémentaires. Face à un système déficitaire et qui n'est «pas soutenable dans la durée», selon l'organisation patronale, le Medef propose en effet d'ouvrir une «réflexion d'ensemble sur le partage entre ce qui relève de la solidarité nationale» la mutualisation et la responsabilité individuelle. Le Medef développe plusieurs modèles de financement, privilégiant un scénario dit «réaliste» basé sur trois piliers : assurance maladie, complémentaires et assurés. La mise en œuvre de ce scénario se traduirait par une diminution des dépenses d'assurance maladie obligatoire de l'ordre de 25 à 30 milliards d'euros d'ici 2017 sans diminution de la qualité, de la sécurité et de l'accès aux soins, assure le Medef. Ce schéma conduirait à une baisse des cotisations maladies. Et concernant les dépenses, il s'articule autour d'un premier pilier bâti après une redéfinition du «panier de soins» remboursés par la Sécu. Le Medef propose de le « recentrer » sur les soins et services « essentiels », ce qui représenterait 10 milliards d'économie. Le deuxième pilier serait un socle obligatoire pour les seuls salariés du privé au niveau du panier de soins

défini par l'accord national interprofessionnel (ANI) sur la sécurisation de l'emploi. Le reste de la couverture santé serait ***à la charge des assurés*** *qui pourraient se tourner vers des « sur-complémentaires ».*

http://www.legeneraliste.fr/actualites/article/2014/04/10/les-propositions-chocs-du-medef-pour-reformer-le-systeme-de-sante_239981#sthash.9quq91oo.dpuf

Cette position de l'organisation patronale française est plus récente. Une évolution semble intéressante : « le panier des soins » n'est plus un socle autoritaire, mais un « service minimum ». Donc, une médecine plus sophistiquée est acceptée. Ce projet ouvre la voie à une économie sociale de marché plus performante que la misère promise par Mr de Kervasdoué. Un point intéressant est la participation des assurés à leur propre Santé. On est ici dans une nouvelle Santé Publique participative, qui suppose un **effacement relatif du rôle de l'Etat** et une gestion paritaire. Lentement émerge l'idée que la médecine peut devenir une activité économique par elle-même et que les soins de Santé peuvent devenir des produits commerciaux concurrentiels et non des « *dépenses inutiles à charge des employeurs* ». Par contre un « *recentrage sur les soins essentiels* » laisse tout de même le délicat problème de les définir.

Ce qui nous semble plus prometteur c'est une ouverture du réseau public de soins aux investisseurs privés. On a évoqué la fabuleuse somme de 20 milliards d'euros de fonds privés des complémentaires-santé. Le législateur pourrait contraindre ces assureurs à se garantir en investissant 100% de leur réserve assurantielle dans les hôpitaux publics. Démarrer ainsi une économie mixte de la Santé. Plus une complémentaire-santé qui ne soit partie prenante de la Santé Publique (dont elle tire tout de même 100% de ses bénéfices). Ceci mettrait un terme au siphonage de la Santé Publique par les fonds privés sans qu'ils participent eux-mêmes. De même les 4 milliards d'euros de bénéfice des secteurs de l'hospitalisation privée et même les 5,6 milliards d'euros annuels d'aide à la couverture complémentaire pourraient être investis à 100% dans les réseaux de soins. Et les 6 milliards d'euros obtenus en renégociant les conditions du travail salarié à l'hôpital et en « contractualisant » l'activité des praticiens, pourraient également être réinvestis dans le budget de fonctionnement des hôpitaux publics.

Chaque année les « *groupes privés d'assurance et de soins* » investiraient leurs réserves et une part importante de leurs bénéfices dans la Santé Publique au titre de leur participation à la **gestion paritaire** de ce service dont ils deviendraient les sociétaires. Ainsi, les hôpitaux se transformeraient en de véritables acteurs de la vie économique locale en devant débattre de leur gestion devant des **actionnaires privés**. Il n'est pas sûr que le « taylorisme hospitalier » et les chaînes de montage de soins résistent longtemps à une expertise managériale moderne. Ainsi le service rendu aux assurés redeviendrait **l'unique préoccupation** des établissements de soins. Une révolution culturelle serait alors mise en œuvre ; elle soulagerait d'autant le reste à charge de l'Etat…

La rénovation de l'économie internationale :

La crise financière qui frappe l'économie occidentale depuis 2001 n'a pas encore désigné de perdant et de vainqueur. Mais notre civilisation est en mutation : elle est à la croisée des chemins. Le modèle d'une Santé Publique « ouverte » au sein du marché des biens de consommations profiterait à l'économie locale et soulagerait les Etats. Inutile de dire qu'il est loin de faire l'unanimité. On s'en doute. L'endettement public et le monopole d'Etat sur la médecine rapportent en effet **beaucoup d'argent** aux fonds privés et à leurs actionnaires. Mais pour combien de temps ? La place que va occuper la médecine dans la future grande économie européenne est évidemment fondamentale, mais novatrice. A ce titre, elle doit accepter d'être rudement combattue.

« Le rapport de CEO, intitulé « The Fire Power of the Financial Lobby», est publié à la veille des élections européennes et alors que nombre de régulations, comme celle visant à instaurer une taxe sur les transactions financières, sont encore en négociation à Bruxelles. Pour obtenir ces estimations, les experts de CEO ont passé au crible le « registre de transparence» instauré en 2008 sous la pression des eurodéputés, et où toutes les organisations exerçant du lobbying sont censées s'enregistrer…Les chercheurs ont épluché des dizaines de documents, comme le « rapport des contacts avec les lobbies », des Conservateurs Britanniques. On y découvre que sur les six premiers mois de 2013, les 25 députés européens Conservateurs du Royaume-Uni ont rencontré 74 représentants de l'industrie financière ou assimilés. « Les régulations en cours, comme celle des produits dérivés, ont été discutées lors de ces

réunions, explique le rapport. Parmi les organisations actives, JP Morgan, Citigroup et Goldman Sachs étaient également présentes ». CEO a identifié 208 organismes déclarant officiellement s'adonner à du lobbying relatif aux « services financiers », et ***700 au total*** *en ajoutant ceux non enregistrés. Ils exercent leur influence essentiellement auprès du Parlement européen et de la Commission européenne. Ainsi, sur les 906 organisations consultées par Bruxelles pour réfléchir aux régulations à mettre en place après la crise, 55 % représentaient la finance, contre 12 % pour les autres secteurs et 13 % pour les ONG, syndicats et associations de consommateurs. De plus, sur les 700 lobbies recensés, 140 sont originaires du Royaume-Uni, ce qui en fait le pays le plus présent. »*

http://www.lemonde.fr/europe/article/2014/04/09/comment-le-lobby-financier-pese-sur-bruxelles_4398032_3214.html

Ainsi l'avenir de la médecine moderne, ouverte et concurrente, se joue-t-il sous la pression de 700 lobbies financiers installés à Bruxelles qui travaillent à augmenter les **mesures répressives** à l'encontre de l'économie sociale de marché. Survivra-t-elle à ce lobbying financier ? Toute l'explication du désastre médical qui se joue en France depuis 30 ans se trouve peut-être ici à Bruxelles, parmi les lobbies puissants qui **paralysent l'action politique** européenne et empêchent l'unification de son nouveau modèle d'économie sociale. Pourtant, les raisons de croire en une autre politique sont nombreuses et légitimes.

Le futur modèle économique européen aurait les caractères suivants :

- Primauté à l'emploi, donc aux économies locales de services
- Déclin du secteur industriel comme contributeur de la Sécurité Sociale. Au contraire les grands groupes industriels investissent dans les pays moins-disant sociaux et fuient leurs futurs clients.
- Rôle grandissant de la justice comme arbitre des enjeux internationaux
- Attrait essentiel des citoyens pour leur propre santé, et solvabilité de ce secteur.

Chapitre 10

La société du 21ème siècle, profondément médicalisée ?

La médecine a profondément marqué la civilisation occidentale tout au long du 20ème siècle, depuis les prémices de la Santé Publique sous Pasteur (1885) et la création d'hôpitaux construits scientifiquement, jusqu' à l'implantation du premier cœur artificiel le 18 décembre 2013. Voici un nouveau clin d'œil au Pr. Barnard, le signe d'un **progrès continu** de notre société. Et quel progrès ! Le chirurgien de l'hôpital Groote Schuur du Cap aurait-il pu imaginer qu'on implanterait un cœur électrique permanent 46 ans après sa première transplantation. Plus qu'une mode, ou un art de vivre, la médecine s'est imposée comme une **nécessité** constitutive de notre civilisation. Elle joue donc un rôle d'avant-garde de la modernité depuis 1885 et interfère à ce titre avec les élites politiques depuis plus de 130 ans. Elle est habituée aux défis politiques.

Le nouveau défi de la médecine moderne est probablement d'anticiper une société axée autour d'une **sécurité sanitaire universelle** qui ne serait pas « optionnelle » ni dépendante du « bon vouloir » des élites technocratiques ou financières **privées**. Depuis le déclin de l'Etat-Providence et le contrôle des finances internationales par des holdings privées, la Santé Publique est directement visée. Elle se retrouve donc dans l'obligation de se défendre en tant que « contre-économie ». Cette situation était inimaginable il y a 20 ans. Mais la **résistance** des citoyens contre la « démédicalisation » voulue par cette technocratie internationale, bancaire et néo-libérale, est riche d'enseignements. Cette rude résistance civile était sans doute inattendue de la part des adeptes de la dérégulation, ceux de l' « école de Chicago » et du Président Reagan. Il est probable que la Santé ait cessé d'être « *une dépense inutile* » mais qu'elle soit devenue progressivement une **nécessité sociale incompressible** au même titre que l'éducation. Sur ce point, le néo-libéralisme se fait des illusions sur les possibilités des Etats à comprimer leurs dépenses de Santé au-delà d'un certain seuil.

Par contre ce qui est possible, c'est que les citoyens choisissent leur santé personnelle plutôt que d'acheter des produits technologiques superflus. Bloc maritime contre bloc continental, le modèle social européen devra apprendre à se défendre et à se vendre dans une économie totalement ouverte. C'est le **consommateur qui choisira**.

Défendre la Santé Publique des citoyens européens est difficile parce que la nouvelle économie mondiale s'est organisée pour se rendre **insolvable** et participe de moins en moins au financement des services publics des Etats. C'est au contraire la finance privée qui tient les Etats entre ses mains par le biais de la gestion de leurs dettes publiques. L'Etat-Providence est mort, comment sauver la Santé Publique ?

Il se profile un nouveau système de Santé qui remplacerait le « pacte de 1945 », une nouvelle forme de Sécurité Sociale (celle d'aujourd'hui est en faillite). La seule alternative semble bien de transformer le service public sanitaire en une **économie concurrente** du marché mondial des produits manufacturés. La mutation doit s'employer à être bien comprise et acceptée par les citoyens eux-mêmes. Il est en effet possible de créer un marché ouvert de la Santé qui entrera **en compétition** avec le marché international de libre-échange. Il faut accepter d'inventer cette économie sociale de marché et ne plus hésiter à la mettre en concurrence. Pour cela les assurés sociaux s'appelleront dorénavant des « consommateurs de soins de Santé » et la Médecine deviendra le « secteur des soins médicaux de proximité ». Les citoyens vont apprendre à « acheter » leurs soins de Santé de préférence aux tablettes numériques ou aux berlines tape-à-l'œil. Ils devront choisir. Mais en choisissant ils construiront une société différente : s'ils restent attachés à leurs soins de Santé, l'Europe développera une économie originale et probablement inédite. Les « services aux personnes » animeront une économie locale puissante et redistributive qui court-circuitera les puissants fonds prédateurs privés. La société européenne sera moins consommatrice de biens high-tech et plus attachée à sa propre qualité de **vie « essentielle ».**

L'économie européenne peut se réorienter vers les services de proximité, encore faut-il que les Européens acceptent de les payer plus chers, et donc de se priver un peu d'autres biens pour défendre leur Santé. En Europe ce marché est mûr. Nous disposons d'une technologie de la Santé remarquable, nous devons maintenant accepter d'en faire le commerce, nous sommes prêts. Les raisons de croire en l'économie de la Santé sont nombreuses. Notre modèle sanitaire est envié par le monde entier. Nous disposons de brillantes universités, de bons médecins et d'industries performantes. Le cœur électrique Carmat est le symbole de cette puissante économie de la Santé que les Européens doivent se préparer à défendre becs et ongles :

« Le cœur Carmat est le fruit de l'obstination d'Alain Carpentier, 80 ans, génial inventeur, à la fin des années 60, des valves en tissus animaux, qui ont révolutionné le marché des valves cardiaques...Sa grande ambition est de créer un cœur artificiel similaire à l'organe humain. A la fin des années 80, il rencontre Jean-Luc Lagardère, patron de Matra qui décide de l'aider, avec ses ingénieurs, à créer un cœur artificiel français. Il confie le projet à une demi-douzaine de génies en mécanique, hydraulique, électronique, informatique. Commencent alors vingt ans de recherches. Après le décès de Jean-Luc Lagardère en 2003, EADS continue à soutenir Carpentier et en 2008 crée Carmat, contraction de Carpentier et de Matra, en y détachant les ingénieurs d'EADS qui travaillaient sur le cœur artificiel. Aidée par de nouveaux financements du fonds Truffle et 33 millions d'euros d'aides publiques, puis cotée en Bourse, la société de Vélizy, qui aura coûté plus de 100 millions à ses investisseurs, se rapprochait du but ces dernières années. Le Pr Christian Latrémouille a réalisé la première implantation de ce cœur artificiel permanent le mercredi 18 décembre 2013, une première mondiale... »

http://www.lequotidiendumedecin.fr/specialites/cardiologie-vasculaire-hta/premiere-greffe-reussie-d-un-coeur-artificiel-definitif-carma

La médecine est devenue une nécessité sociale :

En transformant le corps des hommes, en éradiquant les maladies endémiques, en reculant l'espérance de vie, en libérant les êtres de leurs destins, la médecine s'est installée au cœur même de notre société. Elle a décrit une nouvelle organisation politique où elle accompagne les citoyens individuellement, dès avant leur naissance et jusqu'après leur mort. Elle est devenue l'un des piliers de notre civilisation. Avec le recul, il semble bien réactionnaire de la combattre avec tant de vigueur, car il est très improbable que les hommes et les femmes accepteront de **régresser en matière sanitaire** et de renoncer aux soins médicaux qui sont devenus des nécessités.

Car c'est bien une nouvelle civilisation qui est en train de naître, **entièrement médicalisée**. Mais qui étendra cette compétence sur la gestion scientifique des ressources de notre terre, en la confisquant en quelque sorte aux entrepreneurs privés. Ils restent convaincus que notre planète est une jachère libre à leur disposition, alors même que la science moderne a démontré depuis longtemps qu'elle est un écosystème en équilibre qui doit être exploité avec intelligence et prudence. Deux cultures s'affrontent. L'économie sociale fonctionne selon le même cycle pérenne. La médecine en est une partie, probablement la plus dynamique. Son succès n'est pas démenti aujourd'hui encore, en pleine crise économique. Les exemples ne manquent pas. Prenons le cas de la chirurgie esthétique :

« La chirurgie esthétique est en plein boom au Royaume-Uni : Selon les chiffres publiés par l'Association britannique des chirurgiens plastiques (Baaps), le secteur aurait connu une ***hausse de 17 %*** *toutes opérations confondue pour l'année 2013. L'intervention qui a vu la plus forte augmentation a été la liposuccion (+41 %), le nombre de nez refaits, de liftings ou encore la pose d'implants mammaires ayant connu une poussée de 10 % chacun, en l'espace d'un an. D'après Rajiv Grover, le président du Baaps, l'année 2013 représenterait la* ***meilleure année*** *en termes d'opérations de chirurgie plastique depuis le début de la crise en 2008. Avec cette hausse exponentielle, le Baaps a établi un classement des dix opérations les plus en vogue en Angleterre. Sans grande surprise, c'est encore et toujours* ***l'implantation mammaire*** *qui arrive en tête avec* ***11.135 opérations*** *en 2013. Suivie de près par le lifting des yeux (7.808 cas), le lifting facial (6.380) et la réduction mammaire (5.476). En cinquième position, l'opération de la cloison nasale s'impose avec 4.878 cas et une proportion d'hommes très importante. La liposuccion a, quant à elle, atteint le nombre de 4.326 opérations, suivie du lifting du ventre (3.466 cas) talonné par le transfert de graisse avec 3.302 cas. En dernière position, on trouve les « petites opérations » telles que le soulèvement des sourcils ou encore la correction des oreilles avec respectivement 2.138 et 1.213 cas dénombrés.*

Cette augmentation rapide inquiète les médecins et surtout le ministère de la Santé après l'affaire des implants PIP.... En effet, le ministère britannique de la Santé a rappelé récemment les dangers de la chirurgie plastique en précisant que c'était « une industrie de cow-boys » avec des «pratiques obscures ». Malgré les mises en garde du ministère, la hausse continue, à deux chiffres, de la chirurgie esthétique souligne le fait que la population préfère la méthode chirurgicale dite dure mais efficace, plutôt que les "solutions miracles" comme les sérums et autres crèmes sans réels résultats, selon Rajiv Grover. En Angleterre, le secteur de la chirurgie esthétique représentait 902 millions d'euros en 2005, 2,7 milliards en 2010 et selon les prévisions il atteindra les ***4,3 milliards d'€*** *en 2015. Une entreprise qui ne connaît vraiment pas la crise. »*

http://madame.lefigaro.fr/societe/chirurgie-esthetique-plein-boom-royaume-uni-110214-709240

Plus que l'attrait pour les augmentations mammaires ou les liposuccions, c'est l'augmentation de **17%** du nombre de personnes opérées par un chirurgien esthétique ou un plasticien en Angleterre en 2013 qui attire notre attention. Il s'agit bien d'un phénomène de société, et pas d'une « mode » dans ce pays en proie lui aussi à une **crise économique** sans précédents. Mieux que tout, l'engouement pour la médecine ou la chirurgie de l'apparence montre à quel point notre société est en train de changer. Partout en Europe, et aux Etats-Unis, partout là où l'économie occidentale subit sa pire crise depuis 70 ans, la **médecine progresse** et la chirurgie esthétique explose. 17% de croissance, 3 fois la croissance industrielle de la Chine, on rêve.

Or cette explosion n'est analysée pas aucun grand « Think tank » (laboratoire d'idées). Pétrifiés par l'horreur du déclin industriel, les pays occidentaux sont encore les deux pieds dans le 20ème siècle peut-être même le 19ème. Or, nous sommes bien au 3ème millénaire. Et même en pleine crise, nos citoyens et citoyennes montrent qu'ils existent. Ils inventent **la nouvelle société**. Celle du corps, de la beauté, du troisième âge resplendissant, de l'adolescence décomplexée et de la plastique irréprochable comme carte de visite professionnelle. Les gens ont transformé la relation à leur corps. Du corps souffrant sous les vêtements sombres de nos grand-mères voici la génération des femmes et des hommes qui s' « offrent » le corps dont ils rêvent. Un corps sans maladie, soigné, astiqué, bodybuildé, bronzé, un corps sans défaut. Et un monde sophistiqué, décomplexé mais surtout volontaire et résilient. Pas nécessairement un monde égoïste, mais surement une société qui change son échelle de valeurs. La consommation sera davantage intériorisée, et moins superficielle. Sans doute va-t-on s'orienter vers le bien-être physique plutôt que l'équipement technologique qui arriverait en Occident à la fin d'un cycle.

On voit des cliniques en Europe ou aux Etats-Unis qui accompagnent le devis de la chirurgie esthétique d'un plan de financement sur 5 ans, voire plus. Le culte de l'apparence est en train de dépasser le culte de la « belle voiture », ou de la « belle villa ». Les nouvelles priorités semblent bouleverser la hiérarchie des investissements individuels.

« L'automobile a ***perdu de son aura****. Dans dix ans, elle pourrait devenir un moyen de transport comme un autre. La voiture est tombée de son piédestal aux yeux des automobilistes européens. Alors qu'il y a vingt ans elle symbolisait la réussite sociale pour plus de la moitié des habitants du Vieux Continent (52 %), ils ne sont plus que 18 % à la percevoir toujours comme un objet de prestige, constate l'étude de l'Observatoire Cetelem, réalisée en France, Italie, Espagne, Royaume-Uni, Allemagne, Portugal, Belgique et Turquie auprès de 4830 personnes. De plus en plus pragmatiques avec la crise, les Européens considèrent désormais l'automobile comme un objet fonctionnel et utile. «Elle est synonyme d'autonomie pour la moitié des Européens et même de gain de temps. C'est particulièrement vrai pour les femmes, qui sont de plus en plus actives», souligne Flavien Neuvy, responsable de l'Observatoire Cetelem. »*

http://www.lefigaro.fr/conso/2013/12/06/05007-20131206ARTFIG00302-la-voiture-de-plus-en-plus-mal-aimee-par-les-europeens.php

« Acheter une maison, ce ***n'est pas un bon investissement****: Tout du moins les gens qui achètent une maison se trompent en pensant que cela en est un. Et la faute en incombe aux dix dernières années de forte hausse des prix de l'immobilier... Ce qui met en erreur les gens sur l'immobilier et qui leur fait penser que c'est un investissement, c'est que les prix ont explosé ces dernières années alors que l'inflation est restée basse. Un double effet kiss cool qui fait avoir une mémoire courte aux gens. En cela, détenir une maison, est une protection certes, mais aucunement un investissement. L'immobilier c'est donc comme une voiture. Ce n'est pas un investissement, en ce sens que cela à terme ne rapporte pas, même tout le contraire. Acheter une maison coûte cher....Trop de personnes aujourd'hui achètent pour les* ***mauvaises raisons*** *et c'est cette fausse idée que l'immobilier est un investissement.... »*

http://graphseobourse.fr/immobilier-danger-tous-ruines/

« Dans son édition du 12 août 2012, le journal Libération faisait part d'une idée proposée par un groupe de sympathisants PS, Front de gauche et d'EELV, et remis au Président de la République de soumettre à l'impôt sur le revenu des «revenus fictifs», que constitue selon eux l'absence de loyer pour les millions de propriétaires ayant remboursé leur emprunt : Plus audacieuse, l'idée de soumettre à l'impôt sur le revenu les ***revenus fictifs****, que constitue l'absence de loyer pour les millions de propriétaires ayant remboursé leur emprunt, rapporterait 5,5 milliards par an. »*

http://lejournaldusiecle.com/2013/10/10/les-francais-qui-ont-termine-de-payer-leur-maison-bientot-taxes/comment-page-1/

« Le PDG de L'Oréal Jean-Paul Agon a estimé mardi que la croissance du marché mondial des cosmétiques devrait être en 2014 "du même ordre qu'en 2013", soit entre ***3,5% et 4%,*** *et s'est dit "confiant" que le groupe réalisera cette année "une performance supérieure" à cela. L'Oréal aborde 2014 "avec confiance et détermination", a-t-il déclaré lors de la présentation des résultats annuels du groupe. Malgré un contexte économique toujours instable et imprévisible .... L'Oréal a estimé à 3,8% la croissance du marché des cosmétiques en 2013, un marché qui est resté solide mais sensiblement inférieur à 2012 ... ».*

http://www.lefigaro.fr/flash-eco/2014/02/11/97002-20140211FILWWW00181-hausse-du-marche-des-cosmetiques-l-oreal.php

Les choix des consommateurs se sont transformés en quelques années seulement. La vie urbaine concentrée, les problèmes de pollution, l'insécurité dans les banlieues, toutes ces évolutions ont induit un changement dans l'échelle des valeurs sociétales. Dorénavant les familles se contentent de maisons plus petites, de moins de voitures, mais attachent davantage d'importance à leur apparence. Et ce souci commence en effet très jeune :

« La chirurgie esthétique fait un malheur chez les ados : De plus en plus d'ados s'en remettent au bistouri. L'ordre des médecins, lui, s'inquiète. Elles n'ont ***que 16 ans*** *et ne veulent pas attendre d'avoir l'âge de leur mère pour avoir de beaux seins. Les ados les filles essentiellement sont de plus en plus nombreux à vouloir une chirurgie esthétique. Face à l'augmentation des demandes de rhinoplasties, de poses d'implants mammaires et de liposuccions de la part de* ***patients de plus en plus jeunes****, le Conseil*

national de l'ordre des médecins tire aujourd'hui le signal d'alarme...En France, il n'existe pour l'instant aucune statistique concernant les moins de 18 ans. Mais les praticiens de l'Hexagone sont formels : la tendance est la même qu'aux Etats-Unis, où le phénomène est reconnu. « Depuis quelque temps, j'en vois au moins une tous les deux jours à mon cabinet », affirme le docteur Sydney Ohana, chirurgien esthétique à Paris. »

http://www.leparisien.fr/societe/la-chirurgie-esthetique-fait-un-malheur-chez-les-ados-20-09-2010-1075325.php

Nous avons sous les yeux les preuves que notre société change. Au cœur de ces changements : la médecine.

« *D'après une enquête du figaro,* ***34% des Français*** *sont potentiellement prêts à franchir le pas de la chirurgie esthétique, dont 41% de femmes et 27% d'hommes. 13% le ferait pour avoir une meilleure estime de soi ou davantage confiance en soi, 8% à cause des premiers signes de l'âge (rides etc...) 6% pour un besoin de s'occuper de soi en période de crise, et 2% à la suite de la perte de son emploi.* » .
http://www.lefigaro.fr/medias/2013/03/14/5e0ffcce-8733-11e2-a04a-f4b47d27f902-600x420.jpg.

La chirurgie esthétique, consolatrice de l'âme et de la société elle-même ? Mais pas seulement. La chirurgie réparatrice de l'appareil locomoteur et la « silver économie » ne sont pas en reste. Le marché des dispositifs implantables est considérable et en pleine expansion lui aussi.

« De façon globale, il est possible d'estimer le marché mondial des dispositifs médicaux implantables à environ 57,4 milliards d'€ en 2010. Celui-ci pourrait par ailleurs atteindre 79 milliards d'€ en 2015. De plus, l'étude des principaux marchés permet de dégager les segments orthopédiques et cardio-vasculaires comme les deux principaux : implants orthopédiques (39%) ; implants cardio-vasculaires (37%) ; autres dispositifs médicaux implantables (24%). Au niveau de l'évolution des implants, ceux pour les genoux et les hanches, très vulnérables aux dégradations causées par l'arthrite, sont sources de ***croissance****. En effet, les progrès continus dans les matériaux et le design de ces implants soutiennent l'amélioration de leur sûreté et efficacité poussant à une utilisation accrue dans les pathologies sévères.*

Les implants d'épaules sont un des sous-segments avec la plus forte croissance grâce à une amélioration comparée aux autres traitements au niveau des douleurs et de la mobilité...Il est par ailleurs intéressant de noter que dans le domaine des dispositifs médicaux orthopédiques, 20% du marché correspond aux équipements. Les deux principaux types de DM dans ce sous-segment sont les dispositifs utilisés dans les blocs opératoires (40%) et l'équipement d'arthroscopie (40%). »

L'économie des implants orthopédiques mérite qu'on s'y attarde un peu :

Société	*pays*	*Chiffre d'affaire*	
1. DePuy et Synthes : J&J	*Etats-Unis*	*8,791*	*Milliards de $*
2. Zimmer Holdings	*Etats-Unis*	*4,095*	
3. Stryker	*Etats-Unis*	*3,967*	
4. Medtronic	*Etats-Unis*	*3,800*	
5. Biomet	*Etats-Unis*	*2,698*	
6. Smith & Nephew	*Royaume-Uni*	*2,179*	
7. B.Braun	*Allemagne*	*1,281*	
8. Cook Medical	*Etats-Unis*	*1,200*	
9. Orthofix International	*Pays-Bas*	*478*	*millions $*
10. Wright Medical Group	*Etats-Unis*	*466*	
11. Nuvasive	*Etats-Unis*	*451*	
12. Integra Spine	*Etats-Unis*	*290*	
13. Globus Medical	*Etats-Unis*	*276*	
14. Tornier	*Pays-Bas*	*227*	
15. Exactech	*Etats-Unis*	*177*	

Selon Frost & Sullivan, la France compte pour environ 20% du marché européen des implants orthopédiques avec un marché qui avoisinerait

***1 milliard d'€** aujourd'hui et devrait atteindre 1,29 milliards d'€ en 2015. Boosté par une **demande forte** en implants orthopédiques, ce segment de marché devrait continuer à croitre avec, en particulier, des innovations issues du domaine de la biologie.»*

http://www.aiefc.org/etudessectoriell/le-march-des-dmi-etude.pdf

*« Le groupe américain de pharmacie et d'hygiène Johnson & Johnson (JNJ) a mis la main sur le spécialiste américano-suisse des équipements chirurgicaux Synthes pour plus de **21 milliards de dollars**, lui permettant de se renforcer dans un secteur en forte croissance... La société d'origine helvétique sera intégrée dans la division systèmes médicaux et diagnostics de Johnson & Johnson, qui compte également les filiales médicales Depuy du groupe américain. Synthes, fondé à la fin des années 1950 et qui est notamment spécialisé dans les vis, plaques et implants pour la chirurgie, va venir renforcer les activités de Depuy, axées sur l'orthopédie et les implants pour la colonne vertébrale, ont expliqué les deux groupes. Depuy et Synthes vont ensemble créer l'activité orthopédique la plus innovante et complète au monde», a estimé le PDG du groupe américain, Bill Weldon, cité dans le communiqué. Le secteur orthopédique est un vaste marché en croissance de **37 milliards de dollars** et représente un important **moteur de croissance** pour Johnson & Johnson», a-t-il ajouté... »*

http://affaires.lapresse.ca/economie/fabrication/201104/27/01-4393792-johnson-johnson-acquiert-synthes-pour-plus-de-21-milliards-us.php

On pose en France 150.000 prothèses de hanche et plus de 100.000 prothèses de genou par an. En tout plus de 300.000 nouvelles articulations sont implantées par an, un résultat qui ne cesse d'augmenter. L'implantation d'une prothèse de genou fait diminuer de 20% le risque de faire un infarctus du myocarde. Une dépense peut en éviter une autre… Sans compter le coût de la dépendance. Certes le marché des implants orthopédiques en France ne compte que pour 1/20 du marché automobile, mais il est porteur de croissance continue depuis 20 ans. Et l'ensemble des soins de Santé représente 10 fois le marché automobile. De toutes parts les indicateurs montrent l'**attachement des citoyens européens à leur médecine** et commencent à montrer une réorientation des besoins des ménages qui bouleversera probablement le paysage industriel occidental. Cet essor est remarquable même s'il est par ailleurs combattu par les autorités politiques ou financières au nom de principes économiques à court terme. Faut-il se résigner pour autant ? Notre conviction est que le vent souffle dans le sens de la médecine.

Il faudrait bien au contraire que chaque médecin, chaque professionnel de santé, conserve la conviction de pratiquer un métier exceptionnel. On a porté le « savoir vendre » au pinacle des valeurs sociales. Que reste-t-il de cette idéologie une génération après le règne de Ronald Reagan ou de Margareth Thatcher ? Les néo-libéraux ont-ils installé une **société stable et optimiste** ? Le remède social qui nous est imposé aujourd'hui par les investisseurs de la dette publique n'est-il pas pire que le poison de la désindustrialisation ? La question est politique, une fois encore.

Ce n'est pas par hasard que la médecine est combattue par les décideurs libéraux et les fonds privés. Mais justement, en tant qu'ennemis, les professionnels de Santé doivent se persuader et persuader leurs patients que le modèle d'une **économie sociale et sanitaire** peut se substituer au modèle spéculatif et financier. Certes cette économie de la Santé ne permettra plus des concentrations industrielles exceptionnelles et modifiera les rapports entre les professionnels et le capital produit. Mais n'est-ce pas une révolution industrielle que nous sommes en train de vivre ? Ne devons-nous pas enfin accepter d'en tirer les conséquences ?

Dans une certaine mesure les tensions qui animent la Santé Publique préfigurent les tensions qui accompagneront l'installation d'un nouvel ordre social. Un exemple démonstratif de la contribution de la médecine à ce modèle de société se rencontre en Europe depuis une dizaine d'années : les pays qui ont un système de Santé Publique développé ont mieux amorti les effets de la crise financière que ceux dépourvus de protection sociale. En France par exemple, c'est en très grande partie grâce à la Santé Publique développée (aux reliquats du modèle rhénan du général De Gaulle), et donc aux médecins et à leurs collaborateurs, à tout le secteur des soins aux personnes, que le Krach de 2008 a été partiellement amorti :

« *Bénéficiant aux populations, ces dépenses de santé réinjectées dans les économies nationales ont permis de diffuser les progrès remarquables de la médecine au bénéfice de tous, sont responsables d'avancées sociales importantes et ont aussi notablement contribué, par un effet de boucle, de*

*feed-back, à la **croissance économique**. »*
http://www.orsnpdc.org/observation/211292_1economie.pdf

« Le marché hospitalier reste porteur : Acteurs essentiels du système de Santé, les hôpitaux réalisent chaque année plus de 25 millions de séjours en ambulatoire ou en hospitalisation complète. Ces millions de patients qui leur font confiance sont pris en soin par 900 000 professionnels bien souvent formés, dans les écoles ou les facultés de ces mêmes établissements. Donneurs d'ordres de premier plan, les hôpitaux ont un périmètre d'achat de plus de 15 milliards d'euros annuels.

*A elles seules ces données attestent l'importance stratégique des hôpitaux, principaux acteurs économiques de la ville voire de la région où ils sont implantés. En ces temps de timide reprise, les hôpitaux sont reconnus comme **d'indispensables amortisseurs** de crise dans la quasi-totalité des secteurs d'activités. »* »
http://www.cadredesante.com/spip/spip.php?breve4764

Les faits récents ont convaincu l'opinion publique du poids économique que le secteur sanitaire aura dans la nouvelle société. Cette certitude économique est en train de « doper » l'univers des soins aux personnes et de faire naître une intéressante complicité entre les patients et les professionnels qui les soignent. Les retombées sociales et politiques de cette complicité sont encore fragiles mais scientifiquement irréversibles. Même si le chemin reste encore long… Aujourd'hui la médecine n'est plus perçue par les patients comme un luxe mais comme une **nécessité**, et ses retombées économiques ne sont plus perçues comme accessoires par les économistes mais un puissant **moteur d'activité** locale qui profite à l'ensemble de la population.

Un secteur en pleine expansion :

C'est le mécanisme de diffusion des progrès médicaux (l'innovation médicale et technique) qui conduit à une hausse des coûts de la Santé : de nouveaux traitements apparaissent, dont l'usage s'étend plus ou moins rapidement. Pour l'exprimer en termes économiques, de nouveaux « biens et services » sont offerts et consommés par les patients. La valeur financière de ces services est indéniable :

« On pourrait considérer quantité d'autres innovations médicales, comme la prothèse de hanche ou la chirurgie du genou, qui améliorent les performances sanitaires et réduisent les incapacités, tout en conduisant à une augmentation de la dépense de soins par personne, à âge et pathologie donnés. Comment évaluer l'influence de ces progrès sur la croissance future des dépenses de Santé ? On peut supposer une croissance des dépenses de Santé supérieure d'un point à celle du revenu, rythme conforme à celui observé dans les dernières décennies. Dans ce cas, la ***part des dépenses*** *de santé dans le PIB des pays de l'Europe des 15 devrait passer de 7,7 % en 2005 à 12,8 % en 2050, soit 5,1 points d'augmentation. Mais si le progrès technique médical devait s'accélérer et atteindre un rythme deux fois supérieur à celui connu jusqu'à présent, la part des dépenses de Santé dans le PIB de l'Europe devrait atteindre* ***19,7 % en 2050****. Pour la France, on obtient 14 % ou 21 % du PIB consacré aux dépenses de Santé en 2050, selon que l'on retient une hypothèse basse ou haute pour la rapidité des changements technologiques.*

Ainsi, nous devrions consacrer une part ***toujours plus importante de notre richesse aux soins médicaux.*** *L'avenir est-il sombre pour autant ? Une erreur courante consiste à penser que des privations devraient en découler. Cette crainte est infondée. Certes, une part plus importante du PIB sera dévolue à la Santé. Mais la taille du « gâteau » augmente continuellement. Rien ne permet de penser qu'il faudra se restreindre pour financer les soins. Un économiste de Harvard, David Cutler, produit à cet égard le chiffre le plus convaincant : pour les pays de l'OCDE, à l'horizon 2050, la consommation des ménages en excluant les dépenses de Santé devrait augmenter de 150 % entre 2000 et 2050 dans l'hypothèse où le progrès technique médical suivrait un rythme comparable à celui observé jusqu'à présent. S'il devait s'accélérer et être deux fois plus rapide que dans le passé, la consommation des ménages en excluant les dépenses de santé devrait quand même augmenter de 100 %, c'est-à-dire doubler, d'ici à 2050.* ***Le surcroît de dépenses prévu est donc soutenable****, cela ne fait guère de doute »*

http://camarade.over-blog.org/article-un-autre-regard-sur-les-depenses-de-sante-brigitte-dormont-49010612-comments.html

Voici probablement le constat **le plus optimiste** de ces dernières années. Dans tous les cas de figure, nos économies européennes supporteront une augmentation des dépenses de Santé. Et même, ce marché de la Santé soutiendra les autres marchés de la consommation de biens. Ainsi en consacrant d'importantes sommes d'argent à leur Santé, les Etats soutenus par une participation directe des citoyens, **redistribueront les richesses produites,** et éviteront leur séquestration par des fonds privés spéculatifs. On peut aisément comprendre l'optimisme de David Cutler : la consommation des ménages profiterait directement de l'alimentation généreuse du circuit sanitaire, uniquement par son effet redistributif.

« ... La Santé est un des ***rares leviers de croissance*** *dans la crise économique ; la consommation française de soins de Santé s'effectue sans importation. L'accroissement du déficit de l'Assurance-Maladie est une* ***forme de relance par la consommation.*** *Les démarches américaine et chinoise de développement de leur système de Santé répondent à une logique voisine. Dès lors notre contexte est principalement la mutation de l'environnement démographique et technologique et la mutation des exigences sociétale :*

- principe de précaution

- accès au marché des populations peu solvables

- développement durable

Notre contexte est moins la crise financière et économique actuelle qui s'amplifie, que le ***besoin de mutation****... L'économie de la Santé c'est avant tout un investissement productif, une source de bien-être et finalement de richesse pour la collectivité. Arrêtons de la regarder comme un poste de coût sans contrepartie. Une richesse non marchande ne cesse pas d'être une richesse... L'industrie pharmaceutique est certes impactée par la crise actuelle mais le changement du type de modèle qui s'impose comporte des* ***enjeux géopolitiques*** *nouveaux et des risques qui ne sont pas tous identifiés... »*

http://www.lecercledeseconomistes.asso.fr/IMG/pdf/090_session_3_Lajoux_fr.pdf

On ne saurait mieux décrire la société nouvelle : le **cercle des économistes** décrit la société européenne en quête de mutation, et les doutes qui s'accélèrent sur notre modèle économique actuel. Tout est dit ici, et résume en quelques lignes ce que ce livre s'est astreint à décrire.

- Le principe de précaution renvoie à l'importance de la Justice dans notre nouvelle société.

- L'accès au marché de la Santé confirme la profonde médicalisation de notre société, et le fait que les soins sont devenus une nécessité sociale.

- Le développement durable nous rappelle que l'économie de la Santé est un secteur de proximité qui ne peut être assimilé à une production industrielle délocalisée. La nouvelle économie de la Santé se comporte contre une « contre-économie » et réinstallera en Europe un secteur d'activité puissant, riche et avec un fort contenu émotionnel, tout en étant essentiellement local et redistributif. Les hôpitaux publics seront assimilés à des petites entreprises locales artisanales.

Il faut admettre que des **défis géopolitiques** restent à surmonter et que tous les risques économiques ne sont pas écartés. Mais le rôle de la médecine n'est surement pas de faire marche arrière, ni de se laisser écraser par les « lois du marché ». Les défis de la société moderne et toujours solidaire, le projet de société empathique et compassionnelle, la lutte contre les maladies et les infirmités, l'invention d'une nouvelle vie sans douleurs physiques ou du moins des douleurs amoindries, tout cela représente un **projet social** absolument merveilleux.

Par tous les soignants d'Europe et du monde, une conviction unique est partagée : Yes, we can.

Saverne, le 20 mai 2014

Bibliographie

1) A.J. Brun, Un siècle de psychanalyse, L'Esprit du temps, 2008

2) Boulari Hamid, Personal Genomics and personalized medicine, Harback 2010

3) M.Bulard, J.Dion, L'Occident malade de l'Occident, Fayard, 2009

4) Bulletin d'information de l'ordre national des médecins 2009

5) D.Campbell, Surveillance électronique planétaire, Allia, 2007

6) Comptes nationaux de la Santé, la documentation française, 2006

7) B. David, politique étrangère, année 2002, 67, 3, pp 801-803)

8) J.P. Davant, T.Tursz , P.Boncenne, la révolution médicale, Seuil, 2003

9) M. Dettenkofer, S. Seegers, G. Antes, E. Motschall, M. Schumacher and F. D. Daschner : Does the architecture of hospital facilities influence nosocomial infection rates

10) J. de Kervasdoué, Très cher Santé, Perrin, 2009

11) Décision santé, n° 255, mai 2009

12) Décision santé, Hors-série, n° 257 , août-septembre 2009

13) J.M.Galmiche, Histoire et actualité des maladies nosocomiales, Louis Pariente, 1999

14) Gonzalo M L Bearman, Cindy Munro, Curtis N Sessler, Richard P Wenzel ,Seminars in respiratory and critical care medicine., 01/07/2006; 27(3):310- 24.

15) M.T. Korin, R.Soobrah, P. Hull, To admit or not : the use of mobile phone in trauma and orthopaedics at night, EJOST, n° 19-3, 213-216, april 2009

16) J. Jouana, C. Magdelaine , Hippocrate l'Art de la Médecine, GF Flammarion, 1999

17) G. Le Boterf, Construire les compétences individuelles et collectives, Eyrolles, 2009

18) J.S. Leeder , S. Spielberg, ; médecine personnalisée , réalité et prise de conscience, Ann Pharmacother, 2009, 43 , 963-966

19) Les cahiers de Sciences-et-Vie, 116, avril-mai 2010

20) C. Levy-Leboyer, La gestion des compétences, Eyrolles 2009

21) livret pédagogique -préparations militaires- direction régionale du service de santé des armées 2009

22) J. Lombard, B. Vandewalle, Hippocrate et Platon, Philosophie de l'hôpital, L'Harmattan, 2007

23) F. Malye , P. Houdart , J. Vincent , Le livre noir des Hôpitaux, Calmann- Lévy, 2009

24) J.J. Maffre, Le Siècle de Périclès, Que Sais-Je ? , PUF 1990

25) Médecins, magazine de l'ordre national des médecins, n°1, septembre-octobre 2008

26) Médecins, magazine de l'ordre national des médecins, n°7, octobre 2009

27) Médecins, magazine de l'ordre national des médecins, n°8, décembre 2009

28) Oxymag, n°111, mars-avril 2010

29) B. Palier, La réforme des systèmes de santé, Que Sais-Je ? , 3ème édition, Puf 2004

30) Panorama du médecin, n° 5108, 23 juin 2008

31) Le Point, n° 1939, 12 novembre 2009

32) Le Point, Hors -série, Les textes maudits et tous les livres interdits, n°21, janvier-février 2009

33) Les grands dossiers des sciences humaines, n°8, mars 2010, pp34-36

34) Rapport du conseil médical du Sou Médical, groupe MACSF, Responsabilité, novembre 2008

35) Responsabilité, revue de formation sur le risque médical, Hors série , éditions Gamm , décembre 2009

36) J.Salem, « Hippocrate, connaître, soigner, aimer, » Editions du Seuil, 1999

37) Sciences et Vie, n°1105, octobre 2009

38) C. M. Vandenbroucke-Grauls, A. J. Kerver, J. H. Rommes, R. Jansen, C. den Dekker, J. Verhoef : European Journal of Clinical Microbiology, (1996) 22: 1026–1032

39) Infect Control Hosp Epidemiol 1994; 15: 663–672

40) Infect Control Hosp Epidemiol 1989; 10: 402–407

41) Infect.control.hosp. Epidemiol.; 2004; 25: 21-25

42) Journal of the American Geriatrics Society Volume 48, Issue 12, December 2000, Pages 1589-1592

43) Robert A. Weinstein, Section Editor Bala Hota author: "Contamination Disinfection, and Cross-Colonization: Are Hospital Surfaces Reservoirs for Nosocomial Infection ? " 1184 CID 2004:39 (15 October) healthcare epidemiology

44) Antiseptique Resistance: What Do We Know and What Does It Mean? Clin Lab Sci 2005; 18 (3): 181

45)I. McDonnell, A. Denver Russell: Clinical Antiseptics and Disinfectants: Activity, Action, and Resistance, Gerald Microbiology Reviews, January 1999, p. 147-179, Vol. 12, No. 1

46) G. Ayliffeb, E.H. Pricea : Journal of Hospital Infection Volume 70, Issue 4, December 2008, Pages 378-379

47) Journal of Hospital Infection Volume 73, Issue 3, November 2009, Pages 287-289

48) Y. Lambert-Faivre, « La réparation de l'aléa thérapeutique : obligation de sécurité : oui, aléa thérapeutique : non », Dalloz 2001, Chr. p.570

49) H. LAGRANGE in « Déviance et Société »,1992.

50) « Phare », journal du syndicat national des praticiens hospitaliers anesthésistes-réanimateurs, n°58, octobre 2011.

51) Frans de Waal : « l'âge de l'empathie », p 39-40, Babel

52) le MAG de l'INPH, intersyndicat national des praticiens hospitaliers, n°1, avril 2014, 29.

53) Interbloc, la revue des infirmières du bloc opératoire, hors-série mai 2014, S10-S13

54) « Contre les prédateurs de la Santé » : C.Jousse, C.Prudhomme, B.Teper, Osez la République 2012

55) Ayse Ceylhan, in revue « Culture et conflits », 53, 1998, pp 113-145

56) Luc Rouban, « la crise du service public en France, l'Europe comme catalyseur », in revue « Cultures et Conflits », 28, 1997, mis en ligne le 13 mars 2006, consulté le 9 novembre 2009

Santé et Médecine aux éditions L'Harmattan

Dernières parutions

RÔLE (LE) DES SOINS PALLIATIFS – Nouvelle édition
Geschwind Herbert
A la préoccupation de traiter la maladie, la médecine se soucie aujourd'hui d'apporter des soins aux mourants, à partir d'unités spécialisées en Soins Palliatifs. L'intérêt scientifique pour les moyens de guérir s'est déplacé vers la recherche des voies les moins traumatisantes du mourir. Parmi elle, l'euthanasie et l'assistance au suicide se sont révélées les plus sujettes à réflexions et débats. Ainsi se posent les questions de la «méthodologie» du mourir et celle de l'organisme ou de la personne chargée d'exécuter cette décision.
(Coll. Questions contemporaines, 26.00 euros, 262 p.)
ISBN : 978-2-343-00170-8, ISBN EBOOK : 978-2-296-53107-9

RISQUE (LE) BIOLOGIQUE – Une approche transdisciplinaire
Panoff Jean-Michel - Préface de Jean-Louis Le Moigne
Faut-il être biologiste ou biotechnologue pour avoir le privilège d'étudier le risque biologique ? Juristes, sociologues, théologiens, paysans, historiens, psychologues nous avertissent : la biologie, avant tout science des «yeux», glisse insidieusement vers une science des «mains», de l'étude de la vie vers la manipulation du vivant. Voici une construction d'une pensée complexe autour de la question du risque biologique, question qui nécessite urgemment d'être collectivement posée.
(Coll. Sociologies et Environnement, 38.50 euros, 388 p.)
ISBN : 978-2-296-99846-9, ISBN EBOOK : 978-2-296-53233-5

GYNÉCOLOGIE (LA) OBSTÉTRIQUE POUR LE GRAND PUBLIC
100 questions de femme
Badji Cheick Atab - Préface de Awa Niang Fall
Cet ouvrage apporte cent réponses à cent questions que les femmes se posent le plus souvent et qu'elles aimeraient poser à leur gynécologue sans en avoir toujours l'occasion ou le courage. Également destiné aux hommes, il leur permet de ne plus être exclus de l'intimité des femmes et de jouer pleinement leur partition dans cette grande aventure qu'est le couple...
(Coll. Harmattan Sénégal, 17.00 euros, 178 p.)
ISBN : 978-2-296-54900-5, ISBN EBOOK : 978-2-296-53228-1

GREFFES (LES) D'ORGANES : UNE NOUVELLE FABRIQUE DU CORPS
Kreis Henri - Préface du Pr Jean-Michel Dubernard
L'histoire de la fabrique du corps n'a été entreprise que dans le but de guérir ce qui ne pouvait l'être par la médecine alors disponible. L'idée était simple mais n'a pu s'accomplir, jusqu'à ce jour, que par une transgression des mécanismes vitaux de l'être humain et qu'en ravivant ses angoisses eschatologiques. Sa réalisation a mis en question l'altruisme, le rôle du politique et de l'administration, les luttes de pouvoir, la collusion avec l'industrie pharmaceutique, l'éthique médicale...
(Coll. L'Éthique en mouvement, 25.50 euros, 260 p.)
ISBN : 978-2-343-00027-5, ISBN EBOOK : 978-2-296-53102-4

IMAGERIE (L') MÉDICALE – La fabrique d'un nouveau malade imaginaire
Briois Vilmont Laurence
La découverte des rayons X par le physicien Roentgen (1895) génère un bouleversement dans le monde médical : sans effraction cutanée, les intérieurs du corps humain vivant sont rendus visibles. Les techniques d'exploration prennent un essor considérable, devenant un outil

diagnostique indispensable mais d'un usage dont la banalisation risque d'en négliger la réflexion. Le corps devenu mathématisable à la culture numérique appliquée aux images ne doit pas nous faire oublier la dimension humaine.
(Coll. Sciences et Société, 17.00 euros, 172 p.)
ISBN : 978-2-336-29284-7, ISBN EBOOK : 978-2-296-53222-9

À TOI QUI VA NAÎTRE
Ladjointe Xavier
Ils vivent ensemble et filent le parfait amour. Elle tombe enceinte. Il est tellement heureux qu'il commence à filmer leur vie pour leur futur enfant. Et puis il tombe sur ce concours de films. C'est alors qu'une autre grossesse inattendue d'un tout autre genre se déclare... Une grossesse cinématographique filmée ! Ce film est le premier docu-ciné prénatal de l'histoire du cinéma !
(20.00 euros)
ISBN : 978-2-336-00807-3

CURRICULUM MORTIS
Monier Lionel
Le temps d'un soin dit « de conservation ». Nous suivons les gestes d'un thanatopracteur au cours de son travail. À chaque étape, une question. Autant de chapitres au cours desquels nous partons à la rencontre d'interlocuteurs qui tentent d'y répondre. Un voyage au pays de la mort, afin de cerner la place que notre société accorde à ses morts, mesurer l'évolution des rapports que les vivants entretiennent avec eux, éclairer les liens fondamentaux qui unissent le vivre au mourir.
(20.00 euros)
ISBN : 978-2-336-00781-6

QUESTION (LA) DE L'EUTHANASIE – La loi Léonetti et ses perspectives
Hacpille Lucie - Préface de Jacques Ricot
L'émergence de la question de l'euthanasie est née dans le contexte de la bioéthique et des droits des patients. Dans cet ouvrage l'auteur choisit une approche herméneutique à partir des témoignages de personnes faisant l'expérience de situations existentielles extrêmes que sont la maladie grave, les handicaps lourds, mais aussi les expériences d'otages ou de rescapés des camps de concentration.
(21.00 euros, 214 p.)
ISBN : 978-2-336-29082-9, ISBN EBOOK : 978-2-296-51545-1

ASSISTANCE (L') MÉDICALISÉE POUR MOURIR
Les soignants face à l'humanisation de la mort
Nkulu Kabamba Olivier
Depuis quelques années, les médecins sont confrontés à une demande croissante des patients en fin de vie réclamant que leur mort soit hâtée. Chaque sollicitation de l'aide médicale pour mourir place les soignants devant la problématique de l'humanisation de la mort qui, elle, engage de leur part la question fondamentale du «comment faire pour bien faire ?».
(Coll. Sciences et Société, 28.00 euros, 278 p.)
ISBN : 978-2-343-00065-7, ISBN EBOOK : 978-2-296-52986-1

UNE ÉTHIQUE POUR LE MALADE
Pour dépasser les concepts d'autonomie et de vulnérabilité
Benezech Jean-Pierre
L'éthique traditionnelle se fonde sur l'»autonomie» du sujet. Notre époque, elle, plébiscite la dimension de «vulnérabilité». Les soignants articulent souvent leur discours éthique sur ces thèmes. Mais pour une personne malade, ces deux concepts ne peuvent convenir pour construire une vie qui fait sens. Aussi, l'auteur propose le concept de la «personne étayée». Cette éthique originale constitue un nouveau paradigme, à rebours des valeurs antérieures, pour que chacun tente de tracer une vie « la moins mauvaise possible».
(Coll. Sciences et Société, 17.50 euros, 182 p.)
ISBN : 978-2-336-00857-8, ISBN EBOOK : 978-2-296-51645-8

LAZZARO SPALLANZANI (1729-1799)
Le père de la biologie médicale expérimentale
Lamendin Henri - Préface de Jean-Guy Ferrand. Préface du Docteur Robert Sire
Henri Lamendin retrace le parcours de Lazzaro Spallanzani, peu connu de la médecine contemporaine, pourtant considéré comme l'un des pères de la biologie expérimentale. En effet, il fut l'un des premiers à avoir démontré ses dires après les avoir éprouvés dans une série d'expériences. Voici dressé un portrait juste et équitable d'un chercheur hors normes, qui a légué à la médecine une oeuvre dont la valeur n'a d'égale que la rigueur.
(Coll. Médecine à travers les siècles, 14.00 euros, 140 p.)
ISBN : 978-2-343-00129-6, ISBN EBOOK : 978-2-296-51591-8

ECLAIR CARMIN
Batteault Rémy
«J'ai connu Isabelle à la maternelle. Atteinte d'une maladie rare, elle devient peu à peu aveugle. En effet, un stress trop grand ou un effort physique trop intense provoque une hémorragie oculaire, qui se traduit visuellement par un éclair carmin qui brouille sa vision. À chaque nouvelle attaque, sa vue baisse de manière irrémédiable. (...) Comment vivre la «malvoyance» lorsqu'on a 36 ans, comment le parcours de vie est-il modifié ? Quel est le regard du monde extérieur ?» (Rémy Batteault).
(20.00 euros)
ISBN : 978-2-336-00776-2

HANDICAP ET CITOYENNETÉ
Quand le handicap interroge le politique
Bruchon Yves
«Et si le handicap nous aidait à réinventer le lien social ?» La question du handicap est celle de la démocratie ; la question du handicap est, centralement, politique comme en témoigne le fonctionnement de la dialectique droits de l'homme – droits du citoyen dans la problématique du handicap. Sans faire une histoire du handicap et sans prétendre donner des indications pour une politique du handicap, cet ouvrage donne quelques outils pour comprendre.
(18.00 euros, 172 p.)
ISBN : 978-2-296-99831-5, ISBN EBOOK : 978-2-296-51533-8

RECHERCHE (LA) SUR LES CELLULES SOUCHES
Quels enjeux pour l'Europe ?
Altavilla Annagrazia - Préface de Jean-François Mattei ; postface de Adriana Ceci
Les enjeux liés à l'utilisation des cellules souches sur un plan scientifique, éthique, juridique, économique et de société sont nombreux. Ce livre présente l'état le plus actuel des connaissances et des débats éthiques à ce sujet et nous livre l'étendue des évolutions scientifiques et des changements juridiques déterminés par les espoirs placés dans la médecine régénératrice.
(Coll. Ethique et pratique médicale, 57.00 euros, 682 p.)
ISBN : 978-2-336-29022-5, ISBN EBOOK : 978-2-296-51469-0

CLOU (LE) DE GIROFLE EN MÉDECINE BUCCO-DENTAIRE
Gros Gilles - Préface du Docteur Xavier Riaud
Partant du clou de girofle et de ses dérivés, Gilles Gros nous propose un parcours original au sein de l'histoire de l'art dentaire. Par ses réflexions philosophiques, il parvient avec brio à montrer comment les chirurgiens-dentistes se sont de plus en plus éloignés de la magie, de l'empirisme et de la contingence pour s'ancrer définitivement, au XXe siècle, dans l'univers de la rationalité.
(Coll. Médecine à travers les siècles, 13.00 euros, 116 p.)
ISBN : 978-2-343-00068-8, ISBN EBOOK : 978-2-296-51499-7

DENTS, DENTISTES ET ART DENTAIRE
Histoire, pratiques et représentations – Antiquité, Moyen Age, Ancien Régime
Sous la direction de Frank Collard et Evelyne Samama
Cet ouvrage reprend les actes du sixième colloque qui s'est tenu sur l'histoire de la médecine, des pratiques et des représentations médicales dans les sociétés anciennes. Les contributions

présentées ici donnent un éclairage sur les représentations, mentales et iconographiques, de la bouche et des dents tout autant que les techniques, médicales ou non, mises en oeuvre, durant l'Antiquité, le Moyen-Age et sous l'Ancien Régime.
(37.50 euros, 370 p., Illustré en noir et blanc)
ISBN : 978-2-336-29012-6, ISBN EBOOK : 978-2-296-51371-6

RENFORCEMENT DES SYSTÈMES DE SANTÉ
Capitalisation des interventions de la Coopération belge au Burundi, en République Démocratique du Congo et au Rwanda
Dujardin Bruno, Fromont Anne, Gyselinck Karel, Meloni Remo, Lyeti Alain, Kalisa Ina
Cet ouvrage réunit les contributions de différents acteurs en santé de la sous-région des Grands Lacs africains, autour du thème du renforcement des systèmes de soins de santé. Six grands thèmes sont abordés : les soins de santé primaires ; la coopération bilatérale, les ONG et les appuis spécifiques ; la motivation du personnel ; l'accessibilité financière ; les acteurs et leurs interactions ; les réseaux de santé internationale en Belgique.
(Coll. Études africaines, 38.00 euros, 380 p.)
ISBN : 978-2-336-29025-6, ISBN EBOOK : 978-2-296-51465-2

ÉCRIRE L'HISTOIRE DE L'ÉPILEPSIE
Questions préliminaires
Polard André
Cette recherche a pour origine un travail sur la question du sujet dans l'épilepsie : une partie de cette recherche nous a conduits à la nécessité de séparer chronologie et histoire, tant la question de l'écriture d'une histoire de l'épilepsie nous semblait comporter des questions qui touchent à la nature même de l'épilepsie, dans la difficulté de sa définition.
(Coll. Historiques, série Travaux, 17.50 euros, 174 p.)
ISBN : 978-2-296-99760-8, ISBN EBOOK : 978-2-296-51417-1

MES DEUX SEINS
Journal d'une guérison
La réalisatrice apprend qu'elle a un cancer du sein. Cinéaste, elle entreprend alors de suivre au plus près ce mal qui la ronge, seule façon d'échapper au naufrage. D'où vient ce cancer et jusqu'où ira-t-il ? Que peut le cinéma en pareille circonstance ? A la première personne, le récit noue un dialogue entre médecine classique et médecines complémentaires. À la recherche d'une guérison autant intérieure que physique, il explore le sens de cette maladie qui touche une femme sur neuf...
(20.00 euros)
ISBN : 978-2-296-13527-7

QUESTION DE SOIN
Resweber Jean-Paul
L'auteur de ce livre met en perspective la double visée qui caractérise tout geste de soin : celle qui fait appel à l'art, au sens antique du terme (*tekhnè*) et celle qui mobilise une bienveillance attentionnée envers autrui (*care*). On découvrira ici les éléments fondamentaux d'une éthique du soin. on se demandera si le geste de soin, enraciné dans le souci de soi et le souci pour l'autre, n'est pas constitutif du lien social.
(25.00 euros, 252 p.)
ISBN : 978-2-336-00485-3, ISBN EBOOK : 978-2-296-51141-5

L'HARMATTAN ITALIA
Via Degli Artisti 15; 10124 Torino

L'HARMATTAN HONGRIE
Könyvesbolt ; Kossuth L. u. 14-16
1053 Budapest

L'HARMATTAN KINSHASA
185, avenue Nyangwe
Commune de Lingwala
Kinshasa, R.D. Congo
(00243) 998697603 ou (00243) 999229662

L'HARMATTAN CONGO
67, av. E. P. Lumumba
Bât. – Congo Pharmacie (Bib. Nat.)
BP2874 Brazzaville
harmattan.congo@yahoo.fr

L'HARMATTAN GUINÉE
Almamya Rue KA 028, en face du restaurant Le Cèdre
OKB agency BP 3470 Conakry
(00224) 60 20 85 08
harmattanguinee@yahoo.fr

L'HARMATTAN CAMEROUN
BP 11486
Face à la SNI, immeuble Don Bosco
Yaoundé
(00237) 99 76 61 66
harmattancam@yahoo.fr

L'HARMATTAN CÔTE D'IVOIRE
Résidence Karl / cité des arts
Abidjan-Cocody 03 BP 1588 Abidjan 03
(00225) 05 77 87 31
etien_nda@yahoo.fr

L'HARMATTAN MAURITANIE
Espace El Kettab du livre francophone
N° 472 avenue du Palais des Congrès
BP 316 Nouakchott
(00222) 63 25 980

L'HARMATTAN SÉNÉGAL
10 VDN en face Mermoz, après le pont de Fann
BP 45034 Dakar Fann
33 825 98 58 / 33 860 9858
senharmattan@gmail.com / senlibraire@gmail.com
www.harmattansenegal.com

L'HARMATTAN BÉNIN
ISOR-BENIN
01 BP 359 COTONOU-RP
Quartier Gbèdjromèdé,
Rue Agbélenco, Lot 1247 I
Tél : 00 229 21 32 53 79
christian_dablaka123@yahoo.fr

Achevé d'imprimer par Corlet Numérique - 14110 Condé-sur-Noireau
N° d'Imprimeur : 111163 - Dépôt légal : septembre 2014 - *Imprimé en France*

www.ingramcontent.com/pod-product-compliance
Lightning Source LLC
LaVergne TN
LVHW011444061026
849535LV00004BA/950
9782343041117